自序

記得初中時候讀過已故著名美學專家朱光潛教授的一篇文章，與年青一代討論有關終身的工作目標問題，文中提及演化論者達爾文（Charles Darwin）的回憶錄。據說達爾文幼少時愛好古典音樂勝過其他一切，但後來由於生物學方面的專業訓練與研究所纏，無暇旁顧音樂技藝，到了晚年每當憶念及此，頗有「時不再來」的失落感慨云云。此刻我為了有關「哲學與宗教」的兩本拙作提筆寫序，無意中聯想到朱光潛先生那篇極富啓迪意義的文章。

我自幼最喜好的也是古典音樂，但在光復前後的臺灣社會想以音樂成家立業，等於夢想。家裡又窮，也沒有音樂老師指導，就隨便用大姊出嫁時留下來的老風琴代替鋼琴，自摸自學了兩年左右。發現此路不通之後，改學聲樂，還記得背熟維爾第（Verdi）歌劇「茶花女」（La Traviata）的整套歌譜，也盲目練過第一幕花腔女高音的那段咏嘆調（aria），又在省立新竹中學與十幾位同學自辦的小規模音樂欣賞會上獻醜了一次。那時的我怎麼也夢想不到，哲學教育會變成自己終身的工作目標。

高中二年時偶然讀了近現代日本哲學（京都學派）開創者西田幾多郎教授的幾本哲學論著，又在高中畢業直前讀了牟宗三教授在新生報上剛剛發表的一篇短論「哲學智慧的開發」，加强了自己對於哲學研究的興趣，也開始有了終身以哲學探索為己任的志願。但在大學階段，我又發現到，自己真正喜歡的是文學，而不是「枯燥無味」的哲學，對於自己的學問選擇開始懷疑起來。我捫心自問：個性之中到底感性較强，還是理性殊勝？那時的我，與一般大學生一樣，蘇格拉底（Socrates）所謂「了解自己，認清自己」（"Know thyself!"）的能力根本不足，祇茫茫然感受到，自己的感性與理性幾乎相等相剋而難於自拔，就這樣度過了臺大大學部到研究所的六年時光。今天回想那段青年時代的自我徬徨，實有說不出的感觸。像達爾文一樣，我也覺得當年没有貫注自己的整個生命在音樂，在文學，難免遺憾不已。本書首篇「哲學探求的荆棘之路」算是一篇我快要進入天命之年之前寫成的哲學自傳，提到往年的徬徨、掙扎與克服的生命歷程。

也許部分是由於上述年輕時候個性「分裂」過的緣故吧，這些年來通過一番禪道哲理的薰陶，我獲致一個小小的結論：文學藝術乃是哲學與宗教的最佳表現；哲學與宗教終必化為文學藝術，而無由分辨。中國哲學與宗教思想的一大特色與成就即在於此。這幾年來在馬列教條的枷鎖束縛下，仍有李澤厚等一批大陸學者努力承繼朱光潛等位所開拓的美學研究，想在中國思想文化傳統重新發現「美」的理念與意義，苦心嘗試哲學與宗教研究領域的一種學術突破，也足以例證我那小小的結論當有些許道理。本書收有一篇「(禪)佛教、心理分析與實存分析」。我在結尾强調：「禪佛教的生活藝術具有另一現代化蘊涵，就是說，禪與道家（尤其莊子）融貫而成的現代化『禪道』（The Way of Zen）充分例證，中國傳統的哲學與宗教在生活實踐可以具體化為文學藝術的審美表現。如此，哲學宗教與文學藝術合而為一，生死智慧與審美理念熔為一爐。這是禪道的極致，亦是孔子以來儒家傳統所津津樂道之者。我們可以據此下結語說，我們今天探討宗教解脫論（與中國思想文化）的現代化課題，決不能忽略（包括禪道在內的）中國傳統繼往開來的迫切課題。我們的繼往開來，不但有助於東西思想的交流溝通，更能顯揚祖國傳統的最殊勝處」（第三九七頁）。

在禪道方面，除了上述一篇之外還收「胡適、鈴木大拙與禪宗真髓」，「如淨和尚與道元禪師—從中國禪到日本禪」，與「老莊、郭象與禪宗—禪道哲理聯貫性的詮釋學試探」。「胡適、鈴木大拙與禪宗真髓」曾分別在中國時報臺北版與美洲版人間副刊同時登載四、五天，時報讀者應仍記得。「如淨和尚與道元禪師—從中國禪到日本禪」這一篇本來也是為了人間副刊撰寫，但因篇幅稍長而內容嫌深（據說曾由臺大哲學研究所的兩位研究生試閱，都覺相當艱苦），祇好割愛，轉由東吳大學哲學年刊「傳習錄」出版，因此讀過此篇的讀者恐不太多。我却衷心盼望，本書讀者好好細嚼一次，當可體會中日禪道哲理的深度與現代意義出來。我在此篇也稍盡拋磚引玉之功，提醒國人認真鑽研日本佛教思想與文化的必要性，應有助於進一步了解，構成三大世界宗教傳統的佛教，在歷史演變過程當中如何貫通了自印度至日本的整個亞洲思想與文化。至於「老莊、郭象與禪宗」，則以莊子與郭象為中心人物，試予探現從早期道家經由魏晉玄學而至天台等大乘佛學與禪宗的一條哲學史上的理路線索，使用的方法是個人所構想出來的一種我所云「創造的詮釋學」（creative hermeneutics）工夫。

如「哲學與宗教」一集的正題所示，本書始於西方哲學，終於禪道。西方哲學方面包括二十一年前在臺大哲學系教書時寫成的「英國經驗論基本問題之剖析與批評」，「西方二元論世界觀的崩落與實存主義的興起」，以及「杞爾克葛（或作齊克果）人生三階段說釋義」，可以補充同一時候由三民書局出版的「西洋哲學史」（現已七版）有關英國經驗論與實存主義（又稱存在主義）方面的討論內容。「英國經驗論」這一篇以淺顯文言寫出，長達七萬五千字，算是學術專論，對於有意攻修近代西方哲學（尤其知識論）的年青一代或許稍有啓廸作用。韋政通兄與我合編的「世界哲學家叢書」（三民書局）早已找到不少海內外哲學同行參加撰著工作，但一大半作者都集中他們的研究興趣在現代西方哲學，近代方面幾乎無人問津。做為長期的哲學教育工作者，我深深覺得，這是相當嚴重的學術現象，可能表示我們在近代西方哲學方面的學術人才不太充足，必須早日彌補人才的缺失。

除了上面三篇之外，本書的西方哲學部門還加上最近出過的「沙特的存在主義思想論評」，以及「美國近年來的哲學研究與中國哲學重建問題」。我在後者論介戰後美國在語言解析、形上學、知識論、倫理學等方面的研究成果之後，暗示以解析哲學為主流的現代美國哲學對於中國哲學所具有着的方法論衝擊，且以孟子的性善論與儒家倫理直覺論為例，强調我們實有必要嘗試中國哲學方法論的現代化建構。

在西方哲學與禪道之間，本書也包括曾在「鵝湖月刊」登載的「儒家心性論的現代化課題」上下二篇，同時附有邱黃海與高柏園兩位年青學者分別對於拙論進行評論的文章。「鵝湖」編者本來希望我能忙裡抽閒做一答辯，但我覺得，與其親自答辯，不如一倂收在本書，以便刺激讀者共同思索，從中設法發現徹底解決（儒家）心性善惡問題的種種理論線索，可能更有意思。讀者如果比較拙論與十多年前寫成的上述「美國近年來的哲學研究與中國哲學重建問題」，當可發現前者對於孟子性善論的處理方式要比後者細密嚴謹而成熟得多，算是我這些年來哲理探討上的小小收穫。

本書與姊妹作「批判的繼承與創造的發展—『哲學與宗教』二集」現由東大圖書公司（滄海叢刊）同時印行，各別所收的長篇短論間有關聯，讀者不妨隨時參照，當有助於更為清楚的瞭解。

傅偉勳 一九八六年三月二十八日晨三時於費城郊外

從西方哲學到禪佛教

——「哲學與宗教」一集

目　次

哲學探求的荊棘之路

一、代　　序

去年（一九八二）七月初旬曾去母校夏威夷大學參加陳榮捷教授所主持的國際朱子學會議，前後十天，將近百位學者來自世界各地，濟濟一堂。開會前夕，在東西文化中心餐廳得與聞名已久的韋政通兄初次見面。政通與我又在開會期間聚餐痛飲、促膝暢談多次，結爲良友，算是個人參加此次大會的最大收穫之一。惜別之後我們常以書信聯絡，交換心得。政通亦曾寄贈中國論壇半月刊兩次，這才知悉臺灣已有如此相當水準的刊物。他在去年十二月初的書函，盼我能够忙裡抽閒寫出幾篇文章出來，登在中國論壇。最近我對他表示，一有空暇甚願先寫兩姊妹篇「西方哲學的挑激與中國哲學的回應」與「哲學探求的荊棘之路」，分從哲學探求的客觀性課題與主體性歷程的兩個側面公開個人多年來鑽研中西哲學的一些經驗談。政通體諒我在美國教學繁忙，勸我先就主體性歷程撰寫「荊棘之路」。我就借此機會談談三十年來研討哲學的種種個人體驗，希望不久再寫客觀性課題的另一姊妹篇，也刊登在中國論壇。

近代歐洲最偉大的哲學家康德曾描寫他本人哲學探求的艱苦歷程爲

一條「荊棘之路」。任何讀過他那劃時代的三大批判書以及其他重要論著的哲學本行，都不得不點頭同意康德此語恰當不過。我們可以說，哲學探求本來就是荊棘之路，毫無捷徑可言。論語泰伯篇曾子有云:「士不可不弘毅，任重而道遠。仁以為己任，不亦重乎！死而後已，不亦遠乎！」我們如改「仁」字為「哲學探求」四字，曾子此語的內涵可以擴充而為「哲學探求是任重道遠、死而後已的荊棘之路。」在西方，從蘇格拉底、柏拉圖到本世紀的懷德黑、海德格等眞正第一流的哲學家固是如此，中國哲學家自孔孟直至熊十力以下當代幾位大儒又何嘗不是如此？我當然不是康德般的天才，但我自認是誠摯的哲學探求者，願借康德自述之語簡述個人摸索再摸索，苦思再苦思的內在奮勉與生命試煉過程。我的甘苦經驗對於立志以哲學探求為己任的年輕一代或有切磋琢磨、抛磚引玉的教育意義。

二、選走哲學路

我進高中之後開始對於哲學發生興趣。在高二時偶爾讀了日本近代哲學家西田幾多郎的幾本論著，如「善的研究」、「思索與體驗」、「日本文化的問題」等書，印象特別深刻，因而決意報考臺大哲學系。在那時候的臺灣，大陸出版的左派書刊充斥市面，有關純正哲學的中文書籍很難找到。我自己也不過看到已故殷海光教授（後來我在臺大哲學系與他同事）年少時所寫的一本淺顯的「邏輯學講話」與范壽康教授（大學二年級時為中國哲學史一門的老師）的「中國哲學史通論」而已。當我決定報考臺大哲學系為第一志願之後不久（即民國四十一年六月），在臺灣新生報專欄讀到牟宗三教授的一篇短文「哲學智慧的開發」（此篇後來收在三民文庫「生命的學問」一書），讀後整個心靈大大受震撼，也因此徹底堅固了終身以哲學探求爲已任的決心。此文所提柏拉圖、康德、莊子乃至宋明大儒，那時的我不甚了了，但他所說的哲學氣質一點，却深深地打動了我少年的心。後來在臺大研究所二年級時，同一寢室的同窗好友劉述先（現任香港中大哲學系講座教授）帶我去郭大春家拜過牟先生一次面之外，我從未有過直接受業的緣份。但是牟先生那篇文章對我日後治學的方向確有決定性的影響。此事我的師友（包括述先在內）與學生都不知道；我祇在三年前給牟先生高弟蔡仁厚兄的一封信中稍稍提及而已。總之，牟先生與西田幾多郎這兩位分別代表中日兩國哲學水準的哲學界老前輩，對我個人哲學探求的方向影響至深。如何徹底消化這兩位的哲學著作，又如何批判地超越他們獨創性的哲學理路，一直成爲我哲學探求歷程上的一大課題。

當我父親聽到我將報考哲學系時，就對我說：「你畢業後想在新竹擺八卦桌，以算命謀生過一輩子嗎？」那時的本省同胞幾無例外，鼓勵子女做醫生、工程師或律師。報考文科的已是寥寥無幾，想做哲學家的更等於是瘋狂。像多半人一樣，我父親也誤以命相家爲哲學家。後來讀莊子書，至應帝王篇壺子向神巫季咸四門示相嚇跑這位命相家的一段，拍案叫絕；同時回想以前父親所說的話，又是感慨萬千。

我在高三時，家道已在中落。因爲報考臺大的旅費無着，祇好出售大姐出嫁時留下的老風琴，湊起臺幣三百元，坐了火車北上臺北，從此開始了自已所追求的思想生活。

三、大學階段

從臺大哲學系一年級到哲學研究所畢業，我一直是清寒學生，靠幾種微薄的獎學金與家敎賺來的外快維持了六年學生生活。外在生活雖然如此貧苦，由於哲學這門不著實際的專行是我個人實存的抉擇，我在精神上可以說是十分愉快的。那時的我是道道地地的理想主義者，旣不考慮畢業之後職業如何，也從未想過留學的可能性，我腦子裡充滿的是文學藝術的幻想與哲想宗教的玄思。

兩位爲我紮根的敎授

在大學一年影響我最深刻的兩位敎授，是已故方東美師與中文系的王叔岷師。方師所敎的哲學概論，在那幾年是哲學系與外文系學生的必修課程。他的講課極富哲學靈感，有如天馬行空，又有啓發英才的一種魔力。在知識論，他從詹姆斯的實效論跳到柏拉圖的理型論，從柏拉圖又轉到康德純粹理性批判，再從康德往向十九世紀的數理哲學、馬赫的感覺主義、量子論、相對論，乃至整套科學的哲學。在形上學，忽爾暢談柏格森的創化論，忽爾搬出印度奧義書與吠檀多哲學，忽爾描繪柏拉圖與亞理斯多德的形上境界，又忽爾提論黑格爾辯證法。方師可以說是善於曠觀宇宙人生的美感哲學家，因此論詩境，論藝術，論「乾坤一戲場，生命一悲劇」，他無疑是第一流的大學敎師。我從方師所學到的是廬山頂峯展望諸子百家的哲學胸襟與不具我執我見的玩賞能力。方師給我的是一百條哲學道路，我也祇有從這百條道路暗中摸索出自己的一條理路了。老友述先在他一篇「高風亮節懷哲人」中敍述有關方師敎書的神情極其生動，又在中國論壇近期總論方師畢生的哲學成就，淋漓盡致，都是我所同感又能同意的，我就不必在此詳述我們這批哲學系學生從方師如何獲益了。

據說已故臺大校長傅斯年先生親自規定過，臺大新生一律要唸孟子（全文）與史記（選讀），用兩個學期的國文課修完。我那一年上國文課，與中文、歷史二系學生同班，擔任敎授是以校勘學著名的王叔岷師。王師講授孟子與史記，義理當然不放過；但可貴的是，他必字字解釋，句句析義。我雖不是中文主修，却從他嚴謹細密的考證訓詁作風眞正學到了日後攻治中國哲學所必需的專門訓練：義理之學與考據之學缺一不可。也許那時我已隱約感到總有一天會從西方哲學轉向中國哲學吧，在王師循循善誘的指導下委實對於中國校勘考據之學下了一番苦功。二年級以後也繼續上他的莊子與淮南子兩門以及已故屈萬里教授所教的詩經與尙書，打下了一點國學的基礎。離開大學生活以後，所以一直喜歡翻閱清代乾嘉學派以來直至當代梁啓超、于省吾、劉文典、顧頡剛、羅根澤、高亨、張心澂等有關訓詁考證方面的國學論著，可以說主要是王師的影響，畢生難忘。我在十一年前開始構想自己的一套哲學方法論，包括「創造的解釋學」(creative hermeneutics)，就有熔考據之學與義理之學的意圖在內。

藉日文鑽進哲學知識

二年級以後上過系主任洪耀勳師所講授的西洋哲學史與印度哲學史，對於整個世界哲學的發展線索開始關心，也了解到哲學史的研究在哲學探求上的重要意義。臺大哲學系特別規定該系學生必修中、印、西三大哲學史，共二十學分。此一規定正確不過。美國大學一般哲學系則無此規定，因此美國的哲學主修學生總抱有一種偏見，認爲中印思想不算是哲學了。由於我自幼通曉日文，在西方哲學與印度哲學方面的研修方便不少。我那時能够讀通文得爾班的「哲學史教本」與「近代哲學史」等西方哲學史的名著，都靠的是忠實暢達的日譯本。在印度哲學史方面，我從日本學者的著作獲益更多，包括宇井伯壽的「印度哲學史」與六大册「印度哲學研究」，木村泰賢的「印度哲學宗教史」、「印度六派哲學」、「原始佛教思想論」、「小乘佛教思想論」、「大乘佛教思想論」，和辻哲郎的「原始佛教的實踐哲學」等一流論著。我大學時期的英文閱讀能力不强，且正開始學習德文，根本無力大量捧讀西文書籍。中文方面的哲學書籍又少得可憐，而多半水準很差，我就祇有依靠日文哲學書籍增加我的哲學知識了。我這二十多年來研讀西方哲學，早已毋需日文著作；但當時的我如果沒有哲學系極其豐富的日文圖書設備，我在整個大學階段的哲學探求恐怕要受很大的限制了。

體驗了「欲速則不達」

雖然日文書籍幫助不少，眞要摸通以概念分析與邏輯推理的方法論步驟擅長的西方哲學，對於當時喜好文學勝過哲學的我來說，處處感到困難重重。記得大一時由於幾次無法聽懂方師的哲學概論，跑到臺大總圖書舘借了一本淺顯的日文哲學概論書，翻閱幾遍，仍搞不通唯心論等專門名詞。在大二時，又有一次雄心勃勃地想以急快速度唸完天野貞祐日譯的康德三大批判書， 結果整整花了十天； 讀後祇覺茫然，一無所獲。初次試讀康德，眞正體會到孔子「欲速則不達」一語在治學上的深意。也同時得到一個寶貴的敎訓：研讀西方哲學名著，必須慢慢咀嚼，依循邏輯思考的步步開展慢慢推敲，慢慢學到隨後體驗原哲學家從問題設定到發現解決線索整個哲學探求過程的一種思維工夫，這樣才有尋獲其中訣竅的可能。大二階段研讀康德三大批判書的失敗經驗，對我日後培養小心細讀休姆「人性論」、海德格「存在與時間」、沙特「存在與無性」等等名著的耐性與功力幫助很大。譬如後來我讀「存在與時間」的序論部份， 摸索了起碼十遍， 然後再去讀結構嚴密的完整名著，回過頭來重讀一次序論，忽覺豁然貫通，而手舞足蹈，眞是大快我心。我相信任何誠摯而又嚴肅的哲學探求者都有這種個人體驗。

理性與感性間的抉擇

我在大三以後逐漸縮小研究範圍，興趣漸從廣泛的哲學史凝聚於康德到黑格爾的德國觀念論與齊克果與尼采到沙特的實存主義（又稱存在主義）。由於我對德國哲學興趣特濃，自然也開始加强德文閱讀能力。起初我對實存主義的研究還是停留在文學的階段，想從文學作品獲得實存的感受，做爲未來專攻實存哲學的預備工作。在大學最後兩年，我對十九世紀到第二次大戰爲止的歐洲文學主要作品與潮流曾下一番苦功。因此之故，我當時懷疑自己可能選錯了路，也許應該轉向文學。我個性之中理性（哲學探求）與感性（文學感受）强度相等而又相尅，一直困擾我到伊利諾大學獲取學位爲止。不少朋友都看出我這個特性。譬如在去年朱子大會結束後，仁厚兄從東海大學寄來短函，謂「此番檀島之聚，覺得兄在會中是理性人，在會外是感性人，而感性一面之印象特爲鮮明。」政通兄、高明教授與趙玲玲來函亦有類似的話語。逖先在研究所時有一次就對我說過，我是感性很强的人，也許在文藝方面更會成功。但是我自己隱約覺到，正因爲我的感性常常勝過理性而難馴，我非强制自己接受理性的安排不可。就這樣我還是勉强走了理性之路直到今天。回顧這三十年來的一番生命的試煉，自覺沒有走錯了路。中國傳統的一陰一陽相尅相成之理，或可用來解釋個性擴充成長的生命歷程吧。我也有時根據自己個性發展的經驗，從較道德實踐更爲廣闊的角度去了解張載以下宋明儒「變化氣質」之說。

在大學最後半年，我對雅斯帕斯的實存哲學興趣大增，就選了他的主著「哲學」三卷的首卷「哲學的世界定位」做爲大學畢業論文的題目。（雅氏主著的第二、三兩卷分別題名「實存照明」與「形而上學」。）我這篇畢業論文從今天的眼光看來，粗糙而無創見，不過總算是在中國首次論介雅斯帕斯哲學的長篇了。

用德文再打開一扇門

研究所畢業之前述先還為我特別介紹香港「自由學人」雜誌主編李達三先生，把整篇全文登在其中一期，算是我處女作的首次出版。當述先帶我去見牟先生時，牟先生認為我懂德日兩國語文相當難得，建議我把雅氏主著譯成中文。也許我對有創造性的及批評性的哲學思考與趣較大，始終沒有試譯過任何西方或日本哲學著作。如從哲學教育的觀點去看，我對名著中譯的工作應該是責無旁貸的。我沒有從事於此類工作，做一個哲學教育家頗為內疚。

四、研究所階段

我大學畢業的那年開始，考取研究所可以緩訓，我就決定留在臺大，便與原來高我一班服役回來的述先同班。到了第二年，我從臺北市中心的家教地點搬到臺大第九宿舍，整整一年與述先在同一寢室。

亂世中的「吃飯老師」

臺大研究所的兩年是我哲學探求歷程中的低潮時期；對於述先似乎也是如此。從外在方面看，那時的臺灣經濟根本沒有起飛，國內外情勢又十分緊張，從金門炮戰到蘇聯坦克車蹂躪東歐等等，都令人惶惶不安。依稀記得方師那時教人生哲學，常離正題，動輒激昂地叱罵王陽明致良知教大大阻礙中國發展近代科學、民主國家的姑息政策助長蘇聯吞併全歐的野心等等；一代哲人的情緒都如此激動，我們這些學生更是無所適從了。就內在方面說，我雖是理想主義者，畢竟不得不設想此後找事謀生的現實問題。述先也有類似的實存問題。我們在那一年已不太看書，每到晚間就開始促膝對談，從哲學宗敎論到文學藝術，從國際情勢扯到個人感受，而常不知東方之旣白。述先有如我的老大哥，賺了一點稿費就請我吃吃宵夜，頗有「千金散盡還復來」之概；帶我見過一次牟先生與已故徐復觀先生；也常帶我去楊伯伯（即同窗楊漢之的父親）家大吃湖南家鄉味。我喜歡外省菜，特別好辣，就是由於述先「指導」有方。去年朱子大會間，我與述先、政通、仁厚等幾位在一家中國餐館時，公開告白述先是我的「吃飯老師」，引得哄堂大笑。

沒忘記述先的那句話

述先又覺得我太純眞，毫無人情世故的經驗與了解，常把世界上的人都看成好人，深怕我一進社會做事，會吃虧不小；因此勸我在預備軍官服役期間好好自我磨鍊一番，必定對我很有好處。十年之後我們在美國歡聚時，我半開玩笑地說：「記得多年前你勸我不要太過純眞相信一切人都是好人嗎？我現在走另一極端，專從壞的一面去觀察別人。」我個人的這類經驗，對我思考人性善惡的問題，很有益處。我後來所以特別關心人性論，時常探討孟子性善論的證立課題，起信論眞如無明相互薰習的「實存」現象學問題，實存哲學中非本然性轉向本然性的成立根據等等問題，都與個人的具體經驗與實際反省息息相關。述先恐怕沒有想到，他當初那一句話居然會變成我日後關注心性論問題的觸媒了。總之，研究所的兩年生活，惟一值得留念的是與述先之間所建立的珍貴友誼。述先在畢業之前獲得東海大學的聘書，我也草草趕完碩士論文「雅斯帕斯的哲學研究」。我們就分道揚鑣，他去東海敎書，我則南下鳳山，在陸軍步兵學校接受預七期軍訓。

五、初遊美國

民國四十九年空軍編譯官服役期滿，回到臺北，開始找事，幾乎走頭無路。臺大哲學系洪主任爲了調我回去，想盡了辦法，終於弄到助教職位給我。我以碩士資格屈居助教，在當時困苦的處境來說，自覺已是十分幸運的了。因此機緣，我決定了以哲學教育爲終身的工作目標。

那年十一月，由美國聯邦政府撥款在夏威夷大學新設置的東西文化技術交流中心，委託教育部在臺北招考獎學金學生。我從未做過留學的美夢，也就沒有考慮報考。但在招考截止的數小時前，洪老師到我研究室來促我報考。結果很僥倖地考上了第二名，而在次年二月初旬與同時考取的其他十一位男女學生離開故國，經由東京飛往檀香山去了。

那時的夏大哲學系規模尙小，祇設碩士學位，正式的教授也不過四位。該系資深教授謨爾（Charles Moore）是國際有名的比較哲學權威，創辦「東西哲學」季刊，與印度總統拉達克利西南（Radhakrishnan）合編過「印度哲學資料書」，也主持過三次東西哲學家會議。我上他所講授的「東西哲學」這門課程，得以訓練自己從較廣泛而又批評的世界哲學觀點公平地考察中西印三大哲學傳統的優劣功過，對我日後在比較哲學與後設哲學的探硏很有益處。謨爾不能算是獨創性的哲學思想家，但他有極大的胃口吸納東方思想，而以同情的了解態度尋覓世界各大哲學傳統可能會通之處之理，實在難能可貴。他可以說是比較哲學研究領域的極少數開拓者之一，其功實不可沒。

我也同時選修系主任納格利（Nagley）的「現代哲學討論」課；他因專攻實存主義鼻祖齊克果的思想，在這門課偏重當代實存哲學的討論。我在臺大時期已大體研究過實存主義，尤其熟諳雅斯帕斯的哲學思想，但沒有仔細讀過海德格與沙特的哲學著作。我就藉此機會開始摸索海、沙二位的哲學理路。記得有一次在討論課上，輪到我在十幾位研究生之前唸自己寫的有關海德格「存在」(Being) 概念的試論，納格利教授一下課就走到我坐位前與我握手，表示鼓勵與讚賞。我在這篇試論比較海德格的「存在」或「有」與大乘佛學的「一切法空」以及吠檀多哲學中超越神論意義的婆羅門。從今天看來，我這篇試論在方法論與解釋學都很有問題。但以我那時有限的功力，根本發現不出其中缺陷；連納格利也看不出我試論中的問題所在。

到了夏天，東西文化中心特別邀請遠在新英格蘭的陳榮捷教授（英文名字是 Wing-tsit Chan）回到夏大教暑期課程。

陳老師與夏大的關係極其密切，他不但與謨爾教授共同創辦該校哲學系，又是促成以往三次東西哲學家會議的眞正主腦。我因選修他所講授的一門「現代東方思想」，從此建立了師生的情誼。當他分發期中考試卷時，當衆宣布我是全班第一，還加一句我的英文功力也很不錯。我在洋人學生面前頗感羞愧，因我深知自己的英文表達能力有待改善。在大考時陳師出了三大題，包括中日印當代思想，我對這三題分別用中日英三國語文回答。陳師似乎對我印象很深，大考完後特別請我吃一頓中飯，同時問我願意推薦那位臺灣代表參加三年後擧行的第四次東西哲學家會議。我毫不猶豫地提了方東美師的名字。開會的半年以前謨爾正式邀請方師，也經過臺北與方師見面，那時我也去過旅館與這位第一個美國老師敍舊。他說也要我陪方師參加大會，將由亞洲基金會供給旅費。我獲得旅費後却取消了計劃，因爲我要等待未婚妻鍾淑兒在夏天辭去密芝根大學職位回國與我結婚。方師與逑先都覺得可惜，但也能體諒我當時的心情。逑先也被邀請參加，會後寫了一篇文章報導會議的前後經過，在雜誌刊載後也寄給我一篇。

鑽研大乘與禪學

夏大第一年（民國五十年）的秋季，我開始跟生在檀島的美籍日人稻田龜男（Kenneth Inada）唸大乘佛學與鈴木禪。稻田師從夏大哲學系畢業後，曾在芝加哥大學獲碩士學位，再去東京大學，在著名佛教學者宮本正尊、中村元等教授的指導下寫成博士論文「從龍樹空宗到瑜伽唯識論」。他與當代日本禪宗大師鈴木大拙也有不平凡的關係，常將鈴木贈他的「無」字書法拿到課堂上，說明大乘佛學的「空」或「無」如何離四句絕百非，非有相，非無相，非有無俱相，非非有相非非無相，空亦復空，無又復無，以至於八不中道，彰顯言亡慮絕的不可思議境界。儘管他費了很大力氣想把「一切法空」的眞諦解釋清楚，我却覺得茫然毫無頭緒。我在臺大時雖然讀過一些印度佛教書籍，對於大乘佛學却沒有下過一番苦功，更沒有摸索過禪宗。至於佛教經典，也只隨便瀏覽過阿含經、心經、金剛經與法華經而已。我上了稻田的佛學課程，開始發現大乘佛學的哲理深妙無比，於是決意此後花至少十年以上的功夫搞通佛教哲學的基本路數。稻田先生可以說是指點我探求佛教之道的第一位老師；我們也因對於佛教研究的共同興趣建立了終生不渝的友誼。七年前我有一學期休假，在家研究寫作；系裡特別請他做訪問教授，每禮拜三從紐約州立大學坐飛機來天普大學代我執教博士班佛學課程。

那時由於我還無力應付整個（大乘）佛學的形上學、知識論與邏輯方法論這些最艱難複雜的課題，我暫時貫注於禪學研究，尤其通過鈴木大拙的英文著作設法了解整個佛教哲理解消於禪道的其中訣竅。鈴木大拙著作等身，三十歲時英譯「大乘起信論」而開始出名，後來以英文三姊妹書「禪宗論集」奠定他在現代禪宗研究的無上權威。一般中國讀者恐怕不太知道鈴木的學術成就並不限於禪宗一家。他在六十三歲才以「楞伽經的研究」(英文)與「楞伽經」英譯獲得日本博士頭銜;他在華嚴思想、淨土眞宗、神秘主義以及比較宗教研究方面亦有不可磨滅的功績。鈴木精通巴、梵、西藏、德、中等多種語文,除了上百的英文論著之外,日本岩波書店戰後出版的日文全書也有洋洋三十四卷,算是本世紀首屈一指的國際性佛教學者。中日禪宗思想經過他那流暢的英文筆調,首次移植到歐美各國,逐漸在西方生根流傳。鈴木一生爲了發揚佛教哲理不遺餘力,尤能開闢一條佛教研究現代化之路,而在比較哲學與比較宗教學產生深遠的影響;我們一方面以鈴木能爲中國佛教(尤其華嚴與臨濟禪)揚眉吐氣而興奮,另一方面也爲我們中國學術界感到慚疚。鈴木的例子可以證明,數十年來日本在佛教研究方面的成就確是各國之冠。當然,我國佛教圈內的名流學者如歐陽竟無、太虛、印順、演培、黃懺華等等,如就佛教哲理的了悟一點而言,恐比日本佛教學者有過之無不及。然而我們不能否認,我國自清末以來的佛教研究與論著,在方法論與解釋學一直沒有開拓一條現代化的道路出來。

我在夏大時期的禪宗研究,不但擴大了我的精神視野,也同時使我隱隱感到,禪道思想(包括莊子在內的)在不久的將來對於整個西方哲學、神學、心理學、心理分析、精神醫學乃至精神療法可能產生的鉅大挑激與影響。尤其當我讀到出版不過一年的「禪佛教與心理分析」(英文),更加强了我的感觸。一九五七年由國立墨西哥大學醫學院所主辦的有關禪與心理分析課題的第一次國際性討論會在墨國擧行。該會主持人是新派心理分析的健將弗洛姆;他從多篇論文之中抽出三篇,合爲上述一書,包括鈴木大拙的「禪學演講」、鈴木美國弟子馬定羅(Richard de Martino)的「人存在境況與禪佛教」,以及他自己的「心理分析與禪佛教」。馬定羅專攻禪學,爲鈴木最得意的洋人門生,鈴木曾譽之爲西方第一個禪宗通,早我幾年來天普大學講授禪與西方思想,並獲本校宗敎系博士學位。他多年來是我宗敎系的同事，研究室相鄰，十分親近。由於我在夏大打定了禪道研究的基礎，從十二年前轉到天普大學之後得以逐漸發展個人的禪道詮釋，而從自己所謂「超形上學的」（trans-metaphysical）禪道觀點試予解決海德格存在論所遺留下來的西方形上學難題。我從禪道研究經由海德格存在論的批判而至「超形上學」理路的自我開拓，前後花了將近二十年，容後細述。

到加大重念康德

第二年（民國五十一年）冬天我用東西文化中心的獎學金轉到加州大學（柏克萊分校）哲學系，直到八月底。在加大期間，我全部精力放在康德知識論的研究，選修系主任阿先布列納（Aschenbrenner）的高班課程「康德」，專讀「純粹理性批判」。這次研修康德，已與大學二年級時的讀法不同，除了原典之外，閱讀不少康德注釋書與科學的哲學方面的新書，以便了解現代知識論與科學的哲學如何步步解決康德以來有關時空概念，數學與科學知識的成立根據，傳統形上學與神學的批判等等問題。我也藉此機會對於邏輯經驗論下了一番苦功。我一向深知自己基本上是思想型態的哲學探求者，對於有關人存在的哲學問題比純粹邏輯與科學知識的成立問題興趣更大。因此在臺大時期從未上過殷海光敎授的課，也從未摸過邏輯經驗論或解析哲學。我來加大重念康德，才眞正發現到「了解康德，必須超越康德」的道理。我明明知道自己不會變成邏輯專家或解析哲學專家，却強逼自己逐漸轉向現代哲學解析的研究，直到伊利諾大學完成博士論文爲止。我在加大時期對於康德乃至現代解析哲學的鑽研，使我深深體會到「哲學問題探索法」的重要與「批判的繼承與創造的發展」在西方哲學上的意義。這種體會對我日後探研中國哲學與中國哲學史的根本態度很有影響。

在加大時，淑兒與我同修兩門：一門是康德，另一門是來自挪威的訪問教授納斯（Arne Naess）所開的「哲學體系奠基論」討論課。納斯原是邏輯經驗論者，多年來爲奧斯羅大學哲學系主任，通曉七國語文，是北歐最有權威的哲學家。他是我所見過的西方哲學教授之中最傑出的一位，生平最喜歡讀斯賓諾莎拉丁文原著「倫理學」，也最喜歡爬喜馬拉雅山。記得我回臺大教書之後他曾寄給我以挪威文剛出版的「西洋哲學史」三卷；我那時也恰好由三民書局出版我的新著「西洋哲學史」，就以投桃報李的方式也寄贈一册給他。淑兒與我後來去伊利諾大學之後，他又從奧斯羅寄贈一本他爬喜馬拉雅山峯的挪威文書，裡面附有不少圖片與照片。納斯有北歐人的優越感，看不起美國人的世俗，也嫌惡美國汽車太多，阻礙散步的自由情趣。他十九歲時曾在巴黎愛上一位中國女孩。因此對中國人印象特深。他一直是我們的挪威叔叔。

從挪威叔叔受益

我從這位挪威叔叔所學到的是：⑴如實地隨後體驗，並了解原哲學家（如康德或黑格爾）在他思想體系的構築所憑藉的理論奠基與推演理路；與⑵培養哲學思想系統化工作所需要的一套方法論建構技巧。

第一點涉及哲學史家挖掘原有哲學思想的理論基礎（譬如整個哲學所預設的第一原理）與論理程序（概念建構上所展現出來的邏輯步驟）所應具有的一套眞實本領。納斯在課堂上曾以文得爾班的古典名著「哲學史敎本」爲例，說明第一流哲學史家如何發現原有哲學的根本原理，如何重新建構原有思想使其理路更加明晰而條理井然，如何透視一家一派思想形成的來龍去脈，如何貫穿同一學派中個別哲學家所建立的理論系統以便發掘該學派的基本探求精神與思維特質等等，對於當時仍在暗中摸索哲學家思想體系與哲學史上各大學派理論的內在關聯與前後脈絡而掙扎著的我來說，實在等於方法論上的一縷光明，受益匪淺。他又舉出邏輯經驗論爲例，說明如何經由方法論的重新建構找出此一學派理論的優點與局限性。納斯自己曾是此派理論的北歐首席代表，卡納普・艾爾等此派健將都是他的好友，而居然能够跳出此派藩籬，廣從哲學史的發展角度一一發現各家各派的理論優劣所在，確有不平凡的哲學氣派。他又提及英國哲學家柯林烏的主著「形上學試論」，論介柯氏對於形上學的嶄新見解，認爲形上學是挖掘各家各派哲學理論中所存在著的絕對預設的一種不具我見的歷史科學。我這位挪威叔叔沒有想到，他的臺灣姪兒在三年後因受他所曾論介柯氏絕對預設說的影響而開始自創一套建構哲學史概念的初步方法論，撰寫了一本「西洋哲學史」。當我寄這本書到奧斯羅大學給他時，我並沒有加上這個說明。但他在加大給我的指點是難以忘懷的。他這位天眞可愛的叔叔有一天晚上跑到我的住處，邀我去酒吧大喝大談，又給我看他的一篇有關原有哲學思想的重新建構所應展示的推演步驟與邏輯結構的論文。我不久依照他這套方法論寫出一篇試論，論理有序地演繹了「論語」裡面的孔子思想。他讀完之後大加讚賞，叫我稍加修改，然後登在他所主編的國際性哲學季刊「探求」（Inquiry），係奧斯羅大學所出版。我沒有按他的意思去做，因我對於以嚴密論理爲主的純西方哲學方法論可否照樣應用到中國哲學思想的重新整理與建構，頗有懷疑。不過十年後我從天普大學寄了一篇老子哲學的論文給他，登在他的雜誌。寫這篇論文時，我剛開始構想一套中國哲學所能適用的方法論，逐步發展自己所謂「創造的解釋學」，終於擺脫了他那純西方式的方法論影響。

我從納斯叔叔所學到的第二點，關涉獨創性哲學思想家的自我理論展開課題。我通過他的指點，暫時獲取以下個人心得：⑴哲學史與哲學創造需要分開，而哲學史的方法論與哲學創造的方法論亦有本質性的殊異。中國傳統的開創性思想家就因爲過份執守道統，常不（願）分清哲學史家和哲學家的功能，而以註解式的方法試予打開自己理路，故在思想展示與語言表現囿於陳襲的框架，處處感到限制。在這一點，我們實有必要學習西方開創性思想家的「批判的繼承與創造的發展」這種獨立自主的哲學探求精神。(2)哲學思想的創造與新方法論的建立乃是一體兩面，不可分離；這一點在西方哲學特別明顯，第一流的獨創性哲學家如亞理斯多德、笛卡兒、康德、黑格爾、海德格、維根斯坦、羅素等等，皆是如此。在中國哲學亦理應如此，祇因我們過去缺少高層次的方法論反省，故常忽略哲學創造與方法論建立的不可分離性。(3)哲學思想的創造必定涉及理論奠基的立證，理路清楚而前後一致的思維程序、新穎明晰的語言表現、哲學思想的系統化等等課題。納斯對於哲學思想的奠基與體系化所提示的一套純西方式方法論雖不太適用於中國哲學的未來重建與開創，他所討論的上述課題對我們的哲學傳統至少構成一種建設性的挑激，耐人深思。

納斯也很喜歡淑兒。學期結束後他請我們在附近中國餐館吃飯，半認眞地說：「如果我再年輕二十歲，我就要跟你們二位鬧三角戀愛了。」我那時剛要離開加大，以東西文化中心的豐富旅費遊歷美國各州，包括西雅圖的世界博覽會。我問他是否也去參觀，他回答說：「文明對我大可不必了，我要擁抱的是偉大的自然。」我們就如此告別了。數年之後他來函告訴我們，已在開始學梵文，探求東方之道。一九六九年他也參加過在夏大舉行的第五屆東西哲學家會議。

克服了個性限制

我從旅行歸來，在柏克萊與淑兒訂婚而匆匆告別，飛返檀島，在初次旅美的最後半年寫完碩士論文「休姆因果論基本概念解析」。那時夏大哲學系因有東西文化中心的强力支持開始擴大，新設博士班，我就變成第一個候選人，但因兩年期限的簽證無法更改，我祇有退一步再拿一個碩士學位回家了。我選休姆因果論爲研究題材，一方面固然是爲深化我對整個（以知識論爲主的）近代西方哲學的了解，另一方面則是特別爲了徹底克服我那過份感性、喜好文學勝過哲學的個性限制，俾能通過這一關哲學生命的試煉加强並提升我理性的一面。這一次克服自我限制的哲學磨鍊，對我日後的哲學思考以及哲學教育工作幫助極大，至今慶幸不已。

六、臺大教書階段

民國五十二年二月中旬我回到臺大哲學系，擔任講師，除接洪師所敎的西洋哲學史外，另開兩門新課：「英國經驗論討論」與「哲學問題討論」。我初次上臺敎書，不但期望過大，想法也太天眞，想把美國慣用的一套師生以平等地位共同討論哲學問題的敎學方法原原本本搬到我們自己的課堂上，不到一個月就已發現此路不通了。第一、中國一般大學生與硏究生並不習慣在課堂上與老師共同探索問題、討論問題以及解決問題；在公開場合與老師激辯或進一步難倒他，更是不成文法的一種禁制。第二、我敎的是西方哲學，卽使主修哲學的中國學生多半還是對於攻治西方哲學所必需的我所謂「問題探索法」(the problem-searching method）無能爲力，遑論批評的探討或超越了。

一個實踐性課題

我一發現以師生共同討論爲主的敎學方式行不通之後，立刻改爲老師講課爲主的傳統辦法；對於較有哲學頭腦的英才則在課外時間另外做進一步的討論。我與較有哲學氣質的幾位學生有時花去整天的時間私下討論哲學問題，對我個人來說，也實在是教學相長。我與大多數的學生經常打成一片，或一起郊遊，或一起吃消夜，談東論西，而忘却師生之隔。我這種態度一直保持到今天。我雖將近天命之年，我的性情仍是孩童一般，因爲我始終覺得以哲學探求爲己任的人必定要培養出莊子所最善於描寫的不計名利、超越世俗的哲學氣質。記得去年國際朱子大會開會前晚，與政通、仁厚等幾位來自臺灣的代表初次見面時，當場有人驚叫一聲「怎麼白髮會如此之多？」老友述先立即介紹我說:「偉勳是個老少年。」我那時聽到述先用「老少年」三字概括我的一切，內心欣悅，頗有「生我者父母，知我者老友」之感。我直至今日仍覺自己是個學生，我所有教過的學生都是我的同學。在這一點，我偏好禪宗師生平等的傳統。我尤其覺得，在哲學探求之道應無師生之分；尊師重道與否，不是由傳統或老師從上所能取決的，而是應由學生自己實存地決定的。我再度出國的兩個月前，有一天與此刻任教香港中文大學哲學系的石元康君（牟宗三先生繼子）到臺大對面吃冰。閒談之間元康忽問:「您又要遠遊了。回顧一下三年多來教出我們這批學生，總會有一點老師的自豪吧？」我當時祇笑而不答，因我從未有過師尊的感覺。三年前他從加拿大渥太華大學獲取學位，去港執教中大之前，曾攜妻蔡美麗（也是我的學生，低他一班，最近亦獲學位受聘於政大哲學系）來訪。他的專長是現代西方倫理學，我們爲了一個社會倫理問題展開激辯，在問題之前沒有師生的高低；我反覺得元康的見識已有凌駕過去乃師之勢，委實興奮不已。依我個人的教學經驗，教卽是學，而傳統的尊師重道在現代化過程當中亦應稍有修正，俾使不致妨礙眞實嚴肅的哲學探求。如果我們在大學課堂要有開放的師生討論，這一點點修正是絕對需要的。這也算是環繞著傳統與現代化之間的一大實踐性課題。

我再度旅美之前，在臺大還教過必修課程印度哲學史以及兩門歐洲哲學方面的課：「實存主義與現代歐洲文學」與「現象學的存在論」。「實存主義與現代歐洲文學」在第一堂就吸引了一百多位學生，多半來自外文系、歷史系及其他科系。我教這一門確實下過一番苦功，也經由書商翻印歐洲文學名著的中譯，如托斯妥也夫斯基的「卡拉馬助夫兄弟們」等等，當做講課之用。「現象學的存在論」這一門的哲學份量較重，我以胡塞爾現象學方法的奠基理論開頭，而以海德格劃時代的實存哲學名著「存在與時間」爲主要教材。我教此書時，已經克服了我在夏大攻讀海德格的種種困難與限制，能從胡塞爾現象學的開創與步步修正到海德格與沙特分別打開的現象學的存在論理路，逐漸發現整個現象學與實存主義的優劣功過了。我不太記得有多少選修的學生從我的講授受益，不過蔡美麗同學今年三月從政大來函說，正開胡塞爾現象學這門課程，訓練學生直接閱讀原著以便深透現象學的方法云云；讀了她的來信，得知她已越過過去乃師而爲中國少數的（女性）現象學專家之一，心中的愉悅簡直無以形容。我個人在哲學探求上徹底超克現象學與實存主義哲學的理論局限性，而企圖建立超形上學的禪道理路，還是到了天普大學以後的事。

著書躭誤了蜜月

在著書方面，我最大的著作是那部三民書局的大學用書「西洋哲學史」（現已七版）了。我與淑兒結婚不到一個月就開始動手撰寫，前後祇花十個月（民國五十三年十月至次年七月）；因夜以繼日寫書，沒有度過蜜月，也沒有好好嘗過新婚的滋味，卻首次體會到學者生活的單調與艱苦。寫此書時，已有一年半的西哲史教學經驗，也積累了不少個人筆記與心得，自覺應付自如。但執筆期間也得時時翻查英、德、日三國語文的哲學原著、哲學辭典以及哲學史的文獻。關于這些，讀者可從本書緒論「哲學史概念」窺知一斑。那時的臺北出版事業還未眞正起飛，三民書局的劉振强經理卻不計成本促我撰著此書，臺幣一萬八千元的稿費從今天看來也許微薄，我個人已是很滿意的了。

根據大學以來研究哲學史的個人心得，我在這部書裡開始探討西洋哲學史的現代方法論課題，並構想出自己的一套初步的哲學史概念與方法論技巧。我的長輩同事殷海光敎授曾讀了一遍拙著，評謂我走的是黑格爾式觀念論路線；殷先生是長期執守邏輯經驗論立場的思想家，並不喜歡黑格爾那一套玄學。大家都知道，邏輯經驗論有一基本原則：任何經驗事實無從檢證而又與邏輯無關的判斷或命題，乃不過是沒有（經驗）意義的無病呻吟，譬如柏拉圖的理型（概念性的實在）肯定或黑格爾的絕對精神辯證歷程說。但我以爲，如果我們固執邏輯經驗論一類極其偏狹的哲學觀點，哲學史這一門專科就沒有甚麼存在理由，而哲學史的撰著也大可不必了。事實上沒有一個正統的邏輯經驗者寫過哲學史書，而哲學立場接近該派的邏輯原子論者羅素所寫的「西洋哲學史」，除了對於傳統哲學的各家各派偶爾閃現敏銳的考察與批判之外，並不能算是哲學史的佳作。我的挪威叔叔納斯原來也是邏輯經驗論在北歐的首席代表，但當他在寫三卷哲學史時，已經跳過邏輯經驗論的框架，而能廣從較客觀的哲學史觀點去重新建構並評衡各家各派的哲學思想了。

架構哲學方法論

我在該書初步構想出來的（西洋）哲學史方法論涉及互不可離的三點：

第一，西方哲學家基本上是從哲學問題出發，以解決哲學問題而結束；因此哲學史家必須能夠隨後體驗原來的獨創性哲學家從發現問題到解決問題的整段思維歷程，而以所謂「問題探索法」去重新發掘原有問題或課題的核心所在。譬如蘇格拉底以前的古希臘哲學的根本問題是「存在究竟爲何？」蘇格拉底基於靈魂的關懷，首次推出人存在問題，尤其是道德知識問題；到了柏拉圖的理型論，宇宙實在問題與人存在問題構成一體的兩面。又如笛卡兒，他所以稱爲近代哲學之父，乃是因爲他能擺脫中世耶教哲學「兩重眞理」的束縛，爲近代理性的奠定首次發問「如何獲得具有絕對明證性而不可懷疑的哲學觀念與眞理？」之故。記得維根斯坦曾經說過，眞正的哲學家不一定要解決哲學問題，最重要的是他能發掘前人未曾想過的哲學問題。問題探索法在西方哲學的重要性，更可以在洛克之後以知識論課題爲核心的近代歐洲哲學看得出來。在幾乎所有劃時代的近代西方哲學名著，序論部份所以經常構成全書最爲吃緊的關鍵所在，最主要的理由是原作者在序論部份提示他所發掘的新問題、他所開創的新理路、以及他所發明的新方法，而逼使有心的讀者在各自的哲學探求歷程不得不過他這一關。任何細心讀過洛克「人類悟性論」、休姆「人性論」、康德「純粹理性批判」、黑格爾「精神現象學」等等名著的序論部份的哲學探求者相信都會同意我所强調的這一點。在現代歐美哲學，情形也是如此。海德格的「存在與時間」與沙特的「存在與無性」二書各別的序論所具有的哲學份量便是最顯著的例子了。

第二，典型的西方哲學家在從問題設定到問題解決的思路表現，慣用一套嚴密的概念分析與邏輯推演。哲學史家的任務便是一方面要使用明晰易曉的哲學語言重新建構並展示原有哲學思想的論理程序，同時指摘原有思想中所存在著的觀念矛盾或不一致性；另一方面則要設法彰顯原有思想可能含藏著的內在意涵（implications），而進一步暗示從原有思想含藏著的意涵所能發掘出來的新課題以及所能發展出來的新理路。換言之，哲學史家必須並用各家各派乃至各時代的哲學思想之間的思維關聯與思路進展，俾便一般以哲學探求爲己任的哲學史書讀者逐漸體會我所强調的「批判地繼承與創造地發展」傳統哲學思想的現代意義。這就是我在該書序言所簡述過的撰著旨趣。

第三，我在該書借用柯林烏所創設的「絕對預設」一辭以替代西方哲學的傳統名辭「根本原理」，而較客觀地規定「(西洋）哲學史本質上是哲學思維的絕對預設不斷修正改變的歷史。」哲學史家的一大任務便是要在各家各派乃至各時代的哲學思想發掘整個思想底層的理論奠基據點亦即絕對預設，而從不同角度公平客觀地評衡原有絕對預設的優劣功過，從中暗示超越該絕對預設的種種新思想的開創可能性。我在該書雖然說明了我援用柯氏的「絕對預設」概念，與他自己在「形上學試論」第一部中所界定的涵義略有出入，我卻仍接受他所主張「絕對預設因無對錯可言，故非一種具有眞假値的命題」（見本書第一七七頁）這種見解。今天我對此點應該更正如下：如果我們祇想做純粹客觀的哲學史家，柯氏見解仍可接受；如果我們還進一步想做獨創哲學家型的哲學史家，則柯氏見解有待商榷。在西方，黑格爾可以說是哲學家型的哲學史家最典型的代表；在中國，我們可擧牟宗三敎授爲主要代表。他那一系列中國哲學史書，終極地說，是根據他在「智的直覺與中國哲學」與「現象與物自身」二書所絕對肯定著的儒家無限心性論而形成的。兼爲哲學家的哲學史家不能祇論沒有對錯眞假可言的所謂「絕對預設」；他必定要批判地繼承他所敢於肯認的某種某派傳統哲學的根本原理（而不再改稱根本原理爲絕對預設），且創造地發展能夠應付時代課題，適應時代需求的新理路、新方法。我再度出國以前祇不過是純粹客觀的哲學史家。但我今天認爲，哲學家型的哲學史家較純粹客觀的哲學史家具有優位，而他所擔負的哲學使命也更重大。有開創性的哲學思想之後才有所謂哲學思想史；沒有開創性的哲學思想家，就不可能有純粹客觀的哲學思想史家。科學哲學家卡爾·波帕在他的社會哲學名著「開放社會及其敵人」開頭便說，獨創性的第一流哲學家所產生的任何思想差錯乃是最重大的，因爲他的差錯涉及整個理論根基。我個人覺得，牟先生是王陽明以後繼承熊十力理路而足以代表近代到現代的中國哲學眞正水平的第一人。中國哲學的未來發展課題也就關涉到如何消化牟先生的論著，如何超越牟先生理路的艱巨任務。我個人對於西洋哲學史的方法論課題所提出的上述三點，應否或能否適用於中國哲學以及哲學史的重建課題？關於此一問題，我將在姊妹篇「西方哲學的挑激與中國哲學的回應」中再詳細討論。

決定到伊利諾去

再度旅美之前，我還寫了長篇專論「英國經驗論基本問題之剖析與批評」，登在臺大文史哲學報第十四期，其中一章「英國經驗論與上帝存在論證」還分三期登在徐復觀先生所主編的「民主評論」雜誌。另外，也爲他在徵信新聞上主編的「學藝週刊」寫過「西方二元論世界觀的崩落與實存主義的興起」、「杞爾克葛人生三階段說」等文。本來，我因升等順利獲准，準備長期留在臺大教學，但因淑兒很想再遊美國，我就申請了四家美國大學，其中威斯康辛大學給我助教獎學金，而伊利諾大學給我全公費獎學金之外另加助教獎學金。由於伊大獎學金特別豐厚，我就決定到伊大去。民國五十五年九月中旬，淑兒與我分別辭去台大圖書舘系與哲學系的職務，雙雙再度遊學美國去了。離國數天之前，徐先生從東海大學來函，謂：「有生之年恐不會再有見面的機會，但盼有一天能夠回到文化沙漠耕耘。」臺灣早已不是文化沙漠，而我離開故國，屈指一算，也將近十七年了。

七、再遊美國

當我們抵達伊利諾大學所在地香檳鎮時，陳榮捷師已經寄贈一册他剛出版的朱子「近思錄」英譯本到哲學系給我，表示關心與鼓勵。我這次順利獲取伊大獎學金，不得不特別感謝陳師、方師以及夏大的二位老師謨爾與納格利的強力推荐。伊大哲學系共有五十多位研究生，除我之外全部是白人，其中約有三十位擔任助教。我因除了伊大全公費外，另有助教獎學金，也就爲一門「哲學概論」課外指導學生，並改他們的考卷。到了第二學期，我開始協助系裡一位專教「比較宗教」（具有五百個以上選修學生的大班課）的教授，也自己上臺講課，記得首次上臺，自覺手指微抖，對洋學生們坦白地說：「我英語還講不好。」後來住慣美國大陸之後才發現到，謙虛、坦誠、篤實這類傳統中國所注重的美德在講實際利益與效用的美國現代社會並不適用。幾乎所有中國留美學生都像我一樣，總要經歷一番改頭換面的現實磨煉，然後才眞正適應美國社會的生活方式與處人處事的成規。

探討一門嶄新課題

我因已有碩士學位，一年之內就修完了所有博士課程，包括副修的兩門現代語言學課；也順利通過德、日兩門外語測驗，以及博士班學科筆試，包括古代中世哲學史、近代哲學史、（科學的哲學在內的）知識論與（倫理學爲主的）價值論。這四門筆試共十六小時，是一大難關，幾位同考的美國同學全部考垮，我因已有哲學史的教學與寫作經驗，順利過關。這四門學科筆試涉及整部西哲史的基本知識與理解能力，足見美國一般大學的哲學系並沒有忽視傳統哲學與哲學史研究的重要性。通過四門筆試之後，隨著又考四小時的口試，一半時間涉及我要選定的學位論文題材。本來我已準備專攻海德格哲學，但四位考試委員商議的結果，都勸我選一現代倫理學課題爲論文主題，如此可以兼顧英美倫理解析與大陸實存哲學。我自己也覺得，我旣兼有這兩派的知識，藉此機會進一步探討兩派在倫理學上能否溝通的嶄新課題，應該很値得去嘗試。我就表示同意，並選定了「現代倫理自律論」這個論文主題，副題「對於（英國解析倫理學家）黑耳（Hare）與沙特的研究與批評」。

我踏進「深層結構」

我在選課期間同時攻研現代知識論、歷史哲學與現代倫理學說。伊大哲學系大多數的敎授擅長劍橋、牛津一派的日常語言解析，這是他們探討知識論與倫理學問題所憑藉的方法論技巧。我始終覺得，英美日常語言解析不是哲學探求的眞正歸宿；但我那時卻了解到，做爲一種現代哲學的方法論日常語言解析仍然具有很大的功用。日常語言解析幫助我們從邏輯經驗論對於語句有否認知意義的偏狹獨斷的經驗檢證性規準解放出來。日常語言解析幫助我們發現語言表達在各種脈絡或情況所顯現出來的種種不同的意義格度或次元；一個字辭或語句本身所具意義的特定格度之形成，端看它受那種特殊的語言使用條件或規則而定。這種探索語言表現在不同的使用脈絡所能顯現的種種意義格度的解析法，令人從語言的獨斷夢眠醒悟過來，使人對於語言在各種情況的使用方式更加細心，俾不致產生語言表現上的誤解或曖昧不淸。我個人在初遊美國期間祇摸索過邏輯經驗論與關涉現代知識論的一般解析哲學而沾沾自喜，並沒有注意到日常語言解析學派的重要貢獻。這次在伊大完成最後學業之前能够好好摸通日常語言解析的訣竅，對我自己在方法論視野的擴充很有幫助，也對我日後構想「創造的解釋學」等方法論課題以及發掘中國哲學（尤其形上學）語言的我所謂「多層格度性」等等供給了極其有益的思維資糧。根據我個人的經驗，日常語言解析對於中國傳統哲學思想及其語言的重新澄清與重新建構，乃是不可或缺的一種現代哲學方法訓練。

我在伊大副修喬姆斯基（Chomsky）所開創的現代語言學，對我日後發掘中國哲學思想（尤其莊子與大乘佛學）的我所謂「多層角度性」或「多元觀點性」，也供給了一些靈感。我對於現代語言學所分辨的「表面結構」（surface structure）與「深層結構」（deep structure）特別注意，因我覺得這個原屬語言文法的兩種結構的分辨也同樣可以援用到任何開創性哲學思想的重新解釋與重新建構。這就是說，一個創造的（而非平庸的）解釋家在重新詮釋或建構原有哲學思想時，必須能够透視並挖出隱藏在原有思想的表面結構（普通探求者所能知曉）內底的深層結構（非普通探求者所能發覺）；一旦挖得出深層結構，創造的解釋家理應可以搖身一變，成爲開創性哲學思想家的幼苗。創造的解釋家也可以說是獨創哲學家型（而非純粹客觀型）的哲學史家。康德原來不是想以創造的解釋家身份分別發掘英國經驗論與大陸理性論的深層結構，而終於綜合並超越此兩大學派而開拓先驗觀念論的新理路、新方法嗎？孟子原來不是也以同樣身份重新發現孔子仁義思想的眞諦（卽深層結構），而終能建立性善論，爲儒家內聖外王之道的哲理奠基嗎？天台大師智顗原不也是想要創造地解釋龍樹「中論」所云「衆因緣生法，我說卽是空，亦爲是假名，亦是中道義」的眞諦，發現龍樹空卽中道思想的深層結構，而進一步開創空假中圓融三諦的天台圓教嗎？我們這一代的哲學探求者如能發掘自孔孟至當代大儒的儒家正統思想內底所可能隱藏的深層結構，不是也一樣可以由此打開一條批判地繼承而又同時創造地發展中國哲學的新理路嗎？

我知道有一條死路

在現代知識論方面，我從施華滋（Schwartz）與威爾（Will）二位敎授分別學到知覺（及其判斷的）分析與人類知識成立根據的方法論探索。我讀了不少從現象學、邏輯經驗論、日常語言解析等等現代哲學觀點所嘗試過的知覺分析論著，但我始終覺得，祇就知覺現象設法尋求具有絕對明證性的知覺判斷或命題，不僅有過度鑽牛角尖之病，終究也是一條死路。我從美國哲學解析老將威爾敎授的兩門知識論討論課學到，美國知識論大體上有兩派對立：一派主張知識系統的建立來自感覺經驗上具有絕對而直接明證性的一個孤立著的最基層命題；另一派所謂統體的知識論，則根本否認孤立知覺命題的存立根據，而以知識系統的建構比喻之爲海員們在大洋不斷翻修船隻的過程。多半的老派邏輯經驗論者以及一般遵循英國古典經驗論理路的現代哲學家如英國的謨爾與羅素採取第一派立場；著名的科學哲學家如波帕、檜因等人則循康德以來的有機整體的知識論理路，主張科學知識的形成乃是科學假設之建立或科學方法論以及科學語言之嘗試建構過程，不斷地假設，不斷地翻修。我個人頗受威爾老師的影響，比較贊同第二派的理路。我自己的哲學興趣與專長並不在知識論，但我覺得，做爲哲學探求者與哲學敎育家，現代西方知識論的基本訓練是絕對需要的。尤其中國哲學傳統一向欠缺知識論的獨立部門，我們從這一代開始更應該好好自問：我們在此後的哲學探求如何應付現代知識論的課題？牟宗三先生在「現象與物自身」依中國（儒家）傳統宣說：「德行優先於知識。」他從儒家良知良能的優位立場，批判康德知識論與形上學的「有執」，而從所謂「無執的存有論」立場主張，康德式認知主體的建立，理應根基於儒家良知或無限心；此無限心依其道德心願不得不自覺地要求且曲折地自我坎陷而轉成爲知性或認知主體，由此打開科學知識探求理路。這裡我向讀者提出一個關涉如何批判地繼承並創造地發展中國哲學的重大問題：牟先生所倡「儒家道德主體自我坎陷而爲認知主體」之說是否能爲未來的中國哲學舖下一條妥當可行的知識論理路？抑或他像傳統以來的所有大儒，一開始就混淆了道德實踐問題與知識成立問題？我深深覺得，如果我們尋找不出我們自己的新觀點、新方法，藉以超越牟先生重建儒家道統而所獲致的「無執的存有論」立場，未來中國的知識論發展恐怕是沒有甚麼希望的。

在伊大創獲的心得

我在伊大時期的哲學探求最大的創獲是現代倫理學說與後設倫理學（或稱解析倫理學）的研究心得。我的倫理學老師是以功利主義倫理學說批判著名的系主任狄格斯（Diggs）教授。我從他學到功利主義自十九世紀以來的種種分派理論、哈佛大學哲學系教授羅勒斯 (Rawls)所倡導的新派正義理論，以及他自已所承繼的康德以來的道德義務論。功利主義是一種倫理結果論，近年來已經成爲社會哲學與政治哲學的主要學說之一，基本上分爲行動功利主義與規則功利主義兩大派，這兩大派又各自分爲好幾派，充份顯示現代哲學的細密解析技巧；但由於過度理論化的結果，很容易形成一種失去實踐意義的煩瑣哲學。不過功利主義的基本論點仍然值得我們注目。功利主義對於道德行爲所設定的最高準繩或原理是該派鼻祖米爾（Mill）所謂「最大多數的最大幸福」，亦即功利的儘量增加與反功利的儘量減少。深受傳統儒家道德動機論影響的一般中國人一向不太欣賞「功利」一辭，其實功利主義者所謂「功利」，意指我們現代人所願意享有的包括個人與社會兩面的幾乎所有的樂利或福利，諸如知識的增加、敎育普及、食衣住行的改善、生活情趣的提升等等，很可以供給儒家倫理種種現代意義的具體內容。從這一點去看，傳統儒家重行爲動機而忽略行爲結果，或對於南宋朱熹、陳亮二儒之間的論辯總以爲朱是而以陳爲非的單純看法，很值得我們重新考慮。

多半的中國學者對於羅勒斯這個哲學家的名字恐怕不太熟悉，他的正義理論在美國十幾年來一枝獨秀，最受重視，可以說是代表戰後美國在倫理學、社會哲學、政治哲學方面的最高成就。他在六〇年代以幾篇論文著名，而在一九七一年（即民國六十年）出版了一本劃時代的巨著「一個正義理論」（A Theory of Justice）。他在此書自序中說：「我所企圖的是把洛克、盧騷、與康德所代表的傳統社會契約論加以普遍化與高度抽象化。」此書問世之後人們開始了解爲甚麼倫理學在現代社會逐漸變成社會哲學與政治哲學的主要部分。我摸索羅氏正義理論所得到的一個重要心得是：我們今天硏討倫理學問題，必須劃分我所謂「巨大規模的倫理」（macro-morality）與「微小規模的倫理」（micro-morality）；前者略等於傳統儒家所說的外王之道，亦即政治、社會意義的倫理道德（一般所謂公共道德），後者類似儒家內聖之道，亦即個人（以及家庭範圍內的）道德。在現代社會裡，巨模倫理雖不能涵蓋微模倫理的全部，但它無疑是倫理課題的核心。傳統儒家欲從內聖之道打出外王之道，似與現代倫理的整個趨向格格不入，而有「反潮流」的脫節現象。儒家「道德的理想主義」在現代社會所面臨的挑激是：內聖之道已不再是倫理學的中心課題。傳統儒家從未針對「百分之九十九的人類從來不願也永遠不會做聖人」這個不可否認的經驗事實，脚踏實地設定並解決與內聖無直接關係的巨模倫理問題，因此直至今日除了死守「自內聖之道自然推出外王之道」的古老觀念之外尋找不出另一理路，重建現代化意義的新儒家道德哲學。總之，在倫理學的探求歷程上我從羅氏正義理論的研究所獲取的心得，對我日後的哲學思考與英文論著很有幫助。上述兩種倫理的分辨，祇不過是其中心得之一。四年前當石元康君來函告知已完成了有關羅氏正義理論研究的博士論文，委實高興異常；元康恐怕是中國年輕學者摸通羅氏理論的第一人。我覺得，爲了促進中國倫理學與政治社會哲學的未來發展，羅氏論著的中譯與介紹是有迫切需要的。

我對倫理學的關懷

倫理學的研究在美國大致分爲三類：⑴科學的倫理學，屬於純記述性的倫理現象探討；⑵規範倫理學，對於倫理規範、道德義務、動機善惡、行爲對錯等等道德價值問題提出正面鐵定的回答；與⑶後設倫理學，澄清道德概念或判斷在種種脈絡所顯現的語意、設定諸般規範倫理學說的證立規準、從高層次的非規範性後設觀點評衡諸般規範倫理學說的優劣功過等等，乃屬解析哲學或日常語言解析的應用領域。我從狄格斯所學到的，多半屬於規範倫理學的知識；後設倫理學則是自己主動去探討的，因爲我覺得現代哲學探求者需要這種新興的解析方法論訓練。我覺得任何規範倫理學家都應該跳過他自己的正面規範理論，在高層次的後設觀點比較他的理論與其他規範理論，以便進一步設法證立、修正或放棄他自己的理論。沒有後設倫理學頭腦的規範倫理學家很容易自以爲是，動輒表現不必要的自我防衞機能，甚至陷於我執獨斷而不自知。就儒家規範倫理學說而言，兩千年來它始終構成中國思想傳統進退成敗最重要的關鍵；正因如此，爲了有助於澄清與解決中國倫理傳統的現代化課題，後設倫理學的方法論訓練是十分需要的。

我在後設倫理學的研究，特別關心戰後英美倫理哲學界數一數二的英國哲學家黑耳的理論。黑氏原是牛津日常語言解析學派的健將，他在轟動一時的兩姊妹書「倫理道德的語言」與「自由與理性」，通過（道德）價值語言解析開創了一種毋需任何規範原理的後設倫理學說，欲從此一學說開出足以指示在各種不同的道德境況下何適何從的行動處方。黑氏從非規範性的後設倫理學說的建立，給予處境倫理意義的規範行爲抉擇指南，實在耐人尋味，因爲按照一般的了解，後設倫理學應該祇管語言解析與超越規範倫理的證立設準，而不涉及行爲規範的實踐指示。黑氏理論的基本構造相當簡單，包括四大要素：⑴對於有關特定道德境況的一切事實具有充份足够的知識；⑵道德推理的邏輯，涵攝道德判斷所必需的兩大後設規則，亦即規令性規則與可普遍化規則；⑶與所處理的特定道德境況有關的一切人各自具有的利益、喜愛、想法等等；與⑷對於雖不必發生但可能的假設境況能够設身處地產生同情的想像。黑氏特別說明，第二要素中的兩大規則，是邏輯性的，不是規範原理意義的，因爲可普遍化規則祇不過形式上規定任何道德判斷皆有普遍强制性而已，如「人人應該守法」或「於此境況任何人都非如此行動不可」中的「人人」或「任何人」即是；至於規令性規則亦不外是形式上說明具有普遍强制性的道德判斷「人人應該守法」邏輯地涵蘊「我要守法」的自我規令或肯認，而無實質的規範意涵在內。當我仔細推敲黑氏理論的倫理構造時，發現他的理論與沙特實存主義的倫理觀至少有四點極其相似。⑴兩者都是反決定論者；黑氏承認人具有道德抉擇的自由意志，沙特更主張人的實存乃是絕對的自由投企。⑵兩者皆是自律論者，反對任何他律性道德。⑶兩者皆不受任何規範原理——如基督教的十誡或約定俗成的社會道德規範——的束縛；黑氏祇提上述四種要素，包括邏輯形式意義的兩大規則，沙特也祇承認本然性實存的抉擇爲惟一的實存倫理行爲規準。⑷由於兩者擺脫宗教傳統的或約定俗成的一切具有實質內容的道德規範，兩者的立場都是一種處境倫理性質的。

這就是說，沒有事先決定好的規範原理指導我們在特定境況做道德的行爲抉擇；一切抉擇的是非對錯全看所處的境況有否顧及上述四大要素（黑耳）抑或表現實存的本然性（沙特）。如用中國的傳統倫理名辭解釋，兩者的處境倫理皆有「權」而無「經」。我在伊大選定的畢業論文主題，對我日後轉向中國傳統倫理問題的探討裨益甚多。

通過了第三次試煉

我所選定論文主題——「現代倫理自律論——對於黑耳與沙特的研究與批評」——的一個旨趣，是在設法尋找英美解析學派與大陸實存哲學之間可能溝通的橋樑或線索。那時在西方哲學界很少有人考慮到兩派可能會通的課題，因爲這兩大派一向各自爲政，自掃門前雪。我所以特別注意到這個課題，乃是由於我曾經歷過三次不同的探求階段：臺大時期的實存哲學研究；夏大時期的比較哲學研究；以及加大與伊大時期的解析哲學研究。對我個人的自我超越來說，這可以說是我哲學生命的三次試煉。我的哲學論文共分四大章：⑴自由與責任；⑵「善」與「應然」；⑶（道德判斷的）普遍化；與⑷道德推理。爲了這篇將近三百頁的論文，我讀了不少論著；實際的寫作時間，包括兩次改寫在內，却祇花了四個多月。在伊大哲學系前後滯留兩年有半，一九六九年春季順利通過論文口試，六月生女，九月初旬開車攜眷往俄亥俄大學哲學系教書去了。

八、俄大教書

我到俄大哲學系教書的事在一九六八年聖誕節以前就已決定了。該系資深教授俄根（Organ）是亞理斯多德與印度哲學專家，也參加過東西哲學家會議，認得强力推荐我的陳榮捷師、稻田師以及我的指導教授曾任美國哲學會主席的費希(Fisch)。俄根不但對我的背景滿意，也與三位推荐人熟稔，因此我去俄大會談時，他已暗示系主任外曼（即逝先的指導敎授著名神學家外曼之子）有意聘我，並在他家設宴款待。我臨走時，俄根與外曼分別告我週內必寄聘書，三年之後決定終身職。一般美國大學，包括敝校天普大學，規定服務期滿六年才有希望獲終身職，故我覺得俄大聘我的條件特優，接到聘書之後毫不考慮其他兩家大學就立即簽字應聘。

我在該系開始敎書不久，包括我在內的三位新任年輕副敎授都接到通知，一定要在系裡其他同事(共十二位)之前唸一篇論文。我從博士論文中抽出有關黑耳後設倫理學的一章宣讀，同事們都承認我的功力。同事之中有位跟我一樣專攻現代倫理學的賽達敎授特別喜歡我的論文，從此結爲好友。在我們移居費城之後，每年暑假必帶妻女來訪一次。後來忽接該系來函，驚悉賽達清晨吊死自家門前樹下。我打長途電話問外曼爲何如此，外曼答謂，他的家庭生活雖然美滿，由於數年來自逼攻治倫理學的標準過高而影響精神狀態，終以自殺了結短暫的一生。賽達乃係哥倫比亞大學出身的哲學英才，已出一本精彩的倫理學著作，但像不少聰慧過度的典型西方知識份子，在理論開創自逼太緊，終於了斷寶貴的自我生命。我一方面痛失知己，另一方面也深深感到，儒家（尤其孟子）對於正命與氣命的分辨，在生命的試煉一點，針對動輒分裂知行爲二的西方哲學足以構成强有力的挑激。專就這一點來說，我十分同意牟宗三先生所標榜的儒家「德行優先於知識」立場，不過如能稍改「德行」二字爲包括德行在內的「生死智慧」四字，也許更能顯揚儒家的優越性，而避免泛道德主義之嫌。總之，賽達的無謂自殺，給我一個良好的契機重新檢討中西哲學各別的優劣所在。

系主任外曼很看重我，特別撥出一間寬敞的研究室讓我專用，也讓我執教高班倫理學課程以及系裡獨有的五學分碩士班「現代哲學討論」課。除此之外，我還常教必修課「哲學概論」，以及「遠東思想」、高班「佛教哲學」等兩門東方課程。以「遠東思想」爲例，我開始教這門課時，學生祇有二十七位；兩年後却增至九十位以上。當時美國捲入越南戰爭，東方研究變成大學熱門，這也部份說明了爲什麼我所講授的兩門東方哲學課程會如此吸引美國學生的興趣。

俄大曾請陳榮捷師來校演講兩次。第二次演講前夕，俄大學生們爲了抗議尼克森總統派兵侵入東埔寨而大鬧校園，燒燬預備軍官校舍及軍事設備，全校陷入緊急狀態，逼使州長下令派遣國防部隊來校鎭壓。陳師因外面吵鬧而整夜未睡，翌晨對我表示無意演講。我勸慰陳師，他終於勉强上臺演講。同事們對陳師的演講印象深刻，送他「中國哲學家」的外號。俄根私下還對我說：「陳教授在一九六三年一口氣出版了中國哲學資料書、王陽明傳習錄英譯與老子英譯三本書，實在了不起。」俄根却忘了陳師那一年還有六祖壇經的英譯出版，合起來共有四本。

探求中國哲學

俄大地處俄州東南邊的雅典鎭，屬山丘地帶，附近無大城市，幽靜而富鄉間氣息。我在這裡過了兩年田園牧歌式的平凡生活，毫不知悉留美學生搞出釣魚臺運動而左右派分裂的事。我只日日耽讀宋明理學與大乘佛學的典籍，以及熊唐牟等幾位當代大儒的論著，做爲他日自西方哲學轉向中國哲學的預備工作。我從臺大至伊大的整整十七年，專攻西方哲學，從未有過餘暇餘力探求中國哲學。我在俄大兩年藉教學之便，首次大規模而有計劃地細讀中國哲學的古今著述，收穫良多。

我因剛剛開始探求中國哲學之道，暫時收回西方式「問題探索」與

「批判的超越」態度，祇求虛心學習，溫故知新，從中自證宋明儒「讀聖賢書，所學何事」與大乘佛學「生死即涅槃」的各別義諦。我深愧不會作詩，祇能借用下面一首程明道的「秋日偶成」描繪我這兩年默默自耕、不計得失的中國哲學探求的心情：「閒來無事不從容，睡覺東窗日已紅；萬物靜觀皆自得，四時佳興與人同。道通天地有形外，思入風雲變態中；富貴不淫貧賤樂，男兒到此是豪雄。」我今天雖從「批判的繼承與創造的發展」觀點重新探討傳統儒家與中國佛學的優劣功過，俄大兩年的哲學探求與冥冥自證，使我永遠深信中國哲學在生死智慧與解脫之道所具有著的不可磨滅的道理與說服力量。最近我寫了三姊妹篇，在最後一篇「生死智慧與宗敎解脫」表示：陽明致良知敎可以說是爲了對應大乘佛學（尤其禪宗）的生死智慧而重新標出的儒家生死智慧，而儒佛二家各自標立的生死智慧，都是根基於眞常心性——偏重道德的或超越道德的——的絕對肯定與醒悟。儒佛二家所合所分的關鍵即在於此。總之，我這些年來鑽研陽明心學與大乘佛學所得的一個結論是：「儒家哲學的根本義諦亦在基於心性醒悟的生死智慧；儒家道德實踐與涵養工夫的終極意義由此智慧而得充份彰顯。孟子在告子篇所提出的捨生取義之說，就可以依此看法重新發現其中深意。」我今天如此理解儒佛二家的根本義諦，回顧起來，可以說是源自俄大當年的自我體認而來。我又依稀記得，在俄大時有一次上函陳師，自喻「潛龍勿用」，祇宜藏己研修數載，不宜過早現身在田。我如此藉著自反工夫解悟周易時中之義，亦不外例示我那時從事於中國哲學探求的一番苦心，欲將自我心性從以往過度西方化的哲學理路解放出來。我相信，站在中西哲學何適何從的十字路口而自我摸索一條荊棘之路的中國現代哲學探求者，多半都有類似的個別體驗。

決定到宗教系去

一九七一年春季，肯州橋港大學哲學系資深教授曾任吳國楨省府祕書長的浦薛鳳先生行將退休，該系正找新人繼任，我也應徵，在該系會談時見到浦先生。他知我著有「西洋哲學史」，猜想我必出身臺灣名門世家，問我父親名字，我却回答說，家父乃一無名人士。該系系主任帕孫斯決定聘我，打過電話問我意向，因我提出的條件太高，祇有作罷。後來肯州美田大學哲學系的友人唐力權兄告訴我說，帕氏要不到我，乾脆就取消了繼任浦氏的原有職位。不過帕氏與我由此機緣反而變成好友，三年之後我在美國哲學會年會唸論文時做了我的三位評論員之一，最近還爲了我的一套英文叢書撰寫一篇文章。

橋大職事沒有談妥，一個月後又有費城天普大學宗教系系主任斯洛淵教授的親函約我會談，我終於決定接受該系聘請。該系設有博士班，研究所規模之大（博士班研究生幾近兩百）僅次於芝加哥大學，全系二十位教授之中專攻宗教哲學的超過一半，是美國大學一般宗教系罕有的現象。斯氏在會談時對我保證一定强力支持該系東方哲學與宗教部門的博士班研究，這是我所以愼重考慮從哲學系轉到宗教系的主要原因。美國大學的一大半哲學系直至今日仍不承認東方思想基本上也是哲學，倒是宗教哲學與耶教神學方面的美國學者，較能關注東西哲學宗教思想之間的互相挑激與會通的現代課題。這就說明了爲甚麼在美國一般大學東方哲學課程常常設在宗教系（甚或東方研究系、東方語言學系等）而不設在哲學系。由於我個人從哲學系轉到宗教系的特殊背景與教學經驗，一方面能爲培養東方部門的博士班英才而慶幸，另一方面也深深感到，從我們這一代開始，中國哲學探求者必須設法打開一條中國哲學繼往開來的現代理路，奠定中國哲學在整個世界哲學之中所應佔有的地位，且進一步面對西方哲學的挑激試予適當的回應與反挑激，而使西方學者澈底肯認中國哲學的存在與價值。

我接受天普大學宗教系聘請的同時，也爲該系專教伊斯蘭教的阿爾法魯基教授所主編的一本新書寫了兩篇小論「儒道二家的源流與思想」與「中國大乘佛學」，由紐約麥克米蘭出版公司印行。我們五月得子，八月底開車前往費城，從此開始了在美國東海岸的新生活。

九、定居費城

我在天普大學宗教系的職位，原是陳榮捷師不願離開匹茨堡應聘而向斯洛淵教授特別推薦我接下來的。我從哲學系轉到宗教系，也曾猶豫了一陣子。但是，我如想在美國發展佛學與中國哲學博士班研究，造就此一部門的英才，利用該系已有的博士班規模，是可以達到我所預期的目標的。

苦心經營博士班

十二年來經我一番苦苦經營，本系東方部門的博士班學生已有二十位左右，這還不包括與東方部門有關的比較哲學與宗教思想研究方面的研究生。我的同事馬定羅專教禪宗思想與比較思想，另一位較年輕的印度同事雅達布（Yadav）通曉古代梵文，除了印度教與吠檀多哲學之外，也教龍樹「中論」與月稱「入中論頌」，與我執教的「佛教思想」（研究生必選）、「大乘佛學」、「中國佛教哲學」等博士班討論課很能配合。我自己除這些佛學課程之外，另外開設「中國哲學」（研究生必選）、「中國哲學專題討論」、「成唯識論研究」、「道家、禪宗與海德格」、「佛學與實存現象學」等課。我相信目前在美國大學，除我母校夏大之外，沒有一個研究所具有如此齊全的一系列博士班課程，重點擺在中印哲學與從印度到日本的大乘佛學思想發展，兼及比較哲學研究。今年春季，我剛教完新課「成唯識論研究」，用已故韋達先生所出版的中英對照「成唯識論」，從頭到尾討論了一遍，創造的解釋與唯識法相語言訓練雙管齊下，十二位研究生都說獲益甚多，敢說是美國研究所佛學討論課的創擧。

我指導研究生選擇博士論文專題，也常煞費苦心。譬如前年以特優成績獲取學位的海因（Heine）博士，屢經我的批判性指點，前後自動改變專題六次，第七次才選定了「海德格與道元（日本第十三世紀曹洞宗開創者）時間理論的實存及存在論側面比較研究」，算是嶄新的題材。他畢業後獲取優厚的聯邦政府資助曾去日本駒澤大學繼續深造一年，最近完成了「道元詩作的禪理研究」書稿，也出版了幾篇有關道元禪學的論文，以及博士論文（由紐約州立大學出版社印行）。

除了海因博士，還有一位研究生，名叫普列齊那（Prejnar）的，也在去年年底順利考過博士班筆試（共分四門，包括中印日佛學思想三門以及現代西方哲學方法論與解釋學一門），以聯邦政府獎學金到了東京大學準備撰寫「(日本鎌倉佛教時宗開創人）一遍的思想研究」。我指導下的研究生年年增加，此刻除這位學生之外，還有三位南韓來的研究生（分別攻讀先秦儒家的宗教哲學、起信論華嚴一系的如來藏思想、與抱朴子）與六位美國研究生（分別攻讀唯識法相、莊子、佛教藝術理論、禪道與精神療法、憨山大師禪道思想、日本現代禪師久松眞一研究等等）。另外，曾獲嘉新水泥基金會資助出版政大中文研究所碩士論文「論語何氏集解朱子集注比較研究」的卓忠信君，在紐澤西州經商成功之後，也在今年春季來上我的「成唯識論」討論課、秋季正式加入博士班，研究中國哲學。最近林毓生、張灝二位教授分別推薦高雄文藻外語專校講師林鎭國君，本系剛已決定給他研究助理獎學金，至少一年。諸如此類，我能有機會從事於研究所的哲學教育工作，深覺慶幸而又興奮，但也剝奪了我個人的一些寫作時間。光爲海因的博士論文，我不但要指導他步步研讀道元禪師的主著「正法眼藏」夾雜著古代日文與漢文的原典，有時還得試譯其中一兩章當做譯解示範。不過從繁重的學位論文指導工作，我也十分體驗到教學相長的深意。

體驗到教學相長

我在開始指導海因研究道元之前，對於道元毫無認識，對於整個日本佛教也沒有深入。擔任指導之後才了解到，留學南宋四年，師事一代大德如淨和尚的道元在「正法眼藏」所表現的禪道思想，乃是中日禪宗的哲學奠基，足以代表禪宗最高哲理。同時我也了解到，日本人對於道元哲學的重新發現，還是在日本當代兩位哲學家和辻哲郎與田邊元分別出版「沙門道元」（一九二〇）與「正法眼藏的哲學私觀」（一九三八）以後的事。最令我注目的是，道元是中日禪宗史上以非語錄體的長篇大論方式（約有百篇）正式標出禪宗哲學的第一人。他寫的「現成公案」、「佛性」、「有時」、「谿聲山色」、「山水經」、「古鏡」、「諸惡莫作」、「一顆明珠」等篇所彰顯的禪道哲理絕不在莊子南華眞經之下；而他在「有時」這一篇中故意誤讀「有些時候」爲「有與時」乃至「有卽時」，不但證明了他是創造的解釋家，同時顯示他是超等哲學家，預取了七百年後海德格「存在與時間」的書名與存在論思想。我個人對於道元的鑽研，使我連帶地深入日本佛教（尤其鎌倉時代的禪宗與淨土眞宗），並重溫一次以西田幾多郎爲主的京都學派貫穿禪家與西方哲學（現象學、實存哲學、柏格森、懷德黑、德國觀念論、耶教神學等）而形成的當代日本哲學主流。日本思想史上哲學家寥寥無幾，連日本學者都時常感嘆西田之前日本祇產生過一位哲學家，卽是道元禪師。

我藉研究道元之便，省察了一下西田本人以西方哲學表達方式建構日本禪本位思想而成的所謂「絕對矛盾的自己同一」辯證法，從中取得正面的靈感與反面的敎訓。我在這方面的探求理路曾在一系列的長篇論文發表過，其中特別值得提起的是「海德格與禪宗對於有與無的看法——超形上學的辯證法理路試論」與「當做實存現象學的中國大乘佛學」等兩姊妹篇。前者曾在美田大學「中西有無思想」大會唸過，後來收在卡滋敎授（我在敝系培養出來的博士）所編「佛學與西方哲學」一書，由印度首都一家公司出版；後者也在國際現象學學會所主辦的哈佛大學研究所中心硏討會上唸過，已經收在該會哲學叢書「胡塞爾現象學分析」第十七册。總之，我在敝系積累起來的十二年博士班教學經驗，對我個人的哲學探求與論著，極有裨益。在大學部，我也自創好幾門美國大學獨一無二的東方課程，如「佛學、心理分析與實存分析」、「易經、道家與禪宗」等等，影響了不少來自各系的男女學生。

基於我對「哲學探求乃是一條荊棘之路」的自覺與體驗，我對自己的學生要求很嚴。我指導下的研究生，多半能獲奬學金，但如發現他們在研究工作上犯有任何馬虎或毛病，我會毫不客氣地當面訓斥一番，令其警覺，勉勵他們盡善盡美。主管敝系研究所資格審查的美國同事曾對我說：「我們系裡有兩派學生，一派對你敬愛，另一派對你怯懼。」海因聽到之後，補充了一句：「還有第三派，對你又愛又懼。」第三派當然指的是他自己。我對學生的兩種態度——私下關懷與公事嚴厲——多少反應了我個性之中感性與理性之間相剋相成的辯證性格。在感性上我永遠是單純的赤子；在理性上我始終是複雜的老翁。就宗敎感情言，我常有擁抱人類、寬恕彼我的衝動；就哲學探求言，我時又表現眞理道理之前六親不認的硬心腸。德國哲學家費希特曾說，個性乃是決定一個人哲學探求方向的主要因素；費氏此語，似乎具有令人首肯的部份眞理。中國傳統所標榜的聖人境界，從現代觀點也許可以看成感性與理性或宗教與哲學的終極合一吧。

兼治儒佛二家

我在本系上任不久，即應系主任之請，曾在一百多位聽衆之前唸了一篇「人倫抑或超人倫——宋明理學與大乘佛學的對立。」

聽衆的反應相當熱烈。事後曾寄一份給陳師與稻田師審閱，他們都十分滿意，分別向夏大「東西哲學」季刊主編極力推荐，半年以後刊載。宋明理學（或整個儒家）與大乘佛學所合所分的關鍵何在，以及儒佛能否會通或融合，乃是中國哲學史上的一大課題。我在拙文所公開的研究心得，便是俄大兩年潛隱自修、兼治儒佛二家的小小成績。陳師似對拙文印象深刻，去年邀我參加朱子大會時特別指定我在大會唸一篇「朱子與佛教」的論文，理由是兼治儒佛的中外學者甚少，由我擔任這個題目比較適合。本來我對陳師表示有意撰寫「朱子論經權問題」，陳師告訴我韋政通兄已有同樣意思；我一方面頗有「英雄所見略同」之感，另一方面也覺得陳師的安排十分合理，就趁此機會總結了我十年來探討上述課題的個人心得。我唸的「朱子評佛的總檢討」，最近根據陳師的審校我再補充了一些附註，與大會上宣讀過的其他論文收在陳師主編的朱子大會論集，行將出版。

十、顧及全面的多層遠近觀

我對儒佛對立抑或會通的哲學課題，大致分就形上學、心性論、倫理學、工夫論與解脫論等五個側面加以批判的考察。專就形上學言，宋明儒幾無例外，以單純的「有」、「無」兩橛觀定儒家之「有」爲全是，而斥佛家（以及道家）之「無」爲全非。由於大乘佛學的形上學挑激，周張程朱等宋代大儒不得不起而重新發現並建構原在易庸等早期儒家典籍之中散在著的形上思想，終於創出一元或二元的理氣形上學說，依此反擊大乘形上學（以及道家形上學）。不論是理氣一元或二元，新儒家所肯定的終極存在是實有而非虛無；但其所理解而拒斥的「虛無」乃不過是「空虛而一無所有」，類似郭象所云「無有」，即完全不存在之意，却與大乘「空性」（「眞空」爲體、「妙有」爲用）或老莊「虛無」（「玄無」爲體、「衆妙」爲用）毫不相干。依我多年來的考察，一般地說，儒家的形上學不及道家的深透，更不及大乘佛學在語意與理路上的層次分明。擧例來說，儒家常有混淆形上（存在論的）形下兩種層次之嫌，更常分辨不出「形下」一辭可能具有的兩種語意，即（相對於存在論意義的）「存在」意義的「形下」與純具象經驗意義的「形下」。理或太極當然是形上語辭，但氣、陰陽，或生生之化，究竟是形上，還是形下，其先決條件是在語意層次的釐淸。朱陸對於氣與陰陽應屬形上抑或形下的論辯，就沒有了解到，語意層次的釐淸課題在先，形上形下的純形上學論辯在後。如果朱陸一開始就了解到他們各別使用的氣、陰陽等辭在語意層次已經不同，則可避免一些不必要的爭論了。又如「氣化流行」一辭是形下語辭，但它究竟是體（形上）用（存在的形下）關係所涵攝的「形下」，還是一切氣化的經驗現象總體意義的「形下」，新儒家始終未曾試予精密的語言解析。難怪連新儒家中最有解析頭腦的朱熹也祇有誤解大乘佛學存在論意義的「眞空」爲全然否定一切存在的「虛無」或「全無」了。

由於新儒家過份執持未經高層次哲學反省而形成的有無兩橛觀，一味排斥大乘佛學與老莊形上學，而未曾了解儒道佛三家所代表的中國形上學，就其深層結構言乃是一種我所謂「顧及全面的多層遠近觀」

(holistic multiperspectivism)。最顯著的例子是天台宗的空假中圓融三諦、華嚴宗的四法界觀、十玄緣起無礙法門、六相圓融，以及起信論揚棄空有二宗而建立的如來藏思想；而莊子在秋水篇中所云「以道觀之，物無貴賤；以物觀之，自貴而相賤；以俗觀之，貴賤不在己；以差觀之，……，以功觀之，……以趣觀之，……」，可以說是彰顯中國形上學特有的「顧及全面的多層遠近觀」最有代表性的話語。儒家形上學亦是如此，程伊川「易傳」序中的一句名言「至微者理也，至著者象也；體用一源，顯微無間」，頗有會通老子首章「此兩者同出而異名，同謂之玄」之處，亦可看成足以代表中國形上學基本立場的另一種闡明。在宋明儒的論著，我們可以隨處發現全面性的多元洞視，譬如王陽明傳習錄（卷上）中的「自其形體也謂之天；主宰也謂之帝；流行也謂之命；賦於人也謂之性；主於身也謂之心」，或程氏遺書（卷十八）中伊川所云「在天爲命，在義爲理，在人爲性，主於身爲心，其實一也。」等是。我們挖掘儒道佛三家形上學的深層結構而規定之爲「顧及全面的多層遠近觀」，一方面可以避免重蹈儒家曲解佛、道二家形上學本質的覆轍，另一方面又可以重新公平地探究三家所合所分的終極關鍵，再進一步更可以面對西方哲學的挑激開拓一條批判地繼承並創造地發展中國形上學的現代化理路出來。

就這一點來說，我對牟先生從儒道佛三家共通的無限心立場建立「無執的存有論」，不敢非議。但牟先生除了以心性論爲奠基的存有論（亦即我所說的存在論）理路之外，又倡「本心即性即理之本心即是一自由無限心，它既是主觀的，亦是客觀的，復是絕對的」（「現象與物自身」序）。我却認爲，「仁心體物而不可遺，即客觀地豎立起來而爲萬物之體」（「智的直覺與中國哲學」第一九一頁）之中所謂仁體（亦即心體或性體）充其量仍不過是由道德主體性意義的儒家無限心所推廣而成的主觀範圍內的客觀，而非絕對客觀的終極存在。換言之，從孟子直至陽明的儒家眞常心性論的任何「客觀」意義的天命、天道等道德的形上學觀念祇能是無從證立的一種可能看法而已。道德的形上學本身的侷限性一旦揭開，我們就不得不承認道家自然無爲的天道觀與大乘佛學的眞空妙有論亦是足與儒家形上學爭長競勝的另一可能看法。

我們還可以進一步跳過以眞常心性論爲奠基的儒道佛三家形上學思想，從我所謂「超形上學」的觀點去發現佛道二家超道德（而非否定道德）的形上學遠較儒家道德的形上學深透而又殊勝的道理。這就是說，大乘佛學與道家的形上學本質上是哲學的方便設施，終必解消而爲超形上學的弔詭；老子首章，莊子的「無無」或「道不可有，有（又）不可無」，起信論的「言眞如者，亦無有相。謂言說之極，因言遣言，此眞如體無有可遣，以一切法悉皆眞故。亦無可立，以一切法皆同如故。當知一切法不可說不可念故，名爲眞如」，乃至六祖壇經所云「我此法門，從上已來，頓漸皆立無念爲宗，無相爲體，無住爲本」等等，皆足以例證佛道二家的形上學眞諦乃是在乎超形上學的弔詭。超形上學的弔詭了悟所憑藉的是能够徹底破除哲學思維上二元對立——體用對立、有無對立、心物對立、一多對立、生死對立、生死涅槃對立、天人對立、頓漸對立等等——的無心（莊子）或無住心（大乘佛學）。此無（住）心能從包括佛道二家形上學在內的一切名言思念完全解放出來。慧能曾藉孟子語辭，積極地稱此超形上學意義的終極心性爲「本心本性」。佛道二家儘除人爲思辨，如實知見地建立各別的形上學，而又同時承認各所建立的形上學仍是高層次的「人爲思辨」，故而解消之爲超形上學的弔詭。建立自己獨特的形上學而又能够超越此形上學——這種開放的哲學胸襟是道家與大乘佛學的特色。儒家本來也可以有如此超形上學的胸襟，然因執持道德的形上學觀點，不但獨斷地是己非彼，更且完全曲解對方的哲理。我們如果仍要創造地發展儒家哲學，則必須培養更公平寬闊的哲學態度。

其實儒家哲學本身也蘊含著超形上學的弔詭性，祇是新儒家由於强求萬物變化歷程及其本體的「道德」客觀化絕對化，而不自覺地逐漸失去原有超形上學的弔詭了悟。孔子豈不感嘆「天何言哉，四時行焉，百物生焉，天何言哉」？周易大傳豈不曰「易無思也，無爲也」？中庸結語豈不引詩云「上天之載，無聲無臭」？周敦頤分別借用老子「無極」與周易「太極」而倡「無極而太極」；此處「無極」如果依創造的解釋學解爲超形上學的弔詭，則朱陸無極太極之辯豈非變成無謂爭論？程伊川高弟尹焞豈非向他質問其「易傳」序中「至微者理也，至著者象也；體用一源，顯微無間」一語「莫太洩露天機否」？總之，我這些年來的中國哲學探求所導致的一個結論是：如依創造的解釋學挖掘儒道二家與中國大乘的形上學深層結構，我們可以發現中國形上學乃以「顧及全面的多層遠近觀」的形態成立，而根基於超形上學的弔詭，旣不假借有神宗敎，亦不走向神祕主義。

具有超形上學開放性的中國形上學可以說是構成中國哲學生死智慧的主要義蘊，此一生死智慧强調超世間的精神性（天道、天命或法性）與人間世的實存性（眞常心性）終極合一。中國哲學的生死智慧同時構成宗敎上的解脫之道，至於能否自我體現，則在乎有否（道德的或超道德的）本心本性的肯認與醒悟。依此看法，心性論是中國哲學傳統的起點，也是終點；而孟子（以及陽明）、莊子與慧能則可以看成代表儒道佛三家的中心人物。就心性論這一點，新儒家又曲解了中國大乘佛學與禪道，朱子誤解禪家「作用是性」，便是一例。執守儒家道統的中國哲學家總不太願意承認有中國本位的大乘佛學，也不太關注中國大乘佛學也有類似儒家的心性論奠基課題。譬如牟宗三先生在劃時代的佛學名著

「佛性與般若」自序中說:「嚴格講，佛敎並未中國化而有所變質，只是中國人講純粹的佛敎，直稱經論義理而發展，發展至圓敎之境界。」牟先生此語，我祇能同意一半。專就大乘佛學從未面對儒家的挑激而依勝義世俗二諦不一不二的中道立場開拓步步具體的道德實踐向下門這一點說，印度佛敎並未眞正中國化；但就人存在從非本然性轉成本然性（本心本性的肯認與醒悟）如何可能的成立根據課題而言，確有所謂中國化的大乘佛學，打開心性論奠基理路而突破印度佛敎的局限性。依此看法，我認爲牟先生專依天台判敎立一眞圓實敎成立之標準，有欠公允。如說宋明理學針對中國大乘佛學的挑激而本體論地深化儒家本心本性，終以王陽明致良知敎總結儒家哲學的根本義諦，我們又何嘗不能說，中國大乘佛學起於起信論如來藏思想的心性論奠基，中經華嚴圓敎的本體論深化，最後導致慧能的禪宗革命，完成了徹底中國化的哲學使命呢？我們旣然能讓新儒家創造地解釋並發展儒家之道，有何理由不讓現代佛敎思想家也一樣創造地解釋並發展中國本位的未來佛學理路，容納儒家倫理於世俗諦中呢？依我多年來的哲學探求，我深深覺得，儒家哲學的未來發展必須涉及如何對應大乘佛學與西方哲學的重新挑激，如何容納後二者的優點長處等等課題。關心儒家哲學繼往開來的哲學探求者絕不應該抱有新儒家排斥異端而自我滿足的閉鎖性態度。

十一、創造的解釋學

過去十年我在哲學探求的一大創獲，是高層次的哲學方法論反省；我在幾篇出版過的論文所逐步發展且應用的所謂「創造的解釋學」，可爲例示。創造的解釋學共分五個辯證的步驟或程序，中間不可任意越級。㈠「原作者（或原思想家）實際上說了甚麼？」創造的解釋家首先必須兼爲考據家，培養起碼的考證、訓詁、版本等方面的功力。但即使我們找到原初的版本，或從各種版本建構出具有考證根據的理想版本，仍然未能解決問題。(二)「原作者眞正意謂甚麼？」在這層次，創造的解釋學家要從事於傳記研究、語言解析、論理貫穿、意涵彰顯等等工作，設法解消原有思想在表面上的前後不一致性或論理的矛盾，試予彰顯原有文句所可能含藏著的豐富意涵，通過傳記、年譜之類隨後體驗原思想家的思維歷程，同時通過精細的語言解析儘量發現原有思想在語言表現上可能具有著的多層語意。然而光靠這類解釋學家本身的著作，還不見得能够完全尋出原有思想在那時代裡所顯示的獨特理路，以及依它所能導致或推演出來的種種新理路、新線索。創造的解釋學家已經到達「了解原思想家，必須超越他」的階段。(三)「原作者可能說甚麼？」譬如「老子可能說甚麼」，通過莊子可以得到一個適當的答案，通過王弼、僧肇、河上公、憨山大師等等更可以獲取其他種種線索。創造的解釋學家在這裡需要有嚴格的哲學史訓練，逐漸體會「批判地繼承並創造地發展」原有思想的深意。由是，創造的解釋學家不得不面臨第四層次的解釋問題。(四)「原作者本來應該說甚麼？」哲學史的訓練，可以供給創造的解釋學家各種不同的了解線索，但眞要了解思想家，一定要問：假定原思想家今天還活著，他會依然固執己說嗎？或者他會願意修正或揚棄他已說過的話嗎？譬如孔子，假定他活到今天，他又如何回答「那部論語本來應該如何寫出來才對呢」這個問題？困難的是，原作者已不在世，祇有創造的解釋學家設法代表原作者回答了。由是，創造的解釋學家不得不搖身一變，而爲開創性的新思想家。故在最高（第五）層次自問：「做爲創造的解釋家，我應該說甚麼？」這裡變成新思想家的解釋學家已經不能祇代表原思想家（如孔子）說出原思想家本來應該說出的話；他已到了經由批判的繼承開創新理路、新方法的地步。以上簡述創造的解釋學基本間架，於此我應承認中國考據之學、海德格的解釋學、牛津日常語言學派以及東西哲學史上開創性的思想家們所給我的寶貴靈感。由於篇幅所限，我不便繼續論述我在出版過的論著之中有關哲學方法論、心性論、倫理學、宗教哲學、語言哲學、美學、禪道、馬列主義批判方面的其他種種個人創獲；這些當在姊妹篇「西方哲學的挑激與中國哲學的回應」另外詳論。

十二、結　　語

三十年來我的哲學探求所經歷過的道路，旣充滿荊棘又多迂迴；我却慶幸自己沒有尋走捷徑。根據個人的探求體驗，我願奉勸年輕一代的中國哲學探求者，以梁任公所云「以今日之我克昨日之我」的大無畏氣魄攻治自己所不喜好、不擅長但極有益於超克個性、擴充視野的哲學思想及其方法。牟宗三先生曾倡「中國哲學是生命的學問」。我願加上一句「哲學探求是一番生命的試煉」。我衷心期望年輕一代的讀者們能從我的哲學探求的成敗經驗談獲取正反兩面的教訓，超越我們這一輩的思維局限性，開拓更廣更深的哲學理路出來。

政通兄在五月五日的來函中說：「以我之見，你目前手中主編的幾部書完成之後，必須考慮做創造性地一躍了。否則時不我與，六十之後生命的耐力彈性都可能不足，難以承擔艱鉅的工程。……如不多做點創造性的工作，不但有負三十年來的努力，更對不起我們苦難的國家。」政通促我自述「荊棘之路」，我寫出了上下長篇。但是，我有多少能力爲我們苦難的國家做點創造性的哲學論著？這也算是我此後一番哲學生命的試煉吧？

（原載中國論壇一八五～一八六期與一九〇期）

英國經驗論基本問題之剖析與批評

一、引　言

近代西方哲學精神之主要特徵，首在人類理性之一大解放。易言之，人類理性終於衝破中世經院哲學敎義之桎梏，初度奠定理性本身之自律性與優越性，從而導出近代哲學之兩大思潮——理性論與經驗論，分道揚鑣，各暢其盛，最後滙合而入康德先驗觀念論之汪洋理海。

曠觀古代希臘哲學之發展，惟詭智學派哲學家與蘇格拉底尙能撇開自然之探秘，扭轉哲學問題之基點，而於人存在問題之鑽研探究，勾顯出哲學思索之特殊能事。前者善於考察道德、宗敎、法律、文法、習俗等諸般人事問題與人類社會生活之關聯，而就人存在之外在化側面透視人類理性之分殊功能；後者則專意主知主義倫理之奠基與靈魂之關懷（epimeleia tēs psychēs），特就人存在之內在化側面顯發人類實存之義蘊。至於其餘古希臘各派哲學家，多持宇宙中心（主義）的觀點（cosmocentric standpoint），埋沒人之實存於浩無邊涯之宇宙系統。泰利斯乃至原子論者一系之自然哲學家旣是如此，而透過蘇格拉底思想洗禮之柏拉圖與亞理斯多德兩大哲人亦無例外。試就柏拉圖哲學言之，其於國家篇（The Republic）所論社會倫理、職能分工以及哲人政治，處處反映柏拉圖形相（理型）論與靈魂三分之說，而所謂形相論也者，大致說來，乃是基於四層存在構造之說所形成之宇宙價值層級之理論架構，亦是調和巴門尼得斯存在（Sein）論與赫拉克利特斯生成（Werden）論所建立之思想成果，無非顯示其爲一種具有宇宙中心主義傾向之形上學理論。黑格爾嘗於法理哲學（Grundlinien der Philosophie des Rechtes）非難柏拉圖國家理論之失，嚴厲指摘柏拉圖未予考慮「主體性自由之原則」（Die Prinzip der subjektiven Freiheit），可爲一般古希臘思想家未及省察人存在之個別性與主體性義諦之例證。至如亞理斯多德，則於形上學（Metaphysica）第一卷區分經驗家、技藝家與學問家，從而逐次探尋學問之層梯，終以形上學爲百學之冠；於是形上學正式成爲第一哲學，或爲神學，乃是所以闡明萬有萬事根本原理之學。亞氏形上學以及自然哲學所論四原因說、潛態與顯態之分，乃至形相質料之兩大根本概念，足以證實宇宙中心主義之思想顯佔優勢，而人存在問題幾淹沒於亞氏形上學體系，失却其獨立性優越地位。

中世紀經院哲學信奉基督教啓示爲眞理正朔，然於基督教形上學體系之建設，則仰仗柏拉圖形相論及亞理斯多德形上學，俾得確保經院哲學本身理論系統之鞏固完整。由是產生理性與啓示、知識與教義、或哲學眞理與神學眞理兩者之間能否相輔相成而無衝突之問題。聖多瑪斯依據亞氏形上學體系奠定經院哲學之理論基礎，而爲中世紀神學思想之顚峯，暫使神學、哲學兩者調和無間。然而不久以後，中世紀哲學本身破綻迭見，漸有兩重眞理（twofold truth）之說抬頭，高唱理性與啓示各自爲政，不相干預。再者，威廉奧坎（William Ockham）一派唯名論者之激進論調，亦成迫使經院哲學內部解體之一大催劑。總觀奥古斯丁初建神學之時期直至中世紀哲學之衰微崩潰，自始至終，天啓規定理性之探索趨向，神學統制哲學之眞理，神意亦高於人智；如謂古希臘哲學爲宇宙中心主義思想，則中世紀經院哲學可特稱爲一種神中心（主義）的思想（theocentric thought）。文德爾班（Wilhelm Windelband）以及一般哲學史家咸認中世紀時期之哲學淪爲神學之奴婢，失其原有獨立自主之地位，如據上述觀點而論，實非過言。

迨至歐洲文藝復興時期，中世哲學之失勢，古代哲學之復興，希臘文化之再生，人文地理之發現，民族國家之興起，自然科學之萌芽，文學藝術所表現人類想像之縱橫馳騁，以及宗教改革所齎來信仰之解放等等，皆有助於促進近代人理性之自覺自律。一旦覺醒於人存在本身之自律性、優越性，人類從此乃可以暢情意之所欲發，舒理性之所欲逞，終而啓開近代所謂人中心（主義）的（anthropocentric）哲學大門。

近代歐洲哲學所處之思想文化背景，當以物理科學之興起與其關聯最深至鉅；無論理性論者抑是經驗論者，無一不受近世物理科學所建立之量化無限宇宙觀與數學方法論之壓倒性影響。近代物理科學自哥白尼天文學革命以來，極力打破古代中世之有限宇宙觀，代之以太陽中心的科學宇宙觀；儘予排除自然研究素所挾帶之宗教色彩，而重新估價宇宙之原本地位。又於天文物象之探研，同時着重數學的演繹方法與觀察實驗，而使理論與實際相得益彰，逐漸完成一套近代自然科學所以依估之精密性物理科學方法論基礎。大陸理性論者多半繼承數學演繹方法之側面，而予理性論的形上學體系以方法學的奠基；至於英國經驗論者，則偏重觀察實驗之側面，開闢知識論研究之方域。洛克所謂「歷史的平易方法」（historical-plain method）或休姆所謂「實驗的方法」（experimental method），皆不外深受牛頓所倡「不構築假設」之影響，採取平實可靠之探求步驟，依據經驗事實定立「經驗論原則」（the principles of empiricism）。英國古典經驗哲學之本領或特色即在於此。

近代哲學之父笛卡兒根據理性自律原則,以「我思＝我在」之明證性爲亞基米得式基點(Archimedian point),論證神一全知全能者一之永恒實在,因又憑恃神之全知全能以及誠實無欺,重新保證曾所一度懷疑之外在宇宙之客觀存在。如是,上帝媒介乎心物兩界之間,監視且能連絡心物兩界之對應活動。然而從此心物二元所劃鴻溝之彌補工作,乃成近代歐洲哲學首要之難題。笛卡兒心物二元世界觀亦對英國經驗論影響甚鉅,當於本論一併述及,且將特別指出笛卡兒所予經驗論哲學思索之某種遺害。

英國一般民族性格,向來對於現實經驗之嗅覺奇靈,故於哲學一般問題之討論喜循平實理路,每從經驗事實出發,而不崇尚形上學的淩空式玄想。培根(Francis Bacon)首先開導經驗研究之先河,提倡歸納法與實驗操作爲研究科學與征服自然之新式工具,然於哲學之正宗課題無暇顧及。其後霍布士(Thomas Hobbes)兼採經驗論立場與形上學的思辨工夫,構築唯物論形上學體系,離反英國人哲學探求之一般趨尙。直至約翰洛克(John Locke, 1632-1704),再度恢復脚踏實地之哲學思索,追溯人類經驗知識之淵源,專循觀念之累積與聯合之心理發生(psychologicalgenetic)過程討論知識論之根本問題,終於導出知識論研究之肇端,而使知識論成爲近代西方哲學之基礎部門。康德純粹理性批判指摘傳統形上學家空中樓閣式玄想之迷誤,而於科學知識之客觀眞確性問題,傾力硏討,正足以證示洛克所倡導之知識論研究所予康德影響之深。

洛克嘗於人類悟性論(Essay concerning Human Understanding, 1690)告讀者書中敍述該書撰著之由來,謂友好五、六人嘗聚洛克家中,共同談論道德以及啓示宗敎之原則等哲學問題,暢談至於中途,衆漸迷失問題線索而感困惑;旣不能繼續原來之討論,亦無從創獲任何建設性結論。洛克由是深思,欲覓癥結所在,終於認爲:討論此類哲學問題之先，似應預爲審查人類悟性能力本身，而後決定何種對象適於悟性之探討，何種對象則非悟性所能關心涉及。洛克此一意見，終獲衆友之同意，咸認悟性本身之能力問題應是首先探求之對象。自是以後，洛克開始專意思索此一知識論之根本問題，前後經過十餘載之愼重運思，乃於一六九〇年正式刊印該書初版，公諸於世，因而奠定近代知識論研究之基礎。

黑格爾站在「辯證法論理學卽形上學」之獨特立場，對於專事探索認識能力問題之知識論者毫不寄與任何同情，故於小論理學（System der Philosophie, erster Teil, Die Logik）之哲學大成序論中評斥知識論者（尤其康德之批判的哲學），謂：「認識作用之檢查，如非在（對於認識對象所作之）認識過程當中進行，則爲不可能事。於此工具（指悟性之認識作用能力），所謂工具之檢查不外意指（對於工具）加以認識。然在認識作用開始之前，欲（對認識作用本身）加以認識，實與經院哲學家所做入水以前先學游泳技術之『賢明』企圖無異。」蓋黑格爾堅信思維本性卽是辯證法，精神之自我展開逐漸規定思維之辯證法過程。渠以爲，欲於思維所作認識作用之辯證法過程抽離認識作用，專就具有認識作用之悟性能力本身，檢查悟性實際上是否具備認識能力，正與塌塌米上練習游泳相同，直是可笑而又不可能。對於黑格爾之說，洛克或康德當必駁爲過於獨斷無據；因黑格爾固執辯證法形上學優位之觀點，而對知識論之獨立自主性毫無同情，是以抹殺審查悟性能力之問題價值。黑格爾哲學之理路，於其出發點早與知識論者分道揚鑣，故其對於知識論者所作之批判，原不過是圈外人士之嘲語，不必動搖知識問題探求者之本來信心。

洛克知識論所提出之三大問題，正如悟性論序言所述，卽是人類知識之(一)來源，(二)眞確性以及(三)範圍(界限)，且就信仰、臆見、認許等具有蓋然性質者審查據由與程度。洛克對於構成人類經驗知識之觀念來源分析，採用如前所述之一種「歷史的平易方法」，沿循心理發生過程，探究觀念產生與複合之經過。換言之，即是一種心理學的方法，而有別於現代經驗論者所謂邏輯分析法。洛克所創心理主義經驗論，繼由另外兩大英國古典經驗論者巴克萊（George Berkeley, 1685-1753）與休姆（David Hume, 1711-1776）發揮深化。蓋經驗論者最表關心之首要問題乃是觀念之來源爲何，故其研究步驟易於接受心理學的方法，以便善爲處理當前直接之感覺經驗，當做知識建構之原初基料。心理主義經驗論（psychological empiricism）於知識問題之探討所產生之理論限制性與可能困難，遠非古典經驗者始料所及。作者將於本論儘予隨處指出心理主義經驗論所具有之內在弱點及其所由導致之理論困難，並與康德先驗哲學以及現代科學經驗論或邏輯原子論互爲比觀，展示前者（古典經驗論）如何終被後者一一克服。古典經驗論發展而至休姆，於其現象論分析乃登峯造極，而使心理主義經驗論主張之優劣得失同時擺出。休姆一方面喚起康德從獨斷論之久夢覺醒，另一方面亦迫使後者以超克英國經驗論者之心理主義理路及方法爲己任，終將經驗論趨向扭轉他方，構築所謂先驗觀念論之知識哲學體系。邏輯經驗論者以及一般科學哲學家亦從巴克萊之語言分析以及休姆之實徵論方法吸收基本血液，再以邏輯分析之嚴密客觀方法重新處理古典經驗論者所無力解決之各種知識難題。

本論文專就英國三大古典經驗論者洛克、巴克萊以及休姆之知識論基本問題予以剖析與批判；根據洛克人類悟性論，巴克萊人類知識原理（A Treatise concerning the Principles of Human Knowledge, 1710）及海拉斯與菲羅笯斯對話錄（Three Dialogues between Hylas and Philonous, 1713），休姆人性論第一卷（A Treatise of Human Nature,

Book I, 1738)，人類悟性探微（An Enquiry concerning Human Understanding, 1751）及自然宗教對話錄（Dialogues concerning Natural Religion, 1779）等六部古典經驗論原著，分為觀念來源、初性次性、物質實體、精神實體、因果關係、神之存在、抽象觀念、知識涵義等八章，逐一論述。每章各項所討論者，皆依洛克、巴克萊、休姆三家之理論發展線索，提示有關問題如何漸被澄清克服，同時涉及其於近代哲學所予貢獻與影響，進而探索現代科學哲學以及英國解析學派與古典經驗論間之理論聯繫。本論文為作者所正進行近代歐洲哲學史論撰著計劃之部份工作，可以視為該一計劃之第一部。❶

二、觀念來源

洛克所創知識論三大問題之中，人類知識之原初基料或即觀念來源為何，乃為一般古典經驗論者所最關心之研究對象。洛克於此問題之提出，斷然宣言感覺經驗之分析為哲學思索之唯一出發點；為此，漸與柏拉圖、亞理斯多德以來通過經院哲學而至笛卡兒形上學之理性主義一系分家，而高標經驗事實探求之重要性。洛克在探索觀念之來源而建立所謂經驗論原則之前，所做第一步澄清工作，即是檢討本有觀念（innate ideas）以及本有原則（innate principles）理論是否可能成立之課題。❷

洛克對於本有觀念以及本有原則未予嚴格界定，然就其所批判之一切思辨性（speculative）以及實踐性（practical）本有原則存在之說，

---

❶ 作者自註：因1966年再度赴美至今，此書計劃終於停頓，未償夙願。
❷ 本有觀念與本有原則亦可分別譯為生得觀念與生得原則。

亦不難歸納出洛克反本有觀念（原則）說之主要論點。

大體言之，洛克所謂本有觀念，乃指不待經驗而於人類出生之時早已刻印於吾人心中之先然觀念（a priori ideas）。本有原則則由本有觀念之聯合所形成者，實爲一種先經驗性判斷或命題。邏輯、數學方面之根本原則常被認爲思辨性本有原則，至於實踐性本有原則則多指道德命題而言。洛克所極力反對者，卽是所謂獨立於經驗，出生卽有之本有觀念或本有原則之可能存在。

洛克所下本有觀念之定義頗爲極端。其實，哲學史上甚少哲學家曾作如是主張。惟於柏拉圖米諾（Meno）一篇曾經出現極端本有觀念理論，假定構成人類知識之根本觀念或原則槪皆先於出生而本然存在，故於出生之時已經植根於人類心靈。在該篇中，蘇格拉底曾藉暗示性協助，令一童僕根據「本能」導出有關幾何面積之結論，由此證明數學知識不待實際經驗，却是來自生前形相界之回憶所獲得者，此乃哲學史上著名之「知識卽回憶」說。洛克反本有觀念說之主要批判對象，表面上似爲笛卡兒；然而笛卡兒，除了承認所謂自然理性之光（natural light of reason）爲本有而不待經驗之外，並未建立本有觀念說之極端理論。笛卡兒所謂自然之光，不外指謂人類先天所具有之理性能力，而不必涉及心中觀念本有與否之問題。故其哲學思索之出發點雖在亞基米得式基點一意識自我一之定立，然其所謂「方法的懷疑」，所謂「我思＝我在」，亦是通過經驗的直觀（empirical intuition）或洛克所謂反省（reflection）而得。換言之，通過懷疑一切之無限後退性反省，終而發現當做能者（能作懷疑作用而非屬於認知對象之主體者）思者（能思維者）之純粹自我意識，此似乎與洛克所批判之本有觀念說無甚關聯。

洛克於論駁極端本有觀念（原則）說時，所擧出之反證有：(1)人於出生之時，並未有意識地普遍承認本有觀念（原則）之存在。如謂亞理斯多德邏輯中之同一律或矛盾律爲不待經驗而本來存在於人類心靈，爲何白痴或稚童不知同一律或矛盾律之存在？又，如謂年齡增加而理性能力亦隨之增强，能够善於發現此類自明觀念或原則，此亦不卽等於證明理性不待經驗而能自動演繹出同一律等自明原則。⑵假定心靈具有本有觀念或原則，但又承認心靈對其存在未及意識（譬諸稚童之場合）；此與「本有」或卽「生得」(innate）一詞之語意未免矛盾。⑶卽使發現若干原則如同一律、矛盾律等爲自明（self-evident）原則，此自明原則不必卽是本有原則。換言之，所謂自明原則仍是經驗性原則。洛克於此儼然劃分必然自明的眞理與本有眞理之異質性，而否認本有眞理之存在可能。一切必然自明的眞理必是經驗的眞理，同一律、矛盾律等亦無例外。⑷設使心中觀念或原則爲本有，爲何人們常於許多觀念（如上帝、善惡、自由、美醜等觀念）之內容經常辯論不休，而無任何定論可言？又爲何常於許多原則（如道德實踐原則）無從獲取普遍認許（universal assent）或同意？種種德性之所以常被承認，絕非由於此種德性之觀念爲本有，而是因爲其他緣由——譬如對於社會有利等等經驗因素。⑸本有原則之存在與否，須先假定本有觀念之存在，然而心中所具有之觀念，諸如同一性（identity)、量（quantity)、實體（substance)、正義（justice）甚至上帝等觀念，皆有待於經驗累積而得。本有觀念存在之可能性旣被否定，本有原則之說當亦不攻自破。擧例而言，「A等於A」爲同一律，含有「等於」之量觀念，此觀念旣待經驗而有，同一律亦必不是本有原則。如此，洛克以爲本有觀念（原則）論者旣無任何論據證明其本身理論之正確無誤，則一切人類心靈所具觀念或原則（之內容）無非來自經驗，自不待言。洛克非本有觀念（原則）說之結論乃爲：人之心靈本如白紙（tabula rasa）或空室（empty cabinet)，一無所有；一切觀念之產生，皆不外來自經驗。於是洛克所開創之英國經驗論思潮乃與大陸理性論大異其趣，而知識論問題終於成爲該派哲學之中心課題。

考洛克非本有觀念（原則）說，至少有兩點頗値商榷：

其一、洛克所予本有觀念之定義過於偏激。如謂本有觀念也者，不待後得經驗而於出世之前早已刻印於人之心靈，則除柏拉圖米諾篇中之「知識卽回憶」說外，其餘哲學家幾無如此過激之主張。洛克既下本有觀念之極端界說，故得援用孩童、白痴、蠻子等例駁斥本有觀念之存在論據。總之，洛克爲要奠定經驗論原則，故於本有觀念之界定過份偏激，俾以非本有觀念（原則）說爲其經驗論基本主張之佐證。惟有據此理由，方能體諒洛克非本有觀念（原則）說之過激。

其二、洛克雖然反對本有觀念之存在，但不否認人之自然本能或生得傾向。惟洛克本人尙未意識及於「先然」（a priori）與「後然」（a posteriori）之別；換言之，未能特就構成人類知識之能（悟性）、所（對象）兩大側面之關係加以考察。萊布尼玆針對此點，嘗於人類悟性新論（Noureaux essais sur l'entendement humain）論難洛克非本有觀念理論之失。萊氏認爲本有觀念與非本有觀念之區別，不能僅僅依據觀念是否來自外界經驗抑或生得而分，兩者之間應有本質上之差別。感覺觀念（ideas of sense）如甜、苦等既由感覺經驗而生，自非本有觀念，然而方形或圓形等數學上之觀念則爲人類悟性之所自創，毫不關涉外界經驗，反爲感性知識成立之前提。❸萊氏於是推論，數學或邏輯之觀念皆屬「本有」，卽是心靈經由主動的反省所獲之觀念，但不必指涉洛克所謂生得之意。萊氏對於洛克非本有觀念之批判，可藉其一著名之語表示：「對於心中所具觀念無非來自感覺之說，應加一句『悟性本

---

❸ 萊氏此一主張已經預取康德知識論立場。

身及其性質除外』。」圓形之觀念絕不能由一切經驗的圓形之物抽離而成，反之，悟性乃能自創圓形觀念套上經驗界中種種圓形事物。萊氏據此駁斥洛克所謂心靈本如白紙，而予數學與邏輯等形式科學以理性論的客觀眞確性之保證。（按：數學或邏輯命題屬於萊布尼兹所謂必然眞理或理性眞理。）洛克乃至約翰·米爾（John Stuart Mill）等經驗論者過份强調經驗論原則，終對形式科學如何成立之問題無法給予圓滿合理之解釋，此爲古典經驗論者討論知識論問題之時，所曾產生之一大理論困難。洛克認爲同一律、矛盾律等邏輯性原則只是來自經驗之必然自明原則，而非「本有」原則。洛氏此說初經萊布尼兹、康德等哲學家之批判，再經現代科學經驗論者之一番澄清，理論上早已不能自圓其說。❹又，若干（非經驗性）先然原則（a priori principle），亦可經由規約性界定（definition by convention）獲得，而不必稱爲「本有」。由是，本有觀念，本有原則等名辭自可歸屬哲學史上之陳跡。

洛克嘗就所謂原則區分思辨性原則（speculative principle）與實踐性原則（practical principle）兩種，後者多指道德方面之原則，洛克亦不承認其爲具有普遍認許性之本有原則。正義、自由、信仰、上帝等有關倫理道德之觀念及其所構成之一般實踐性原則既不外來自經驗，自無普遍認許或同意之可能；於此顯見洛克倫理說之基本立場。洛克道德理論已經帶有經驗主義甚至功利主義色彩，亦是英國人善於依據現實經驗觀點處理倫理問題所表現之一大特色。

休姆曾於人類悟性探微批判洛克所下「本有」之界說不夠精當，

---

❹ 同一律、矛盾律等亞氏古典邏輯之根本原則，一般現代邏輯專家認爲可從基本定義、公理、設準、原始命題等等逐步推衍而得。詳見懷德黑、羅素合著數學原理(Principia Mathematica)以及 Hempel: "On the Nature of Mathematical Truth" 與 "Geometry and Empirical Science" 兩篇論文。

謂:「本有如指自然之意，則所有知覺與心中觀念皆為本有或自然而有。如果本有意指生得而有，則有關辯論只是無謂多餘」(該書第二二頁)。休姆以為洛克「觀念」之定義太過寬泛，包括任何知覺、感覺、情感以及悟性等心靈作用所產生者，則自愛、兩性間之感情、憤怒等本能若照洛克「觀念」之定義，惟有歸入非本有觀念之範域。休姆區分印象與觀念，而以「本有」指謂「具有原初性而非前件印象之摹本者」(original and copied from no precedent preception)，如此印象可為本有，而觀念則非本有。由是可見，本有觀念之存在與否，涉及「本有」之涵義如何，乃與語意問題發生關聯，初非知識論本身之問題而已。

洛克所謂「觀念」(ideas)，乃是「悟性之思維對象」(objects of thinking)，亦即心中所能產生或再現之一切表象 (representations)、意念 (notions)、或虛構之物 (fictions)，諸如「白色」、「軍隊」、「濫醉」、「美人」、「因果」，甚至包括純係心靈揑造之對象如「金山」、「半人半獸」、「黃龍」等等。「觀念」一辭所轄括之範圍幾漫無限制，人類語言所能指涉而於心中浮現為一種對象 (不論有其現實存在基礎與否) 者皆可稱為「觀念」。洛克根據經驗論原則，宣稱一切觀念非心中本然而有，但從經驗獲得；換言之，觀念不外來自感覺 (sensation) 或反省 (reflection) 兩種經驗來源。感覺觀念即是通過感官與外界事物性質之直接性接觸，第一度於人類心中所刻印而成之外官觀念。至於反省觀念，則為心靈之種種作用所構成之內官 (internal sense) 觀念。反省所得之觀念常較感覺觀念為遲，蓋因須加注意之故。所謂觀念來自經驗，亦即是說，觀念之產生與知覺乃屬同一件事，若無感覺知覺之能力，則無產生觀念之可能，此亦不外是洛克反對本有觀念存在之一大論據。洛克認為觀念——特指單純觀念——初度產生於人類心靈之際，悟性仍在被動狀態，尚未發揮主動創發之效能；直至感覺觀念產生於人之心靈，悟性始依內官作用發動反省功能，而有「知覺」、「注意」、「推理」、「意欲」、「感受」等等心靈分化活動。

洛克如此首先奠定所謂「經驗論原則」——一切人類觀念概皆來自感覺或反省；乃繼而嘗試觀念之分類，以最初通過感覺所產生之觀念或後來經由反省作用所獲得之基層觀念為單純觀念（simple ideas）。單純觀念為構成人類經驗知識之始源，具有原初（original）、不可矯變（incorrigible）以及（單純觀念間之）相離而無關聯（discrete）等性質，非人類悟性所能隨意發現、揑造或甚至修正者。洛克嘗將單純觀念劃成四類：⑴只由一種感覺所構成者——如眼生色，耳生聲，鼻生香，舌在味，身生觸；⑵兩種感覺所協成者——如空間、形狀、動靜、擴延性等乃由視覺與觸覺兩者合成；⑶只由反省所產生者——如記憶、辨別、推理、判斷、信仰等；⑷經由感覺與反省二者所形成者——譬如快樂、疼痛、力量（power）、存在（existence）、統一性（unity）、繼起（succession）等是。

悟性接納單純觀念之時仍是處於被動狀態，而於組合排列諸般單純觀念為一種複合觀念（complex ideas）之時，逐漸展開其主動創發之能事。此所謂複合觀念，洛克又分為三類：⑴模式（modes）——依附實體而有，本無獨立性，可以分為單純模式（simple modes）與混合模式（mixed modes）兩種；前者如一打、一百、永恒、力量等，乃由相互類似之單純觀念依照量性累加而成，後者如美麗、謀殺、酗酒、喧囂、自由等，由不同性質之單純觀念所湊合而成。⑵實體（substances）——又分單一實體（single substances）如一個人或一隻羊，與集群實體（collected ideas of several substances）如一隊兵士或一群山羊。⑶關係（relation）——經由觀念間之相互比較而得，諸如因果性、一致性、相異性等是。

單純觀念之能否成爲洛克所稱人類經驗與知識之最初來源，有待商榷。洛克所予單複觀念之區分，乃依心理發生過程之前後關係而來，然而實際經驗是否能如洛克所說，一開始即有色、聲、香、味、觸等單純觀念之明確區別；或是感覺活動開始時所接納者僅是混然不分、無以名狀之感覺群而已？事實上當吾人在刹那間所視覺之眼前菊花，其於心中直接無分別現量狀態所浮現者，本不外是模糊不淸之感覺性質集團，而後漸因知覺或間接有分別現量之產生，能於原初之蕪雜感覺群一一分別色、聲、香、味、觸、大小、形狀等各種菊花特性。❺吾人並非早在感覺菊花存在之瞬間即能了別各種單純觀念，而後逐漸組合成爲菊花所具複合觀念之種種。由此可知，洛克之心理學的單、複觀念分類法，實與經驗事實不相符合；所謂單純觀念在先，複合觀念在後之說並無實際憑據可言。

再者，不但洛克之心理學的分類法未爲適當，其所界定之單純觀念亦因根據心理學的分析而得，故隨每一知覺者之主觀判斷而對單純觀念可以產生種種不同之觀點。洛克單、複觀念區分之心理學的規準旣有主觀傾向而不够明確，許多心中觀念究屬單純的或複合的，實不易判別。例如力量、存在以及統一等洛克所謂「單純觀念」，本非直接無分別之原初感覺所能獲得，應否歸屬單純觀念或視爲一種複合觀念，常因各人所持主觀性心理分析之規準而易生歧見。總之，洛克所作單複觀念之區分本來應是一種邏輯的分析，洛克未及細察，誤以單複觀念之區別視如原屬經驗事實之事，更以爲單複觀念之間具有心理發生的前後關係，如此混淆心理事實問題與邏輯的分析問題，終在單複觀念之分類產生矛

❺ 作者爲語言使用上之方便，援用印度哲學專門名辭。現量即感覺知覺所獲之知識，直接無分別意似刹那性感覺，不容意識干預；至於間接有分別，乃是對於直接無分別之對象附加意識作用，意似所謂知覺。

盾。

如前所述，洛克以爲悟性於直接無分別狀態接受原初性單純觀念時始終居於被動，而對觀念毫無主動性加工作用，故謂「心靈如同一具明鏡，映照影像或觀念」(Frazer I, p. 143)。洛克此說，是否符合經驗事實，亦足以令人質疑。譬就眼前書桌之感知而言，悟性一開始卽已干預感覺經驗，多少附加一種重構作用 (reconstruction)。因此心中所得書桌之觀念已非具有原本性質者，而實際上亦不可能有原本性感覺觀念存在。又如比較原始社會之蠻人感覺與文化社會之現代人感覺，可以顯示兩者對於直接無分別現量所接納之書桌觀念亦不相同，此乃由於現代人已有時代的累積經驗，故於感知眼前書桌而形成心中觀念時實際上已滲雜一種後得經驗 (acquired experience)。如此說來，人於初度感覺經驗，悟性決非洛克所說，只在被動狀態 (merely passive) 而已。洛克執守經驗論立場，故於悟性功能存而不論，而對觀念之始源傾力探討，得失並見。康德論人類經驗知識之成立，則從先驗觀念論立場預設先驗自我之悟性統一作用，故而宣稱吾人一切知識雖與 (mit) 經驗同時開始，却非全由 (aus) 經驗本身產生❻；如此克服經驗論未暇論及悟性創發功能之難題。

洛克「觀念」一詞因過於寬泛，無從判別直接無分別 (immediate perception) 與間接有分別 (mediate perception) 兩者，故易混淆觀念之純然經驗成素與悟性加工成素。「悟性在接納單純觀念之時只處被動地位」一語如就前者加以解釋，易言之，專就感覺經驗之純粹成素理解，而不以其爲悟性所能隨意揑造或矯變者，則洛克此語並無不當之處，且能劃出經驗始源一項，不失爲經驗論本身强有力之依據。作者上

❻ 純理批判再版序言。

述之批評，乃針對直接無分別與間接有分別混淆之可能性而作；洛克如從觀念劃出可以判為直接無分別者——如休姆所謂印象，則可免於此類批評。此亦洛克所非察及之處。

巴克萊承繼洛克所建立之經驗論立場，且進而修正洛克之經驗論原則而為所謂「存在卽是被知覺」(Esse est percipi)，排除洛克原則之實在論色彩，通過語意分析與知覺條件之澄清將經驗論觀點推進一步。簡而言之，巴克萊層層還元外界事物之存在為感覺性質，為感覺事物，為不離心存在之觀念。故其所謂「觀念」，與洛克該詞所指涉者不同，乃是預先假定知覺主體所具知覺條件之被知覺存在者(ideas as what-are-perceived)。如就語意分析觀點剖解巴克萊「觀念」一詞之眞義，可以見出巴克萊已能劃清直接無分別現量，顯較洛克「觀念」涵義更為殊勝。

當吾人說：「我聞及汽車聲音」，此是一種知覺判斷；如進而說：「我聞及某種撲撲聲音（如機器般聲音）」，判斷上似更精密；如再進一步說：「我所聽聞者，『似』是某種撲撲之聲」，更能免於判斷之錯誤，而該語所表現者亦已接近直接無分別狀態。為要表示實際之直接無分別，可將以上陳述再度修正為「我於此一刹那所聞者宛似某種撲撲之聲」，此一陳述卽指瞬間性之感覺狀態。於此場合，巴克萊所謂「觀念」原係聽聞之觀念（idea of hearing），我於獲得「聽聞觀念」，不過描述我在直接無分別之刹那所產生於心中之「觀念」而已，謂之休姆所謂「印象」亦無不可。根據巴克萊「存在卽是被知覺」此一原則之本意，巴克萊之觀念眞義應是直接無分別狀態時之被知覺對象，可藉用沃諾克（G. J. Warnock）之語名為「刹那的宛似性觀念」（ideas of what-seems-to-me-now as if I were...ing）。（註： WB, p. 169。）然而巴克萊本人未及省察其所使用「觀念」一詞之義諦，乃有觀念歧義性之困難，終

於形成巴克萊知識論之根本難題，當於下章詳爲論述。❼

休姆鑒於洛克所下「觀念」之界說過於寬泛曖昧，未予劃分直接無分別與間接有分別之心理發生過程前後次序，故提「印象」(impressions)一詞，俾便避免直接間接兩種現量之混淆不清。（洛克亦曾使用「印象」字眼，但未予發揮「印象」語意，見 Fraser I, p. 143）休姆憑藉印象、觀念兩者之判別，乃使經驗論原則更爲完整澈底。休姆所謂「印象」，即是在人類心靈之中最初出現之一切感覺、激情以及情緒（"All our sensations, passions and emotions, as they make their first appearance in the soul"）；至於「觀念」，則爲吾人在思考或推理之中對於印象所得之「模糊影像」（"The faint images of these [impressions] in thinking or reasoning"）。例如兩手觸火，頓感疼熱，此即疼熱之印象；若於心中再現疼痛感覺，則爲觀念而非原初印象。休姆以爲兩者之區別不在性質，而在强度(the degrees of force and liveliness)如何而定。印象所予强度常較觀念所予者强烈有力。在心理發生過程上，印象亦較觀念爲先，因後者乃通過回憶或思維再現原初印象於心中而形成者。又觀念旣係印象之再現，則兩者之間可以成立某種類似關係。易言之，單純印象與單純觀念之間存有普遍類似性(universal resemblance)關係，後者實爲前者之摹本（copies）。❽至於複合印象與複合觀念之關係，休姆未予承認兩者間之類似性爲普遍不變。譬如初次旅行巴黎，而獲巴黎城市之複合印象，事後回憶，心中所再現之巴黎複合觀念已非原來面目，蓋憑記憶或想像皆無法如實再現原初構成巴黎複合印象之該城街道、河流、高塔等形形色色之事物故也。單純觀念如心中紅色，則與

---

❼ 關於巴克萊「觀念」之歧義性，可以參閱 Copleston, *History of philosophy*, V, p. 226。

❽ 休姆所謂「單純」，亦如洛克，意指不可分，且不可矯變。

初度所見紅色事物之單純印象互相彷彿，所不同者僅是程度上不若原來之紅色印象强烈鮮明而已。

休姆所予印象與觀念之區分，可謂之爲洛克所立經驗論原則之忠實修正工作。洛克雖以感覺與反省兩種經驗爲一切觀念之來源，然其知識論立場採取騎牆政策，承認非感覺經驗所能直接徵驗之外界事物有其客觀存在，且爲觸發感覺經驗於人類五官之實在基礎。休姆則自始至終從不過問印象從何而來，如是建立現象主義經驗論（phenomenalistic empiricism）而貫徹了經驗論原則之主張。❾

再者，印象與觀念之劃分，足以避免非經驗性觀念（如圓形觀念）與經驗性觀念（如圓桌）之混淆不清，且更可說明印象——感覺經驗所由構成之原初根本要素——之不可矯變性（incorrigibility）或直接無分別性，俾便保證經驗論原則之理論基礎。由是一切心中觀念皆可還元於原初印象，而原初印象乃成人類經驗知識之第一來源。休姆因而奠立人性論中所謂第一原則：「吾人心中初次出現之一切單純觀念皆自單純印象導出，後者與前者彼此相應一致，且前者如實代表後者」（"That all our simple ideas in their first appearance are derived from simple impressions, which are correspondent to them, and which they exactly represent,"（人性論第四頁)。此第一原則亦可稱爲「印象優位原則」(the principle of the priority of impressions)。

然而休姆對於印象與觀念之分法，亦非十全。第一，休姆以爲印象與觀念之差異，只在强烈程度如何，此乃一種心理學的規準，未具客觀精確性。設若有人抗議，謂自覺夢中所憶起原初印象而形成之疼熱觀念

---

❾ "As to those impressions, which arise from the senses, their ultimate cause is, in my opinion, perfectly inexplicable by humam reason"〔人性論第八四頁。〕

强過當時直接觸火而獲得之疼熱印象，則休姆如何能恃强度規準答辯此一質疑？換言之，印象刻印於人類心靈之强度是否在心理上强於觀念？心理學的主觀性規準應否還元於生理學的測量規準？或有其他較客觀之印象、觀念區分規準？休姆亦如洛克與巴克萊，所採取之經驗論觀點帶有心理主義傾向，故對此類質疑，無從置答，迭現其現象主義的理論困難。

其次，休姆仍然套用洛克單純、複合之分，且其區分亦依心理分析所得，洛克嘗犯之錯誤，又於休姆重新出現。惟休姆不如洛克，過份重視單複區分之問題，故未對於單、複印象或觀念嘗試精密的分類工作。

休姆雖然堅持觀念可還元性原則，却准許某種例外，於此場合觀念決不可能還元於與之一一相應之原有印象。例如某一色彩系列，設此系列具有一連串之明暗陰影變化，構成整套毫無間斷之 $A_1A_2A_3A_4A_5$………An 系列，此一系列中本無 A_2 之色彩印象可言，具有多年經驗之色彩專家可能於該系列中相鄰而色度變化極微之兩色彩印象 A_1 與 A_3 間創出 A_2 之觀念，而此所謂 A_2 觀念却於原初色彩印象系列無從尋獲。根據此一例外之線索，可以將之推廣，設想任何老牌畫家經常能够創造無法還元於原有自然色彩印象之某種特殊色彩觀念，且能將其描繪於畫布之上。於此休姆無異承認觀念可還元性原則或即印象優位原則並非絕對不變之原則。吾人亦須承認感覺經驗決非純然被動而無悟性作用之主動干預。印象本身之具有不可矯變性固無從懷疑，而印象刻印心中之時，常有悟性之干預活動，亦是不可或疑之事實。洛克乃至休姆之古典經驗論者探溯觀念始源之功雖不可沒，然對感性（sensibility）與悟性（understanding）之協力合作關係甚或悟性統括蕪雜經驗之積極創發作用側面則未顧及，古典經驗論之優劣得失於此同時顯見一斑。

洛克對於單、複觀念之劃分，或休姆對於印象與觀念之區別，援用心理分析，而失之偏缺主觀。現代經驗論者已有多人遵循休姆理路，設法通過較爲嚴格客觀之邏輯分析法修正休姆印象觀念區分之規準，以便維護經驗論原則之基本主張正確無誤。例如羅素於人類知識（Human Knowledge）一書界定印象與觀念之語意，謂:「『印象』或『感覺』指謂物理原因所引起之心理現象，而『觀念』之近接原因則爲心理的。若依獨我論所主張，無一心理事件具有外界原因，則『印象』與『觀念』之區別將陷於謬誤。」❿ 羅素如此承認物理原因之存在，藉以克服休姆心理主義經驗論之困難。又如萊亨巴赫（Hans Reichenbach）則於經驗與預斷（Experience and Prediction）提出「印象推理說」（inference theory of impression）以代之「印象觀察說」(observation theory of impression)。萊氏主張吾人可以相信印象之存在，然而不能直接感覺印象本身之客觀實在，蓋心中印象存在之事實乃由推理所得。經驗所賦與人類心靈者乃是事物或事物狀態一事項（states of things），包括我之身體狀態，而非所謂印象。⓫ 如此說來，休姆之印象原非感覺經驗於心理發生過程所產生之最初現象。休姆所予印象與觀念之區分，原非可就心理事實直接尋出，却是邏輯推理的分析所得之結果。

以上所擧二例，不僅涉及印象、觀念之區分與定義規準問題，亦同時涉及知識論本身之一大課題。易言之，羅、萊二氏所持觀點已具一般物理學的實在論傾向，如此克服洛克實在論＝表象論之騎牆立場，巴克萊主觀觀念論（甚或獨我論），以及休姆心理主義現象論等古典經驗論之基本難題。

無論如何，人類知識之最初經驗基料爲何，已非哲學家所能獨力解答，恐需藉助於新近物理科學知識。否則形上學的觀點（如實在論、現

---

❿ 該書第四五六頁。

⓫ 該書第一六七頁。

象主義、觀念論）易於滲入觀念來源之問題，終使本來之眞正課題掉落迷宮，永無解決之餘地。再者，此一問題亦同時關涉語言之約定性使用問題，有待語意分析之旁助。

三、初性次性

初性次性之劃分，非洛克所創始，考其淵源，可以溯至近世物理科學之萌芽時期。近世物理科學家如克普勒（Kepler）、伽利略（Galileo Galilei）等爲將變化無端之宇宙現象，通過量的還元括入一套數學演繹系統，乃於外界事物性質區分兩類，一爲初性（primary qualities），一爲次性（secondary qualities）。此種理論，可特稱爲初性次性兩橛觀。

根據勃爾特（E. A. Burtt）近世物理科學之形上學基礎（The Metaphysical Foundations of Modern Physical Science）一書所作之分析，近代物理科學家中有系統地建立初性次性兩橛觀者，以克普勒爲第一人。克氏以爲眞實宇宙爲祇具量化特徵之宇宙，宇宙中一切差別相僅在量之一點；而一切精確知識均爲具有量化特徵之知識，最完整之科學知識須具數學演繹性或量的還元性。一般近世科學家依據此一觀點，反對亞理斯多德以來之形上學的宇宙觀。外界事物中具有量化特徵之初性乃爲眞實性質，而變化無端，不可量化之表面性質爲非眞實之次性。物理學、天文學所欲建立之理論系統，即是先於雜亂無章之感覺萬象中抽離可量化之初性，而後通過數學的演繹加以分析與綜合。

伽利略亦根據近世物理科學宇宙觀劃分兩種世界：第一種世界爲絕對客觀不變且具數學性質者；另一爲相對主觀，變動不居而具可感性質者。前者屬知識之範圍，後者則爲臆見或幻象之領域。宇宙因有幾何秩序而得實在性之保證。眞實性質或所謂初性，如數量、形狀、大小、位置、動靜者內在乎物體本身，非吾人所能任意抽離；此種性質表現數學量化性，而與感覺經驗毫無關涉。至於次性，伽利略視爲初性力量給予感官所得之結果，色聲香味觸等感官性質純係主觀性質，本無客觀實在性，但依初性而存在。

吾人如能預先瞭解近世物理科學所建構之量化宇宙觀與數學方法論架構，以及笛卡兒根據機械世界觀所建立之心物二元形上學，則洛克初性次性兩概觀理論之來龍去脈，不難揣知。洛克首先判別「觀念」與「性質」兩者涵義之不同：前者爲悟性之直接對象，存乎心中；後者則爲物體本身所具之力量，而能產生觀念於吾人心中者。譬如雪球具有一種力量，能於吾人心中產生白、冷、圓等觀念，此種力量稱爲性質，而有別於心中所構成之知覺對象或即觀念。

初性依附物體自身，形成物體之眞實性質而無法與之分離，包括硬度（solidity）、擴延性（extension）、形狀（figure）、動靜（motion and rest）、數量（number）、大小（magnitude）等，亦稱物體之原有性質（original qualities）。專就物體本身而言，本無次性之實在，次性之所由形成，純係初性對於吾人感官施與一種力量而產生之感覺性質，如眼耳鼻舌身五官所對應之色聲香味觸即是，亦稱可感性質（sensible qualities）。洛克於初性次性之外，又加第三種性質，特稱力量（power）或即「間接可知覺之次性」（secondary qualities mediately perceivable），以與「直接可知覺之次性」（secondary qualities immediately perceivable）區別。譬如日光照射洋臘，而使吾人（第三者）知覺洋臘之白，或如火之燒鉛，而使吾人知覺鉛之液體化現象等是。洛克有時亦將此第三種性質歸入次性，合稱兩者爲力量，而別於依附物體自身之初性。

洛克接受笛卡兒心物二元論世界觀，承認物質實體之存在，故其知識論基本立場爲實在論，理論上已經踰越其所固守之經驗論原則，開導所謂樸素實在論（naive realism）之先河。外在宇宙之物體自身離心存在，則初性次性之實在與否，亦視其與物體自身之關係如何而定標準。洛克以爲，初性旣依附物質實體且形成後者之眞實性質，則初性與物體之間存有類似（resemblance）關係。至於次性，吾人誤以爲類似物體本身者，事實上不然。蓋次性之形成，乃因物體本身所具初性之力量加諸吾人感官而有。譬如門戶開關之聲，或被認爲門戶本身所具有之性質，實則祇是門戶之初性力量產生於吾人耳官所形成之可感性質而已。至於第三性質或卽次性之間接可知覺者，旣與物質實體毫無相似之處，吾人亦不意料其與物體類似。譬如光與熱，原非太陽本身所具有之性質，却是日光照射事物而於吾人感官引起之結果。吾人旣不認爲光、熱本來存在於事物自體，而實際上亦與事物毫無類似關係。

洛克對於物質實體之承認，及其初性次性之區分，已如上述，乃受笛卡兒心物二元論以及近世物理科學理論（尤其牛頓力學）之影響，其所闡發初性次性兩橛觀，實係配合十七世紀末葉以前所已完成之物理科學研究成果而建立者。洛克之初性次性兩橛觀如有錯誤，亦非洛克本人所應獨自擔當；此所謂兩橛觀本是近世一般物理科學家量化宇宙之餘，自然形成之偏激理論。

關於初性次性兩橛觀以及心物二元之劃分，懷德黑曾於科學與近代世界（Science and the Modern World）明確指出，乃是近世物理科學家所犯單純定位（simple location）與具象性錯置（misplaced concreteness）之舛誤。懷德黑一方面承認近世物理科學家於方法論所完成之偉大成就，諸如蕪雜現象之分析歸納，數學演繹法之援用，假設理論（theory of hypothesis）之奠立，科學定律系統之綜合性建構等等，無非顯示近世物理科學極盡避繁就簡之能事。然就另一觀點而言，近世物理科學家（如伽利略）過於强調量的還元（quantitative deduction），終以宇宙數學化的有色眼鏡劃分宇宙而爲所謂眞實世界與虛妄世界；又於外界事物之性質區別具有量化特徵之初性與虛妄不眞之次性，前者爲實在性質，後者屬主觀性質，而將生機活潑之外在宇宙視如可數量化之機械秩序。所謂單純定位之舛誤者，特指根據理想孤立化系統概念（the concept of ideally isolated system）所形成之物質極微說，俾使科學家便於統御瞬息萬變之宇宙現象，囊括而入定律系統，此乃一種對於事物所作知性的空間化而形成之自然曲解觀，非卽表現外在宇宙本來如是。又就物質實體與初性次性之關係而言，所謂(1)以初性爲客觀眞實，因其貼附物質實體而有實在性，又(2)以次性爲主觀虛妄，因其憑藉感官作用而產生，故具僞似實在性，等等，皆不外是誤置外在宇宙之具象性，且據高度抽象作用或精巧的邏輯建構所形成者。誠如懷德黑所云：「然而，此實不可置信。此種宇宙之看法乃依高度抽象建構而成，但因吾人誤以吾人所作之抽象爲具體實在，故有弔詭反論（paradox）之產生。」（該書第五五頁）費希納（Fechner）亦於白日觀與黑夜觀（Die Tagesicht gegenüber der Nachtsicht）中指出，近世自然科學擅於抽離事物性質，而還元爲數量。如此主觀以外之世界成爲無色、無光、無聲之世界，喩如黑暗世界，亦卽所謂無意識的機械世界。

巴克萊針對洛克以及一般近世科學家之初性次性兩槪觀，曾作嚴厲尖銳之批判，物質實體概念亦因初性次性之批判而有重大之理論修正。姑暫不論巴克萊對於洛克初性次性區分論之批判精當與否，其所揭發洛克對於初性次性以及物質實體概念所具有之理論困難，已可窺見英國經驗論本身之一大進步。

巴克萊在海拉斯與菲羅紋斯對話錄（Three Dialogues between

Hylas and Philonous）一書對於初性次性兩槪觀之批判傾力以赴，其大體論旨可歸納如下：

（一）海拉斯認爲色聲香味觸等次性，除因感官而有之主觀性質外，尙有次性另具之眞實性質，能離心而存在。例如吾人觸及火熱之物而感疼痛，乃係外表之疼熱，眞正的熱不存乎心中，但內在於物體本身。非羅笯斯駁斥海拉斯此一論點，提出反證，謂：設將冷熱程度不同之左右兩手同時揷入水中，則冷手反覺疼熱，熱手則反之，感覺氷冷。此類現象，實非水之本身有冷熱之次性可言，却僅證明冷熱本不外是心中之感覺而已。又如同類食物之味覺因人不同，所謂甜苦酸辣並非存於食物本身，而是由於感覺而起。海拉斯又以爲除感覺所得之表面性、主觀性聲音外，另有所謂眞實的聲音主體；此卽指謂空氣，空氣中之運動足以引起聲音之原有感覺。至於色與光，海拉斯亦認定眞實的色彩存於事物本身，但經非之批判，海拉斯終得承認光與色實係直接感覺所獲得者，不能離心存在。但海拉斯仍欲堅持色與光本是不可感覺之物質極微所產生之運動與配置而已。

綜上所述，非羅笯斯所批判者，卽是表面次性與眞實次性劃分之荒謬無據；蓋所謂次性，須有知覺作用之干預，故具主觀性而存乎心中，眞實次性之說於理不合，語意上亦有矛盾不當之處。如謂色香味觸等次性有其眞實性質於物質自體，則此眞實性質原指洛克所謂初性而言。易言之，海拉斯所指眞實次性卽是洛克之初性。自是問題有所轉移，眞實次性問題終被還元於初性問題。

（二）海拉斯所承認眞實次性之存在，卽經非之駁斥，乃被還元於初性。巴克萊藉非羅笯斯之辯論，主張初性並非依附物質實體，然與次性相同，存於吾人心中。巴克萊之主要論據可分爲二：⑴初性亦因感官之相異或感覺場所之變更而表現主觀相對性。特就擴延性與形狀而言，某小動物視其兩足，與旁觀知覺者——如人——之所視，畢竟有相對的差異性；猶如上述一冷一熱之雙手插入水中所感覺之情形相彷彿。又如硬度，亦是如此；每人觸及眼前事物所覺硬性與抵抗之感，亦常相對不一致。其餘如運動、靜止等亦然。統而言之，洛克所謂初性，細察之，實與次性無異，亦具相對性、主觀性，何得而稱初性爲眞實性質，次性則非是？⑵海拉斯繼而提出另一論點，卽是根據牛頓力學理論，判然劃分擴延性、運動等初性爲可感覺的（sensible）與絕對的（absolute）兩類。可感覺的初性猶如次性，亦具主觀性、相對性，絕對初性則已除去所有可感覺性質，而從個別形狀、大小、擴延性等抽離出來，故非感覺經驗所能接觸。非羅�斯非難此論，謂：「一切存在者皆是個別之物」（“Every thing which exists is particular”, Ayer I, p. 262）。換言之，巴克萊採取徹底唯名論立場，反對任何抽象觀念實在論主張；按照經驗論原則，非感覺經驗所能直接徵驗者，譬諸抽象觀念，僅爲一種虛構而成之觀念，不具任何可以指涉之內涵。⑫非羅筣斯對於海拉斯之非難，無異等於提出下一問題：初性觀念是否可自次性觀念抽離，而具有其獨立實在性？

巴克萊認爲擴延性等初性觀念原是通過數量化除法所導出者，就其本身而論，並無獨立實在性可言，亦不得謂初性依附物質實體而有客觀實在性。設若除去蘋果之各種次性如紅色、甜味等，能否仍然知覺擴延性、大小、形狀等等初性之存在？若謂初性內在於事物自體，試問憑藉經驗論原則，能否檢證此一事實之確實可靠？洛克之錯誤，在乎未予貫徹經驗論原則到底，自始至終徘徊於實在論與表象論（representationism）之十字路口，此乃無異暴露洛克立場之不够穩定，立論之不够精

---

⑫ 關於巴克萊反對抽象觀念實在之說，當於第七章詳爲論述。

銳。⑬況且巴克萊又以尖銳無比之批判論破洛克物質實體之獨立實在性理論，更使所謂初性依附物質實體而得離心存在之說完全失去憑據。

巴克萊如此貫徹經驗論原則，乃認爲初性次性也者，皆不外是所謂可感覺性質（sensible qualities），無有劃分初性與次性二者之必要。可感覺性質只是存乎心中，易言之，此類性質因藉感覺經驗而得存在，亦卽吾人心中之觀念(ideas in our mind)。如此巴克萊乃從洛克騎牆式實在論立場跳出，而於知識論史上首倡主觀觀念論（subjective idealism）之理說。

作者認爲巴克萊之初性次性兩概觀批判所犯之最大錯誤，在乎巴克萊執守笛卡兒心物二元世界觀主張，以宇宙一切事物或現象，非屬心卽屬物，而無隸屬第三類之可能性。笛卡兒所建立之心物二元論，影響近代歐洲哲學之發展趨向甚鉅，近代哲學家抑於形上學或於知識論幾乎皆被心物二元論所纏，或直接奉之爲正則，或設法破除心物二元之密網。巴克萊之場合亦是如此，其於進行洛克理論批判之過程，無形中將笛卡兒心物二元論挪入整套知識問題之討論，而爲初性次性兩概觀批判之根本前提，未予省察此一「根本前提」是否妥當而不容置疑。如此，所得結論已如上述，乃對不合乎其經驗原則者一律斥爲虛妄無義，而將可感覺性質還元爲「可感覺事物」；可感覺事物依照巴克萊之界說，卽係直接知覺之對象（"Sensible things are what we immediately perceive"），故又可還元爲吾人心中之觀念（關於巴克萊「觀念」眞義，參閱前章）。巴克萊如此扭轉洛克實在論＝表象論立場爲觀念論立場，進而要請上帝「保證」心中所有觀念之眞實無妄，終將知識論問題與存在學問題混爲一談；歸根結底，不可不謂其爲賴爾（Gilbert Ryle）所謂「笛卡兒神

---

⑬ Cf. Copleston, V, p. 116.

話」(Descartes' myth) 所遺影響之某種理論效果。

巴克萊幾乎全盤接受心物二元之區分，遂認可感覺性質理應歸屬心物兩類範疇之一；此類性質既非「存乎物中」(in the object) 故必「存在於心中」(in the mind)。其實，「在物中」或「在心中」等詞語，不必指涉「兩種不同地方」(two different places)⑭。當外界事物實具某種性質，吾人說此一性質「存乎物中」；惟於知覺之際，有某種感覺性質之存在，則謂其爲「存乎心中」——譬如牙痛之例。然此不卽意謂着某種（可感覺）性質非得必屬心、物之任何一方，而不能同時佔據「在物中」與「在心中」之兩面。「我感覺牙痛」(I feel my teeth aching) 此語亦同時意謂我之牙齒具有令我感覺疼痛之性質，甚至可謂具有某種令我感覺疼痛之（客觀）條件 (conditions)。有此「條件」之存在，卽能觸發牙痛。然而不能因此顚倒推論，謂：我感覺牙痛，故此牙痛性質或條件只是我心中之觀念而已。⑮

再者，如謂可感覺性質——初性在內——只不過是感覺經驗所生之心中觀念，則每一知覺主體對於事物知覺所獲之觀念如何能具共通性或相互主觀性 (intersubjectivity)？易言之，設若可感覺性質可還元爲心中觀念，則此觀念之客觀規準，從何而來？設有兩人同時知覺强烈紅燈下之白玫瑰花，如照巴克萊之說法，此白玫瑰花只是可感覺性質之集團，亦卽可感覺事物，終可還元爲兩人心中之觀念；則此兩人如何而有任何憑證，謂已「實際」知覺一朶玫瑰？此一可感覺事物——白玫瑰——旣係心中觀念，何以證明兩人所知覺者乃爲同一事物？巴克萊爲要保證此類經過還元所獲之心中觀念非爲虛構，爲要保證此類觀念具有客

---

⑭ Cf. Warnock, Berkeley, p. 154.

⑮ 此種顚倒性推論，亦因巴克萊未及審查自己所用「觀念」一詞所犯歧義性之錯誤而來；關於觀念之歧義性，可參閱前章。

觀實在性，乃不得不仰仗上帝之全知全能，藉助於無限精神——上帝——之永恒知覺作用，「確保」觀念之實在性基礎。巴克萊確保觀念實在性之動機，實與笛卡兒藉助於上帝之誠實性，俾以重新確認曾所一度懷疑之物質世界具有客觀實在性之情形極其類似，概屬所謂形上學的設準（metaphysical postulate），而非渠等所謂論證（demonstration）。⑯巴克萊如此踰越知識論範圍，跳至存在學層域給予觀念實在性之論據，推論途中混淆知識與存在兩種領域，只是避開眞正問題，實未能解決理論困難之所在。巴克萊層層還元之結論乃爲一種主觀觀念論，此種主觀觀念論，只消推進一步，立即陷於獨我論（solipsism）窮境、終無以說明外在宇宙之客觀實在性矣。

巴克萊以後之一般經驗論者或取實在論路線，或取現象論路線，儘予避免巴克萊所曾遭遇之困難。已如前章所述，休姆不問外在宇宙之實在性基礎問題，但就心中所獲之印象與觀念建立一套現象論的經驗論；且又不涉及任何形上學問題一如上帝之存在，拖回巴克萊所越用之經驗論原則，而滿足於根據感覺印象之徵驗性所構成之知識論，至對初性次性問題則存而不論。

現代經驗論者如羅素，爲要避免重踏巴克萊之獨我論覆轍，企圖使用較具技巧性之術語如 sensa, sense-data, sensibilia 等，說明可感覺性質之客觀條件；旣非屬心又非屬物（物指物質實體），但具中立性色彩。然其根本見地仍然具有實在論傾向。⑰作者以爲，初性次性等性質之劃分，就現代哲學觀點言之，只具所謂「歷史的興趣」（historical

---

⑯ 此一問題關涉物質實體問題，可與第三章參照。

⑰ 羅素此種主張，可於其早期之哲學著作窺見一斑。神秘主義與邏輯（Mysticism and Logic）中感覺基料與物理學之關係以及我們對外在世界之知識（Our knowledge of the External World）中論我們所具外在世界之知識等篇可爲代表。

interest)，實非傳統知識論所能解決。換言之，有關感覺知覺等問題，必須預有物理科學、心理學之新近知識以及語意分析之協助，方可進行免於獨斷臆測之討論。否則此類問題動輒陷入形上學的窠臼，產生問題越軌之現象。

四、物質實體

近世物理科學家對於外在宇宙之基本構造所持之見解，大體沿襲古希臘原子論者之主張，命名物質之根本要素爲原子，爲極微，或爲粒子。誠如懷德黑所指出，皆不外是依據高度抽象作用之精巧邏輯建構（elaborate logical constructions of a high degree of abstraction)，抽釋出所謂「單純定位」之性質而形成者。當時一般科學家湊合物質、極微、時間、空間、運動、靜止等物理觀念，構劃而成所謂「唯一眞實」之數學化宇宙機械系統。量化宇宙也者，原是爲要統括繁雜現象、避繁就簡之方便所設定而成之假想物，久而久之，終於變成科學家所信奉爲眞實不妄之客觀實在世界。無怪乎懷德黑評論其爲一種「具象性錯置之舛誤」(the fallacy of misplaced concreteness)

身爲哲學大家之笛卡兒，同時又爲物理學家以及解析幾何之創始者，故於外在宇宙之見解，不離當時一般科學家所採取之機械論的量化宇宙觀。另一方面，笛卡兒通過方法的懷疑奠定自我意識基點，逐步論證神與物質世界之存在，因而建立一套心物二元論，配合所謂量化科學宇宙觀。換言之，笛卡兒儼然劃出一道鴻溝，終使心物兩界無由聯繫；心界屬性爲思想（thought)，物質屬性則爲擴延（extension)，而心、物二者皆被視爲有限實體，以別於唯一無限實體或即上帝。自是笛卡兒心物二元世界觀規制近代哲學之一般理路，形成賴爾所謂「笛卡兒神話」。斯賓諾莎之汎神論體系，馬爾布蘭西（Malebranche）之萬有在神論，格林克斯（Geulincx）之機會因論，萊布尼玆之單子論，霍布士之唯物論等，無一不是企圖克服心物二元論難題之思想探險。近代唯物論與唯心論之爭，實在論與觀念論之辯等，幾可謂爲笛卡兒心物二元世界觀所齎來之理論結局。賴爾於心之概念首章，特就語言分析觀點批評笛卡兒此一「神話」，稱其心物二元之劃分，乃爲一種「範疇誤用」（Cartesian category-mistakes），實有獨到之見地。

洛克承認「物質實體」（material or corporeal substance）之存在，亦是信奉笛卡兒心物二元論爲根本前提所獲得之一種結論。因之，心物二元論本身所具有之難題亦自然形成洛克物質實體實在說之困難所在。加以洛克承認物質實體之論據旣不充足亦不扣緊，致使洛克整套知識論體系發生動搖，始終徘徊於實在論與表象論交界之處。

關於實體概念之形成，洛克認爲吾人通過感官獲得許多單純觀念，由於注意或發現其中若干單純觀念經常聚合，易使吾人認定此類單純觀念必屬同一事物，於是造一適當語詞稱謂此一事物自體。只因吾人不以此類單純觀念本身能够卽自存在（subsist by themselves），乃進而猜測有一所謂「托子」（substratum）保證此類單純觀念之存在理由。洛克對此「托子」，套用傳統哲學術語命名之爲「實體」（substance）。設使洛克亦如休姆，從不過問原初印象如何而來，則或採取現象論或表象論立場；又設使洛克如同巴克萊，將產生心中觀念之眞正原因歸諸上帝威力，亦或往向巴克萊式觀念論路線。然而洛克却遵循笛卡兒心物二元論理路，設定外在世界之物質實體爲其知識論體系之根本前提，終於採取所謂樸素實在論立場。洛克實在論所以稱爲樸素實在論者，蓋因洛克未嘗依據其所定立之經驗論原則列擧充足論據，但只一口咬定物質實體必以托子而存在之故。

洛克曾坦然承認，如果有人試為檢查純粹實體之概念實質，不難發覺一無所獲，頂多只能設定心中所產生之種種單純觀念之性質或屬性（洛克在此實指初性）背後必有支撐此類性質聚集之統一體或即托子存在。吾人若問:「次性如色與香從何而來？」洛克即可置答:「來自具有硬度之擴延性物體」；或乾脆答謂:「次性乃因初性之力量而起」。吾人若進一步追問:「所謂硬度、擴延等初性又如何而來？」洛克對於此問，惟有訴諸物質托子之說强為答辯。洛克曾以某一印度古代傳說藉為物質實體存在而不可認知之喻，謂印度人認為世界之存在依賴一隻大象之支撐，此隻大象又為另隻大烏龜所由支撐。至於該大烏龜又為何物所支撐，印度人所予之答案則是「彼所不得而知之某物」（"Something, he knows not what"）。洛克搬此譬喻，無異承認，對於物質實體本身究係何物，無從獲悉；物質實體必定存在，然非吾人所能直接經驗或認知之者。就此一點而言，洛克實可稱為不可知主義者（agnosticist）。洛克所予（物質）實體之界說乃為:「實體觀念無非是對於不能即自存在之（事物）性質而言，充當此類性質之不可知支撐者或即托子。」

洛克以為物質世界之構造原是如此奇妙，吾人若能使用精確方法分辨出物體極微分子，所謂次性隨即自然消失不見，而只餘留構成物質之眞正要素或初性。吾人不用肉眼而代之以顯微鏡即可證示此說。然而物質實體之眞相則非任何方法所能探知，因為吾人對於實體所具有之特殊觀念乃是初性次性給予吾人感官而獲有之若干單純觀念集合體（"A collection of a certain number of simple ideas, considered as united in one thing"）。吾人雖對此觀念集合體賦與一種單純名稱，實際上此單純名稱所代表之觀念却是複合者。例如「天鵝」之實體觀念實由白色、長頸、紅嘴、游泳能力、發聲能力等初性次性所形成，而為一堆觀念集團，吾人却須猜測某一共同主體（實體）之存在，以保證此觀念集圜之統一完整。

洛克對（物質）實體觀念之主張，已如上述，構成其知識論之根本前提，藉以保證單純觀念之眞實不妄，甚或區別夢幻與實際感覺經驗。康德亦爲保證眼前現象有其經驗實在性（empirical reality），提出物自體（Ding-an-sich）概念爲先驗觀念論根本前提之一，似與洛克實體理論如出一轍。惟兩者所不同者，康德論人類知識之成立，乃從悟性之主動創發作用側面着手。只因悟性能够創造範疇理網統攝外在現象而爲科學知識，故對人類「意識一般」（Bewußtsein überhaupt）而言，具有普效性（Allgemeingültigkeit）或客觀精確性，而不必關涉物自體之存在問題。物自體之存在，只與時空直觀形式以及現象一般之經驗實在性有關，但與知識普效性無有關聯，是故康德知識論之根本立場應爲先驗觀念論，而非實在論。洛克理路則與康德正爲相反，首須擇定物質實體之存在爲不可或疑之事實，此一根本前題一旦定立，乃可進而討論單純觀念之心理發生過程。由是可知，洛克物質實體之說處處牽制其對知識論課題之探討。換言之，洛克只能顧及人類心中觀念以及知識之實在性，而未暇追問知識之普效性如何可能。由是可知，洛克表面上似爲表象論者，實際上却須時常跳回實在論老路。康德雖亦同時承認外在宇宙之某不可知者X之存在事實，而爲先驗觀念論絕對預設之一，似與洛克之說類似；但就其知識論之根本立場而言，兩者所採取之探求步驟完全相反。康德先驗觀念論卽使撤廢「物自體」概念，亦仍得以確保先驗哲學體系之完整穩固；至於吊銷洛克物質實體觀念，無異宣判洛克知識論之崩潰，而使後者淪爲所謂「夢幻觀念論」（Traum Idealismus）矣！

洛克物質實體之說困難重重，於此可擧犖犖大者，分述如下：

(1)洛克謂實體爲吾人所不得而知之某物，若就語意分析立場言，洛克所謂實體只是不具任何指涉意義之虛字而已。易言之，實體觀念並非一種積極觀念。然則洛克式物質實體是否存在，乃成字面上之問題，而非眞實問題。巴克萊以及現代一般語意分析專家當可抓住洛克實體空義性之弱點，批判洛克樸素實在論之立場有欠穩當。

(2)洛克本人亦知實體觀念涉及語意問題，故從兩種觀點或語法討論物質實體之說。洛克以爲構成實體之「實在性本質」(real essence)者，超乎吾人之感覺經驗。吾人知其存在，然而無以探悉其爲何物。「吾人不得而知之某物」(something-we-know-not-what) 一語卽指實在性本質而言，乃與康德物自體概念頗爲類似。⑱

至於吾人所能「認知」，或能使用語言加以描述者，乃是實體之邊緣性或「名目性本質」(nominal essence)。此所謂具有名目性本質之「實體」，原是單純觀念所集合而成之統一觀念。洛克所劃分之上述兩種實體本質，實際上略等於亞理斯多德於分析後論 (Posterior Analytics) 中討論定義問題之時所曾提出之兩種定義，卽「實質性定義」(essential definition)與「名目性(或描述性)定義」(nominal or descriptive definition)。亞氏主張前者應是名副其實之唯一界說方式；但另一方面却承認實質性定義之不易獲得，故須藉助於名目性定義。洛克於不可知實體之邊緣，依據經驗論原則所發現之統合性觀念描述實體(對於我們知覺主體所顯現之) 邊緣性相。然而洛克却不能滿足於邊緣性相之描述，乃進而定立物質實體之存在，意在保證單純觀念之集合有其基礎，而不致變成散漫無據。巴克萊所以排斥洛克式物質實體觀念爲多餘之物，則是爲要固守經驗論原則，不予承認隱秘空義之不可知本體之故。設若洛克放棄具有所謂實在性本質之不可知實體理論，只依語言之約定 (convention of

---

⑱ 惟康德物自體概念可從不同側面剖解，涵義不一。例如康德有時亦將物自體視爲 Noumenon，乃是一種人類知識之限制性概念 (limiting concept)，詳見純粹理性批判論本體一章。

language）專論外界事物之名目性「本質」問題，或可避免巴克萊等語言分析家之嚴厲批判。然而洛克若欲採此探求方式，則須對其知識論之基層構造重新翻修。易言之，洛克必須撤銷原有樸素實在論之立場。此一理論困難恐非洛克本人所能解決。

(3)由是，物質實體之實在性旣非感覺經驗所能探悉，且洛克所下實體之定義有背經驗論原則，吾人是否可以直截了當地排除物質實體之觀念及其名詞？巴克萊所取之理路卽根基於此。洛克本人旣已承認，吾人對於物質實體所能認知者僅是單純觀念之集合，且曾明言：「吾人之認知（能力）無法踰越單純觀念之（存在）範圍」（"We know nothing of things beyond our simple ideas of them", Fraser, I, p. 417）；則洛克爲何不進一步捨棄空義性實體觀念，從樸素實在論轉爲感覺論（表象論）或巴克萊式觀念論？如此改頭換面，豈不與洛克原所建立之經驗論原則更相配合一致？

(4)洛克論知識之涵義及其形成之時，嘗謂吾人所具有之知識眞實與否，端視吾人所具觀念與外界實在事物能否相應一致（conformity）。然而物質實體旣非吾人所得而知，如何檢査吾人之觀念與外界事物有所謂相應一致性？此一致性之規準又如何可得？若謂觀念與物質實體應有一一相應關係，而且吾人之觀念只是外界事物之摹本（copies）甚或映像（images），則此相應關係究指何意？洛克旣無法正面回答物質實體之「實在性本質」爲何，則其樸素實在論基礎有欠穩當，故對上述質疑只好束手無策，存而不論。

洛克式物質實體觀念之批判爲巴克萊知識論之首要課題。歸納巴克萊此作之批判，可從三個側面予以剖視。第一是初性次性兩概觀批判所獲結論，自然成爲洛克物質實體理論之致命傷；第二是巴克萊對於抽象觀念存在說之批判同時涉及實體觀念存在與否之問題；第三是純就「存在」(existence) 一詞之語意分析，揭發洛克物質實體理論之謬誤。關於初性次性區分問題已於前章詳論，不再贅述。玆就第二、第三兩點稍加剖析，俾便窺悉巴克萊物質實體批判之主要論旨。

先就抽象觀念理論而言，洛克實體觀念既係抽象觀念之一，否定抽象觀念之存在可能，亦即宣判物質之不具實在性。巴克萊認爲洛克以及其他承認物質實體存在之哲學家，皆曾踰越經驗論原則所能適用之範圍。渠等援用高度抽象作用，於具體的可感覺性質集團捨異求同，因而揑造毫無指謂內容之實體觀念；由於慣用「實體」或「物質」等字辭，無形中將原來虛構而成之抽象觀念視爲具有客觀的實在性基礎。其實，除去實體之虛構概念，亦不致影響吾人對於外在宇宙之認知了解。房屋，桌椅，書籍，花草，鳥獸等等，依然可以存在，然此所謂存在，必須合乎經驗論原則。如此抽象觀念之批判自然涉及「存在」一詞之語意分析，而與後者產生連帶關係。⑲

次就實體觀念之語意分析而言，巴克萊以爲，吾人如能事先澄清「存在」、「物質」、「可感覺事物」、「觀念」等語之涵義，則不致違背經驗論原則，亦不必犯上語意上之錯誤，更可以避免無謂之字面性辯論。巴克萊所最關心者，實爲「存在」之意義問題，巴克萊知識論之關鍵，幾繫於此。

對話錄中海拉斯代表洛克以及一般物質實體存在論者之立場，宣言：「存在是一件事，被知覺是另一件事」(“To exist is one thing, to be perceived is another thing”)。易言之，眞實的存在如物質實體，非知覺經驗所能探悉，物質實體可獨立於吾人之知覺經驗而存在。巴克萊所欲分析者，即是此所謂「存在」之語意究竟爲何。玆以一張桌子爲

⑲ 關於抽象觀念問題，另闢一章加以討論。

例，吾人所能認知或所能言詮者，皆由感覺經驗而來，亦即所謂（初性次性等）可感覺性質而已。黑色、四方形、三尺高、四隻脚等等可感覺性質之湊合卽是吾人對於某一桌子之存在所能言詮之一切，除此而外，別無任何方法徵驗此一桌子之存在意義究竟爲何。海拉斯所主張之不具任何知覺徵驗性之存在者，只不過是毫無意義之空洞名詞，甚至可謂濫用文字，犯有語意學上之嚴重錯誤。如此，在消極方面，巴克萊對於空義性存在動用一次語言治療（language therapy）手術；而於積極方面，則大大修正洛克式經驗論原則。巴克萊所建立之新經驗論原則乃爲以下著名之語:「存在或爲被知覺抑爲知覺」(Esse est aut percipi aut percipere; “To exist is to be perceived or to perceive”)。此經驗論原則亦是整套巴克萊知識哲學之「絕對預設」(absolute presupposition)。就外在世界之一切物象而言，所謂存在不外意指「被知覺」;就知覺主體而言，外在物象或卽被知覺存在者必須預設對其能有知覺作用之心靈主體存在。巴克萊並未否認外在事物之存在，只是根據上述經驗論原則徹底還元所謂隱秘不可知之空義性實體爲能與「存在卽是被知覺」此一原則相符合之可感性質，最後還元此所謂可感性質爲「觀念」，且規定其爲不能離心存在。換言之，做爲被知覺存在者之觀念，必有知覺主體知覺之經驗之，俾得保證觀念本身之存在意義。巴克萊如此克服洛克實體理論之難題，高倡知覺優位之主張，並藉菲羅篌斯批判海拉斯之言，謂「物質不比金山或半人半獸更有權利主張其本身之存在」(對話錄第七〇頁)。

吾人可以趁此指出，巴克萊對於物質實體觀念之批判，本來有其特殊目的，卽是藉用論破物質實體之實在，進而揭發唯物論者、懷疑論者以及無神論者之「謬見」，俾能助益基督敎信仰之「純化」。知識問題之討論爲巴克萊哲學之出發點，然對上帝存在之信念則爲其實踐性鵠的。

「存在或爲被知覺，抑爲知覺」一方面成爲巴克萊哲學之絕對預設，另一方面亦同時表現巴克萊觀念論所具有之獨特世界觀：一切存在者可分兩類，第一類爲被知覺存在界所包括之形形色色觀念，依心存在；第二類爲知覺主體世界所包括之所謂「精神」(spirit)，或爲有限者——人，抑爲無限者——神。物質實體一旦還元爲觀念，而觀念又不能離心存在，或即不能不被知覺而存在，則巴克萊不得不面臨一個問題：當任何有限的知覺主體不在知覺某一事物或觀念時，此觀念能否依然存在，如果存在，則其存在意義又是如何？如不存在，則可否解釋爲：每當有限的知覺主體知覺觀念（或即事物），則觀念亦同時存在；如未知覺，則此觀念又立刻消失不見？譬就某張桌子而言，設若所有已經知覺此一桌子（亦即「桌子觀念」table-ideas）之有限知覺主體（人）全部離開置有桌子之房間，此一桌子（觀念）是否立即隱形匿跡，或仍能依照「某種方式」存在於該室？巴克萊認爲，只因所有人們離室，而使桌子（觀念）立即失去存在意義，未免過於荒謬背理。然而根據「(事物之）存在即是被知覺」此一根本原則，巴克萊不得不設法專就知覺條件說明桌子（觀念）於上述情況下之存在方式爲何。巴克萊自以爲對於此一問題之解答毫無困難，因爲巴克萊嘗將知覺主體分爲有限精神（finite spirits）與無限精神（infinite spirit）兩類；當一切有限精神無法知覺桌子（觀念）或其他任何事物（觀念）時，必有另一知覺主體或即無限精神知覺監視桌子（觀念）之存在。如此，桌子（觀念）不必由於無人知覺而失其存在性，其客觀實在性最後乃由無限精神或即上帝之永恒性知覺獲得最確實之保證。巴克萊以爲如此說明，完全合乎其所奠定「(事物之）存在即是被知覺」此一經驗論原則之基本要求。專就此一觀點言之，巴克萊哲學實應稱爲一種客觀觀念論（objective idealism)。一般哲學史家稱呼其爲主觀觀念論（subjective idealism)，乃就巴克萊哲學應有之結論而言，並未針對巴克萊之企圖寄與同情。惟巴克萊於仰仗永恒知覺主體之全知全能，藉以確保事物（觀念）之客觀實在，已經踰越經驗論原則之領域，混淆存在學問題與知識論問題。況且無限精神之永恒知覺作用之可能與否必須預設上帝之存在，而上帝存在與否，已非知識論所能涉及。萬一上帝存在論證遭遇失敗，則巴克萊原所企圖完成之客觀觀念論豈不淪爲主觀觀念論，甚或獨我論？關於巴克萊此一困難，因其關涉上帝存在論證問題，將在第六章討論「神之存在」時，詳爲論述。

巴克萊經驗論原則——「(事物之) 存在即是被知覺」——所犯之最大理論錯誤，是在一開始卽陷於「未經感覺經驗徵驗者，卽無存在可能性」之謬見。感覺經驗之徵驗只是正面保證眼前事物之眞實不妄，但此不卽等於意謂外在世界之一切物象完全可以還元爲感覺經驗本身，亦不卽等於同時否認無法直接知覺之外界物象之實在。巴克萊批判洛克式物質實體觀念之最大貢獻，乃是在乎揭發物質實體觀念之空義性；然而巴克萊無權武斷，事物只是可感性質，可感性質不離心存在，故可感性質亦不過是心中觀念而已。對話錄中海拉斯抵擋不住菲羅簌斯之論辯，終於說道：「至少此類事物（卽指物質）可能實際存在；只要猜其存在並無乖謬之處，我仍決定保此信仰，直至你能搬出更好理由，列舉反證爲止。」海拉斯本人已無法擧出任何憑證支持其物質實體存在之說，因此最後惟有訴諸信仰。菲羅簌斯所予回答則是：「你只如此相信物質實體之存在，而你所謂信仰只不過是建立於物質存在之可能性上。」菲羅簌斯之回答，並未正面給予物質客體絕不存在之證明，只是嘲笑海拉斯只憑信仰，肯定物質實體存在之假設。如果巴克萊能於理論上更爲扣緊，應在積極方面，援用檢證原則（the principle of verifiability）說明或描述外在宇宙之邊緣性相；而於消極方面保持中止判斷之態度，對於感覺性相背後之「實在」爲何，存而不論。若能如此，則巴克萊不必要請存在學原理（上帝）支撐事物（觀念）之客觀實在，以致產生不必要之理論困難。然而巴克萊維護基督教信仰之用心太切，否定外在事物之獨立實在性——因不離心存在——後，進而訴諸永恒知覺主體之威力，反使原所討論之知識論問題更形錯綜複雜；此與「笛卡兒神話」所遺留之心物二元世界觀亦不無關聯，已於前章述及，在此不過重提而已。

休姆對於物質實體之見解，大致遵循巴克萊所已完成之批判，故認爲對於「不可知托子理論」(theory of an unknown substratum) 眞僞之討論毋需重覆。惟休姆承認，實體觀念非自感覺或反省之印象所得，「實體觀念……不外是單純觀念之集成，通過想像力之統合而有其特殊名稱，俾使吾人易於回憶」(人性論，第十六頁)。由此可見，休姆對於巴克萊之物質實體批判，未予任何修正，且大致採納洛克（對於物質實體）之名目性本質。不過休姆較能忠實於經驗論原則，發展現象主義理論，而不涉問印象從何而來，但謂吾人對於外界物體之存在或統一完整，只具一種「自然信仰」(natural belief) 而已。如此休姆儘予排除形上學渣滓，而使經驗論之知識論得以保持精純獨立。

五、精神實體

無論承認或否認精神實體(諸般精神作用之統一體)之實在，洛克、巴克萊、以及休姆三大古典經驗論者皆受笛卡兒心物二元論之鉅大影響。笛卡兒着重近代人之理性自覺側面，規定精神實體之唯一屬性爲思維 (cogitatio)，其餘意志情緒感情等亦被認爲心靈之種種樣相；另一方面又循近世物理科學所形成之量化宇宙觀，規定物質實體之唯一屬性爲擴延性 (extensio)，如此形成心物二元形上學體系。笛卡兒以後之大陸理性論者首需應付之哲學難題即爲如何溝通心物兩界之相應現象。機會因論者與馬爾布蘭西將眞正動力因歸諸上帝，而以機會因或即機緣說明心物兩者間之關聯。斯賓諾莎則進一步採取汎神論觀點，化除心物實體觀念，代之以思維與擴延兩大無限屬性，建立一套心物平行論。萊布尼玆則取消心、物二元之劃分，拆散笛卡兒以來之實體概念而為多元的單子系統，且以預定調和律要請上帝適為統制無限連續的單子系列。

作者已經屢次强調，英國經驗論者所受笛卡兒心物二元論之影響，並不下於近代理性論者。英國經驗論所討論之知識問題，以心物實體與初性次性最為首要。若無笛卡兒心物二元論在前，英國經驗論者對於知識問題所處理之方式能否保持原樣，頗堪懷疑。由此，笛卡兒二元論所遭遇之理論限制性，亦自然成為英國經驗論者所論知識問題之限制性。

洛克亦如笛卡兒，劃分心物兩種實體，且予承認心物實體之客觀實在性。洛克認為精神實體觀念與物質實體觀念同樣明晰，不容置疑。正如從白色、黑腿、長頸等性質所獲單純觀念，可以構成天鵝之實體觀念；吾人通過日常生活中之各種精神作用如思考、了解、意欲、認知、記憶、辨別等，不難「發現」此等精神現象「共存」於某種統一實體，故可構成此一非物質性實體（immaterial substance）或即精神實體（spiritual substance）之複合觀念。感覺或反省等經驗活動皆能給予吾人對於精神與物質之淸晰觀念。精神實體所具有之種種性質或能力，有如回憶、推理、判斷、信仰、認知、知覺、意志等等；至於存在、持續（duration）、可動性（mobility）等則為心物共同具有之觀念。洛克說:「吾人對於物體所具有之觀念，乃為擴延而堅硬的實體，能藉衝力傳達運動；而吾人所具有之心靈觀念——非物質的精神——則為另一種實體，能作思考活動且具有能藉意志與思想引起物體運動之力量。」（Frazer, I, p. 409）吾人如進一步探問精神實體之眞實構造如何，則洛克所能置答者仍與物質實體之情形完全相同:「精神實體對於吾人並

不可知；正與物質實體之不可知毫無殊異。」(Fraser, I, p. 415)

總而言之，洛克歸納出任何心物實體之三種特徵：(1)吾人所具有之實體觀念不外是單純觀念之集合，但吾人同時猜設此等觀念集合所隸屬之「某物」，俾使前者依存後者，雖則吾人對於此猜設之「某物」本身並無任何清晰觀念。(2)統一於某一共同托子之所有單純觀念可以形成實體之複合觀念，此皆不外來自感覺或反省。洛克明言，甚至上帝觀念亦自經驗獲得。洛克旣然反對任何本有觀念之存在，其自然結論乃爲：包括實體觀念在內之一切人類觀念概皆來自經驗。(3)構成實體複合觀念之大多數單純觀念只是所謂力量（powers），包括初性次性在內；易言之，此等性質形成實體之名目性本質。

洛克在精神實體理論所遭遇之困難，與物質實體之場合甚爲類似：吾人如只憑藉經驗論原則，無由推論精神實體之客觀實在性。通過反省所能探知之精神現象（諸如理解、注意、夢想、慾念、好惡等等）所構成之自我觀念仍是散漫而無統一。換言之，吾人依靠經驗論原則所能了解之自我只是經驗的自我（empirical self），吾人所能具有之所謂淸晰明瞭的自我觀念只是散漫蕪雜的經驗自我觀念而已。洛克亦得承認吾人所具精神實體之觀念，只是單純觀念之集合，亦即經驗自我觀念本身。然而洛克堅持此等精神現象「背後」應有不可知之某物，而爲一切心靈作用之托子。但此結論決不可能由洛克本人所建立之經驗論原則導出。康德所謂「先驗的自我」(transcendental ego) 則與洛克或笛卡兒所標擧之精神實體不同，非從反省或直觀所推論之結果，却是先驗觀念論體系所不得不預設之根本前提，亦名先驗的統覺或卽純粹根源統覺，乃爲具有創造範疇理網之悟性最高統一作用，而得保證人類知識之普效性或客觀眞確性。此先驗的自我純係先驗邏輯之預設性概念，理論上絲毫不具客觀實在的實體之義，故與洛克、笛卡兒等依據所謂「實有形上學」

(metaphysics of reality) 觀點所定立之精神實體不可相提並論。康德於先驗分析論預設先驗的統覺爲經驗知識之最高統一作用；然於先驗辯證論中之理性心理學批判部份儼予指出，任何有關心靈單一實體之論證必犯邏輯上「論過」(paralogismus) 之錯誤。康德堅稱，精神實體只是一種先驗的理念 (transzendentale Idee)，超越經驗知識範圍，而非眞正之知識對象。

巴克萊曾將洛克經驗論原則修正而爲「存在與知覺一致性原則」，依憑知覺條件之規準，化除初性次性之區分，全部還元爲可感性質，進而駁斥物質實體或隱秘不可知托子之存在可能；然而未予貫徹經驗論原則，藉以同時論破無由通過知覺徵驗之精神實體理論，反將永恆知覺主體（神）與有限精神（人類心靈實體）兩者牽入知識論問題。巴克萊自謂：「外界事物之存在須被知覺或認識；設若它們實際上不被我所知覺，或不存在於我之心中或其他任何被造精神之心中，則它們不是根本未曾存在，就是依存於某一永恆精神之心中」(Ayer I, p. 180)。問題在乎：如果巴克萊執守經驗論原則，則於討論精神實體觀念時，理應保持與處理物質實體觀念時相同之公平態度，祇許承認各種主動知覺作用之存在，而不必定立知覺經驗所無從徵驗之精神實體。巴克萊若能徹底援用批判物質實體之原有準繩於精神實體觀念之討論，則必發現所謂心靈亦不過是感覺、知覺、注意、意欲、愛憎等等漫無統一之精神現象集團而已。從此精神現象集團何能嘗試一種跳躍性推理，肯定諸般精神作用背後有隱秘不變之統一性實體？巴克萊批判洛克式物質實體之時指出，從可感性質推論隱秘托子之「存在」，乃是哲學家們不可原諒之過失。如今討論心靈問題時，巴克萊本人亦無形中套用洛克所犯之跳躍性推理，推出保證觀念實在性之兩種精神實體——永恆精神與被造精神。巴克萊曾於早年所撰之筆記哲學註釋 (Philosophical Commentaries) 一書中宣言:「永遠驅逐形上學，而將人們帶回常識之路」。易言之，巴克萊以常識哲學家（common-sense philosopher）自許；然於知識問題之討論，未予貫徹本來之經驗論立場，中途折回形上學老路，而使其知識論披上存在學色彩。

尤有進者，巴克萊評斥抽象觀念之存在性時，理應徹底排除任何純然抽象而無知覺徵驗性之觀念。然當巴氏承認隱秘不變之精神實體有其客觀實在之時，早已遺忘自己所作抽象觀念之批判，此實爲巴克萊知識論之一大瑕疵。又就語意分析觀點而言，巴克萊旣曾揭穿不可知物質實體觀念之空義性底細，爲何不就同樣不可知覺或認識之所謂心靈或精神實體作一透徹精銳的語意分析，指出精神實體亦如物質實體，不具任何指涉意義，而斥爲虛妄玄想之物？巴克萊處理精神實體問題之時，非但未曾援用「存在與知覺一致性原則」，反而逾越知識論領域，乞援於形上學的原理。由此不難見出，巴克萊之經驗論亦非徹底精當。古典經驗論之理論貫徹工作，終由休姆擔荷繼承，而使古典經驗論轉向實徵論或現象論理路。

休姆認爲「知覺是否依存物質實體或精神實體」(Whether perception inheres in a material or immaterial substance 人性論 p. 234) 之問題不具認知意義；因對此種問題，吾人無法獲得任何適當可靠之答案。首先，依據「觀念可還元性原則」，吾人須問精神實體觀念能否還元而爲原初印象。然而吾人對於心靈活動所獲諸般印象彼此分離相異，每一印象皆獨立自存，毋需藉助任何不可知之「某物」支撑印象之實在。吾人只對知覺本身具有完全觀念，實體則與知覺全然不同，因之吾人不能具有任何實體觀念。再者，知覺不可能依附物質實體，亦不可能內在於精神實體。設若依存前者，應有知覺之「部位」，然而吾人無從指出知覺究竟位於物質實體之何部何處；設若依存後者，則當吾人知覺某一桌子之後所形成具體（桌子）擴延性之印象又以何種方式「依存」精神實體？事實上休姆所了解之唯一存在世界乃爲知覺世界或印象世界，惟有印象知覺方具絕對的實徵性，其餘任何所謂事物（object）、物質（matter）、實體（substance）等詞皆屬虛構而無實物以對，故應摒出知識論領域之外。休姆如此通過知覺本位的經驗論立場，澈底揚棄洛克與巴克萊所信持之精神實體理論，終於掃盡一切形上學的理論渣滓。

休姆矢口否認吾人具有能與知覺判斷區別之自我觀念或「人格同一性」（personal identity）觀念。休姆對於主張自我不變性或精神實體存在之任何哲學家提出下一問題：假若吾人能有此種清晰明瞭之自我觀念，則其原初印象來自何處？休姆說：「然而自我或人格不是任何一種印象，而是諸般印象觀念所指涉者。如果任一印象產生自我觀念，則此印象必須在吾人整個生活過程中始終保持繼續不變；因自我也者，原被認爲如此存在之故。但是吾人却無法發現常恆不變之印象。疼痛與快樂，悲傷與愉悅，情感與感覺相互承續出現，不可同時存在。因此之故，自我觀念決不能從任何印象導出；此種觀念未嘗存在。」（人性論，第二五一——二五二頁）吾人對於所謂自我所具之印象或觀念，經常只是流變不居而分離相異之各種特殊知覺集團而已，譬諸冷熱、明暗、愛憎、樂苦等等知覺。吾人無由自知覺系列抽離出所謂「自我」，而爲印象知覺變化系列之托子或即精神實體。休姆最後不得不坦白承認，所謂自我，所謂人格之同一（不變），本不外是形形色色分離相異之知覺捆束或集合（a bundle or collection of different perceptions），甚或所謂諸般知覺互繼互現之一種戲場（a kind of theatre, where several perceptions successively make their appearance），此類知覺急速相繼，剎那生滅。「心靈是一戲場，形形色色之知覺前後出現於此；流逝，再流逝，滑過，湊合成爲無限花樣之姿態情狀。既無單一性，亦無多樣中之統一……」(人性論第二五三頁)。

休姆此說，實與根本佛教所謂「諸行無常，諸法無我」之理論不謀而合。釋迦反對奧義書哲學家所稱「梵我」(Brahman-ātman) 或妙樂所成我之存在，純就中道立場排斥任何有關精神實體之形上學的辯論。一切存在均爲衆緣和合之產物，於人類亦然，只見經驗自我之刹那變化，生滅無常，所謂凝然不動之自我實體僅不過是玄想之物。惟休姆與釋迦討論自我問題之根本動機顯然不同，前者純就知識論立場，設法克服經驗論者定立精神實體之理論困難；後者則執生命體驗之價值觀點，如實剖視所謂有情自我之眞相，俾使衆生克服個體我之煩惱執着，而臻絕對生命之涅槃境地。若就自我理論之外表言，兩者極爲類似；然就動機目的言，則有涇渭之分。

巴克萊對話錄中海拉斯之論點亦頗接近休姆之說，蓋海拉斯亦以人之心靈爲「一種游動觀念系統，而無任何實體爲之支撐」("Only a system of floating ideas, without any substance to support them", Ayer, I, p. 281)。海拉斯進而藉用語意分析之利器反駁非羅笯斯，謂:「不具(指涉)意義之語詞不得使用。旣於精神實體所能尋出之意義毫不多於物質實體，則前者應如後者，亦須破除。」(Ayer, I, p. 281)。海拉斯此一論法，幾與休姆所言異曲同工，可見巴克萊亦曾考慮此一難題。惟其維護觀念論立場以及耶敎信仰之用心太切，遂於討論中途反將經驗論原則抛諸腦後，直以心靈統一體存在之信念肯認精神現象系列背後之托子，終而陷於獨斷無據之境。非羅笯斯未能針對海拉斯之尖銳論難加以辯駁，反而違背原有經驗論的探求精神，謂:「我何須再爲重覆，表明我認知或意識我自身之存在；表明我自己不是我之觀念，但爲其他之物，意卽能對觀念知覺、認識、意欲以及活動之一種思維的主動性原則？我知我或卽一而同一的我。(我) 知覺色彩聲音，色彩未能知覺聲音，聲音亦未能知覺色彩；因此我是一種個體原則，異乎色彩聲音；亦據同等理由，異乎其餘一切可感事物以及惰性觀念。」（Ayer, I, p. 281-2）巴克萊若能審察海拉斯之言，退而反省自己所沿循之推論步驟是否符合經驗論原則之本來要求，或亦不致自找麻煩，而遭休姆實徵論之嚴厲批判矣。

休姆批判精神實體理論之後，進而說明此種實體觀念產生之由來。既然吾人明知精神實體觀念無法來自印象知覺，亦非一種獨立自存之物，爲何仍將單一性（simplicity）與同一性（identity）加諸所謂「心靈」？休姆對於此一問題採取心理學的解釋，認爲吾人常有一種心理傾向，將同一性加諸事物知覺繼起之系列，而使兩者相連混合。譬諸動物身體，乃是其組成部份相繼變化之聚合，嚴格地說本無自我同一性可言。只因身體變化緩慢，吾人無從知覺每一剎那變化之過程，而且變化過程中之每一部份互相關聯；因之吾人易于忽視身體變化之刹那性間斷，而對整個聚合標貼常恆不變之自我同一性觀念。特就人類心靈而言，吾人由於記憶作用，能於心中重現一連串過去知覺之影像，產生諸般知覺間之類似關係。想像力乃依觀念聯合作用將原來斷斷續續之知覺流連成一片，終能構成自我統一觀念，此即虛構性精神實體觀念產生之心理學的原委。設若除去此種「虛構」(fiction)，則一切有關自我同一性之問題卽時失其可能解決之線索，而只變成休姆所謂「文法上的，而非哲學的問題」（人性論第二六二頁）。易言之，休姆經過一番精神實體之語意分析，所獲致之最後結論乃是：自我統一與否，或精神實體存在與否，不是眞正的哲學問題，而是語言問題。此種看法頗爲接近目前流行英倫之日常語言解析學派之基本論旨。單從休姆對於精神實體之語意分析亦不難窺見，英國解析學派（Analytic School）之哲學探求方式，深受古典經驗論者尤其休姆實徵論語意規準說之影響。

休姆批判精神實體觀念之最大貢獻，乃是在乎徹底使用經驗論原則（印象優位原則或即觀念可還元性原則），以澄清自我同一性之本義，充分發揮英國經驗論之特色。然而休姆自身却因破除自我統一觀念而深感惶惑不安。蓋因自我化爲知覺之流或印象捆束，實與吾人一般實踐的信仰不合，且於理論上所謂「印象捆束性自我」無法說明吾人何以能够論及知覺之流或印象之聚合。如無高度自我統一作用，吾人何能知悉刹那變化之知覺系列可以構成知覺之流？散漫不統一之印象捆束即是所謂心靈之說，亦使休姆自己難以置信。然而依據其獨特之印象優位原則，此種自我理論乃是休姆知識哲學之必然歸結，無從變更修正。休姆自云：「我知我之陳述有其缺陷……如果諸般知覺個別存在，則它們惟藉相互聯貫才能形成整體……但當我開始解釋思想或意識中知覺繼起之統一原則時，我之一切希望皆成泡影。關於此項（問題），我無法發現任何令我滿意之結論。總之，有兩個原則我始終不能安排得當；若將其中任一原則加以放棄，我又感到無能爲力。此二原則之一爲『吾人一切個別知覺皆係個別存在』（"That all our distinct perceptions are distinct existences"）；另一原則則爲『心靈永不知覺個別存在間之任何實際關聯』（"That the mind never perceives any real connection among distinct existences"）。我得請求一個懷疑論者所享之特權，同時懺悔此一難題非我悟性所能處理」（人性論第六三五一六頁）。由此可見，休姆雖能論破精神實體觀念之虛構無據，實踐上却有惶惶不安之感，自嘆無力克服此一難題。

事實上休姆對於自我同一性之批判，亦有若干困難。第一，休姆所使用之「同一性」（identity）一詞意義含混，未經嚴格界定。再者，休姆對於記憶功能之解釋不够精確詳盡。譬如，依照休姆理論，記憶如何可能之問題不易解答。設若心靈只是一束印象知覺相繼變化之湊合，何以能有所謂記憶聯結形形色色的個別知覺，通過想像力之觀念聯合作用，虛構自我統一之觀念？又，如謂心靈本來只是知覺之流，爲何吾人能够聚集印象觀念之湊合？是否個別知覺能予「自動」湊合而成知覺之流？若是如此，吾人又何能知悉有此知覺之流存在？每一印象知覺既爲個別存在，不具同一性之心靈（亦卽知覺之流）何能將此個別知覺之集團聯在一起？抑或此類個別知覺之集團中有一知覺地位優越且能認知以及連結其餘地位較低之知覺，使其構成知覺之流，故被特稱而爲所謂「心靈」？如果此爲事實，又如何證明？休姆知此類問題非他所能解決；如欲解決或修正印象捆束之說，惟有從頭翻修其經驗論原則，亦卽所謂印象優位原則。若然，則無異宣判休姆現象論之理論限制性，迫使休姆放棄原來之心理主義經驗論理路，此非超越休姆哲學之範圍耶？休姆剖析自我同一性觀念，已感精疲力盡，豈有餘力重新翻修印象優位原則？

休姆對於精神實體觀念之批判所伴生之難題，一方面由康德根據先驗觀念論立場預設先驗的自我或卽純粹根源統覺而獲解決；另一方面則由現代經驗論者根據語意學的約定設計，就諸般分殊之精神現象巧爲設立邏輯建構性心靈概念，以代之傳統的心靈實體概念，而不必涉及形上學的實體語法。此亦可謂遵循休姆所主張「心靈問題是文法的，而非哲學的問題」之理路，採取邏輯的、語意學的約定觀點，藉以取代休姆所嘗試之心理主義的解釋。

六、因果關係

哲學史上最早建立較爲完整之因果理論，應自亞理斯多德始。他在物理學中提出四原因說，以爲說明宇宙存在構造及生成變化之根據。所謂四種原因，第一是形相因，指謂一件事物之實體或本質，第二是物質因或質料因；第三是運動來源或動力因；第四是善或目的因。譬諸一棟房屋之建築，所將建成之「現實」房屋爲目的因，建築師或工匠是動力因，建造房屋所需材料如磚瓦木材等等則爲質料因，至於建築師心中所蘊藏之藍圖或觀念卽是形相因。亞氏在形上學第一卷乃以四原因說爲準則，批判泰利斯至柏拉圖之希臘哲學家所具自然哲學理論之得失。泰利斯等早期自然哲學家忙於探求構成宇宙之物質原理（質料因），然而未及省察其他原因。直至恩比多克利斯（Empedocles），尤其是阿那克撒哥拉斯（Anaxagoras），才逐漸注意動力因問題。後者曾經提出「叡智」（Nous）概念，但其解釋曖昧不全。柏拉圖則深受巴門尼得斯、畢達哥拉斯等人之影響，演成一套形相論，以形相或觀念爲四層存在構造中存在性與價值性最高之永恒不變者。柏氏雖已發現形相因，然使形相（本體界）與現象（生成界）產生隔離而無法使之銜接。至於目的因，亞氏認爲前人未及明論，乃係他所自創之者。亞氏後來解釋自然事物之生成運動，採用「潛態」（potentiality）與「顯態」（actuality）之說，而將目的因與動力因歸屬形相因。一切自然事物之生成運動卽是從潛態（可能態）轉成顯態（現實態）之過程，而形相與質料兩種原因，則爲亞氏形上學體系之兩大根本原理。

文藝復興時期，由於物理科學之萌芽成長，亞氏四原因說曾遭嚴厲批判。伽俐略、克普勒等人建立科學的宇宙觀（機械論的量化宇宙觀），首先排除目的因於自然研究——尤指物理科學——領域之外；由於强調定律建構與數學演繹之結果，終將因果關係還元而爲動力因問題。伽俐略與笛卡兒雖仍承認上帝爲第一動力因或機械化宇宙秩序之創造者，然而藉之說明宇宙創生由來之後，卽將上帝鎖入保險櫃中，存而不論。如此，科學家們乃可專就機械化宇宙考察動力因之眞相，俾便囊括雜多現象，還元而爲現象間之數量關係，進而建構科學定律之理論系統。

洛克所論因果關係問題無甚特色，只是通過上述笛卡兒等人理論之影響，亦將因果關係視為動力因問題。洛克所下因果關係觀念之界說極其簡單，謂：「吾人對於產生任何單純或複合觀念者賦予原因此一普遍名詞；對於被產生者，則稱結果」(Fraser, I, p. 433)。每當吾人觀察特殊事物、性質或實體之存在，即能獲取因果關係觀念。擧例言之，由於某種程度之熱量加諸洋蠟，即有流質性之單純觀念產生；就熱量之單純觀念與洋蠟中之流質性間所成立之關係而言，前者稱為流質性之原因，後者則稱熱量之結果。又如觀察木頭（一種複合觀念）燒成灰燼（另一種複合觀念）現象，吾人即稱火為灰燼之原因，而灰燼為火之結果。正如上述二例所示，洛克所了解之因果觀念乃自經驗現象間運動作用之關係而來。洛克之因果觀念與其他一切觀念相同，亦從感覺或反省等經驗所形成者，與笛卡兒等大陸理性論者所持因果理論大異其趣。後者混淆（知識論中之）因果觀念與（存在學中之）邏輯涵蘊觀念——前提（論據）與結論（歸結），甚或還元因果原則 (causal principle) 而為邏輯涵蘊原則 (the principle of logical implication)，故從形上學的觀點解釋自然界之經驗事實。至於洛克因果觀念之建立，一方面通過近世物理科學（尤其牛頓）理論之洗禮，另一方面依據洛克本人之經驗論原則；故就經驗事實本身處理因果關係問題，儘予避免因果觀念之形上學化傾向。

洛克主張因果性成立於觀念間之關係，故是一種「心的建構」(mental construction)。然而因果性有其實在基礎，即是在乎「力量」觀念。此所謂力量，特指實體影響其他實體抑或產生觀念於吾人心中之力量而言。洛克將力量觀念視如一種單純觀念，雖則承認「力量包括某種關係，一種對於活動或變化之關係」(Fraser, I, p. 132)。洛克曾區別兩種力量，一種為被動者，另一種為主動者。其中與原因效用 (causal efficacy）有關者爲主動力量（active power）之觀念，乃是由於意志活動之結果，而於心中產生。在外界事象中，譬諸A球碰撞B球，引起B球運動，吾人無從觀察A球本身之主動力量。然而通過內省，「吾人發現有一種力量開始或承受，繼續或終止吾人心中之若干活動以及吾人身體之運動。此種力量只是由於一種思想或心之偏好所指使命令，做或不做某種特殊活動而來」(Frazer, p. 313)。

洛克如此肯定吾人對於因果觀念或主動力量活動之經驗基礎。但他並未嘗試有關因果關係之任何實際分析，只於論證上帝存在之時，表示他對因果關係之一種確信，謂：「任何有始之事物必有原因」（Everything which has a beginning must have a cause）之命題確實無疑。洛克對於此一命題之確實性如何可由經驗獲得，未曾明予解釋，祇在人類悟性論卷四論及直觀確實性（intuitive certainty）之時宣稱，吾人能於觀念與觀念之間直覺出一種必然連結性（necessary connection）。然而所謂「直觀確實性」是否應屬經驗論原則討論之範圍，有待商榷。若用休姆之語，洛克對於上述因果關係命題之確信，只能算是一種「自然信仰」而已。由是可知，洛克討論因果觀念之時，未予貫徹其所建立經驗論原則之主張。

巴克萊知識論中之因果關係觀念，較洛克所論者更爲複雜。大體言之，巴克萊因果觀念可從兩個側面予以剖視，一是經驗論側面，另一則是形上學側面；此與巴克萊將（存在學領域之）上帝觀念牽入知識論領域一事極有密切關聯。

首就經驗論側面而言，巴克萊層層還元物質實體而爲不能離心自存之觀念。爲了避免陷于主觀觀念論甚或獨我論之窘境，巴克萊最後訴諸上帝之全知全能，藉以保證一切「眞實事物」或卽觀念之客觀實在。巴克萊因而認爲：「觀念之連結不涵蘊因果關係，只是表示一種標誌或記號（a mark or sign）與被標誌者之關係而已。我所看見之火不是我接近它時所挨受之疼痛原因，而是預先警告我之標誌。同樣地，我所聽聞之喧囂亦非周遭物體運動或碰撞之結果，而是後者之記號」(Ayer, I, p. 203)。因此，巴克萊認為自然秩序決非必然的秩序，自然現象原是觀念之系列，觀念本身既依精神存在，不可能是主動動力因。上帝或即自然創造者所刻印於吾人心中之觀念系列多少具有規律性，吾人才能知覺此一觀念系列。當吾人說B件經常（regularly）伴隨A件而發生，不過表示上帝刻印於吾人心中之觀念系列具有一種秩序規律，然而上帝不必始終刻印有規律的觀念秩序，換言之，奇蹟並非不可能事。此非意指上帝破壞井然有序之自然律（law of nature）而言，蓋因自然律者本是科學家將自然現象（即觀念系列）之定常次序（regular sequences of series）括入某種固定形式而產生。此即是說，科學家奠立數學的假說（mathematical hypothesis），俾便記述物理現象，化繁為簡，構成所謂定律或原則，而能藉此預斷未來現象或供實際效用性之用。

再者，根據對於抽象觀念存在之批判，巴克萊認為所謂「力量」(force)、「重力」（gravity)、「引力」（attraction）等詞並非隱秘實在體或其實在性質，而是具有實際用處之數學假說。當我們說明a，b，c，等現象間之關係時，若將此類現象發生之原因推諸P或Q等某種隱秘實在體或其性質，則是陷於謬誤，蓋因後者只是為了方便巧立而成之抽象名詞而已，非即代表眞正之動力因。巴克萊以為他對物理現象之因果解釋不致破壞物理學家之實際工作，反替他們澄淸了因果觀念之經驗義涵；形上學應從物理學之研究領域摒除，而使兩者不致混同。由是可知，就經驗論側面之因果觀念剖析而言，巴克萊已超過洛克所作較為平實但無新創之釋義，而更接近休姆之因果分析理論。不過，巴克萊之分析工夫不如休姆銳利澈底，蓋因巴克萊所討論之因果問題染有形上學色

彩之故

巴克萊知識論探求之本來目的，原是在於維護基督教信仰與證示上帝之全知全能。因此，儘管他在一方面主張形上學應從物理學研究領域剔除，且予分辨因果關係觀念之經驗側面；然而他並不能滿足於因果觀念之經驗論的解釋，還進一步就形上學觀點，說明因果觀念之眞諦淵源於上帝自體。自然現象不外是上帝所安排之觀念系列而刻印於吾人心中者，觀念間之所謂因果關係應還元爲標誌與被標誌者之關係。對於觀念之規律次序，上帝才是眞正主動的動力因。例如A件是上帝所賦予一種對於B件之預言記號；整個自然體系是一種記號系統，亦卽一種可視的神性語言，俾使吾人了解神之存在。上帝產生每一記號，通過記號告示我等有限精神。然而巴克萊未予圓滿解釋爲何上帝需要如此活動。

總之，巴克萊之因果理論，仍然滲雜經驗論與形上學兩方面之因素。他以經驗論原則爲出發點，中途却放棄了經驗論原則，最後訴諸存在學原理，以爲知識論之成立根據。及至實徵論者休姆之出現，才使因果觀念問題獲得澈底的澄淸。

揭發因果原則之秘密以及嚴厲批判因果必然連結關係，本不自休姆始。早在古代或中世紀時期已有若干懷疑論者曾經抨擊亞理斯多德以來之傳統因果觀念。據謂古代懷疑論者伊尼西得穆斯（Aenesidemus）曾予批判任何事物之原因或理由之產生可能。伊氏認爲物理原因不能把握，因果連鎖旣不可知覺或認知，則無因果關係存在之事實；卽使有其存在，實際上亦無從發現，因爲吾人難於從雜多似是而非之原因分辨出眞正原因。後來唯名論者威廉奥侃（William of Occam）之高弟尼克拉斯（Nicholas of Autrecourt）亦曾批判實體與因果兩大概念，極力主張，否認兩者不致陷于自相矛盾。對於旣成事件，不必按上旣成事件之前件，而使前者隨之產生。因此兩種事件之間沒有必然連鎖之存在，同時亦無所謂因果原則。吾人只能通過某種現象反覆之經驗，據此期待某些事件或將伴隨某些前件生起而已。要請上帝而爲整個現象系列之第一原因徒是多餘無用。

尼克拉斯此種見解，已很接近休姆所作之硏判，惟無休姆之嚴密扣緊而首尾一貫之「事實邏輯」(logic of fact)，以剖析因果觀念之眞正義蘊。自始至終，休姆正如診斷因果觀念內在病根之醫師，通過精細微妙之考察與步步逼緊之推論，終於探出因果必然性觀念之由來。就此因果問題而言，休姆所以干擾康德自稱「獨斷之夢」(dogmatic slumber)而迫使後者重尋哲學探求之路，並非無因。又，現代經驗論者以及一般科學哲學家已從休姆之因果觀念剖析學得寶貴敎訓，儘予避免形上學的玄想，專就必然性涵義與因果定律建構問題嘗試邏輯的分析，而爲物理科學理論建構之舖基工作。柏格曼（Gustav Bergmann）曾於邏輯實徵論之形上學（The Metaphysics of Logical Positivism）一書指出，一般邏輯實徵論者遵奉四大基本原則，其中之一爲他們「共同遵循休姆對於因果性與歸納法之看法」(第二頁)。萊亨巴赫亦於科學哲學之興起（The Rise of Scientific Philosophy）嘗謂:「大衞・休姆著作中所明白陳示之因果性釋義，已被科學家們所公認接受。自然律對於休姆不過是一種『對於無例外反覆之陳述』(statements of exceptionless repetition）而已。此一分析不但澄淸因果性眞義，同時打開因果性擴延之路，而爲近代科學之了解所不可或缺者」(第一五九頁)。

休姆在人性論（第一卷）與人類悟性探徵兩部書中發揮徹底的實徵論精神，此種反形上學的求眞精神成爲休姆哲學探求之指導原則。休姆乃憑藉此種精神與通徹一貫之經驗論原則掃蕩傳統形上學之因果原則理論。

休姆曾於探徵第四節區分人類理性之對象（即眞理命題）爲兩大

類:「觀念關係 (relations of ideas) 與事實問題 (matters of fact)。前者包括幾何學代數以及算術等科學; 或卽具有直觀確實性或論證確實性之任何主張。……此類命題僅由思想運作而被發現, 毋需依賴宇宙中之任何存在者」(第二五頁)。後者則屬經驗事實之範域, 准許事實矛盾性之存在。譬如「太陽明日不昇」與「太陽明日會昇」兩個命題間有事實的矛盾, 但兩者所表現之未來事實皆有發生可能, 雖則後者之事實產生較具高度蓋然性。因果性 (causality) 乃屬事實問題之範域, 易言之, 原因與結果關涉經驗事實, 而非一種形上學的玄想觀念。休姆甚至進一步說:「一切有關事實問題建立於原因與結果之關係上面。吾人只靠此種關係, 能够跳過記憶與感覺之憑據範圍。」(探微, 第二六頁)

休姆剖析因果觀念之下一步驟, 乃是根據所謂觀念可還元性原則或卽印象優位原則, 追溯因果關係之來源於原初之印象。休姆主張吾人「不應在事物中之任何特殊性質尋找它」(人性論第七五頁), 因於一切事物之中吾人無從觀察因果之一般特質。他認爲因果性觀念必須來自「事物間 (所存在着) 之某種關係」(人性論第七五頁)。據此, 休姆發現形成因果本質性成素之若干關係。易言之, 休姆以此種關係之發現界定原因與結果可能具有之經驗性涵義。

休姆以爲因果性之第一種關係應是「鄰近性」(contiguity)。遠處事物常被原因鎖鏈所聯成, 如此層層探索, 原因與結果最後應有鄰近性關係存在。然而若干現代批評家曾經指出, 就以往兩世紀中已有高度發展之近代 (物理) 科學而言, 鄰近性不必卽是因果性之構成要素。綳格 (Mario Bunge) 曾於因果性 (Causality) 一書中表示:「原因與鄰近運動或鄰接性爲兩種邏輯上獨立之範疇, 因果性或與鄰近性不致相背, 但並不必涵攝後者」(第六二頁)。

第二種關係是繼起 (succession) 或卽原因在時間上之優先 (priority

in time)。休姆認爲，如果A件（原因）與B件（結果）同時產生，後者又與其所產生之結果C件同時存在，則A B C等因果系列之間即無繼起關係。如此一切事物共時共存，終必導出時間消滅之結果（人性論第七六頁）。然而有人指出，繼起關係不必即是因果性所必需之一種關係，可於科學定律系統擧出例證。休姆本人亦曾承認，繼起關係不被普遍認許。無論如何，上述兩種因果性之關係對於休姆所作因果觀念之批判，並未構成重要關鍵，吾人不必多費篇幅辨其是非。休姆所最關心且傾力討論者，實爲第三種關係，即是必然連結性（necessary connection）關係。

所謂必然連結性一詞之意義，可從「任一事物必有原因」(Every thing must have a cause）或「任何結果必然地預先假定原因（之存在)」(Every effect necessarily presupposes a cause）等命題獲得理解。然而休姆認爲原因與結果皆是相對性名詞，歸納許多類似性原因與結果之資料不即等於能作跳躍性推理，推出「任何存在皆有原因」之普遍必然命題。吾人不能只因知悉「任何丈夫必有太太」診斷「任何男人必已結婚」(人性論第八二頁）。如欲證明上述因果命題爲眞，或承認必然連結性爲構成因果觀念最具本質性或決定性之成素或關係，吾人必須依賴實地的經驗觀察。於此亦可見出休姆前後一致之經驗論立場。

休姆所以不就事物本身（之性質）尋找因果觀念之原初可能印象，乃因休姆認爲一切超乎印象知覺者必須一概排除。根據現象主義經驗論觀點，休姆提醒吾人，關於感覺知覺中原初印象之究竟原因爲何，「完全不是人類理性所能解釋」(人性論八四頁）。洛克所謂「不可知實體」，或巴克萊等所謂「存在創造者或即上帝」，皆係超經驗之本體，無權當做印象知覺之眞正原因。吾人討論因果問題，所應採取之步驟，首須還元一切事物現象爲印象與觀念，而於印象系列檢查有否因果必然連結性關係之存在事實。

休姆承認，當吾人觀察C類事件（原因）與E類事件（結果）時常構成有規律之次序（regular sequence），吾人於CE兩者間所能發現者，實爲一種「經常伴連性」(constant conjunction）之關係。例如每每觸及火焰，吾人立卽感覺疼熱。然而所謂經常伴連性不卽等於必然連結性，前者對於後者存在之事實證明，無能爲力。休姆明確表示，「僅從任何過去印象之反覆，卽使至於無限，亦決不可能產生任何必然連結的原來觀念」(人性論，第八八頁）。

然而休姆不得不說明吾人有了兩類事件經常伴連之印象，爲何卽做跳躍推理，產生必然連結性關係之觀念。雖於現象系列發現不出必然連結性關係之存在事實，吾人因何仍會產生此種關係觀念？若謂此無任何經驗憑證，則對此種觀念之產生，又應如何解釋？對於此一問題，休姆所發現之解決線索，乃是基於其所一向慣用之心理學的解釋。易言之，休姆訴諸一種所謂（心理的）習慣（habit or custom）或自然信仰（natural belief）解釋必然連結性關係觀念產生之由來。

必然連結性觀念旣不能從事物自體（之性質）獲得，亦不能從兩類事物間之經常伴連關係抽出；唯一能够說明必然連結性觀念之來源者，乃是在乎類似事件之反覆出現所齎與吾人心靈之某種效果。休姆謂:「因此吾人在心中所感覺之此種連結性，或卽想像力從一件事物至其伴隨後件所作之習慣性轉移作用，便是我所以形成力量或必然連結性觀念之感覺或印象」(探微，第七五頁)。又謂:「必然性者，乃爲（經常伴連性）此種觀察之結果，只是心中一種內在印象，或卽將吾人之思想自一件事物帶至另一事物之一種決定（determination）而已」(人性論第一六五頁)。如此，休姆終於否定因果關係之事實必然性，而代之以心理學的「必然性」。

根據心理學的必然性原則，如果吾人多次觀察兩類事件反覆伴連出現之規律性次序，易生一種藉諸想像力作用之傾向，漸於心中累積反覆伴連之印象及其觀念，終能產生一種習慣或「習慣性期待」(customary expectation)，相信此後兩類反覆伴連之事件仍必重現，甚或無限次地必然重現。吾人常將此種心理上之自然信仰推廣至於自然界之現象系列，隨着習慣性之增高，終於誤認自然界中之現象系列本有必然的因果關係存在。休姆所作因果觀念之剖析，即是爲了破除此種因果必然性觀念之虛妄不眞。或亦可謂，即使外在世界存有永恒不變之因果必然性關係，休姆欲問如何能在邏輯上導出因果必然性之存在理由，或如何能於經驗事實發現必然性之原初印象。設若吾人毫無辦法證明必然的因果關係存在，而仍需要說明爲何能於心中產生因果必然關係觀念，最後惟有訴諸人性本身之心理傾向；即如上述，承認吾人所具之想像力作用能够養成一種習慣，而於吾人心中產生主觀的(心理的)必然連結性觀念。由是可見，休姆並非完全否認因果原則之存在，只是對於吾人所已具有之因果必然性觀念施行語意分析，澄清因果必然性之眞義及其原由，且同時摒除任何傳統形上學所持獨斷的因果原則理論。擧例言之，笛卡兒定立自我意識存在爲亞基米得式基點之後，進而援用未經論證之獨特因果原則證明神之存在。⑳又，斯賓諾莎汎神論形上學體系套用因果原則理網，解釋人與宇宙之一切事象構成一種決定論的鎖鏈。至於萊布尼玆，因果原則終被充足理由律所取代；萊氏藉用充足理由律說明宇宙中所發生之一切經驗事實。大體言之，理性論者常將知識論中用以說明經驗界現象次序之因果原則還元而爲形上學者所慣用之邏輯涵蘊原則，把原因與結果分別視如前論 (antecedant) 與歸結 (consequent)；雖就存在學

⑳ 笛氏因果原則爲「原因之完全性與實在性不得少於結果」。

立場對於外在宇宙之經驗事實予以圓滿無缺之說明，然而全然抹殺經驗事實本身。休姆所作因果觀念之澄淸剖析，正欲破除理性論形上學家所犯之嚴重錯誤。誠如艾爾（A.J. Ayer）在語言眞理與邏輯（Language, Truth and Logic）所云:「他（指休姆）常被指控否認因果性，實際上他只是關心如何界定因果性」(p.54)。換言之，休姆因果關係觀念之批判工作，可以稱做一種語言分析之工作。

然而由於休姆解釋因果觀念之原因爲人性本身所具有之習慣性期待，幾將因果推理視如一種「自然本能」(natural instinct) 或「動物理性」(animal reason)。吾人可以藉用卡爾波柏（Karl Popper）科學探求之邏輯（The Logic of Scientific Discovery）一書中所作兩種知識之區分，即「知識心理學」(psychology of knowledge) 與「知識邏輯」(logic of knowledge)，解釋休姆之因果分析爲一種知識心理學之探求工作。休姆所偏重者爲對於先哲以及日常語言中所使用之因果概念之語言分析，進而揭發因果觀念之心理淵源，俾便展開休姆所謂「人性科學」(science of human nature) 之理論建設。休姆本人曾經明言「人性是唯一之人的科學」(science of man)(人性論第二七三頁)。休姆原意並非專就純粹科學觀點檢查因果觀念及其原則之涵義以及效用，藉以助長科學知識之擴張或發展。休姆甚少考慮物理科學所談因果律之效用性問題。休姆批判因果必然連結性關係之後，未嘗進而討論自然科學家爲何仍然可以運用因果原則，爲何仍然可以建立科學定律架構之問題。休姆破除因果必然性之後，亦曾設法建立八大原則，藉以說明如何獲得具有高度蓋然性之因果關係。此一事實似可證示他亦承認因果關係觀念之效用性。然而站在心理主義現象論立場，休姆無法論及，科學家是否放棄因果原則之後，仍能建立科學定律；或者通過休姆之因果分析，可以重新探討科學家所使用之因果原則之義蘊。易言之，科學哲學家如何重新解釋必然性一詞之涵義，俾使因果一詞仍可使用於科學定律系統之建構工作？

休姆因果觀念批判，無可諱言，嘗予康德先驗哲學以莫大之影響。設若吾人於感性界現象系列無法發現因果必然性之存在事實，則伽俐略乃至牛頓等人所已完成之近世物理科學知識所具有之嚴密必然性（strict necessity）或普效性（universal validity）又應如何解釋？康德雖然承認休姆因果分析有助于掃盡傳統形上學誤用因果原則為邏輯涵蘊原則之迷妄；但在另一方面認為休姆對於因果觀念之心理學的釋義無從說明自然科學定律建構需用因果原則之問題。換言之，康德以為自然科學所關涉之因果關係乃非休姆所謂「一種純粹主觀的必然性」關係（純粹理性批判第四四頁）。康德依據先驗觀念論觀點，將因果觀念還元為一種純粹悟性概念或關係範疇；因果原則必然性之問題，終於變成先驗的邏輯問題。康德主張，所謂因果也者，乃是人類悟性所主動構成之先驗性根源概念之一，與經驗事實無涉，但能統攝雜多現象，而構成具有普效性與必然性之嚴格知識。康德曾於未來形上學序論（Prolegomena）一書提出兩種判斷，一為知覺判斷，另一為經驗判斷；後者即是知覺判斷之外附加悟性本身之範疇作用，而使知覺判斷內容成為客觀眞確性知識者。譬就因果範疇而言，「當日光照射石頭，即能溫暖」為一種知覺判斷，若通過因果範疇作用，該一判斷立即成為一種具有普效性與必然性之經驗判斷，可表示之為：「日光能使石頭溫暖」。此因果之必然性為悟性之主動創發作用張羅因果範疇理網而套上同類事件經常反覆之現象系列所形成者，既非經驗的必然性，亦非休姆所謂心理的習慣性期待，而是先驗邏輯的必然性。康德如此站在先驗邏輯立場克服休姆心理主義的因果分析，而予科學定律建構所需之因果原則以先驗邏輯的解釋。

康德是否完全克服了休姆因果分析之難題，以及康德還元因果觀念爲先驗邏輯範疇是否得當等疑難，涉及康德知識論中之若干根本問題，例如先然綜合命題之說能否成立，先驗自我之預設是否踰越知識論範圍，十二範疇之論據何在等是。無論如何，即使康德未能完全解決休姆因果分析所遺下之難題，至少已經提出一種可能的解釋，且能引起吾人注意因果原則之援用以及釋義問題。現代一般科學哲學家乃從休姆因果觀念批判與康德因果概念之邏輯性分析中學得教訓，設法重新探討因果原則與科學定律建構之關聯問題，企圖揚棄休姆與康德兩者之因果理論，俾獲更爲圓滿精當之解釋。

就大體而論，現代經驗論者似乎認爲，外界現象間之因果關係涉及經驗事實，誠如休姆所云，並無必然連結性存在，故屬蓋然性質，爲後然綜合的。然而因果律之情形則不然，科學家仍然使用因果律概念建立科學理論架構，因果律本身應具維根斯坦（Wittgenstein）所謂邏輯的必然性（logische Notwendigkeit）（邏輯哲學語錄第一八〇頁），否則無補於科學定律之建構工作。問題在於：吾人如何解釋因果原則之邏輯的必然性涵義？維根斯坦本人在語錄中宣言「因果聯鎖關係之信仰是一種迷信」(5. 136)，充份表現出其與休姆取有相同態度。然而維根斯坦又謂：「因果律不是一種定律，而是一種定律形式（Die Form eines Gesetzes)」(6. 32)。此所謂「形式」意謂一種純然約定而成之界說而已，不即表示現象系列必然遵循吾人根據邏輯約定方式建構而成之「形式」。依照此意，吾人才說因果律具有邏輯的必然性，而非經驗的必然性。賴爾（Ryle）亦於心之概念（The Concept of Mind）一書抱有類似見解。他將因果律喩爲「推論票券」(inference ticket)，乃屬定律陳述範圍，而不關涉事實陳述問題。依照賴爾之比喩，科學家可以使用此張「推論票券」囊括繁雜事象；祇需所囊括之事象不與該券相背卽可。換言之，當此類事象仍能符應該券，則該券有效。但如科學家一旦發現此張票券「過期失效」——或即經驗事實不能符合該券要求，則必須「變更有效日期」——亦即修正原有因果律系統，假若無法變更，惟有放棄該券，另造一張新的「推論票券」，意即重新建立新而有效的因果律系統。因此，所謂因果律之邏輯必然性也者，就其實效而言，只具假設性或蓋然性，而不致背反休姆所作因果必然關係之批判。瓦諾克（G. J. Warnock）亦於每一事件皆有原因（"Every Event Has a Cause"）此篇有關因果問題之論文，主張因果律正如一種「空網架」（vacuous network），與經驗事實無涉，萬一發現若干新的經驗事實足以推翻該網架，則須立即設法部份修正原有因果律理論架構——「補網工作」，甚或吊銷原有網架，拋棄不用，重新建構足以包容該新經驗事實之因果律系統。

綜上所述，吾人可以斷言，一般科學哲學家一方面接受休姆因果必然性觀念批判，另一方面又同時主張因果律之邏輯約定性界說。從休姆式心理主義因果理論至於邏輯約定性因果釋義之觀點轉移，足以顯示科學哲學家企圖說明並維護普遍因果律之實效性質；蓋因因果律之存在乃是物理科學之方法論探求不可或缺之要件故也。誠如艾爾於經驗知識基礎論（The Foundations of Empirical knowledge）中所示，普遍因果律可以視如一種「啓導準則」（heuristic maxim），或如康德所謂「規導原則」（regulative principle），「舖下圓滿解釋諸般現象之理想，但不必即被實現」（第二二〇頁）。吾人亦不妨將因果律喻爲一種探照燈，俾使建構假設性科學定律梯層，通過觀察與實驗，發現或控制科學研究之新資料、新現象，而以後者爲檢證（verify）或推翻（falsify）原有因果律梯層系統之憑據。㉑

㉑ 關於檢證（verification）與推翻（falsification）間所構成之「不均稱」（asymmetry）關係，可以參閱波帕所著科學探求之邏輯。作者目前對於

七、神之存在

近代歐洲哲學思想基本上依據人類理性自律原則而得成立，然未全然排除中世經院哲學之根本概念或原理。無論大陸理性論者或英國經驗論者，皆仍援用「實體」、「屬性」、「質料」等等中世紀形上學專用名辭，其中尤以神或上帝之觀念影響近代哲學最為宏深，幾乎成為一般哲學體系之最高原理。譬如笛卡兒心物二元論因神之存在而獲實在根據，斯賓諾莎所謂「實體」或神乃為整部倫理學之絕對預設。㉒萊布尼玆形上學中「單子之單子」或卽上帝觀念則為單子論體系之根本原理。近代哲學家多以不同之名辭稱呼神之概念，而其設立上帝概念之基本動機則大致相同，乃在藉用上帝概念巧為建構井然有序之一套思想體系。由是可知，理性與信仰之交織，仍在近代哲學屢見不鮮。上帝存在與否，原屬信仰或天啓之範域；然而一般西方哲學家們仍欲通過理性或卽「自然之光」，巧設定義公理、設準等等，藉以論證神之存在，而後又將論證所得之上帝自體視如整套哲學體系之絕對預設或根本原理，如此確保體系本身之完整無缺。此一神存在問題，直至休姆與康德二人之出現，始獲徹底的澄清，重新劃出理性與信仰之兩大層域。

近代歐洲哲學家中第一位企圖依據所謂「理性之光」證明神之存在者，厥推理性論者笛卡兒。笛氏於沈思六章（Meditation on First

---

（續前）波氏因果理論最具同情，因其理論已踰越本論文所涉之範圍，不便在此伸論。波氏因果理論除上述主著外，散見於歷史主義之窘困（The Poverty of Historicism）以及開放社會及其敵人（The Open Society and Its Enemies）二書，玆不贅述。

㉒「絕對預設」係藉用柯林屋特 R. G. Collingwood 所創之名辭，當做每一思想最後所需假定之根本前提，支持整個體系之成立，但其本身毋需預設另一前提。）

Philosophy）所嘗試之神存在論證，大致可分兩種，亦即因果論證與存在學論證。笛氏首先通過「方法的懷疑」否定一切事物、原則、知識等等之確實性或實在性，而後直觀地發現能作懷疑之意識作用本身不可或疑，具有絕對的明證性。笛氏以此意識存在之定立爲亞基米得式基點，援用其獨特之因果原則論證神之存在。因果論證所欲展示者，在乎絕對完全之觀念惟有來自絕對完全之實在自體，決不可能爲任何有限而不完全之精神或事物所能隨意創造。至於存在學論證，則是笛氏套用中世紀神學家安塞爾姆（St. Anselm）以來之傳統論法，乃從上帝（絕對完全之唯一實在）之「本質」（essence）必然導出「(現實）存在」（existence）之屬性，奠定神之存在爲不可疑惑之絕對事實。笛氏不憚犯用循環論證之謬誤推理，導出上帝存在「事實」，繼而藉助全知全能者本身應具之誠實性「保證」吾人眼前所接觸之外在世界（包括肉體之自我）亦非虛妄不眞，如是建立心物二元論的形上學體系，而予笛氏以後之近代西方世界觀以規制性的鉅大影響。

英國三大古典經驗論者之中，洛克所予神存在之論證，幾乎全在笛卡兒理性論影響之下進行。由此不難窺見，洛克經驗論始終染有濃厚之理性論色彩；洛克知識論中經驗論與理性論兩者融爲一爐，各不相讓，而使洛克哲學呈現若干理論困難。

洛克嘗將知識分爲三種，其中第一種爲直觀性知識（intuitive knowledge），即指自我認識而言，可由直觀直接獲得，毋需憑藉證明或推論步驟；此種知識實與笛卡兒自我意識之直觀明證性無甚差異。神存在之知識，主指神存在之證明而言，乃屬第二種知識，即是論證性知識（demonstrative knowledge），需藉理性步步推論而得，正與笛卡兒根據自我意識之直觀確實性進而論證上帝存在之步驟，兩相一致。由是可知，洛克所作之神存在論證，多半沿循笛卡兒理路，幾無個人獨創之處。

然而洛克在另一方面根據經驗論原則，否認任何本有觀念或本有原則之存在；依此，上帝亦未種植神之本有（生得）觀念於吾人心中。換言之，洛克之神存在論證，乃是一種後然論證（a posteriori proof），笛卡兒之存在學論證並不適用於洛克之場合。

洛克如同笛卡兒，首先定立自我意識之實在，謂：「我知有一件事毫無疑問，此卽：人對自己之存在具有清楚的瞭解；他確知他存在着，知悉他總是甚麼，而不是虛無」。(Ayer, I, p. 148)。易言之，人對自己之存在深具直觀的知識，不容稍疑。

其次，吾人對於下一自明原則亦具直觀性知識：「虛無不能產生實在者」(無中不能生有)。此一自明原則不外意謂：「任何具有開始之存在者必由已經存在之外在原因所形成」。此刻至少有一實在者（卽人）存在着，人是有限存在者，不能無始以來卽已存在，而須有其存在之開端。所謂有開始之存在者，須被某存在者（卽外在原因）所產生，因此自古至今，必有某一永恒實在者存在着。

至此爲止，洛克祇證明出永恒實在者之存在性，然而洛克仍須回答另一問題：此一永恒實在者究具何種性質？對此問題，洛克依據人類所已具有之力量（如意志力）與知識予以推論，謂永恒實在者須是「一種永恒的全能的以及全知的存在；吾人是否稱其爲神，並非緊要」(Ayer, I, pp. 149-150)；最緊要者，乃是在乎有一永恒實在者創造人類以及世界事物。洛克接受笛卡兒之心物二元論，判然劃分物質存在與非物質存在，或卽「非認知體」(incognitive being) 與「認知體」(cognitive being)；認爲非認知體（物質）不可能產生具有思考作用之理知存在者（精神），而物質及其運動亦不可能自因自存，層層溯源，終可預設某一永恒實在者創造且開動整個物質世界之生成變化。

如上所述，洛克神存在論證，既不如笛卡兒論法之獨創有力，亦不够清楚精確。吾人不難列擧幾點做爲例示：

⑴洛克論證中，「存在」(existence)一辭之意義含糊不清。如果執守經驗論立場，洛克對於自我之了解祇能通過所謂「經驗的直觀」，描述各種心靈活動，諸如注意、知覺、回憶、意欲、理解等等，但無由經驗地直觀出當做心靈統一體（精神實體）之自我存在。

⑵卽使吾人承認洛克所定立之自明原則：「虛無不能產生實在者」，吾人亦不能層層溯源，而推論出某一永恆實存者之存在。康德於先驗辯證論所列擧之四組「二律背反」(Antinomie)中，第三組二律背反涉及下一個問題：「自然法則之原因性是否爲唯一能予現象生起之說明，抑須承認另有所謂自由之原因性」。換言之，乃涉及是否應予承認世界之外有一「自由」存在，而爲開動現象生起之第一原因。康德認爲此一問題之構成，原係形上學家或科學家未予認清經驗知識之限域所致，故而產生無謂的爭論，終有正反二論之起。康德此一批判可適用於洛克之論證。洛克亦曾踰越經驗範圍，欲從「無中不能生有」之自明原則作一跳躍性推理，藉以論證永恒實在者之存在。依照康德之說，洛克所予之論證未具充分論據。況且，卽使吾人退而承認，依據該一原則可以論證世界創化之第一原因，亦仍無由保證此第一原因於創生人與世界之後繼續存在，而爲名副其實之「永恒」實在者。

⑶當洛克謂「有永恒實在者產生世界與吾人」之時頗有可能採用舊約聖書創世紀中所載宇宙開闢之說。然而宇宙開闢說遠非經驗事實所能徵驗；換言之，祇可信其有，不可證其實。洛克或於自己心中預先已有耶教之宇宙創造觀，而於論證神之存在時，實已預設永恒存在在先，此無異等於循環論證，且未及省察論證過程當中，理性與信仰兩者之間可能產生之混淆。

(4)洛克嘗受笛卡兒心物二元論之影響，故以心物間之鴻溝爲自然無奇；進而推論與吾人精神性質上絕對殊異之非認知體（物質）不可能產生心靈世界。最後層層溯源，而將心物兩界之創生，一槪歸諸永恒實在者。然就二元論言，心物兩界旣無任何共通性質，亦無任何關聯；則「心物兩界各有各的上帝或第一原因」之假設按理亦有成立之可能。安可遽謂全知全能之存在者爲上帝，而後對於經由意識之直觀明證性推論而得之（祇有精神屬性之）上帝，標以全知全能之稱號，繼而令其同時創造完全異乎精神世界之物質宇宙？若然，則此所謂「全知全能」之上帝豈非染有擬人論（anthropomorphism）色彩？

上帝觀念對於洛克知識論無關大局，卽使除去上帝問題，亦不致引起洛克知識論基礎之動搖。但於巴克萊哲學則不然。當吾人討論巴克萊上帝存在之論證，必將感到格外驚奇與問題之嚴重。蓋因巴克萊知識論中，上帝所扮之角色異常重要：上帝乃爲保證觀念之客觀實在性之永恒知覺者。巴克萊在人類知識原理明予宣言，其主要企圖爲破除懷疑主義之迷妄，且欲給予需要有關神之存在與非物質性之論證，以及靈魂不朽說之人們以一般理論上之保障。專就整體而論，巴克萊哲學之出發點爲經驗論的知識論，而其推論工具則爲一種語意分析，然其所獲之結論却係存在學之根本原理。換言之，巴克萊知識論之最後目的，乃在維護耶教信仰，亦卽在乎通過知識問題之探討，保證靈魂（精神實體）之不朽性與神之存在性。當巴克萊批判物質實體觀念、初性次性兩橛觀以及抽象觀念之實在性時，遠較洛克更能貫徹經驗論原則，然就結論而言，巴克萊較洛克更富形上學的色彩，雖則巴克萊自始至終聲稱自己爲維護常識觀點之經驗哲學家。文得爾班於其名著哲學史教本之中評論巴克萊哲學爲一種「精神（主義的）形上學」（spiritualistische Metaphysik），實非過言。

巴克萊嘗於哲學註釋一書宣稱:「從神之觀念證其存在，實爲荒謬之學。吾人不具上帝觀念。此爲不可能事」。由是可知，巴克萊反對任何存在學論證或先然論證 (a priori proof)。巴克萊本人所予神存在論證，亦如洛克，乃係後然論證，屬於一種因果論證。大體言之，巴克萊首先奠定經驗論原則:「存在或是被知覺抑是知覺」，當做其知識論之絕對預設，而後剖析物質世界構造，還元而爲觀念世界；但於中途離脫經驗性的知覺分析，推出神之存在，如此保證心靈世界（有限精神）以及不離心存在之觀念世界具有客觀實在性，而非虛妄不眞。神之出現，頓使原有經驗論原則失其絕對預設之權位，神則頂替而爲巴氏思想體系之絕對預設。易言之，巴克萊哲學於其中途脫胎換骨，知識論的絕對預設（知覺本位之經驗論原則）一變而爲存在學的絕對預設（上帝），因而產生理論上之無謂混淆。

巴氏神存在論證之推理步驟，約而言之，可從兩方面加以剖析:

（一）巴克萊第一種論證方式依照「存在卽是被知覺或是知覺」之根本原則進行。巴克萊首先分析吾人所謂「存在」(to be or to exist) 之眞義爲何。依據經驗論原則，巴克萊認爲事物之存在，須有感覺經驗之基礎，否則所謂「存在」亦不存在，「存在」一辭便空無所指。簡而言之，知覺條件必須決定「存在」之涵義。是故，外界事物必須等於可感覺事物，亦卽可直接知覺 (immediately perceivable) 之事物。巴氏於是發現，可直接知覺之事物原不外是感覺性質之湊合；而感覺性質所包含之初性次性實無分別之必要。感覺性質（初性在內）旣非「外界」所實有，理應屬於依賴吾人感覺經驗之主觀性質。巴克萊又根據笛卡兒所奠定之心物二元世界觀，認爲感覺性質不能離心存在。易言之，感覺性質也者，本不外是心中觀念而已。物質實體祇是哲學家玄想虛構之物，此所謂不可知之隱秘性存在本體毫無存在意義。物質實體其實卽是可感覺事物，可感覺事物亦被還元而爲可感覺性質，可感覺性質終又化成吾人心中之觀念。然則所謂物質世界或卽外在宇宙，實與心中觀念無殊。以上所論，乃是巴氏「存在卽是被知覺」之眞諦，吾人於此應予注意，所謂「心中觀念」(ideas in our mind) 一辭易於滋生誤解，該辭實應意謂「必被主動知覺者所能知覺之被知覺存在」而言；而所謂「不離心存在」(cannot exist without the mind) 亦應意謂「不離知覺主體而獨立存在」。巴克萊之觀念論主張應就此一釋義予以理解。

由是，巴克萊須於另一方面假定心靈實體之存在，蓋外在宇宙（觀念世界）所以能被知覺，非得預設能予主動知覺觀念之某存在者不可；巴氏稱之爲精神 (spirit) 或心靈 (mind)，視如一切意識作用背後之統一完整主體。人爲有限精神，祇能接受觀念，而無創造觀念或卽「眞實事物」(real things) 之功能。可感覺世界旣然須被知覺，方具存在意義，則巴氏不得不設想某種特殊情況：例如房內桌椅因我之知覺而具存在意義，假使房內所有知覺主體或有限精神全部暫離該處，則房內桌椅是否仍具存在意義？或立卽隱滅？根據「存在卽是被知覺」之原則，設若桌椅不被知覺，理應卽時消失不見或化爲烏有；當再被知覺時，則又重新顯其存在。巴氏對於外在宇宙是否忽現忽滅之問題並未感到特別棘手。巴氏認爲感覺世界之忽現忽滅荒謬背理，不合常識；感覺世界始終可以存在，不因有限精神未予知覺而瞬生瞬滅。巴氏據此導出以下結論：若無有限精神或人類心靈予以知覺感覺事物或卽觀念，必有所謂某一「無限心靈」(the infinite mind) 或永恒性知覺主體能予知覺與監視諸般觀念，使之蒙獲存在持續之保證。如此，一切存在歸諸兩類：一是被知覺世界或卽觀念世界，另一是精神世界或卽知覺主體；前者之客觀實在性因後者之優先存在而獲保證。觀念與精神兩相符合「存在卽是被知覺或是知覺」之經驗論原則，而巴氏知識論最後實以此一原則之後芈（「存在卽是知覺」）爲整個推論步驟之絕對預設。或不如說，神或無限心靈之存在乃爲巴氏哲學之眞正絕對預設，非由任何其他前提所能導出或論證，蓋因神之存在爲觀念世界以及有限精神之最後支撐點故也。巴氏未及識此，妄以神之存在爲層層分析知覺條件所推證之歸結，實犯顚倒推論程序之論過。

巴克萊所犯第一錯誤，在乎未經批判，卽予全盤接受笛卡兒心物二元世界觀，故將外在宇宙之物象視如心中之觀念。作者以爲，通過「知覺」以及「存在」之語意分析，而謂感覺事物係被知覺故具存在意義則可；若謂知覺作用能予窮盡外界物象，掌有決定外界存在與否之生死權，迫使外界物象失其獨立存在性則不可。巴氏論證神之存在，首先誤在濫用「不離心存在」一語。設若巴克萊自始至終滿足於知覺分析或「存在」一辭之語言分析，則或不致中途脫軌，轉移原有問題而爲本體論（存在學）問題。艾爾於其語言、眞理與邏輯一書還出巴克萊語意分析之本來功夫，謂：「巴克萊所發現者，不外是說物質事物須藉感覺內容予以界定」（第五三頁）。

外界事物如非祇當「心中觀念」而存在，或非因被知覺斯可存在，則巴克萊無權要求外界事物每一刹那之存在事實皆需依賴具有知覺作用之精神實體。但因巴克萊堅執觀念論立場，主張觀念不能離心存在，故在有限精神之外，要請最後王牌——無限精神，終於宣言一切存在皆存「於上帝心中」，或「依靠神之意旨」。外界事物當被知覺之時，其存在意義乃專對人類而言，然而外界事物本身之存在不必專對人類甚或無限精神而具意義。「（事物之）存在卽是被知覺」之命題，就其知覺分析側面而言，具有約定的（conventional）意義——意卽通過知覺分析而對事物之存在方式作一約定性記述。然就事物存在自體而言，不可遽將事物本身與知覺條件同一化。由此，該一命題非必然地眞，則巴克萊何能進而要請上帝，求助於神之永恒知覺活動，藉以保障感覺世界之客觀實在性？巴克萊通過知覺分析界定感覺事物之存在意義，若從語意學觀點言之，原不過是藉用知覺的語言記述外界對象之一種方式而已（a way of talking about the external objects）。此種巴克萊式語法不卽等於決定外界事物之客觀實在性爲何之唯一方法。巴氏未予明確瞭解自己探索知識問題以及語言分析之本來使命，中途離題，要請上帝保證外界對象之客觀實在，實爲不智之擧。

（二）巴氏另一神存在論證爲一種宇宙論證明（cosmological proof）。可感覺世界祇有被某種心靈所能知覺者，始具存在意義。「我所知覺之此類觀念或事物，不論其本身或其原型，皆獨立於我之心靈而存在；我旣了知我非其原來作者，我就無權任意決定，當我打開眼、耳之時，我將接觸何種特殊觀念。因此，牠們必須存在於某一心靈，由此心靈之意思牠們才對我有所展現」（對話錄第五八頁）。巴氏又謂：「有一件事對於每一個人明白無疑：稱爲自然傑作之事物，亦卽吾人所能知覺之觀念或感覺之一大部份，並非吾人所創造者，抑或依賴人類意志者。故有某一精神使其產生，因爲牠們無法靠其本身而存在」（Ayer, I p. 236）。人類意志雖非完全被動，有時亦能自動產生某些觀念，諸如金山或半人半獸；人類心靈亦有知覺上之主動選擇與作用。然而此類主觀觀念祇是幻像（images of things）或虛構之物（chimeras），人類意志不具產生眞實事物——觀念——之能力，亦不能經常知覺事物之存在。巴克萊旣已否定物質實體之存在能爲感覺性質或心中觀念產生之原因，且又不承認有限精神具有創造眞實事物——觀念——之能力，唯一解決之辦法，卽是肯定無限精神之優先存在，因其全知全能而爲宇宙主宰，故可視如創造一切觀念之第一原因，展現一切事物爲觀念或爲標誌，俾使人類觀念能於標誌領悟宇宙主宰之存在。吾人雖不能直接知覺上帝之存在，亦不能具有任何上帝之觀念，然可依據上述宇宙論證明方式，推出無限精神之存在。

此一論證所犯之根本錯誤，與第一論證大致相同。惟於本論證擬人論之色彩更爲濃厚：從人類知覺意志等精神作用之不盡完善完美，設定全知全能之上帝。問題是在：如未預先具有全知全能之神存在觀念，如何能從有限精神推論神之存在？正如康德所云，一切上帝存在論證歸根結底皆可還元而爲存在學論證，而存在學論證又須事先假定有一全知全能之絕對者存在，否則無由自上帝之本質導出存在性質。巴氏所作神存在論證亦是如此，蓋彼先有上帝存在之觀念，而於知識問題討論過程當中，忽又要請上帝之存在，自謂乃從經驗事實步步分析所得之合理化結論，實則未予省察所作論證祇是一種跳躍性推理。論據不足，無以證明神之存在；要請乃與論證判然有異。巴氏如此混淆知識論上之經驗論原則與形上學上之最高原理，終於離脫原來經驗論理路，未嘗不是巴氏知識論之一大瑕疵。

巴氏所作神存在論證旣已完全失敗，則其所建立之觀念論體系理應隨之失去憑據。哲學史家多稱巴克萊式觀念論爲一種主觀觀念論，實未了解巴克萊哲學之本來意圖。如就巴克萊之用意而言，吾人毋寧稱其觀念論爲客觀觀念論，蓋因巴氏所以要請神之存在，原是在乎仰仗神之永恒知覺保障觀念世界之眞實不妄，而使所謂知覺對象或卽觀念成爲「眞實事物」，不致淪爲幻像或妄念而已。正因上帝展現外界物象而爲井然有序之觀念系列，觀念間之因果關係不外卽是「標誌」（原因）與「被標誌物」（結果）之關係，因此吾人能予分別虛構無據之妄念（如夢中觀念）與眞實事物（當前知覺所得之觀念），能予區劃純然主觀性與客觀實在性之殊異所在。上帝乃是一切知覺主體以及被知覺存在者（觀念）之最後根據。由此可見，就其原來意圖而論，巴氏哲學應是一種「客觀」觀念論。然因巴氏神存在論證，如上所述，未獲成效，故在實際上巴氏哲學瞬又陷於主觀觀念論之絕境。又因最高原理(上帝)已失論據，虛妄與實在無由分別，主觀觀念論之結局按理應爲獨我論（solipsism）立場，乃非巴氏始料所及之者。上帝之存在，實爲巴氏知識論之眞正絕對預設，但此絕對預設非從知覺分析作一跳躍性推理卽可獲得之結論。巴氏哲學之最大失敗，卽在於此。故就巴氏知識論之理論效果而言，如果不承認巴氏神存在論證之成立，則一般哲學史家所標稱之主觀觀念論，仍可適用於巴氏哲學立場。巴克萊若欲挽救其理論危機，避免其知識論淪爲主觀觀念論甚或獨我論，則惟有追本溯源，重歸其知識論之出發點，考察經驗論原則運用方式之當否。然而巴氏本人恐已無力解決此一課題。眞正能予排除任何形上學色彩，純就經驗論原則探討知識問題，而不涉及神存在問題者，乃是古典經驗論者之中最具實徵精神且最能貫徹經驗論立場之休姆。

休姆幼年在卡爾文新教環境下成長，不久自動放棄該教教義。他對宗教之興趣多半屬於旁觀性質：雖予承認宗教在人類生活之中扮演重要角色，他却以爲宗教之影響並非完全有益。休姆於宗教自然史（The Natural History of Religion）一書敍述各種宗教形態，按循多神論至一神論之自然發展，指摘宗教本身所曾產生之弊端，譬諸神人間之利益交換，狂信，頑迷褊狹，排斥異端，武斷等等。不過休姆尙能劃淸眞實宗教與迷信或狂信之分際，雖則他對宗教一般未予特別表示同情或讚許。休姆自己認爲宗教起源於災害恐懼感或福祉期望感等人類本有激情。在多神教時期諸神皆不外是由於擬人化而造成者。迨至一神論時期，諸神觀念漸被澄淸淘汰，而有超越神性之觀念興起。不久便有一種精神要求，欲以普遍理性支持宗教信仰，宗教之理性化催生神學之建立，尤其神存在論證之欲求應運而生。

休姆貫徹經驗論原則而完成現象主義或實徵論理論，不但承認巴克萊對於物質實體觀念之批判，且進一步論破精神實體之存在，將其還元而爲一捆印象集群。同時又經因果分析否定必然相連性關係之存在。休姆發揮反形上學精神最大之處，乃在拒却任何有關上帝存在之合理化論證。人類悟性探微一書之著名結語最能表現休姆之實徵精神，謂：「吾人相信此類原則之後，走進圖書館……吾人隨手取出一部書籍，例如神性方面抑是經院形上學書籍；且問：此書是否涉及有關數量之任何抽象性推理？否。是否涉及有關事實問題與存在之任何實驗性推理？否。燒毀該書，蓋因該書所載，祇是詭辯與玄想而已」（第一六五頁）。

休姆嘗於探微第十一節藉用對話中之主角道出：「神性存在之唯一主要論證來自自然之秩序……」（第一三五頁）。換言之，神存在論證之唯一可能成立者，爲後然經驗性論證。當吾人見一精巧作品，必定推論，此一作品絕非偶然產生，必須預有某藝術家或工匠之計劃與藍圖，而後方有此一作品之創造。宇宙現象亦是如此：環顧吾人周遭之自然現象，旣富調和之美，又具整合秩序，猶如一座精美作品。作品必有原來作者，而此設計完善完美之自然宇宙亦必假定有一聰慧之設計者甚或創造者。此種神存在論證可特稱之爲「設計論證」（argument from design）。

休姆對於設計論證之詳細討論，載諸自然宗教對話錄（Dialogues concerning Natural Religion）一書。該書以對話體裁寫成，參與討論者共有三位：頑迷固陋之狄米亞（Demea），設計論證主張者克利安西斯（Cleanthes），以及懷疑論者弗哀洛（Philo）。表面上無從斷定代表休姆觀點者，究係克利安西斯抑是弗哀洛，蓋因該書討論以對話體裁進行之故。然就實際結論觀之，弗哀洛實爲休姆之代言人，因爲弗哀洛之懷疑論調與實徵精神充分反映休姆人性論一書之基本立場，對於任何超越經驗事實之原則或論證皆不予接受，反斥之爲無稽之談。

若就反形上學原則之一點而言，克利安西斯與弗哀洛所取立場互相一致。克利安西斯亦排斥任何不待經驗徵驗之先然論證，且予宣言「必然存在等語毫無意義」(The words 'necessary being' have no meaning)。克利安西斯與弗哀洛兩人同意， 經驗以及具有經驗憑據之推理爲可靠信仰之唯一基礎。兩人所爭執之眞正問題是在吾人能否依據自然的感覺活動與悟性理解有關神性之存在或本質。

弗哀洛所反對者，在乎克利安西斯之設計論證實際上並非論證，祇是一種經驗的類推（empirical analogy）而已。克利安西斯之設計論證大體如下：宇宙秩序正如巨大機械裝置，宇宙每一部份所表現之規律與和諧必然地暗示偉大設計者之存在，此與製造精巧機器或美妙作品之人類心靈極其類似。克利安西斯所提出之設計論證原非休姆自創，考其始源，可以溯至柏拉圖泰米亞斯（Timaeus）篇所記載之宇宙開闢神話。柏拉圖亦曾要請藝匠或設計神狄米奧吉（Demiurgos)，將所謂混沌物質巧爲安排佈置，依照形相或觀念構畫而成此一宇宙。及至近代哲學，設計論證或相與類似之論證亦層出迭現。譬如萊布尼兹根據宇宙預定調和觀以及心物兩種鐘錶之喩「證明」神之存在；又如科學家牛頓亦曾援用類比推理「論證」構畫宇宙和諧齊一之設計神。然而設計論證有其最大之理論缺陷：上帝卽使能爲宇宙設計者，却不必是創造者或第一質料因。易言之，設計神不得兼爲動力因與質料因。工匠於建造精巧機器之時，乃就既成材料設計而成，工匠本身祇不過是動力因；若以經驗的類推「證明」神之存在，此所謂神亦如工匠，不能兼爲質料因。然則豈不與全知全能之上帝概念發生矛盾？再者，設計論證主要根據經驗的類推，然而類推或卽類比也者，其論理構造不及演繹推理之嚴格精密，不具任何邏輯必然性，是故不卽等於一種邏輯的論證。直截地言之，類推畢竟不是論證。

以上乃就大體指出設計論證所具有之缺點。弗哀洛對於克利安西斯所作之設計論證提出一連串批難，可以歸納如下：

⑴當吾人論證某一神性設計者之存在，必須預爲假定自然界實際上展示着一種計劃。吾人能就一艘船隻或一座樓房了解該船或該樓之有計劃性或有和諧性，而後推論必有某一工匠設計而成：此係經驗範圍內之事實，不容否認。然而吾人對於渺無邊際之宇宙系統祇具零星不完整之知識，何能據此推論宇宙整體之有計劃性或調和之美？何能再進一步論證某一宇宙設計者之存在事實？。

⑵一切有效之因果推理必須根據對於兩種事物間經常伴連之關係所做之觀察；此爲休姆哲學基本論旨之一，然而上帝與宇宙整體之關係乃係「單一的、個體性的，而無可比擬之者」。易言之，經驗上所觀察而得之自然相互關係，對於上帝與宇宙整體之關係未能供給任何類比。旣是如此，吾人豈能了解當做「原因」之上帝究竟爲何？如謂上帝爲宇宙整體之眞正原因，則此「原因」旣與經驗界現象系列中之原因涵義不一，該「原因」一辭又指涉何者？如謂該一「原因」意義含糊，何能援用經驗的類推「證明」神之存在？弗哀洛此一論難，頗爲接近康德第三組二律背反之說，惟所不同者，後者之說於理論上更爲完密而已。

⑶即使吾人承認宇宙彰顯某種秩序，同時承認該秩序有其起源或原因，亦不可能有任何理由假定祇有設計論證所認許之唯一秩序存在。例如植物與動物所展示之生殖原則亦是一種宇宙秩序；吾人與其將自然宇宙比擬機械裝置或藝術作品，何若喩如一種植物？爲何吾人不亦援用經驗的類比，將自然本身之起源歸諸一種生殖活動？弗哀洛此說，可與印度吠陀神話之宇宙開闢論互做比較。印度早期神話爲要說明宇宙之開闢，提出兩種解釋：一爲機械創造觀或工巧觀，以太陽爲宇宙創造者，喩爲木

工冶匠；正如工匠組合原有材料，建造家屋器具，太陽亦以原質一木材一構畫而成宇宙一切，且賦與生命。另一爲有機開闢觀或生殖觀，以太陽爲宇宙生產神，喻如父母；正似父母交接，生育子女，生產神亦能生殖宇宙萬物，使之發育成長。弗哀洛所提生殖之原則，頗爲接近印度神話中之生殖觀，而設計論證則極類似工巧觀之說法。按弗哀洛之眞意，非謂宇宙秩序必循生殖原則而生，但謂設計論證無權當做能予宇宙秩序以合理化解釋之唯一原理，豈可不預爲審查宇宙創生之種種可能，遽而搬出設計論證，肯定神之存在，且以後者保證宇宙之機械化和諧秩序？

(4)尤有進者，卽使吾人承認宇宙之原因爲某一心靈（精神），理性仍可要求該一原因之前因存在之假定。吾人或者根據無限後退原則，層層探溯原因之原因，如此原因系列終無所止；抑或承認人類本身之愚昧無知，祇滿足於現象系列間之關係說明，而不必訴諸超越經驗界之特殊原因。設若吾人承認宇宙之外有一原因存在，則吾人理應可以追問宇宙設計師之前一原因爲何；如謂設計師本無前因存在，則比照同樣理由，亦可推論宇宙秩序本身毋需依靠前因（設計神）之存在。弗哀洛此說，亦再類似康德二律背反理論；蓋休姆與康德皆以人類之知識歸屬經驗界域，而不承認因果觀念能適用於超經驗界故也。克利安西斯無以對答弗哀洛之反駁，理窮之餘，乃訴諸圖像語言（pictorial language），云：「整個自然大合唱同聲歌出聖頌，讚美宇宙創造者……汝問此一原因（創造者）之原因爲何？我不知，亦不必知之；我對此不表關心。我已發現一種神性；我之探求工作停頓於此」。克利安西斯此語未曾針對弗哀洛之詰難給予正面有力之駁答，無異默認設計論證之失敗。

(5)最後，宇宙設計神理論無法圓滿解釋惡之問題。吾人如何調和人類之不幸，自然之災害，與完美設計者所構畫之宇宙秩序？克利安西斯何能主張神性本身所具之道德屬性，諸如正義、慈悲、完善等等，與人類德性無不相同？總而言之，惡之存在乃是積極的事實，惡之本身應屬自然秩序一部份。或是承認神性慈善，而對惡之存在事實負責，但無力阻止惡之產生；抑或承認神性之全能，雖能阻止惡之產生，但不願表示慈悲而負責到底。如屬前者，則上帝爲非全能者；若屬後者，則爲非慈善者。無論如何，宇宙設計神理論終是無法與惡之問題調和一致。

總結以上所述，休姆—亦卽對話錄中之弗哀洛—認爲上帝存在論證之正當與否，全在是否依照經驗事實出發。休姆所能認許者惟有設計論證，然而經過一番檢覈，發現設計論證之論據不够充分，亦不過是一種跳躍性推理而已。如此說來，休姆最後之結論應是：任何神存在之合理化論證皆不可能，任何神存在論證之結局終歸幻滅，而徒勞無功。休姆所謂哲學的懷疑論志在指出全知全能之永恒存在信仰爲非合理者，惟有破除宗敎信仰合理化之虛聲張勢，方可恢復眞正信仰之本來面目。休姆對於宗敎合理化、知識化所持之批判論調，已爲康德先驗哲學舖下一條理路，蓋因康德撰著純理批判之主要意圖之一，乃在「揚棄知識，俾便保留信仰之路」；而康德對於理性神學三大神存在論證所作之批判，亦與休姆之動機異曲同工，志在澄淸理性與信仰，自然與天啓，或經驗界與超自然界之間易於滋生之一切混淆，藉以保證信仰本身之純粹性與優位性。惟休姆對於宗敎信仰所持有之態度不及康德之積極熱誠，始終挾帶人本主義甚或功利主義色彩。

總之，休姆自然宗敎對話錄與康德先驗辯證論中有關理性神學批判之部份實爲近代哲學史上澄淸分析上帝存在暨宗敎信仰問題最爲透徹獨到之兩部鉅著，堪稱近代宗敎批判論之里程碑，開導一條宗敎哲學問題探研之嶄新趨向。

八、抽象觀念

抽象觀念有其客觀實在性之主張，探其淵源，可以溯至古希臘哲學家巴門尼得斯之「思維與存在同一之說」(the doctrine of the identity of thinking & being)。大體言之，巴氏之「存在」(To eon) 乃是抽離一切存在者之根本存在性格而形成之「純有」(pure being)；此純有概念變成一切現實存在之根本原理或實在 (Reality)，不生不滅，不變不動，而具恒存性與不可分性。巴氏更且以爲「存在」有限而具球形，世界構成連續不可分割之充實 (empleon)。巴氏存在概念類似黑格爾大論理學及小論理學首章所標出之「純有」或「存在」(Sein) 概念；所不同者，黑氏以「存在」爲最高最普遍之第一範疇，排除任何現實存在 (existence) 內容，巴氏則代表古希臘人之宇宙觀，認爲「存在」有限而具球形。然而兩者皆認爲吾人心中所構成之「存在」觀念有其實在性格。巴氏所奠定之思維與存在同一性原則直接影響柏拉圖四層存在構造論或即形相論。後者將巴氏「存在」概念化爲形相或即理型，當做現象界生滅變化之形上學基礎或根本實在原理。亞理斯多德形上學體系，接受柏、亞哲學思想洗禮之中世紀經院哲學（尤其實在論、概念論兩派），以及近代理性論形上學，皆受巴氏該一原則與柏拉圖形相論之鉅大影響。巴氏原則成爲形上學家所慣用之根本原則，而英國經驗論者對於物質實體、精神實體等抽象觀念之澄清批判，亦不外是間接批判巴氏以來形上學家所援用之上述原則。

若謂實在論與理性論之關係較爲密切，則經驗論與唯名論亦常構成姊妹關係。原則上洛克與兩位英國先哲培根與霍布士相同，應屬唯名論系統。然就洛克抽象觀念理論而言，又無法否認洛克經驗論仍然具有實在論之濃厚色彩。洛克所定立之不可知物質實體可爲例證。

當吾人知覺紅鞋、紅襪、紅桌、紅衣等紅色事物，如何從中獲取紅色性質之抽象觀念，而以普遍名辭「紅色」(redness) 命名？又，所構成之抽象觀念究具何種「意義」(significance)？洛克答謂，一般（普遍）觀念乃由抽象作用形成，而字詞之所以成爲普遍者，在乎其爲普遍觀念之標誌（the signs of general ideas)。「從時空環境或其他任何能够決定特殊存在性之觀念抽離而得之觀念卽是普遍一般者。藉此抽象方式此類（普遍）觀念能够代表更多個體；每一對應普遍觀念之個體歸屬該一觀念之類種」(Fraser, II, p. 16-17)。從個別紅色事物抽離共同類似性質，刷去其餘不具類似性質之諸般差別相，則有「紅色」之抽象觀念。又如從蘇格拉底、約翰、彼得等個別實際人物概括人之共同性質，則有「人」之抽象觀念產生。

如此，普遍性或卽一般性也者，原非事物本身之個別屬性，而是觀念或字詞之性質。所謂普遍者（universal）與一般者（general)，乃是「悟性所發明之產品，俾供悟性本身之用，且只關涉標誌，不論其爲字詞或是觀念」(Fraser II, p. 21)。任何觀念或字詞本身原亦屬於特殊者（particular)，然而吾人所謂普遍字詞或觀念之指謂性意義乃是在乎普遍者。譬如牛、羊、人等普遍名辭指涉某類事物，包括所有歸屬該類之個別事物。

洛克所以徘徊於實在論與唯名論之十字路口，乃因他承認普遍抽象觀念之客觀實在性基礎。譬就物質實體觀念而言，洛克嘗分「實在性本質」與「名目性本質」。如前所述，吾人所知黃金、天鵝等等「實體」，只是各種初性次性湊合而成之「名目性本質」；「名目性本質」却須依附「實在性本質」才能具有客觀實在性根據。此乃由於洛克對於自己所立抽象觀念理論尙無精確觀念或主張，故時而帶有唯物論口吻，時而夾雜實在論論調。巴克萊乃針對洛克模糊不淸之抽象觀念說，加以（多少武斷地）澄淸，進而批判洛克此說之矛盾無據，違反經驗論原則。

洛克所謂抽象觀念，有時爲許多個別事物之總和代表，有時亦指「就其存在爲特殊者，就其指謂性意義則爲一般者」。有時洛克甚至說：「它是不完整之某物，本身不能存在」。然而洛克並未針對上述辭句伸論抽象觀念之眞意所在，因此令人難於揣測。最後一句所謂「本身不能存在」(That cannot exist)，非指抽象觀念只是悟性之虛構所成者，毋寧意謂任何有關之個別存在者不與該抽象觀念互相類似而已。巴克萊不放過洛克語意曖昧之漏洞，窮問洛克所眞正意指者究竟爲何；換言之，巴克萊欲代洛克爲之澄淸後者所指抽象觀念之原有涵義。

按照巴克萊之解釋，所謂「構劃一種觀念」(to frame an idea)不外是一種「想像性視覺」(visualizing)，亦卽「心眼中之視覺」(seeing in the mind's eye)，譬諸於心眼中想像一隻黑色天鵝或半人半馬應似如何如何，或想像具備機械腿之車子等等。如果洛克所謂「構劃一種抽象觀念」可照上述解釋，則洛克抽象觀念說立卽遭遇極大困難。既然抽象觀念之構劃形成，亦不外由一種想像性視覺而來，則巴克萊可追究抽象觀念之想像性視覺內容畢竟爲何。吾人不難發現，該一觀念之「視覺內容」乃空無所有。蓋抽離一切個別事物之特殊性質如顏色、香味、形狀、大小、數目等等（初性次性），所剩「實在性本質」或抽象觀念之實際內容，殆如空虛，無從導出任何想像性視覺；然則抽象觀念也者，本無任何客觀實在性基礎可言。巴克萊曾擧出若干例證，藉以駁斥洛克抽象觀念之說失當無據。若將具有可被知覺經驗之特殊三角形（事物），諸如鈍角三角形、等腰三角形、直角三角形、正三角（事物）等，全部抽去，能否獲得純然抽象而成之三角形，能否指出該三角形之任何經驗性質甚或任何客觀實在性？又將任何實際存在之線條或可以描畫之線條一概摒除，能否獲得純然抽象的線條觀念；其實在內容又是如何？

洛克嘗問普遍字詞所命名之對象（觀念）爲何。巴克萊所欲駁斥者，並非在乎洛克對於自己所提之問題回答錯誤，而是問題本身不能成立。蓋洛克如此設定問題，已暗示着任何字詞或名辭必有所對，必是某物(something)之對應名稱。洛克以及許多討論抽象觀念之哲學家所常犯之錯誤卽是在乎：他們儼然劃分「具有指涉用處之表現」(expressions used to refer)，與「具有描述用處之表現」(expressions used to describe)，然而未及審查此種劃分是否經常有效或有意義。洛克討論語言問題之時，所執守之基本原則爲：「一切字詞皆代表觀念」(All words stand for ideas)。換言之，一切名辭皆有所對，有其能爲命名對象之本來實在性觀念。如謂固有名詞如約翰，如蘇格拉底，或如某種具有實際感覺性質之特殊事物（某一劃成之鈍角三角形，一封眼前之情書等），皆有所代表之原有觀念，則洛克此說具有意義。吾人可藉心中之想像性視覺，或藉手指可以具體地標示名辭（如情書，鈍角三角形）所對應之實際事物或特殊圖形。然而所謂抽象觀念旣非所屬特殊觀念之類似性質所概括而湊成者，亦非捨棄一切特殊觀念之一切感覺性而保留抽象觀念所持有之屬性者。易言之，抽象觀念空無所指，該一「觀念」本身並不存在，「觀念」卽不外是字詞或名辭而已。洛克最大之錯誤，如上所述，乃是提出無法明予置答之僞似問題。洛克堅持抽象名詞必有相與對應之抽象「觀念」，而未及檢覈此所謂抽象「觀念」之實際內容存在與否，故生徒勞無益之問題探索。

洛克抽象觀念說之不甚健全，於其物質實體觀念之承認最易見出。洛克明知「物質實體」此一名辭無以表現任何感覺內容，亦不包括任何經驗之對象，乃爲「不可知之某物」，則根據洛克本人所云「一切字詞皆代表觀念」，「物質實體」此一名詞所代表者充其量不過是所謂「不可知之某物」，而此「某物」究係何種實在或何種觀念，洛克皆無法明答。如此，洛克「物質實體」觀念問題同時涉及抽象觀念問題；如果抽象觀念存在之說不能成立，物質實體存在問題亦應隨之撤銷。同時所謂「實在性本質」與「名目性本質」之劃分，對於巴克萊而言，亦無任何實際意義可言。

依據巴克萊之「存在卽是被知覺」原則，抽象觀念本身不能存在。他說：「我不絕對否認有所謂一般觀念——我所否認者，只是一般抽象觀念之存在」(Ayer, I, p. 169)。巴克萊坦白承認，吾人具有高度抽象能力，通過概括作用（generalizing）與複合作用（compounding)，能予虛構各種普遍名辭。然而普通名辭之形成，不卽等於有其相與對應之對象或（抽象）觀念存在。

巴克萊認爲，所謂一般觀念，就其本身而言，乃是特殊者，譬諸某一實際線條，某一黑板上之三角形等是。該觀念之普遍性或一般性不存在於其本有性質，而是在乎該觀念所被約定而有之用法用處。巴克萊說：「一種觀念，就其本身而言，本爲特殊者；當它代表同類之其他一切特殊觀念，則成爲一般者」(Ayer, I, p. 169)。換言之，某一字詞或名辭所以成爲一般者，並非由於其爲某一般抽象觀念之符號（或標誌)，乃是因爲該字詞代表分別湧現於心中之若干特殊觀念，而爲此類實際觀念之符號。故所謂普遍性也者，本無絕對積極之性質，只是成立於其與所被代表或被指涉之特殊者之關係。當吾人使用「二等邊三角形」此一名辭時，心中所湧現者，決非該名辭所對應之某一抽象觀念（因無該一觀念之存在理由)，而是任何特殊二等邊三角形，具有感覺性質所集合而成之內容，或可描繪，或可（想像地）視覺，或可當場以手指標示。代表其餘一切同類三角形之某一特殊三角形，卽是充當一種範例（used as an example)，並不指涉任何所以命名之「對象」，而是爲了某種用處所設定而成立者。一般觀念仍與特殊觀念集團相關，但不卽是抽象觀念。由是可知，巴克萊討論抽象觀念時所着重者，乃是語言用處（linguistic use）之問題。換言之，抽象觀念存在與否之無謂問題可以還元爲語言之約定使用問題。巴克萊進而認爲，惟有通過語言治療（language therapy）方能除却傳統形上學家所穿鑿之隱秘性質以及隱秘實體觀念，而可恢復健全平實之常識觀念。如此巴克萊自認維護常識最力，足爲眞正反對形上學玄想之常識哲學論。巴克萊乃以語意分析專家之身份剖析抽象觀念與物質實體問題，明確指出許多哲學問題所以陷於荒謬錯誤，主要原因常是來自語言之濫用。巴克萊說:「吾人先將灰塵擦去，然後埋怨吾人不能明視」(“That we have first raised a dust, & then complain we cannot see”)，意謂預先檢查吾人經常所使用之（哲學）語言與名辭是否不當，是否發生濫用情形，否則毫無理由埋怨「吾人之悟性有自然弱點」，「事物本身模糊不淸」，或以其他任何外在理由爲藉口，宣稱人類經驗與知識之有限而不完善。人類知識原理與對話錄兩書中（尤其原理之序論），處處顯出巴克萊對於語言問題之重視，且以語言治療專家姿態現身說法，乃爲開導現代語意解析乃至日常語言解析硏究趨向之先河。

惟巴克萊對於抽象觀念之討論，只就知覺分析立場予以澄淸了解，未及省察毫不涉及經驗內容之某種抽象觀念之「存在性」，譬如邏輯或數學等所處理之抽象觀念，則非巴克萊等經驗論者所能討論。巴克萊所謂「有關特殊者之推理」(reasoning about particulars) 並不適用於邏輯或數學等形式科學之問題。

休姆對於巴克萊所作抽象觀念之批判，幾乎全盤接受，且譽之爲「近時文壇最偉大而最有價値之一種發現」(Ayer, I, p. 311)。休姆雖亦論及抽象觀念，但其基本立場仍與巴克萊相同，採取知覺經驗實徵性

觀點之解釋。休姆所加若干主張，可分下面幾項:

(1)「悟性如對(事物之)質與量兩者之程度未具明確意念(notion)，則亦無從形成質或量本身之任何意念」(Ayer, I, p. 311)。休姆對此舉出三大論證予以解釋: (a)根據「分離原則」(the principle of separation)，不同對象必可辨別，可辨別者必須能被思維與想像力予以分離；反之亦然。例如任一具有長度之線條不能與「線條」本身分離或區別。正如巴克萊所指出，吾人無從形成不具任何長度之線條之一般觀念；吾人亦不能形成具有一切可能長度之線條之一般觀念。易言之，抽象觀念本身必爲個別者或特殊者。(b)任何通過感覺經驗而出現於吾人心中之印象必須具有定量與定質。如就內容側面而言，「同一事物同時存在而又不存在是可能的」此一命題本身矛盾，因爲事物之存在與否可以徵諸印象之有否，而印象之實在，必須具有特殊程度之量與質。(c)自然界一切事物必爲個體 (Every thing in nature is individual)。譬就三角形言，任何具體實在之三角形必須有其特殊性質；若於事實與實在顯爲荒謬背理，則於觀念亦必同樣荒謬背理。休姆乃以巴克萊式語調宣稱，「抽象觀念就其本身，爲個體，雖則代表 (其餘同類事物觀念) 時成爲一般者」(Ayer, I, p. 313)。

(2)其次，悟性能儘予湊集同類特殊觀念之定質與定量，雖不盡完善，亦足以形成普遍字辭，供給生活之所需。譬如許多特殊樹木，如有「樹木」此一普遍名辭予以命名，則於聞及「樹木」之名辭，易使吾人想起許多該辭所轄括之特殊樹木，雖則悟性不能遠及一切實際樹木，普遍名辭足以通過所謂「某種習慣」(a certain custom)，提醒吾人憶起有關之個體觀念，而此習慣又能一一產生其他同類個體觀念。如當主張「任一三角形之三角角度相等」時，「習慣」或觀念之「聯合」(association) 立即提醒吾人聯想某些特殊三角形，而得發現此一普遍命題之不當。休姆未予說明此種習慣如何而來，故謂「不可能解釋吾人心靈活動之究竟原因」（人性論第二二頁）。不過吾人可以通過若干類推之實例證實此種習慣之存在。譬如過去曾經背誦某首詩歌，由於久未重溫，不易憶起全首；忽聞第一詩行，甚或該詩第一字語，立即湧現其餘詩行，而能背誦如流。或如「政府」、「教堂」等普通名辭，吾人平日甚少對於此類複合觀念所由形成之一切單純觀念要素予以反省。然而吾人仍能避免誤用此類複合觀念，而於他人陳述某種主張而有濫用此類字語之時，能予隨時發現謬誤所在。此乃由於想像力具有觀念聯合之作用，而當援用語言文字時，慣於提醒吾人聯想或憶起有關之單複觀念所致。休姆認爲祇有依據自然習慣，某一特殊觀念才能代表其餘類似性觀念而爲一般者。休姆稱此觀念之形成爲「心中一種魔術性能力所湊集」（collected by a kind of magical faculty in the soul）而成者；然此魔術性能力（想像力作用或即習慣）之來源則非人類悟性所能說明（Ayer, I, p. 316）。

休姆此說，具有濃厚之心理學主義色彩，凡將抽象觀念（實即普遍名辭）之形成，視如心理作用之結果。此種說法，只是對於普遍抽象觀念產生之來由予以一半解釋，點出促使此種觀念產生之心理傾向而已。然而數學、邏輯等形式科學此所關涉者，殆係純然形式性抽象觀念，乃非休姆（於巴克萊亦然）之心理學主義的觀點所能圓滿說明。譬就歐幾里得之點、線、面、體等抽象觀念之基本定義而言，吾人可以藉用邏輯經驗論者之套語，解釋該觀念名辭係由邏輯的約定（logical convention）而形成者，與實際觀念內容（因係約定而成之符號故）無涉，且就其本身可以成立。此種抽象觀念之邏輯性釋義，實非古典經驗論者始料所及，乃是經驗論從心理主義轉爲嚴密的邏輯主義之一大理論發展。巴克萊或休姆對於抽象觀念說之主要成就，在乎通過一套知覺經驗之語意分析，澄清（有關經驗事物之）抽象觀念之空義性，俾便解消許多無謂之字面性辨論，揭發實有形上學（metaphysics of reality）不切實際之玄想。

九、知識涵義

洛克經驗論之基本立場雖是實在論，以物質實體保證單純觀念之實在根據，然於討論知識義蘊，却儘予排除實在論色彩。蓋物質實體既不可知，無從成爲人類知識對象之故。此亦不外是洛克所宣言「踰越單純觀念而欲獲得知識，爲不可能事」(We know nothing beyond our simple ideas) 之眞義所在。

洛克首就知識下一界說，謂：「知識對我而言，不外是吾人任何觀念之間所形成連結一致，或是矛盾不一致之知覺」(“Knowledge seems to me nothing but the perception of the connexion & agreement, or disagreement & repugnancy of any of our ideas”)。此一定義本身因太過簡單，令人費解。譬如洛克在此所謂「知覺」(perception) 非指感覺經驗意義之知覺。按弗雷莎所釋，係「對無條件確實者之心的肯定或拒否」(II, p. 168)，或即直覺或論證所得之一種理性知覺 (rational perception)，頗近一般所謂心的判斷 (mental judgment)，但仍保持心理學的色彩，非僅指謂邏輯所稱之命題判斷。洛克所欲言者，即是吾人所謂知識，就其範圍言之，只成立乎觀念或表象間之比較關係，兩種觀念間之有否一致，有否矛盾，乃爲構成精確知識之基本要件。對此兩觀念間之一致或矛盾能予肯定或否定等判斷者，方有成爲人類知識之可能，否則不是臆見（opinion）即屬信念（faith），不具客觀精確之知識性質。

由洛克所下知識之定義不難見出，洛克論知識，未及反省人類悟性之主動創發作用，但於觀念間所成立之一致或矛盾，發現「理性的知覺」作用而已。洛克嘗謂，吾人所具一切觀念或表象，不外來自經驗；故於接納外在世界所賦與吾人感官之單純觀念時，悟性本身尚在被動狀態，而無組織統攝之功。洛克後來論及知識之所由形成，亦仍偏重觀念一致與否之問題，却未闡明悟性如何有其主動安排雜亂無章之單複觀念集羣，而得建構有條不紊之確實知識。不但洛克如此，一般英國經驗論者皆因專就心理學的側面處理經驗知識問題，雖於經驗之來源多所發揮，遠較近代理性論形上學家平實而有徵驗實據；然於知識本身之客觀精確性或普效性問題，甚或悟性之主動性功能問題無暇顧及，可謂得之於彼，失之於此。康德先驗哲學之所以抬頭，蓋因明鑒英國經驗論者心理主義觀點之失，而欲藉用先驗邏輯觀點重新探討人類知識之普效性問題。故於純理批判再版導言儼然宣稱:「吾人一切知識雖隨（mit）經驗而得開始，然此並未涉指，知識皆起於（aus）經驗」，終而扭轉知識論問題之基點，嘗試哥白尼式回轉，奠定先驗統覺之悟性範疇理網所投射於經驗現象而形成之一套先驗知識哲學體系。

知識之涵義有了界定，洛克乃進而討論四種知識:

(1)一致性或別異性知識（knowledge of identity or diversity）—譬如悟性能直接了別白之觀念異乎紅之觀念，或圓之觀念異乎方之觀念。又如矛盾律與同一律所謂「A 卽是 A」，「同一事物不得同時存在而又不存在」等命題，亦係吾人心靈所能直接了別而自明無誤者。洛克以爲，此種知識所能涉及之範圍，與觀念世界之範圍同樣廣遠，因一切單純觀念之同異性極爲明顯，故吾人之悟性自然得以辨別其異（diversity）其同（identity）。休姆討論抽象觀念，亦曾提及類似的看法，謂「一切相異觀念皆可分離」（Ayer, I, p. 317），如此說明所謂「理性之分辨」（distinction of reason）。洛克又以邏輯或數學中不待論證之公理或根本原則視如一致性或別異性知識，例如上述矛盾律或同一律等是。

⑵關係性知識（relational knowledge）——此一知識成立於觀念與觀念間之關係「知覺」，此所謂關係，特指抽象關係，獨立於時間與空間。譬如（歐幾里得幾何學中）「任何平行線永不相交」等命題乃係觀念之間通過關係比較而得；一般數學命題構成關係知識之主要部份。關於關係知識之範圍，洛克認爲不易劃定廣狹，因爲此一知識之進步，端賴吾人明銳與否，是否能予觀念與觀念間之關係尋出媒介觀念，形成儼然無有間斷之論證知識。一致性知識與共存性知識本係關係性知識，但因各具特殊知識性質，故另爲劃分。據弗雷莎之解釋，康德之先然綜合判斷亦應屬此知識。

⑶共存性知識（knowledge of co-existence）——洛克以此一知識爲專屬實體觀念之知識；譬如「鐵對磁性作用具有敏感」爲共存命題。又如關於「黃金」之知識，成立於其不怕火之一種力量，與其他特殊性質諸如黃色、重量、展延性、硬度等等所構成之共存關係，吾人乃以「黃金」一詞指謂「黃金」之複合觀念。洛克所謂共存性知識實際上多指物理學等經驗科學知識而言，正如弗雷莎所釋：「『共存』命題所關涉者，爲構成物理學之具體性實體，且由綜合命題所形成者——依據洛克，乃屬後然性知識，經由觀察與歸納予以一般化而獲得者」(II, p. 170)。至於共存性知識之範圍如何，洛克以爲極其有限，因爲此一知識形成實體知識之絕大部份，而實體之眞實本質究非吾人所能知悉。由是可見，洛克對於自然科學知識具有「悲觀」論調；洛克因有物質實體不可知之見解，故於共存性知識之討論無從深入透闢。

⑷實在（眞實存在）性知識（knowledge of real existence）——卽指與任何觀念一致之實際存在之知識；譬如「上帝存在」(God exists)之命題指謂神之觀念一致於或相應於某一眞正實在之物。洛克嘗謂：「吾

人具有自我存在之直覺性知識；具有上帝存在之論證性知識；至於其他任何事物之存在，吾人只具感性知識，此種知識之範圍限於感官所能接觸之對象」(II, p. 212)。

洛克所謂實在性知識，在理論上有極大困難。譬如洛克曾於知識界說只予承認觀念與觀念間之一致與否，並未論及觀念與實在一致與否之問題；則洛克如允實在性知識爲一種知識，勢必需要重新界定知識之涵義。再者，吾人對於眞實存在者所具有之觀念不即等於存在者本身，吾人何以能知觀念與實在何以建立所謂「一一對應」(one-to-one correspondence) 之關係？又，卽使承認觀念與實在間之一一對應關係，如何能够發現適當準繩予以衡量規定？物質實體旣係不可知者，吾人何以能知觀念終可還元於實體本身？以上所擧諸項，均爲洛克經驗論所未能直答之難題，洛克時而採取表象論立場（如於知識界定時）；時而退回實在論立場（如於解釋觀念之客觀實在性時）；雙足各踏一舟，理路上似未貫徹通達。

洛克所擧四種知識已如上述，次論所謂知識之程度，亦卽所謂知識之明證性 (clearness or evidence) 或確實性 (certainty) 程度如何之問題。洛克大致區分三種精確程度不同之知識:

第一種爲直覺性知識 (intuitive knowledge)。吾人心靈能藉一種直覺作用直接了別觀念之眞實性或諸般觀念之同異關係。直覺性知識具有不可抗拒的 (irresistible) 明證性，不待論證，毋需推理。洛克以爲，「確實性也者完全依靠此種直覺」(Ayer, I, p. 133)。所謂「論證性知識」雖亦如直覺性知識，具有精確性，但其論證過程處處需要直覺所得之觀念介入其間。洛克所擧直覺性知識之特殊例證爲自我存在之意識，推其大意，無非抄襲笛卡兒通過方法的懷疑所定立之「我思我在」說，理論上並無新穎獨創之處。

其次，論證性知識（demonstrative knowledge）乃藉推理（reasoning）或證明(proof)而有。由於悟性未能直接了別外表上似無關聯之兩種觀念（或兩種命題），故需通過介在觀念之連結（the connections of the intermediate ideas），始能獲取精確可靠之論證性知識。例如「任一三角形三角之和等於兩直角」此種命題，並非直覺所能理解，但需「干預性觀念」(intervening ideas）之媒介逐步推論，才能證明該命題之確實無誤。洛克認爲論證性知識雖亦精確，其明證性或完整性並不及直覺性知識之高，且論證性知識之每一步驟需有直覺的明證確實性爲之保證。洛克此說所產生之難題是，數學或邏輯之命題系統，並非洛克所謂成立於干預性觀念之介入或連結，甚或成立乎直觀明證性層層累加之聯鎖系列。譬就三段論法而言，有效之三段論法論證亦可包括偶然性命題（contingent proposition）或純經驗性命題，而不必卽具直觀確實性者。「人皆有死，孔子是人，故孔子有死」的三段論法之中，基於純然經驗的歸納而成立之「人皆有死」的命題可爲例證。如果特就邏輯或數學之建構而言，洛克上面所云，已失可靠論據。蓋所謂定義、設準、公理、定理命題系統也者，畢竟依據邏輯或數學本身之規約（convention）而形成，故爲整然有序之符號系統或套套絡基，而不必藉諸經由經驗的直覺所獲得之諸般觀念之連絡。洛克所擧論證性知識之特殊例證爲上帝存在論證，已於第六章論評，玆不贅述。

第三種（特殊存在之）知識爲感性知識（sensitive knowledge of particular existence）。嚴格地說，此種知識本非具有客觀眞確性之知識；然其蓋然性遠超過一般信念或臆斷，故洛克仍允其爲一種（較爲低度）之知識。洛克亦坦然承認，由於物質實體不可知，或有人懷疑吾人是否能從心中觀念推論出相應於該一觀念之外界事物有其實際存在性格。然而感性知識之存在，實係不容否認之事實。當下嗅出玫瑰花之馨香與回憶該花馨香有所區別；白天所見之太陽亦不同於晚間所想像之太陽；夢及觸覺灼燒之物而有想像性疼熱觀念，與實際上觸及灼燒之物而有疼傷畢竟不同；此皆足以證明感性知識上之眞實無妄，而不必令人有所懷疑。

洛克所論感性知識之難題，涉及物質實體之存在問題。洛克規定物質實體爲不可知，又欲感性知識時時相應於外界事物，理論上甚難自圓其說。實在論與表象論之混淆，於此亦可窺見一斑。

【作者附記】

巴克萊與休姆對於「知識」一詞之涵義未予釋義，故於本章只論洛克一家。惟休姆曾於人性論與探微二書之序言部份論及「人學」(science of man) 或即「人性科學」(science of human nature) 之建構問題，似與知識一般有所關聯。且其理性對象之分類（「觀念關係」與「事實問題」）形成今日邏輯經驗論者所謂命題二分法（分析命題與綜合命題）之原始楷模，亦與知識涵義問題關係密切。關於此一部份，讀者可以參看拙著「西洋哲學史」休姆一章。此書已由臺北三民書局印行，列為大學用書之一。

又，本論文所引用之英國經驗論原著為 A. C. Fraser 所編洛克人性論二卷（牛津出版社），L. A. Selby-Bigge 所編休姆人性論（牛津）與人類悟性探微（牛津），以及 A. J. Ayer 所編 *British Empirical Philosophers*。

（原載民國五十四年台大文史哲學報第十四期）

〔附錄〕參考書目舉要

(1) John Locke. *An Essay concerning Human Understanding*, A. C. Frazer, ed., two vols. (abbreviated as Frazer I and II)

(2) George Berkeley. *Three Dialogues between Hylas and Philonous*, the Library of Liberal Arts.

(3) David Hume. *A Treatise of Human Nature*, L. A. Selby-Bigge, ed.

(4) David Hume. *Enquiries concerning the Human Understanding and concerning the Principles of Morals*, L. A. Selby-Bigge, ed.

(5) David Hume. *Dialogues concerning Natural Religion*, Hafner Library of Classics.

(6) A.J. Ayer, ed., *British Empirical Philosophers.*(abbreviated as Ayer, I)

(7) A. J. Ayer, *Language, Truth and Logic.*

(8) Bertrand Russell. *Our Knowledge of the External World.*

(9) Bertrand Russell. *Mysticism and Logic.*

(10) Bertrand Russell. *Human Knowledge.*

(11) F. Copleston. *A History of Philosophy*, Vol. 5, Hobbes to Hume.

(12) Karl Popper. *The Logic of Scientific Discovery.*

(13) Hans Reichenbach. *Experience and Prediction.*

(14) Immanuel Kant. *Kritik der reinen Vernunft.*

(15) Immanuel Kant. *Prolegomena.*

(16) Gilbert Ryle. *The Concept of Mind.*

(17) G. J. Warnock. *Berkeley.* (abbreviated as WB)

(18) A. Whitehead, *Science and the Modern World.*

(19) L. Wittgenstein. *Tractatus Logico-Philosophicus.*

(20) A. J. Ayer. *The Foundations of Empirical Knowledge.*

西方二元論世界觀的崩落與實存主義的興起

一、世界觀的界定

所謂世界觀（Weltanschauung），一般地說，是對於宇宙人生整體所具有的統一性的根本理解。世界觀所不同於客觀的，論理的體系化地哲學思想，首先在乎前者着重情意的主體側面，往往融合深刻的生命體驗，宗教信仰，傳統文化意識以及文學藝術的感受，貫通而爲一種對於世界全體的根本見地。科學主義世界觀，表面上似乎顯示純然客觀的，理智的嚴密地科學觀點，但其所以成爲一套世界觀，畢竟背後仍須假定一種踰越科學本身立場的感受氣氛，多少挾帶情意性的色彩。譬如羅素在中年以後，好論倫理、敎育、社會改造甚至耶敎信仰批判等問題。從他的基本論點可以看出，他個人以爲這些人存在的問題，祇有通過科學的過濾，才能變成眞正的問題，這種具有科學主義（scientism）信仰的觀點，乃是屬於所謂科學主義地世界觀。當一個區域性思想或文化，不論其大小幅度如何，經過了時代的變遷推移，漸會醞釀形成足以潛在地支配該一區域宗敎家、思想家、社會工作者，乃至一般人民根本生活態度與行動的世界觀。因此，世界觀可以說是對於任何國家社會所表現學術思想、生活方式、生存態度等文化氣氛最具影響潛能的一種綜合性的體驗形態。

二、西方的二元論

西方傳統的世界觀，正與中國單元式或交融形態的世界觀互相對立，而呈現出二元論（dualistic）的基調。西方人對自然人事，都有二元對立的思維傾向，亞理斯多德所創始而通用二千餘年的是非對錯二值對立的古典形式邏輯，可爲明證；至如客體與主體，理想與現實，本體與假相，天啓與理性，心與物，社會與個人，靈魂與肉體等等的對立，亦不過是擧其犖犖大者而已。尤其在宗教信仰與形上學思想方面，西方人更是執守二元論立場，因而超越世界與現實世界完全分離，天國與地獄斷然隔絕，無論就存在意義或價值意義言，前者均較後者爲眞爲高。細察西方人這種二元論世界觀的淵源，可以推溯到古希臘形上學理論與正統耶教思想。

古代希臘哲學（尤其形上學）發展而至遵循蘇格拉底主知主義路線的柏拉圖及其高弟亞理斯多德，終臻於登峯造極的境界。柏拉圖發揮蘇格拉底所曾慣用的辯證法，層層廓清「存在」概念的義蘊；一方面承繼了畢達哥拉斯學派的數理存在思想，另一方面調和統一了巴門尼得斯的存在（ousia）觀與赫拉克利特斯的生成（genesis）觀，如是構成所謂四層存在構造之說。此構造論劃分四層存在領域，層級越高，越富於實在性與價值性。最低一層爲影像界，譬諸鏡中人像，水中明月；稍高一層者爲我們眼前所直接接觸着的經驗界或現象界，此現象界既是刹那生滅，變化莫測，自無客觀實在性可言，從而亦無永恆價值；柏拉圖乃將此界與反映此界而成的影像界合稱假相世界（the world of appearance）。

再上一層則是數理世界，由於數理存在爲一種形式，故從雜亂無章的經驗現象得以澄淸出來，而無生成變化可言，因之具有實在價値。最高一層爲一切存在所以模仿憑依的形相（理型）界，與數理界並稱而爲叡智界（the intelligible world），亦卽一般西方哲學家所稱本體或實在界。形相界永恆存在而不變，乃爲經驗世界的存在根據，充滿現實人間所不能兌現的眞善美價値理想。

柏拉圖此一形相論的主張，一直支配了西方哲學幾達二千餘年，形成西方二元論世界觀的一大成素。亞理斯多德雖然援用形相與質料等兩大形上學概念，藉以克服柏拉圖形相世界（實在）與現象世界（假相）的分離割裂，畢竟沒有全然放棄實在與假相對立的實有二元論思想。譬如他所設定的神，乃是最高的根本存在原理，這是特稱形相的形相，或卽思想的思想，超然獨立乎經驗世界，而爲世界萬事萬物生成變化的第一原因。

西方二元論世界觀所形成的另一主要因素，在乎古代希伯萊民族所遵奉的耶和華啓示信仰，通過耶穌天國的福音，而成爲世界性宗教的耶敎思想。翻開新舊約全書，隨處可見，天國與人間，信仰與俗智，判然有別。基督敎絕對保證，人間所無法實踐的價値理想，一律可在天國完成。惟一的條件是要肯定神之存在與天啓，誠實地接受耶敎信仰與聖寵。耶穌豈不曾說：「不要爲自己積財在地上，地上有虫子咬，會銹壞，也有賊挖窟窿來偸；只要積財在天上，天上沒有虫子咬，不會銹壞，也沒有賊挖窟窿來偸；因爲你的財寶在那裏，你的心也在那裏」（馬太福音六章十九至二十一節）。人世間一切倫理道德，生活理想，若與絕對永恆的耶敎信仰相較，立刻顯出前者價値的渺小無據。所以耶穌又說：「愛父母過於愛我的，不配作我的門徒；愛兒女過於愛我的，不配作我的門徒。不背着他的十字架跟從我的，也不配作我的門徒。得着生命的，將要喪失生命；為我喪失生命的，將要得着生命」(十章三十七至三十九節)。最能代表耶教二元論世界觀思想的，是耶穌對於應否納稅的質疑所給的正面回答：「凱撒的物當歸給凱撒。神的物當歸給神」(二十二章二十節)。聖奧古斯丁兩個都市（以色列之城與巴比倫之城）之說，乃至亡命巴黎的俄國實存主義者貝爾加葉夫（Berdyaev）所曾展開上帝之國與凱撒之國彼此對立的末世論思想，都是遵循耶教二元論世界觀的理論效果。

上述耶教二元論世界觀後來揉合了柏拉圖形相論與亞理斯多德形上學，而在延續一千多年的中世紀教會制度下，築成龐大的經院哲學體系，藉以彌補理性與信仰，自然與天啓間的可能裂縫。

三、西方二元世界觀的崩落

西方近代人就在這種二元論世界觀的思想氣氛下，一方面傾力追求現實生活的發展，物質文明的進步，為此不惜耗盡畢生精力，探求自然，征服自然，並且通過科學技術的改進，提高生活的水準。至於精神所須寄託的境界，則依照二元論世界觀思想，另在現實世界之外，構築眞善美價値理想所能承兌的超越世界（就哲學言），或是天國（就宗敎言）。在凱撒之國儘量生產地上麵包；同時另在上帝之國尋覓俗世所無法供給的天上麵包，俾便內在生命能有安然寄寓之所。祇要二元論世界觀思想一直盛行不衰，祇要西方人對它信守不渝，他們便感到悠然自在，不會導致任何精神危機。然而一旦整個西方社會有了重大變革（譬諸戰爭、大革命、經濟擴張競爭），或遇有「異端」思想的衝擊（譬諸科學主義世界觀的抬頭，或經驗論、汎神論等反二元論世界觀的哲學思想得勢），立即足以渙散人心，動搖或甚至摧毀整個傳統的二元論世界觀，而使人存在意識本身游離失所，隨時隨地有實存喪失的危機存在。十九世紀杞爾克葛、陀斯妥也夫斯基、尼采等人，便是在西方二元論世界觀思想搖搖欲墜，到處瀰漫着世紀末的虛無主義氣氛下，不約而同地開拓出實存主義理路，欲以拯救西方人的精神危機，重尋失落了的精神故鄉。

西方二元論世界觀崩落的原因極其複雜，歸納起來，大致可分爲以下幾點:

（一）從理論上全力支持二元論世界觀的中世紀經院哲學體系本身，漸感無法保持理性與信仰間的調和無間，而所謂二重眞理之說，促使理性與信仰斷然分離，各自爲政。另一方面，神秘主義者進而高倡與上帝直接靈交，鄙視現世生活的一切，終化二元論世界觀爲超越一元論世界觀，而拒却人類理性本身的干預。再者，威廉奧坎一系唯名論者的偏激論調，更爲迫使中世紀神學體系瓦解的一道催命符。如此，在中世紀末期的西方人，已逐漸失去通過純粹理性肯定二元論世界觀的本來信心。

（二）哥白尼太陽中心說影響文藝復興時期一般科學家與自然哲學家的宇宙觀。所謂量化無限宇宙觀，逐次取代亞理斯多德至中世紀時期所流行的有限宇宙觀。人在浩無涯際的宇宙系統中喪失了原來的優越地位。同時由於宇宙觀的視野擴大，漸使人間世與超越世界（天國）的二元關係鬆弛下來。當時科學家如伽利略等祇許上帝爲物理世界的第一動力因，而剝去上帝爲目的因的資格。如此，他們所了解的自然爲數量化，機械化的自然；上帝存在與否，與自然本身的運動變化無甚關涉。自然哲學家如布魯諾，因受科學探求的影響，多半採取汎神論思想，以替代二元論世界觀。自然科學的發展，本不致與耶教信仰衝突傾軋；惟如科學家越過純粹科學研究立場，進而採取科學主義世界觀，排除其他任何「非科學的」世界觀時，則足以構成威脅傳統二元論地世界觀的對峙關係。

（三）同時，在近代歐洲哲學方面，也逐漸產生配合科學主義世界觀而予世界以合理化的解釋的思想趨勢。笛卡兒首先利用神之誠實無欺，保證外在世界之客觀實在性；隨將上帝鎖入保險櫃中，而以自然機械觀說明宇宙構造。至於超越世界問題，則存而不論。斯賓諾莎的汎神論形上學體系，排除超越世界的存在，亦予傳統二元論地世界觀以致命的打擊，另一方面，英國洛克所開創的經驗論思潮，發展而至休姆，變成懷疑主義的極端實徵論調，終於否認精神實體，以及因果必然連結關係存在之說。又同時論破通過人類理性或經驗事實，可以論證上帝存在的一切企圖。康德二律背反之說，以及理性神學批判，亦儼然主張，超越世界，或叡智界乃至神之存在，靈魂之不朽等，皆無由論證，亦無從劃入人類知識的範圍。康德先驗觀念論再進一步，轉爲德國觀念論思潮；尤其是黑格爾建立汎論理主義的辯證法形上學，以現實世界變化過程爲「世界精神」的自我展現，如此化除實在與假相二元對立的世界觀爲一種一元性絕對觀念論。二元論世界觀一到黑格爾手裏，終被揚棄，理性較天啓顯佔優位，而耶敎信仰，則解消於黑格爾哲學之中，信守二元論世界觀而獲心安理得的單獨實存（The individual existence）也終被淹沒於整套黑格爾式辯證法發展系列。

四、實存主義之興起

丹麥哲學家杞爾克葛的實存主義思想，正是對於黑格爾汎論理主義的一大反動，乃從非合理的「質的辯證法」立場，反對黑格爾完全忽視宗敎信仰或永恒淨福問題，乃屬單獨實存本身的主體性眞理，絕不能將它解消於普遍抽象的客體性知識體系，而埋沒掉不可替代的實存意識。杞爾克葛以爲，黑格爾爲最佳代表的一般體系構築家們站在理性優位立場，化除超越世界，而還元於抽象體系，無異抹殺基督敎敎義的弔詭性或似非而是性（paradoxicality）以及二元論世界觀的非合理性或實存體驗性。耶穌的外表，集一切襤褸貧賤之大成，如此之人却向群衆呼喚邀請，說：「凡勞苦擔重擔的人，可以到我這裏來，我就使你們得安息」。這種請帖，這種保證，如用人智考量，不是口號便是戲言；然而發請帖的耶穌宣言這是啓示的眞理，因爲他就是神子。基督敎眞理的弔詭性卽在於此：耶穌兼爲神、人（God-man）兩種身份，本是神之子而喬裝爲卑微的人之子，還要求世人背着十字架跟從他。耶穌的喬裝，沒有任何實際憑證，惟一能够「證實」耶穌爲神人的，完全在乎單獨實存的信仰抉擇。從理性到信仰，自現世生活到永恒超越的淨福之路，惟有依靠「質的躍昇」（qualitative leap）才是眞實。進一步說，祇有面臨生之深淵，感到眩暈、絕望與罪孽，才有取回本然自我與眞實信仰的可能。由此可見，杞爾克葛對於已趨頹勢的二元論世界觀所作澄淸與挽救之功實不可沒。

十九世紀舊俄小說家陀斯妥也夫斯基從另一角度，也同樣感到二元論世界觀崩落後的實存命運問題。他在「地下室手記」裏所描寫的地下室人物，乃是一顆反抗任何人存在的合理化，科學化理論的「牆垣」而掙扎着的悲劇靈魂，已經表現陀氏晚年所傾力探討神存在信仰與實存意識深化問題的原始胎動。從「罪與罰」到「卡拉馬助夫兄弟們」的一連串長篇小說裏，陀氏所最關心的中心課題是：神是否存在？設若一旦失去了這個信仰，換言之，傳統二元論地世界觀一旦崩落，西方人在精神上如何肯定自己的生活？能否尋出另一條出路挽救人存在的危機？「罪與罰」中男主角拉斯卡爾尼克夫就在二元論世界觀崩落氣氛下首先搬出奇妙的理論：世界上的人可分爲二，一爲被管制階級，沒有創發才能，過的是被動的生活；另一種爲具有創造潛能的統治階級，制定一切人間世的道德價值表與生活理想，這個階級是立法者，祇有屬於此一階級的優秀人種，操有決定何種行爲是屬於善抑惡的權利。陀氏藉拉斯卡爾尼克夫所假設的論點，已有預取尼采超人哲學的跡象。從拉斯加爾尼克夫殺死卑劣的放高利老嫗姊妹到懷疑自己的奇妙理論，接受娼妓蘇尼雅的感化而自首，並漸取回聖經福音的信仰過程，不難窺見，陀氏的最後目標，不在澈底肯定上述假設，而在通過主體性實存意識的層層深化，重新發掘耶教二元論世界觀思想及其信仰的根本義諦。陀氏的未完成遺作「卡拉馬助夫兄弟們」中，伊凡對阿留莎所讀自擬的「大宗教審判官」一章，亦是假設二元論世界觀崩落後，反照在西方社會每一側面（諸如政治、倫理、宗教信仰，人生觀等）而可能產生的任何變化，所預言的象徵性作品。事實上，伊凡（或者不如說是陀氏本人）無疑地代表了具有高度實存意識的西方知識份子，對於傳統二元論世界觀崩落過程的深刻體驗。今天仍在法國流行的沙爾特（Sartre）無神論實存主義（atheistic existentialism）乃是以伊凡所高唱「（假如）神已逝去，則（結論上）一切皆可妄爲」當作理論的出發點，暢論「實存主義即是人本主義」一篇中所表現的人性觀、自由觀與倫理觀。陀斯妥也夫斯基自已的生活，也是一個通過社會主義、虛無主義與希臘正教信仰彼此相剋的靈魂掙脫，畢生設法重新尋獲曾所一度失去的神存在信仰與二元論世界觀思想的最好寫照。

五、實存主義的另一泉源

至於另一實存主義思想的創始人尼采，雖亦突破合理主義的封鎖線，然而同時推進二元論世界觀的加速崩落，自己則堅決肯定此岸（人間世）爲唯一的實在世界。尼采正如伊凡，理論上從「神已逝去」的假設出發（信仰上則認爲西歐人已經眞正喪失了二元論世界觀），但在結論上不如伊凡那樣，倒是接近拉斯加爾尼克夫論調，主張傳統的道德理想、哲學、宗教等一切價值表，應隨二元論世界觀的崩落而全部拋棄；新的人間世——善惡的彼岸——所需要的價值理想，一律應由能够時時超克自己的立法者超人所制定創造。尼采的另一學說「權力意志論」，則是支持超人理想的形上學的奠基理論，至如所謂永刼回歸之說，便是取代二元論世界觀，意圖實現永恆價值於生命現實每一刹那的一種象徵性思想探險。

再者，物理科學的理論發展，同時刺激了生產技術的改良，生產技術的改良，又帶來了高度的物質文明。科學技術化的最大危險，是在易於忘却人存在本身的問題，而在數學式的平夷過程中，化除單獨的實存爲平均化的日常「俗衆」或「羣蠹」（the massman）。所謂「俗衆」，不是眞實單獨者的具體集團，而是非本然的，匿名性的抽象體，「俗衆」是實存主義者所稱人存在的「自我疎隔」（Selbst-entfremdung）的特殊產物，在許多方面——諸如政治，經濟，教育，社會制裁，倫理道德，宗教信仰，生活方面——具有絕對性地權威，排拒了人的個性，埋沒了人的眞實。俗衆所代表的外在化行爲，處處掩蓋着具有實存決意性的內在生活。正如杞爾克葛所指摘的，在「今日的時代」（亦是書名），每個人祇要生下來就領洗，祇要每週上一次敎堂做做禮拜，不管他內心虔敬與否，對於一般俗衆而言，反正是良好的基督徒。在這種宗教外在化、世俗化的情形下，眞正的耶敎信仰，蕩然掃地；所謂二元論世界觀思想也無形中失去了原有意義了。杞爾克葛早已嗅覺到這種西方人的存在危機，獨立呼籲單獨個人的悔罪，實存意識的取回。尼采從另一角度拆穿傳統二元世界觀已經喪失原有的眞諦，在「神已逝去」的時代，振臂高呼一切價值——包括傳統宗敎道德哲學乃至整個二元論世界觀——的價値轉換。廿世紀的今天，經過了兩次大戰的生命體驗，及集中營生活，戰後刹那主義，享樂主義的蔓延等等，直接間接刺激了惶惶不安的人心。而實存主義思潮的興起與澎湃，則說明了：對於「失落的實在」(the lost reality) 懷有無限鄉愁的一批思想家，文學家們，正有其不可磨滅的時代意義。

（原載民國五十三年十一月二日徵信新聞報「學藝周刊」）

柸爾克葛人生三階段說釋義

一八四一年年底，柸爾克葛（Søren Kierkegaard）經過一番靈魂的掙扎與實存的抉擇，終與嫘吉娜（Regina Olsen）正式解除婚約。當時哥本哈根的一般市民議論紛紛，多半指責柸氏爲人不够忠實。柸氏爲了醫治心靈的創傷，暫離丹麥京城，獨赴柏林參加德國觀念論者薛陵（Schelling）所開哲學課程的聽講。他在滯留柏林期間，開始草擬第一部大著「抑此或彼」（Either/Or）。不久他又回到哥本哈根，繼續該書的寫作，約經一年的推敲，在一八四三年二月終於刊行前後兩卷。他與嫘吉娜之間的戀愛，婚約，以及解約，反成柸氏寫作靈感奔騰的機緣。他在短短三年之間，除開「抑此或彼」之外陸續完成「恐怖與震顫」、「取回」、「哲學斷簡」、「不安的概念」、「人生旅程的層梯」、「哲學斷簡附記」，以及十八篇啓廸性說敎論文，而爲給予後來實存哲學的思潮以鉅大影響的劃時代名著。譬如海德格在「存在與時間」裏分析「不安」的實存義蘊，特別提及「不安的概念」一書，自認深受柸氏思想的影響。本文所論柸氏人生三階段說，可以在「抑此或彼」與「人生旅程的層梯」二書窺其大意。不過，有關宗敎階段的思想，還須參閱「恐怖」、「取回」、「斷簡」、「附記」等書，才能充分瞭解三階段說的概要。

柸爾克葛所謂人生三階段之中，第一階段所指的是「美的直接性生活」(the life of esthetic immediacy)。杞氏曾在「抑此或彼」首卷使用極富機智與想像的筆調刻劃詩人，唐璜，誘惑者，唯美主義者等人耽溺「美的生活」時表現出來的浮游無據與幻滅的感覺。「抑此或彼」開頭便說，詩人乃是一顆苦悶的靈魂；羣衆要他吟唱，他就立刻製造優美無比的詩歌，以饗讚美他的讀者。然而詩人的靈魂始終憂鬱不寧，因爲在刹那生滅的直接性生活裏尋覓不出任何固定的價値意義。唯美生活的口號是「享受自己」，利用自己天生的才技創造出我行我素的歡樂與愉悅；可是轉眼間浮華生活所換來的祇是對於現實世界本身的倦怠、疲乏、失望、憂鬱、不安、嘲笑、憤恨、甚至虛無絕望等灰色的心靈表現。在美的生活裏，友誼與愛情都是虛幻；友誼與酒肉無異，愛情祇是性愛而已。古希臘快樂主義者赫格西亞斯(Hegesias)的悲觀論調正足以證實杞氏對於唯美生活的實存體驗，有其顚撲不破的道理。赫氏也同樣看出，人生旅程諸多荊棘，處處產生災難與苦惱。如果執着感官的快樂，人間世的種種不幸又使尋獲完全快樂的希望化爲烏有。赫氏最後的結論是，與其不能滿足於變化莫測的現實快樂，何若自動斷掉性命。如此，赫格西亞斯乃從快樂主義的樂天觀一轉而顯極端厭世的論調。杞氏自己則在「抑此或彼」裏特就音樂作一考察，認爲音樂的本質存乎感覺的直接性，瞬間印象的湊合不過提供暫時的感官享受；音樂一停，享受也同時停止。我們若要「永恆連續地」追求刹那性的享受，惟有始終投射自己的生命到外在化的生活圈內隨波翻滾。役於物而不能役物，結果祇是留下外表的軀殼，終使眞實的內在自我或即海德格所謂「本然的實存」(eigentliche existenz)完全頹落喪失。

「抑此或彼」的第二卷則以法官威廉爲主角，勸導耽迷唯美生活而不能自拔的人，能作一番「實存的抉擇」(existential choice)，毅然選擇倫理的生活，取代美的生活。「抑此或彼」前後兩卷的要旨不外是在美的世界觀與倫理世界觀的對立。威廉一方面承認，浪漫主義者對於形式化的傳統主義，日常生活的因循苟且，以及頑迷偏狹的信仰所予嘲弄與批判，有其不可忽視的意義。然而另一方面，他們所批判的，祇是人倫性中因襲平庸的側面。威廉儼然提出，眞正的人倫性中可以尋出不可抹殺的普遍性與永恆性。人倫普遍性的最好例證是在結婚生活。倫理的婚姻能使個體的存在與社會的秩序取得高度的調和。在結婚生活裏，一方面可以表現純粹浪漫的愛情氣氛，以替代唯美主義者的刹那性情欲享受；同時又能通過誠實、互助、諒解責任等等具體的行爲表現建立普遍的人倫關係，藉以超克唯美主義者妄求新奇而無價值根據的虛幻生活。至於倫理生活的永恆性則是指謂，高度的人倫性所具有的永恆價値，應有耶敎眞理的奠基。這是西方人二元論世界觀的根本立場；超自然的神法（divine law）是道德律（moral law）或普遍人倫的絕對預設，摩西十誡可爲最佳例證。由此可見，杞爾克葛所說倫理的階段實際上已經包括宗敎生活在內；不過這個階段所表現着的宗敎性仍然祇是倫理生活的附屬物，還未染有純粹耶敎的超越色彩。威廉所代表的第二階段是要實踐耶敎眞理保證下的倫理生活，他的立場是宗敎的倫理主義，主張神之世界內在性。

杞爾克葛在「抑此或彼」第二卷首次搬出實存主義者一致倡導的「抉擇」概念。威廉以爲人生旅程到達倫理的階段時，「抑此或彼」或卽「二者選一」才有了實存的倫理意義。在第一階段，唐璜或詩人等尙無實存抉擇的可能性，他們祇是外在地選擇「這個」或「那個」，終將自己埋沒在瞬息生滅的感官生活。杞氏「抑此或彼」的書名所象徵着的主要課題是在，我們是否願意選擇倫理的生活，而不是要在美的生活與倫理的生活兩者之間任選其一。我們如果層層挖掘「實存抉擇」的義諦，不難發現，杞氏以及一般實存主義者所理解的「抑此或彼」，乃意味着「實存地選擇自己或不選擇自己」，較諸所謂「擇善抑惡」還要深邃一層。善惡的選擇已具普遍倫理的價值意義，但是實存主義者還得進一步深化主體性意識，特就單獨實存的自我抉擇一點，發揮實存倫理學的核心問題。他們認爲擇善抑惡的可能性，歸根結底存乎「本然(眞實)自我」的選擇。這是由於他們一致擁護杞氏的基本主張，承認「主體性眞理」或卽「本質的眞理」(essential truth) 根本不同於客觀的科學知識或卽「非本質的眞理」(inessential truth); 前者所把握着的道德宗敎等人存在問題，須經單獨實存的自我肯定才是第一義的。如擧倫理問題爲例，瞭解了善惡的普遍概念或客觀知識，不卽等於實踐上完成了善惡的選擇；有了眞實自我的取捨，而後方有擇善抑惡的可能。在本質的眞理中，主體性的實踐必須優越於邊緣性的客觀理論。因此，法官威廉宣稱:「我的抑此或彼首先不在指謂善與惡間的選擇；而是指謂取捨善惡以前的抉擇。問題是在，當一個人在深思他的整個實存何去何從以及想要生活時，什麼是決定性的因素」(「抑此或彼」英譯本卷二第一七三頁)。換句話說,「抑此或彼」卽是指謂「選擇你自己」(choose yourself)。在人生旅程中，從某一階段到另一階段所需要的不是肆意的轉變，而是單獨實存在每一緊要的「瞬間」(instant)，依據主體性意識踐行「質的躍昇」；超克自我的原有限制，乃非邊緣性的理知探索而已。

杞爾克葛在「抑此或彼」書中所討論的祇有上述兩層人生的階段。不過，杞氏已在倫理的階段略爲透露宗敎的意義，雖則沒有全盤處理宗敎生活的問題。杞爾克葛所以進而提出第三階段，亦卽宗敎的生活，可能是爲了純化基督敎的眞理與信仰，藉以喚醒淪爲「制度化耶敎國家」(Christendom) 的西方世界重新取回原始耶敎的本來精神。況且，杞氏本人畢生最爲關心的課題，便是「附記」序言中所說的，「如何做一個眞實的基督敎徒」(How to become a real Christian)。由是可知，宗敎階段對於杞氏而言，是何等的重要。爲了說明宗敎階段的意義，杞氏耗盡了一生精力，通過個人的宗敎體驗與大量的著作不斷地反省探討。因此，我們幾需翻閱杞氏所有的作品（尤其包括日記，說敎集等），才有透徹了解杞氏宗敎思想的可能。

杞氏曾在最爲得意的「恐怖與震顫」一書專提亞伯拉罕殺子的故事，例示倫理的階段到宗敎的階段所須越歷的宗敎體驗。據舊約創世紀的記載，耶和華爲了試探亞伯拉罕的信仰是否堅固不移，嚴諭亞伯拉罕殺子供神（參照十二章一至十三節）。依照杞氏解釋，亞伯拉罕無法使用「人倫語言」（human language）將神諭告知老妻撒拉與愛子伊撒克。因爲妻與子雖亦具有虔誠的宗敎信仰，他們畢竟仍在第二階段，遵守普遍的人倫法則，決不可能領悟神諭的弔詭性（paradoxical）眞理。若就人倫觀點而言，亞伯拉罕冒犯殺人之罪，但就耶敎二元論立場來說，亞伯拉罕的殺子卽是犧牲（sacrifice）；不但他沒犯罪，反是值得讚頌的「信仰騎士」（the knight of faith）。杞爾克葛深深地體會到，在基督敎的絕對二元論裏，天啓優於理性，信仰亦高過人倫。耶穌豈不也說：「愛父母過於愛我的，不配作我的門徒；愛兒女過於愛我的，不配作我的門徒。不背着他的十字架跟從我的，也不配作我的門徒」（馬太福音十章三十七節）？

杞爾克葛以亞伯拉罕爲例，認爲從倫理的階段躍昇而至宗敎的階段，必須踐行兩層步驟：首先是悔罪（repentance）或「無限的斷棄」（infinite resignation），要能絕對割斷一切現世的執着，包括人倫、愛情、家庭、財富、名譽等等；其次是眞實的信仰，信仰乃是「人生與實存的弔詭」。（「恐怖」英譯本五十八頁）。有了信仰，便要從此抱定無限的熱情，踏進尋覓「永恒淨福」（eternal happiness）的天路歷程。杞爾克葛於此明予揭開基督敎的根本問題：如果信仰與人倫發生衝突（譬諸亞伯拉罕)，一個眞正的基督敎徒如何處置？杞氏自己便是通過實存的宗敎體驗深深感到，天生具有憂鬱性格，不適於享受現世幸福，同時又有超絕的耶敎靈感的自己，如何能與天性愉快的嫘吉娜結爲夫婦，好好過個第二階段的倫理生活？由此看來，「抑此或彼」以及「人生旅程的層梯」乃是一部杞氏的精神發展史，一方面通過生活體驗與實存的思索，描述自己的多重人格之中可能隱藏着的唯美詩人氣質（文才，大學時期的一度放縱生活，對於官能快樂的敏感等等）與欣慕現實家庭生活的傾向（譬如訂婚）；但在另一方面，杞氏及時覺察，自己天生便有宗敎的使命，不能像一般世人停留在美的階段或倫理的階段。他太瞭解耶敎眞理的弔詭性或卽二元論世界觀的奧秘；若要變成第一等名副其實的基督敎徒，惟有第三階段的宗敎生活才是最後的歸宿。

爲了支持宗敎生活爲人生最高目標的主張，杞氏對於人性有一自己的基本看法。杞氏以爲，人性乃是靈魂與肉體，無限性與有限性，永恒性與時間性，或自由性與必然性的綜合；尤其專就耶敎立場而論，人的靈性根基於上帝自體，故須依從神之啓示尋求永恒淨福的生活。反過來說，人所以會尋求永恒的淨福，所以會產生宗敎的理想，原是由於人性本身具有永恒性或無限性的側面。在康德「實踐理性論衡」中當做三大設準（postulates）的神之存在，自由意志以及靈魂不朽，對於杞氏來說，乃是宗敎的實存必須絕對肯定的主體性眞理；蓋有人性根據，不僅「設準」而已。然而杞氏所能承認的宗敎眞理只有一種，卽是西方人所傳承下來的耶敎信仰。問題是在，如果祇說人性本是永恒性與現世性的綜合，基督敎又如何能與其他宗敎（譬如佛敎）區別出來？

爲了解決這個問題，他在嘔心瀝血的畢生鉅著「附記」一書搬出兩種「宗敎性」(religiosity）的概念。他稱第一種爲「宗敎A」，或稱「內在宗敎性」(the religiosity of immanence)，亦卽「人間宗敎性」，堅信人性無邪，不帶原罪，而所謂神或上帝原是內在於人性本身。「眞理卽是主體性」(Truth is subjectivity)，蓋因永恒眞理乃由人存在本身的主體性直接把握之故。「內在宗敎性」的課題是要劃分人生兩種目標，對於絕對永恒者維繫絕對永恒的關係，對於相對現世者亦同時保持相對現世的關係。如此，人性中的永恒性與時間性安然融和，人倫與宗敎亦各得其所，無有衝突。杞氏認爲不論異敎或耶敎，都可具有這種內在宗敎性。按理他也應予承認，法官威廉的立場也是一種內在宗敎性立場。然而杞氏爲了標高耶敎地位，進而提出第二種所謂「宗敎B」，或稱「超越宗敎性」(transcendent religiosity)，亦卽所謂「耶敎宗敎性」，乃爲耶敎信仰所獨有，根據絕對二元論的弔詭性眞理，揚棄人的主體性爲非眞理，而將永恒眞理還與超越的神性。依照耶敎二元論世界觀的看法，神與人間須有絕對的隔離，神之啓示高於任何現世的人倫規準。黑格爾絕對觀念論體系的最大錯誤是在否定二元論世界觀，還元上帝爲展現辯證法歷史系列的世界精神或卽絕對理念，終於劃除神對單獨實存的超絕關係。杞氏主張，爲要解消神與實存的距離，或卽提升人的永恒性，唯一可能的橋樑是「道成肉身」(incarnation of God) 的耶穌基督。耶穌的存在，正可證實人類歷史所彰顯出來的天啓與聖寵。神人(God-man) 的結合，不外表現耶敎眞理的弔詭性：人間世的價値理想與耶敎的天啓對極之下，立卽顯得渺無意義。杞氏所以自始至終批判耶敎淪爲「耶敎國家」，眞實信仰變成俗衆狂信，乃是明確看出，西方人隨着時代的推移逐漸迷失原有耶敎的弔詭性眞理之故。第一次世界大戰後，在西歐盛極一時的「危機神學」或「辯證法神學」，便是繼承發揮杞氏弔詭性實存思想的必然結論。

綜括以上所論杞氏人生三階段說，我們可以藉題伸論幾個重要課題：

其一，丹麥哲學史家霍甫丁（Höffding）曾在研究杞爾克葛的專著指出，杞氏未予提供躍昇高層階段的必然動機。尤其站在中國傳統哲學的立場言，杞氏之說，未必可能成爲普遍客觀的人生哲學；至少從第二階段的倫理生活躍昇第三階段的宗敎生活（特指「宗敎B」的生活），並無任何理論的根據。再說，即使我們承認人性是一種永恒性與現世性的綜合，仍可不必執守耶敎信仰爲獲取永恒淨福的唯一窄門。純就哲學理論的興趣而言，人生「三」階段說基本上不是一套哲學主張（杞氏本人也不願承認它是哲學）。不過，杞氏不必爲了反駁霍甫丁的指摘，硬要提出三階段說的理論根據，因爲杞氏撰寫「抑此或彼」等書的動機不在理論的探求，而是在乎鼓動讀者內在生命的共鳴作用，從而喚醒雅斯培所謂「可能的實存」（mögliche Existenz）體認「選擇自己」的意義。杞氏自稱他所擔負的工作是一種蘇格拉底式的助產術，藉用詩人般的口吻，間接地傳達基督敎的本然眞理：如果（if）你要成爲一個眞實的基督敎徒，那麼（then）你應如何主體性地涵味耶敎眞理，如何在人生旅程中善爲實存的抉擇。由此可見，杞氏人生三階段說所要提示的乃是實存的抉擇問題，而非理論形態的人生哲學。自從杞爾克葛標榜實存的抉擇與主體性眞理起，實存哲學開始採取「實踐者」（actor）理路，斷然宣言黑格爾等專以「旁觀者」（spectator）或「思辨者」（speculator）姿態出現的哲學理論無補於人存在問題的探求工作。如果我們能從「實踐者」觀點挖掘杞氏三階段說的內在義蘊，當可學到不少耐人尋味的哲理。

其二，關於三個階段的相互關係，杞氏曾予反覆說明，躍昇上層階段之後，並不等於全然拋棄下層階段的生活。例如結婚生活可以純化唯美的官能享受，提升而爲高度的愛情；換句話說，在倫理的階段，美的生活方式雖「被剝奪了王位」（"dethroned"），事實上倫理的生活仍可享有過濾了的美的生活。同時，單獨實存不必按步躍昇人生層級，譬如杞氏本人未曾越歷倫理的階段（他與尼采一樣，終生孤寂孑然，而爲雅斯培所謂「例外者」），一躍而至最後的階段。杞氏亦應承認，開始卽過倫理的生活，而不必體驗唯美生活的虛幻無謂（譬諸康德的一生）也是一種可能。人生階段的多寡問題，如就實存哲學的觀點來說，仍是次要而無關宏旨的；第一義諦乃是在乎通過人生階梯的躍昇，層層深化實存的內在性（existential inwardness），俾使單獨實存能在人生每一緊要關頭徹底踐行自我的抉擇。杞氏雖在（宗教B）中反而否認他在前面主張的「眞理卽是主體性」，那是因爲單獨實存面臨上帝之時，應卽悔罪而接受聖寵，摒棄實存本位的主體性眞理，而承認天啓所規定的耶教眞理爲唯一絕對的眞理。

我們決不能從表面上推斷杞氏之說前後矛盾；因爲弔詭地說，若要捨離實存本位的主體性（內在性）眞理，而以耶教眞理爲最高眞理，仍須預設單獨實存能够主體性地予以肯定與抉擇。「主體性」一辭一方面指涉眞理自體，故在「宗教A」中成立實存本位的主體性眞理，而在「宗教B」中主體性眞理因弔詭性超越眞理的出現，讓出原有的優位；另一方面却指涉單獨實存的內在性抉擇，貫穿杞氏一生的實存思想。

其三，除開「主體性」與「實存的抉擇」爲規定杞氏三階段說的基本實存範疇之外，「遷升」（becoming）或「超越」（transcendence）也是極其重要的哲學概念，一直影響雅斯培、海德格（德國）乃至沙特、馬塞爾（法國）等等一流實存哲學家的思想。如以無神論者沙特爲例，他雖不必跟從杞氏三階段說，却仍援用「超越」範疇建設一套實存的倫理，祇是他把杞氏所說上帝自體的超越性與單獨實存面對上帝的超越過程，轉變成爲投企實存於未來，而時時創造自己人格的「自我超越」（self-transcendence）罷了。我們卽使不願承認三階段說，至少不得不歎服，貫通三階段說的「超越」概念有其不可磨滅的理論價值。人生不一定是三個階段，然而人生必須是不斷的超越過程；靈魂的遷升，道德的意義，處處涉及「超越」的問題。在這一點，杞氏「超越」概念有待繼續拓深。我們甚至可以援用「超越」概念到東西人生哲學的比較，發掘一個比較哲學的嶄新專題。例如宋儒所謂天理人欲之分，近人所倡中國哲學四層境界（自然境界、功利境界、道德境界、天地境界）之說，乃至佛家所云菩薩十地，都可藉用「超越」概念而與杞氏人生三階段說相提並論。我們在此順便指出，上述「主體性眞理」亦可提供溝通杞氏思想與中國體驗哲學（譬諸陸王心學）可能銜接的一道理論橋樑，有待中國學人的開拓。

最後，杞氏雖然承認，上層階段並不全棄下層階段的生活，而是予以包容純化，可是按照杞氏對於耶教弔詭性眞理的瞭解，他對宗教階段如何包容第二階段的現實人倫生活，無從給予任何適當的說明。嚴格地說，站在杞氏絕對二元論的立場，第二階段與第三階段勢不兩立，如果選擇第三階段，無異等於排拒了第二階段。即使我們退一步承認，杞氏三階段說祇是對於立志成爲眞實基督教徒的特殊實存具有意義，設若基督教徒都像亞伯拉罕與杞氏本人一樣，攀升人生最後階段，豈不是要拋棄現世的日常生活？再者，社會倫理與耶教信仰如何調和？杞氏所謂眞實的耶教信徒又如何可以兼爲現實社會的一份子？如果杞氏所描述的宗教信仰是唯一眞實，制度化耶教教會是否可以成立？雅斯培在「理性與實存」第一章說，我們可將杞爾克葛看成「模範」，但不必像他那樣變成一個孤獨的例外者，似乎部份解答了杞氏所遺留下來的難題。但是我仍認爲，杞氏憑他宗教的天才，固然發現了耶穌福音以來耶教二元論的弔詭性秘密，可以說是近代西方人中挽回耶教本然眞理的「一粒麥子」；他却無力解答上述的難題，頂多祇能回答說，那是信仰問題，不是理性問題罷了。假使二十世紀的基督敎徒以及敎會誠心誠意接受祀氏思想的敎訓，他們又如何設法去克服祀爾克葛所遇到的難題呢？

（原載民國五十四年一月十一日徵信新聞報「學藝周刊」）

沙特的存在主義思想論評

一、前　言

一九六〇年代沙特（Jean-Paul Sartre, 1905-1980）所倡導的存在主義（又稱實存主義）曾在臺灣學術文化界掀起一番熱潮。一九六四年我也在臺大哲學系開過一門新課「實存主義與現代歐洲文學」，特以沙特爲中心人物。但是，我們如果比較中日兩國對於存在主義（以及其他西方哲學思潮）的介紹與研究，不得不令人慨嘆中國瞠乎落在日本之後。日本的人文書院早已出版日譯「沙特全集」，包括沙特的哲學主著「存在與無性」（Being and Nothingness）與「辯證法的理性批判」（Critique of Dialectical Reason），以及其他有關哲學、文學乃至政治社會方面的所有著作。其他的日本出版社也曾爭相印行沙特著作的不同日譯本；至於日本學者專就沙特所發表過的論著，更是不勝枚舉。日人對於整個存在主義思潮一直抱有深切的關心，並從事於極有系統的研究。不但是沙特，其他存在主義或實存哲學（existential philosophy）大師如海德格（Heidegger）、雅斯培（Jaspers）等人的重要著作，早有精確可讀的日譯，而一般日本知識份子對此思潮也多半具有相當程度的理解。反觀我們自己，且不說對於整個存在主義或實存哲學思潮的全盤了解，祇就沙特思想的介紹與研究而言，也始終停留在概論式的皮面工作，遑論跳過沙特文藝作品與政治社會評論的研讀更進一步深透他那存在主義的哲學奠基理論了。

如要了解一九五〇年代中期以前的存在主義者沙特，我們必須通透他那不朽的哲學名著「存在與無性」；如要了解五〇年代中期以後自任馬克思的正統繼承人而又批評自己的存在主義思想爲「寄生在知識邊緣的體系」的沙特，我們必須鑽研他那未完成的精心傑作「辯證法的理性批判」；如要了解沙特的文學作品、文藝理論與政治社會評論，我們必須預先探索他那存在主義所依據的「現象學的存在論」（phenomenological ontology）與他偏向馬克思主義以後的哲學思想。以下我將依序論評沙特存在主義哲學的三大層面，即⑴現象學的存在論，⑵絕對自由論與實存分析，與⑶存在主義的處境倫理（situation ethics）；並在結尾順便申論「沙特與中國哲學」，向讀者提供一些個人管見。至於「沙特的文藝理論」與「沙特與馬克思主義」二文，則期於不久的將來另外詳論。

我在本文所用有關沙特與存在主義（以及現象學）的中文名辭，多半依循日本已有的標準定譯，間有我自創的中文譯辭。「存在主義」（existentialism）一辭則因國人習用甚久，我依約定俗成的原則暫且依從；但我個人（通曉日文的已故徐復觀教授亦然）偏好日人慣用的「實存主義」一辭。依沙特之意，人的存在（human being or reality）即不外是「實存」（existence）；所謂「實存」，包括「現實（或實際）存在」與「眞實存在」等雙層意涵。至於人存在以外的一切存在者，如花草鳥獸，祇是存在著，但並不實存著。有些讀者也許不太同意我的名辭用法；我祇能說，當讀者自己試予中譯沙特的「存在與無性」甚或海德格的「存在與時間」（Being and Time）等哲學份量很重的論著之時，就會領納我的用意了。我們今天慣用的「哲學」一辭，原不也是明治維新時期的日本啓蒙思想家西周（一八二九——一八九七）依據蘇格拉底「賢哲的希求」之意而創制的嗎？

二、現象學的存在論

沙特存在主義的處境倫理是根基于他的絕對自由論與實存分析，而他的絕對自由論與實存分析又是根基于他在「存在與無性」所建立的一種現象學的存在論。海德格在「存在與時間」首次發展現象學的存在論理路，但開創現象學學派的胡塞爾 (Husserl) 却認爲，海德格濫用純粹現象學方法論所建立而成的所謂（以人存在分析爲起點的）「基礎存在論」，違背了現象學的宗旨；兩人之間的師生關係由於哲學思路的歧異而終致決裂。沙特撰著「存在與無性」的思維靈感多半源於海德格「存在與時間」中的人存在分析；沙特借用了不少海德格所自創的哲學名辭，但加上新穎獨特的涵意。因此，兩者所分別建立的現象學的存在論，在理路上大異其趣。大體上說，沙特在存在論方面深受海德格的影響，但在現象學方面却隨順胡塞爾的原有思路，以意識（的無性）規定人的實存。除胡塞爾與海德格之外，影響沙特的哲學家還有笛卡兒（Descartes)、康德（Kant)、黑格爾（Hegel)、馬克思（Marx)、尼采（Nietzsche)、齊克果（Kierkegaard)、柏格森（Bergson）等人。廣義地說，沙特現象學的存在論涵攝絕對自由論與實存分析；我在這裡專取狹義，以便說明後二者如何從前者推演出來。現象學的存在論極其複雜而艱深，我的討論儘量著重與絕對自由論以及實存分析有直接而密切關聯的部分，其餘細節則暫不討論。

胡塞爾的現象學依循笛卡兒式的「我思故我在」理路，首先定立意識爲絕對明證而不可置疑的存在事實。但是，意識的存在及其作用必須隨伴著意識對象。現象學的基本課題，就在如實記述意識作用(意向性)與意識對象彼此不可分離的意向性關聯內容，經由現象學的層層還元，同時發現意識本身的本質性構造（康德般的普遍性「先驗自我」）與意識對象的本質性實相（譬如在個別主觀意識所知覺到的桌子底層現象學地呈現出來的「桌子」本相)。胡塞爾企圖建立現象學爲一種毋需任何預設的嚴密學意義的第一哲學，因此對於超越意識的意向性範圍的任何事物獨立存在與否，中止判斷，而放入所謂「現象學的括弧」。胡氏是虔敬的基督敎徒，當然具有上帝存在的宗敎信仰。然而做爲嚴格的現象學家，他拒絕笛卡兒那種預設或證立獨立乎「我思」的上帝存在。他在哲學上所能企求的祇是如實地記述上帝「存在」的意識內容而已。

三、沙特的存在論

沙特遵從胡塞爾現象學的第一原理，也首先規定「意識總是永不停斷的意識著某種事物」，但又認爲，這裡的「某物」不可能祇以意識的意向性（intentionality）範圍內意義的形態存在著。譬如我們所知覺到的眼前桌子，依胡塞爾之意，祇能是與我們意識的意向性不可分割的意識對象：現象學家絕不能作獨立乎此一意識對象的桌子本身存在與否的任何判斷。

「某物」與「無性」

沙特則不然，認爲眼前的此一「某物」有超越現象的與意識現象所轄的兩面：此一「某物」如無超越意識現象的一面，則會產生意識對象無限退後的惡性循環。爲了避免這種惡性循環，我們祇好定立獨立乎意識意向性的「某物」存在。就這一點說，沙特的現象學卽是存在論，二者乃是一體的兩面。如從胡塞爾的純粹現象學看來，現象學的存在論，不論是沙特的或海德格的形式，都是哲學的獨斷論，假借現象學的名義建立一套存在論，有違現象學的本來意圖。總之，沙特現象學的存在論預設或定立兩種存在 (Being)：一是獨立乎意識的所謂「即自存在」(Being-in-itself)，簡稱之爲「存在」；另一是不能獨立乎「即自存在」(某物) 而必須不斷地「纏住」即自存在的所謂「對自存在」(Being-for-itself)，亦不外是意識本身。意識除了不斷的「無化」(nihilation) 作用之外本身空無內容，故簡稱之爲「無性」(Nothingness)。沙特哲學主著的書名「存在與無性」乃意味著即自存在 (超越意識現象的「某物」) 與對自存在 (無性的意識) 這兩種根本存在。

「即自」與「對自」

「存在」一辭，廣義地說，指謂「即自」與「對自」的兩種根本存在；狹義地說，則專指「即自」而言。爲了强調意識的無化作用是一種往向即自世界的自我投企，沙特特別規定當做對自存在的意識爲「實存」。在他現象學的存在論，「人存在」‧「意識」‧「無性」‧「對自 (存在)」‧「實存」等辭涵義 (meaning) 雖然有別，所指涉者 (reference) 則完全相同。沙特現象學的存在論再進一步就是實存哲學，因爲他主張祇有人的存在實存著，能够經由意識的無化作用時時刻刻實存地投企自己於即自世界之中，而做實存的抉擇，絕對自由地超越自己，預取未來。(沙特把肉體及其活動也看成意識作用。)

即自存在祇是存在著，它本身祇不過是未曾分化的「笨重一團」，無所謂內外動靜，毫無「意義」或「歷史」可言。沙特站在現象學的存在論立場，主張我們不能問答即自存在爲何存在或從何而來，且進而否認上帝創造世界與人之說。我們頂多能說，即自存在就在那裡，不管意識有否纏住著它，無化著它。至於意識則必須對自地依存卽自存在才能存在，因爲意識不得不始終意向著或無化著卽自存在，有如自己所單戀著的「理想愛人」，「想念」它，「欲望」它，設法「佔有」它，「挖掘」笨重一團的它，經由無化的投企創造它的種種「意義」出來。依據沙特現象學的存在論，傳統宗教所謂神或上帝，卽不外是意識（對自）與存在（卽自）的終極合一。但是兩者的合爲一體是絕不可能的，因爲祇要意識實存著的一天，意識必須不間斷地依存卽自、纏住卽自：這就是意識的存在（論）命運。否則，從無始以來就祇能有笨重一團的卽自世界了。據此理解，上帝並不存在，它祇不過是意識幻想自己（對自）與卽自存在終成一體所產生出來的荒謬無稽之物，應予排除。我們可以看出，沙特現象學的存在論涵蘊著徹底的無神論立場。

預設了「人存在」

沒有意識的無化作用所纏住著的卽自存在，等於死物；由於意識的無化作用，卽自存在就分化而呈現五花八門的現象意義，諸如春夏秋冬的四季分明，洪水地震等等自然變化，時間上的過去現在與未來，空間上的東西南北，花草鳥獸的分別，邏輯上的肯定否定等判斷，心理上的愛憎取捨之類。沙特的意思是說，意識無化作用的投企促使卽自存在的無限分化及其現象意義的無限彰顯；但卽自存在無所謂分化或彰顯。擧例來說，不是卽自世界先有春夏秋冬的四季變化，而是意識投企自己到卽自世界之中，不斷無化的結果，就形成了四季變化的現象意義。沙特現象學的存在論不是普通意義的觀念論，而是一開始就採取人存在的絕對主動性立場的一種實存哲學。就表面結構言，沙特似乎是在應用現象學方法「如實記述」兩種根本存在的意向性關聯；然就深層結構言，沙特自己所肯定著的「人存在的絕對主動性對於客觀世界具有實存的優位」這個個人信念乃構成了他那現象學的存在論眞正的根基。因此，所謂毋需預設的「如實記述」是不可能的。做爲現象學的存在論者，沙特也像其他典型的西方哲學家，總以爲他所建立的哲學理論是一種客觀眞理。其實他的存在論早已預設了人存在的實踐優位觀點，根本不是甚麼絕對客觀的眞理。我們把握到這一點，就很容易了解沙特現象學的存在論所以能够推演而成一套實存的絕對自由論，實存（的心理）分析以及存在主義的處境倫理的箇中道理了。

隱藏著內在矛盾

上面已經提到，沙特現象學的存在論超越胡塞爾的純粹現象學，而以存在論爲現象學的哲學奠基或歸宿。他與胡塞爾還有一點不同，是在兩者對於意識結構的把握方式本質上殊異。胡塞爾爲了保證經過現象學的層層還元所發現的事物現象之本（質性實）相有其客觀確當性，定立了康德般的「先驗自我」，當做超越個人主觀的普遍理性意識。沙特在「存在與無性」之前已經寫過「自我之超越」這本小書，批判胡塞爾「先驗自我」的定立違背了毋需預設的現象學基本原則。他在「存在與無性」更進一步提出兩層意識論，主張「自我」（不論是心理分析的還是胡塞爾的）概念的形成是在具有反省作用的意識層次，然而實際上與現象（學的）記述上應該肯定此一層次之前先有未具反省作用的意識存在。譬如當我們說「我在讀一本書」，「我」與「一本書」由於反省的意識作用而有所分化或主題化，因此「我在讀一本書」並不能算是純粹現象學的如實記述。如實的現象學記述一定要還出「我在讀一本書」的意識現象之本原；要還出這個本原，一定要回到反省分化之前的原先純粹意識與意識現象之間的意向性關聯，記述而爲「這裡正有對於某物的閱讀意識在流動著」。此時還未產生「自我」與「一本書」這兩個反省層次的意識所分化而成的主題。沙特的兩層意識論確比胡塞爾的先驗觀念論更接近了胡氏自己所倡導的「回到事物自體」這個純粹現象學原則。然而，沙特現象學的存在論，一方面肯定了獨立乎意識的卽自存在，另一方面又否定了超越卽自與對自的上帝存在，完全離脫純粹現象學原則。沙特自己從未了解或超克他的現象學所隱藏著的內在矛盾。

四、絶對自由論與實存分析

沙特的絕對自由論與實存（的心理）分析是從他那現象學的存在論推演出來的存在主義中心理論。大家記得，在現象學的存在論，沙特定立了兩種根本存在：非意識而又超意識的卽自存在與注定死要纏住卽自存在的人存在意識（特稱「對自存在」）。沙特規定意識為「無性」，意謂意識本身空無內容，其惟一功能是在不間斷地「無化」(纏住、追求、分化等等）卽自存在，以便無限制地構成意識現象的內容，也無止境地創造新的意義與價值。個別人存在的意識必須處於卽自世界之中，以海德格所謂「世界內存在」(Being-in-the-world) 的實存（現實存在、眞實存在）方式始終不停地自我投企與自我超越，永無止歇，死而後已。

靜態地說，「意識」、「無性」、「對自」、「世界內存在」、「實存」等辭涵義雖異，却皆指謂人的存在。動態地說，「實存的抉擇」、「(自我）超越」、「基本投企」、「無化作用」等辭皆指謂人存在的絕對自由。其實，所謂「靜態」也必須以「動態」去了解才合乎沙特的原意。譬如意識的無性卽不外是時時刻刻無化卽自存在的（前反省或反省層次的）意識作用。又如人的實存乃不外是纏住卽自世界所做的全盤性基本投企或自由抉擇。總之，沙特動態地規定人的存在或無性的意識為實存的絕對自由；絕對自由構成人存在的「命運」。沙特的意思是說，人一生下來就已抛落在卽自世界之中，不得不以無性的意識形態，在前反省與反省的兩個意識層次始終絕對自由地投企自己，創造層出不窮的價值與意義，繼續不斷地抉擇種種行動方向，實存地超越自己，直至個體生命的結束爲止。人的死亡，就是絕對自由的消失。這就是沙特所了解的人生，除此之外別無人生。不是先有固定不變的「本質」（如善惡人性、價值規範、哲學眞理或宗教傳統），然後單獨實存依此「本質」去「自由」地抉擇，而是單獨實存自生至死眞正絕對自由地創造「這個」價值或「那個」意義，毫無任何束縛或局限可言。

沙特時常藉助於小說或劇本的創作具象地表現實存的絕對自由。譬如在他首部長篇小說「理性年代」，沙特描寫男主角（亦卽他的化身）爲了體認自己的絕對自由故意跑到書店偸書的經過。男主角偸書的唯一目的，是要自我印證存在主義的根本原則「（人的）實存先於本質」(Existence precedes essence）確是顚撲不破的絕對眞理。當他偸成了書出來，頓時「悟」到世界上沒有一樣東西能够束縛他的實存、限制他的抉擇。實存的偸書試驗，使他從人性枷鎖徹底解放出來。

爲了澄淸實存的絕對自由眞義，沙特分辨自由與肆意（caprice)，或實存的自由行爲與（法國作家紀德在他小說所善於描敍的）無理無償的行爲（gratuitous act)。紀德在他一部小說裡，描寫男主角如何無理無償地把坐在同一車廂的老頭子抛出火車窗外。這位男主角坐火車的目的是爲了拜訪未曾謀面的叔叔。當時在那車廂裡祇坐著他與老頭兩位，他却無緣無故頓萌歹念，就抛死老頭於車窗之外。次日他抵羅馬之後翻閱報紙，這才獲知那位陌生的老頭原來就是他的叔叔。紀德所喜歡描寫的所謂「無償行爲」，旣無任何理由可言，又無任何心理動機或規律可供解釋。沙特所云實存的抉擇或自由行爲亦非任何心理動機或規律所能解釋，却有理由可尋。這個理由不是決定論者所說決定行爲的內外原因，而是存在於單獨實存的全盤性「基本投企」(fundamental project)。由於實存的自由行爲依據基本投企這個理由，我們不難預見依此投企而形成的未來行爲系列。

實存的自由行爲系列雖可預見（foreseeable），但非已被決定（determined)。擧例來說，假定我此刻的全盤性基本投企（普通所謂人生企劃或生活計劃）是立志成爲一流哲學家，如果恰巧牛津大學給我一筆豐厚的獎學金，而我又認爲牛津是攻讀哲學最爲理想的學府，我當然沒有理由拒領這筆獎金。沙特不會否認我將去牛津的行爲是可以預見的，祇要我仍抱著原有投企。但是，我的原有投企與依此投企而去牛津的未來行爲系列不是已被決定的，因爲沒有一樣內在（如動機）或外在（如牛津）的條件足以構成眞正「決定」我實存的抉擇的原因。我可以立志做哲學家，當然也可以放棄此一志願；並不是預先有甚麼「本質」（如生來性格）決定我非做哲學家不可，而是我絕對自由地投企自己於卽自世界之中而後有此實存的抉擇。總之，實存的自由行爲可以預見，但絕不受任何內外因素預先決定；它是依據基本投企的實存理由，故也不可能是無理無償的肆意行爲。

沙特又說，實存的絕對自由是「處境的自由」(situated freedom)，又是「苦惱的自由」(anguished freedom)。人的實存是「世界內存在」，他的絕對自由必定要在人存在境況之中彰顯出來，離脫任何境況的絕對自由是不可能存在的。沙特所云境況，乃不外是意識不斷地無化卽自世界而構成的種種人存在（歷史、社會）條件，包括個人的特定生地生日、種姓、所屬國家社會等等；境況祇不過是實存的自由彰顯所必需的「場所」，却不是限制自由的一種羈絆。再者，實存的絕對自由必須帶有苦惱，因爲沒有一樣「本質」可以指導單獨實存的自我抉擇之故。「苦惱的自由」特別意味著實存的絕對自由卽是全面責任（total responsibility）；絕對自由與全面責任乃是一體的兩面。在絕對自由之前純粹客觀的價值規範之類並不存在，因此單獨實存的任何投企、抉擇或參與（engagement）都不得不自我負荷全面責任。全面責任的自我負荷當然伴有實存的苦惱。我們在這裡不難發現沙特日後展開的存在主義處境倫理的思想胎動。

我們不妨擧個例子說明沙特絕對自由論的要義。假定納粹把猶太種的我抓去，在集中營過地獄般的非人生活。集中營構成我現時的處境，我雖無法改變這個境況，但我可以改變我的人生態度，也可以採取己力所及的任何行爲。譬如我可以隨時自殺，可以臭罵納粹而不懼怕任何後果，可以想盡辦法逃出集中營，當然也可以就地坐禪修行，體現無心無爲、隨處而安的生活藝術。集中營像其他任何人存在境況一樣，毫不構成足以束縛絕對自由的決定（論）因素。卽使在集中營一類的（雅斯培所云）「極限境況」，我仍不得不絕對自由地做實存的抉擇。不論我採取甚麼態度，抉擇甚麼行爲，我必須自負全面責任，因爲我的實存是絕對自由之故。在「存在與無性」沙特特別引用了法國名作家羅曼（J. Romans）很富弔詭的一句，說「在戰爭中並沒有無辜的犧牲者」。

絕對自由論與實存（的心理）分析（existential psychoanalysis）可以說是分別構成沙特存在主義積極的與消極的層面。絕對自由論標榜單獨實存的絕對自由抉擇與全面自我責任；實存分析的旨趣是在超克弗洛依德（Freud）的心理分析，提示一條轉化實存的非本然性（inauthenticity）爲本然性（authenticity）的存在主義實踐之路。本然性與非本然性的分別源於海德格在「存在與時間」裡所做的人存在分析；沙特批判地承繼此一分別，而在「存在與無性」中創造地發展實存的新義。依據沙特，本然的實存就是徹底體現絕對自由而敢於負荷全面自我責任的人存在；非本然性的實存則是不勝負荷全面自我責任而以自欺自逃方式歪曲絕對自由的眞實性且又埋沒實存於「本質」的人存在。沙特認爲，心理分析以藉「無意識」概念或心性三分說（本能衝動・自我・超自我）建立而成的一套決定論來解釋人類行爲及其動機，不但完全忽略了本然性與非本然性的分別，更且提供了埋沒自我本然性實存的一大半人類以「合理化」他們各別的行爲及其動機的理論藉口。因此，沙特不得不批判心理分析的決定論爲一種助長人存在（從精神病患者到以「本質先於實存」爲眞理的高等知識份子）自欺自逃的錯誤理論。

假定現在有個賭博成性而不能自拔的人，屢次向他妻子要錢賭博，屢次向她「解釋」，求她「諒解」他的苦衷，並發誓「祇此一次，絕不再賭」；結果傾家蕩產，以殺妻自殺了結一切。心理分析多半會推溯「賭博成性」的一切內外因素到他的生來體性，幼少時期的心靈創傷，父母管教的失敗，不良的環境等等，尤以「無意識心理」決定論地解釋他的人生浮沉。沙特的實存分析則斥「無意識心理」爲虛妄無據，而以「實存的自欺」觀點說明這位賭徒如何步步逃避自己的絕對自由與全面責任，終於導致殺妻與自殺。具有豐富想像力與敏銳觀察力的沙特，在他哲學與文學作品以及有關政治與社會的長篇短論，處處如此應用實存分析，賭徒之例祇不過是其中之一。

自由論與決定論孰是孰非的問題，是古來西方哲學難題之一，至今衆說紛紜，仍無定論。無論如何，西方思想家（科學家、哲學家與神學家）幾無例外，認爲這是客觀眞理的問題，或者依據有關人性事實的經驗觀察與概括，或者應用一套科學的（如心理學）乃至哲學的（如現象學、解析哲學、日常語言分析等）理論模型（model）或架構（framework），或者仰賴神中心的所謂「啓示眞理」（revealed truth），終可獲致絕對可靠的結論。依我多年來的哲學考察，不論訴諸經驗事實的觀察，理論模型的應用，或上帝啓示的「眞理」，如果我們把上述問題當做有關客觀眞理的抑或祇供空談的純粹理論問題，我們就不可能獲得合乎情理道理而令人首肯滿意的答案。沙特藉助於他那一套現象學的存在論推演（derive）並證立（justify）存在主義絕對自由論與實存（的心理）分析，便是一個顯著的例子。

我在「現象學的存在論」這一節末尾曾稍提到，沙特藉用現象學的「如實」記述定立「卽自」「對自」兩種根本存在，有違原有純粹現象學原則，遑論否定上帝的存在了。從表面上看，沙特的現象學自然導致存在論。就深一層的哲理而言，沙特其實是先有自己那一套存在論，預設了卽自對自的兩種根本存在，然後才去嘗試種種現象學的「如實」記述的。沙特也像其他典型的西方哲學家，深信他的存在論是「絕對客觀的」眞理。但是，他如何去證立他的存在論「眞理」呢？我們從胡塞爾以後現象學的分崩離析（其實這是好現象），不難看出，胡氏夢寐以求的「毋需預設的嚴密（現象）學」是可欲而不可求的哲學理想，也同時例證西方哲學家們對於絕對客觀眞理的探求未免自信太過而終歸幻滅。沙特的現象學旣然不能必然導致或證立他的存在論，我們又如何了解他存在論的理據呢？

我的看法是，沙特首先應該放棄現象學是毋需預設的絕對客觀眞理這個立場；同時他得承認，他所以劃分「存在」爲卽自與對自，眞正目的是在標榜單獨實存的本然性，亦卽眞實而無自欺的絕對自由。換句話說，沙特是原先抱有「人人應該實現實存的絕對自由」此一存在主義的倫理實踐信念，然後才去創造地轉化胡塞爾的現象學與海德格（以人存在分析爲主）的存在論而爲他自己的一套現象學的存在論的。沙特多半不會願意接受我這個看法。但是，如果他要「挽救」他的存在主義哲學，他是沒有選擇餘地的。我的意思是說，他的哲學思維程序（現象學的存在論——→絕對自由論與實存分析——→存在主義的倫理實踐說）必須顚倒過來。如用我所謂「創造的解釋學」挖掘沙特哲學的深層結構，則可以說他的哲學思想始於存在主義的倫理實踐關心（如何實現人存在的絕對自由），中經絕對自由論的構想，而終於現象學的存在論奠基。總而言之，沙特的絕對自由論不是西方哲學家所了解的（絕對客觀意義的）眞理（truth），而是一種人存在實踐本位的中國哲學家所云「道理」(the principle of the way or human reason)。我們如此創造地解釋沙特哲學的根本義諦，一方面有助於顯揚它最强有力的論點，另一方面又可以看出它與中國哲學有所溝通或融匯之處。關於這一點，我將在最後一節「沙特與中國哲學」討論。現在且讓我們看看，沙特如何依據絕對自由論與實存分析展開存在主義的處境倫理。

五、存在主義的處境倫理

當代西方思想家之中沙特可以說是最有道德感的一位，因爲他畢生所最關心的是人存在的倫理實踐課題。在一九五〇年代中期以前，他極力主張存在主義的處境倫理，從事於個人（主體性）與社會（相互主體性）雙層解放的啓蒙工作。但在五〇年代中期以後，沙特偏向馬克思主義，企圖融攝存在主義的絕對自由論與倫理實踐說於他所自創的一套新派馬克思主義哲學體系。他在一九六〇年出版未完成的宏著「辯證法的理性批判」，之前一年他寫了此書序論，以「方法問題」的書名出現。在這小書開頭，沙特宣言「一切哲學是實踐性的，即使外表看來屬於觀照形態的哲學亦是如此。哲學的方法是一種社會的與政治的武器」。他又說：「存在主義是寄生在（馬克思主義）知識邊緣的體系。」他在訪日期間（一九六六年秋季）曾向日人透露，他寫過長達兩千頁左右的「倫理學」一書草稿，但是自覺整個思路太過觀念論化，缺乏社會實踐的時代意義，故而拋諸腦後，也不知原稿到那裡去了。他從存在主義轉向馬克思主義之後，常以「鬥爭」二字概括他所理解的社會實踐。沙特晚年與馬克思主義的思想關聯極其複雜，這裡暫不討論。

當他在二次大戰期間撰著「存在與無性」之時，沙特一心一意祇想建立現象學的存在論，做爲絕對自由論與實存分析的哲學奠基理論。他的實存分析基本上著重實存的本然性（絕對自由與全面自我責任一體兩面的體認）與非本然性（絕對自由歪曲而爲自我欺瞞）的現象學記述，幾不關涉存在主義的倫理規範課題。但他在「存在與無性」下了結語說，他在不久的將來定要寫出一本倫理學書出來。據我猜想，上述那份草稿可能就是這本書，可惜早已不見，無從窺知其中一二。我們如要有系統地重新建構沙特存在主義的處境倫理，祇有依據他在戰後十年之內出版過的長篇短論，其中較重要的是「存在主義即是人本主義」•「甚麼是文學？」(What Is Literature？) 與「聖吉涅」(Saint Genet) 等書。尤其「存在主義即是人本主義」是沙特戰後不久所作的一次公開演講紀錄而成的小書，正面標出他的處境倫理，而對法共與天主教兩派代表的疑難澄清了他的基本立場，通俗可讀，算是無神論的存在主義的「聖經」了。

依據他的兩層（前反省的與反省的）意識論，沙特認爲在前反省的意識作用層次，原始的心理事實（如「我很餓」）與價值觀念（如「人人應該有飯吃」）仍混爲一體，無從分辨。以倫理規範爲主的價值觀念必待意識的高層次反省才會產生；沙特甚至强調，反省性意識即是道德意識。但他以爲，道德意識的產生並不證明預先存在著固定不變的善惡人性、價值理想、哲學眞理、宗教啓示等等所謂「本質」。在「存在主義即是人本主義」沙特開宗明義，提出存在主義的第一原則「（人的）

實存先於本質」。人首先是實存（現實存在，眞實存在）著的，絕對自由地投企自己於非意識的卽自存在世界之中，不斷地創造生命的意義與價值，意義與價值的固定化就是「本質」。實存的絕對自由與個人的全面責任原是一體兩面；但是我們自己由於不願承擔全面自我責任，就編造出種種固定不變的「本質」，故而陷於一種實存的自欺。沙特很不客氣地批判百分之九十九的人類，認爲他們變成了盲從傳統，固執「本質」的「嚴肅（而不開通的）精神」（the spirit of seriousness），致使實存的本然性埋沒於非本然性之中。存在主義的敎育工作就在規導人們從實存的自我欺瞞覺醒過來，充分還出單獨實存的絕對自由。這種敎育工作，可以說是沙特存在主義倫理實踐論不可或缺的一環。

根據沙特的存在主義，實存的「善」卽不外是自我與他人絕對自由的徹底體現，而實存的「應然」（ought）亦不外是每一單獨實存爲了個人（主體性）與社會（相互主體性）的雙層解放或自由體現所應踐行的道德義務。實存的「善」並不具有任何實質的（substantial）價值內容，而實存的「應然」亦不涉及任何實質的道德規範。換言之，實存的「善」是絕對自由的投企形式，本身空無本質內容；實存的「應然」則是此一形式的外在化表現，亦卽實存本然性的義務踐行。存在主義者的行爲抉擇是自律性（autonomous）的，因爲除了實存的自我投企之外，別無他律的道德規範或客觀可靠的行爲規準；它又是處境性質的，因爲在每一特定人存在境況中的行爲對錯（right or wrong）端看當場所做實存的抉擇是否具有本然性，如有則是實存的「對」，否則就是實存的「錯」。存在主義的處境倫理毫不假借任何事先決定好的規範原理或行爲規準，如用傳統儒家的倫理名辭解釋，可以說有「權」（situational appropriateness）而無「經」（constant moral standard）。沙特在「存在主義卽是人本主義」的結尾宣言，實存的行爲抉擇與上帝毫不相干；卽使上帝存在，也改變不了我們人存在依絕對自由在每一境況所做的行爲抉擇。本然性（誠實而無自欺）的行爲抉擇一方面沒有任何他律規範可以依賴，另一方面又不得不承擔一切行爲後果的全面責任，因此常常帶有實存的苦惱甚或絕望；這種苦惱或絕望的存在，更證示著存在主義是對於行爲後果的道德責任問題最具關注而又最能解決的倫理實踐論。沙特在戰後不久所作的那次轟動一時的公開演講，就是如此很有自信地面對法共與天主教兩派代表宣稱存在主義處境倫理的殊勝優越性。

在演講中沙特擧了一個典型實例說明自己如何應用了存在主義的處境倫理。在大戰末期沙特的一位學生爲了他個人「道德的兩難」（moral dilemma）疑惑，曾來找他所崇敬的存在主義大師，當面請敎如何解決他的兩難。他的當時處境是：父母不和，父親已有傾向通敵；哥哥已在一九四〇年納粹侵略法國之時不幸被殺，他多少懷有爲他哥哥報仇之意；母親氣憤自己的丈夫行將通敵而又無法制止，也爲大兒子的死時常難過；他變成了母親惟一的依靠與安慰。他的道德兩難是：(1)把孤寂無依的母親放在家裡，自動遠赴英國參加自由法國戰鬪訓練；抑或(2)留在家中照顧母親。他深深知道，如果他去參戰，很可能戰死，很可能逼他母親陷於絕望狀態。他又深知，陪他母親在家是他確能做到的；相比之下遠赴英國參加自由法國戰鬪訓練，就行爲後果言，一切並不確定，因爲他可能途中被抓，也可能到了英國之後安排給他的差事祇不過是辦公室的雜務，還不如留在自家照顧母親的好。他就這樣面臨著兩種行爲抉擇的可能性：第一種抉擇旣具體而又直接，但祇涉及另一個人；第二種抉擇關涉著龐大的群體，亦卽法國整體的生死存亡，但也正因如此，他個人參戰與否，對於大局來說，似乎影響不了半點。這兩種行爲抉擇也反映著兩種倫理的抉擇：第一種是同情的倫理，祇關涉到個人之間的親情與獻身；第二種倫理的範圍更爲廣大，但行爲的結局難以預測。如用我自創的倫理學術語說明，前者是微（小規）模倫理（micro-ethics），乃個人道德之事；後者則是巨（大規）模倫理（macro-ethics），指謂政治社會道德。對於這位學生個人的兩難，沙特究能提供甚麼建設性的高見？

沙特批評基督教說，基督教祇能籠統地教人愛神、愛鄰居甚至愛敵人，教人走荆棘之路等等，却無法提供對於上述兩難的具體答案。他也批評康德說，康德那一套「應把一切人格看成目的，永不當做手段」的定言命令，仍不過是空空洞洞的自律規範而已，根本解決不了具體的實存處境（existential situation）所產生出來的兩難課題。沙特又分辨他那絕對自由的行爲抉擇與紀德所云無理可講的肆意行爲說，後者祇憑無謂感情或情緒，前者則毫不依靠模糊不清的純主觀性感情，因爲存在主義所標榜的處境倫理是實際行動或參與的倫理；存在主義者祇有訴諸實際行動或參與才能證明所謂（道德）感情的眞實本然，也祇有通過實際行動或參與才能證明絕對自由與全面責任是一體兩面。你愛祖國嗎？你用實際行動證明出來。你愛母親嗎？你也用具體的行爲表現證明出來。你愛朋友嗎？別學那些僞君子祇在口頭上表示友情，你必須通過實際行動去證實。沙特在這裡强調倫理感情必須落實於具體處境的行爲實踐，否則毫無意義，算是存在主義倫理學最强而有力的論點之一，發人深省。

沙特對於那位學生祇簡短地回答說：「你是絕對自由，你就抉擇吧，這就是說，你得自己發明去。一般倫理學並不能給你具體的處境答案」。沙特講完「存在主義卽是人本主義」之後，開始公開討論，其中有位法共代表名叫納威爾（Naville）的很不滿意，認爲沙特的回答根本等於不答。他說：「這位學生應該得到（清楚可循的）回答的。我總應該幫他發現他的能力大小，他的年齡，他的經濟情況，他與母親的關係等等。我們總要想辦法找到確定的答案才是」。沙特答謂:「如果他來向你請教, 那是因爲他已選好了答案。(沙特這裡的意思是說, 那位學生明明知道他所請敎的人是存在主義大師, 他當然已經預期存在主義的回答了。) 我本來也可以給他更實際的忠告, 但因他所眞正需求的是自由, 我寧讓他自己決定。何況我當時也猜知他將做的決定是甚麼, 後來他確如此決定了」。沙特演講之後的公開討論以沙特此語做爲結束, 因此無從窺知那位學生如何解決自己的兩難課題。我根據其他資料, 得知那位學生終於選擇了參與自由法國戰鬪納粹之路。當沙特獲悉此事, 大加讚賞, 可見他對那位學生的兩難課題早就有他自己的答案了。

問題是在: 如果依照一般對於存在主義處境倫理的理解 (或誤解), 實存的本然性是惟一的行爲規準, 則沙特怎能大加讚賞那位學生的決定? 難道存在主義除了實存的本然性之外, 還含藏著可普遍化的 (universalizable) 道德判斷與推理的因素在它的處境倫理之中嗎? 由於沙特偏向馬克思主義之後, 評他自己的處境倫理爲太過觀念論化, 故不屑於有系統地發展存在主義的倫理學出來。我却認爲, 我們可以援用創造的解釋學, 在他的處境倫理底層挖掘深層結構出來。我的意思是說,「實存的本然性是存在主義者的惟一行爲規準」僅僅顯出沙特處境倫理的表面結構而已; 我們如果細心研究沙特戰後十年之內所發表過的思想性論著, 不難發現它的深層結構, 依此重新建構它的完整體系出來。

由於篇幅所限, 我在這裡祇就我個人所發現到的深層結構, 稍稍提示其中基本間架, 供給有意鑽研沙特倫理實踐論的讀者一點點參考。第一, 沙特承認相互主體性的自由 (即自我與他人的絕對自由同時共存) 構成人存在共同世界的普遍條件, 存在主義者的倫理實踐不得不考慮這個條件。第二, 根據上述條件, 存在主義的最高倫理規範應是:「我們應當實現主體性與相互主體性雙層意義的絕對自由與徹底解放。」沙特在「甚麼是文學？」說:「自由是一切人類活動的原理與目標。」此一規範或定言命令因不具有任何道德的「本質」，不能看成一種「經」或實質的道德原理。第三，自由須以「權」的形式在具體的歷史、社會境況實現；自由必是「處境的自由」(situated freedom)。旣然如此，每一歷史階段都有它的「時代眞理」(temporal truth)，處境的自由必須配合時代眞理。第四，沙特自幼厭惡布爾喬亞的價値觀念與生活方式，故在偏向馬克思主義以前已經相當左傾。依他個人所抓到的「時代眞理」，存在主義的倫理規範必須具體化爲「(在我們的時代) 每一個人都應當參與解放被壓迫階級以及全人類的工作」。因此，沙特的自由原理無形中融攝了他所了解的平等 (equality) 與公正 (justice) 等道德的實質概念，很有建立一種「經」的傾向。這也說明了沙特在晚年爲甚麼强迫自己轉向馬克思主義，少說「絕對自由」而多談 (物品之類的)「稀少」(scarcity) 與「需要」(need) 了。這就是說，有「權」而無「經」的存在主義自由原理終於解消到馬克思主義歷史哲學所標出的「時代眞理」了。第五，存在主義的道德判斷與行爲抉擇雖具處境性格，却有康德般的普遍化意義。我在某一處境所做的抉擇如果是對的，則任何人在同一處境也應當做同樣的抉擇。雖然沙特自己沒有如此明言，他是不得不如此普遍化他那存在主義的處境倫理的。其實，沙特自己說過,「我在爲我自己抉擇，等於爲全人類抉擇」。譬如我擁護卡特總統的人權政策，我不但表示我的立場，我也同時對所有人表示這個立場是對的，是人人應當贊成與堅持的。可惜沙特過份强調實存的本然性規準的結果，時常忽略他那處境倫理在相互主體性層面的普遍化的可能性。

六、沙特與中國哲學

沙特存在主義的處境倫理有一很大的理論困難：他那現象學的存在論規定「人人（無性的意識）一抛落到世界之中即是絕對自由」，旣然如此，我們爲何要有實現絕對自由的倫理規範？英國古典經驗論者休姆(Hume)曾經提出我們能否從「實然」(is) 邏輯地推演「應然」(ought)的倫理學問題；「實然」指謂自然事實，如愛好食色之類，「應然」則指倫理規範或道德判斷而言。純就理論層次言，沙特顯然無法回答休姆的問題。我的看法是，如果沙特想要得到圓滿的解答，他一定要說，他是預先站在「人存在應對外在世界永遠採取實存的主動性」這個實踐優位立場，然後才去建立現象學的存在論的。因此，現象學的存在論不可能是甚麼絕對客觀的哲學眞理，它是沙特依據絕對自由的信念建立起來的哲學理論，他藉這個理論（或方法論）想要「如實」記述人的實存在種種境況之中投企自己、超越自己的現象。沙特的絕對自由論旣是基於一種個人的強烈信念，它一開始就可以同時帶有倫理規範的意義了。這就是說，「我們是否一生下來就以絕對自由的形式實存著」不再是問題所在；眞正的問題是「我們應否具有追求絕對自由、實現絕對自由的生命信念或人生理想，應否依此信念或爲此理想掙扎奮鬪？」沙特對於絕對自由的信念，可以說是源於近代西方人自文藝復興以來夢寐以求的人生理想，他把這個信念或理想轉化而爲存在主義的處境倫理。我們如此挖掘沙特哲學的深層結構，不但有助於澄清沙特哲學的根本義諦，進一步還可以發現到存在主義與中國哲學（尤其儒家思想）有所會通之處。這也充分說明了爲甚麼現代中國學人特別喜歡談論存在主義或實存哲學，尤其是沙特的思想。

沙特也許會說我「誤解」了他的思想，因爲依據他那現象學的存在論與實存分析，絕對自由有積極的與消極的兩種模式：積極的模式指謂實存的本然性，消極的模式則指絕對自由的歪曲或誤用（但絕不是消失），亦卽實存的非本然性。存在主義的倫理規範乃關涉著如何轉化非本然性爲本然性，這個規範必須基於他那現象學的存在論，否則無從建立。然而，實存的非本然性旣是（消極意義的）絕對自由，賭徒、酒鬼、精神病患者等等的生存現象都得看成絕對自由的自我「坎陷」或實存的自欺，則沙特又憑藉甚麼勸導他們乃至百分之九十九（陷於非本然性）的人類「應當」實現本然性意義的絕對自由呢？如果說沙特有他勸導的道理（但絕對不是所謂「眞理」），這個道理非預先假定本然性與非本然性的高低（人性以及價値）層次不可；然而依據現象學的存在論，不但形成不了這個道理，也不可能有人性高低的看法產生。

自由論與決定論孰是孰非的問題是幾千年來困擾了東西思想家的古來哲學難題。根據我多年來的哲學省察，我深深覺得，我們不能再把這個問題當做純粹理論問題。康德早在「純粹理性批判」擧出的第三個二律背反已經暗示其中難局，而在「實踐理性批判」正式定立自由意志的存在爲實踐理性（而非理論理性）的三大設準之一。沙特急於尋找絕對自由論的「絕對客觀」理據，而建立一套現象學的存在論，却不及聽取康德原先的警告。我相信，我們如能重新探索沙特哲學的根本義諦（深層結構），依實踐優位觀點重新建構他的存在主義各個層面，當可爲他設法解決上述種種困難，更可以發現融滙存在主義與中國哲學的可能線索了。

沙特的自由原理基本上是有「權」（處境適宜性）而無「經」（固定不變的本質規範）的形式原理，就行爲抉擇的指導而言，不够齊全；但它至少可以充當行爲抉擇所必需的自律性內在條件。專就這一點說，實存的自由實現原理對於儒家倫理足以構成思想衝擊。傳統儒家過份執守道統，容易忽視單獨實存的自由自主。我們如要講求批判的繼承與創造的發展，則沙特的存在主義仍可供給我們相當寶貴的思想資糧。

（一九八三年十二月十九日下午一時半撰畢，原載中國論壇一九八～一九九期）

美國近年來的哲學研究與中國哲學重建問題

一、序　論

作者撰著本文的旨趣，一在論介美國近年來的哲學研究發展概況，二在探索美國的哲學研究對於中國本身的哲學思想可能帶來的方法論（methodology）方面的挑激（challenge）或影響。中國已有兩千五百年左右的哲學思想發展的歷史，因此對於國人論介美國的哲學研究發展概況，總不得不涉及上述的第二點。這不僅僅是因爲作者個人這幾年來有此興趣，也是由於此一問題的重要性使然。中國哲學是不是一種哲學，或者祇不過是一種未經哲學性反省的雜亂無章而表現不太清楚的思想而已？自從國人吸收西方哲學，幾十年來一直存在着這個問題，我們不妨藉此論介美國哲學研究的概況，順便討論。作者認爲，中國的傳統思想如儒家，道家，或佛教哲學（諸如華嚴，天台）確是一種哲學，只是由於中國哲學家一向缺乏高層次的自我反省，針對一個個哲學問題去分析或解決，因此很容易引起誤會說，中國傳統思想並非哲學。再加上語言表現的籠統而不清晰，更是令人懷疑中國到底有沒有哲學。其實，中國思想確有豐富而不可勝收的哲學題材或內容，尤其是在人性論、倫理學、形上學、政治哲學乃至廣泛的人生哲學與價値哲學。我們如能從西方哲學一向所擅長的方法論學點表現上的技巧，確是可以現代化地重整或重建（reconstruct or reestablish）中國傳統以來的哲學思想，從中暗示中國哲學未來的可能發展趨向。這並不會歪曲中國傳統哲學思想的原有意義與價値，反而能够彰顯中國哲學在比較哲學上所能佔有的特殊地位。這才是中國現代哲學家所能作到的一種繼往開來（creative inheritance）的艱巨工作。否則我們永遠祇是引經據典，搬弄古董，而忽視了中國哲學新發展，新創造的現代化意義。作者論介美國近年來的哲學研究概況，就是作爲此一方法論上的重建與思想新發展的一種媒劑。因此，論介美國哲學研究發展概況，作者偏重美國近年來在語言哲學、形上學、倫理學（以及知識論）的方面的發展，因爲這類題材對於中國哲學思想的重建可能帶來很有意義的方法論甚或思想上的挑激。（美國哲學涉及範圍甚廣，還包括邏輯、科學的哲學、歷史哲學、社會哲學、美學、宗敎哲學、現象學、哲學史的重整工作等等，由於篇幅關係，只有割愛，望於他日另文論述。）

在論介美國近年來的哲學研究概況之前，作者必須强調傳統的美國哲學與現代的美國哲學研究之間存在着的顯著的差異。第二次世界大戰以前，傳統的美國哲學多半指涉具有思想創造性的第一流哲學家的思想體系，諸如 Peirce, William James 的實效論（pragmatism），Josiah Royce 的形上學與宗敎哲學，John Dewey 的工具主義，歸化美國的 George Santayana 與 Alfred Whitehead 的哲學思想等等。然而由於1930年代邏輯實徵論或邏輯經驗論的興起，美國哲學的發展大受影響。邏輯經驗論不久與英國 Russell, G. E. Moore 等人的解析哲學乃至年青一代的 A. J. Ayer 等結合，加上 Carnap 等創立維也納學派的健將紛紛移住美國，於是美國哲學界也開始瀰漫了邏輯經驗論的思想。邏輯經驗論注重科學方法論與思想概念的邏輯解析，志在建立一種具有經驗實徵性的統一的科學語言，以取代傳統的哲學語言。這自然與傳統的西方哲學（尤其柏拉圖直至黑格爾的歐洲形上學系統）有所對立。然而第二次世界大戰結束以後，英國哲學界又開始了新的哲學革命，Russell 等老派的經驗論與邏輯解析漸被晚期的 Wittgenstein（劍橋大學）與新派的 John L. Austin（牛津大學）所分別倡導的日常語言解析所取代，隨着此一新的哲學趨勢，邏輯經驗論一派的理論終於失去原有的影響力了。尤其牛津日常語言解析學派以年青的 Austin 爲主將，產生了 Hare, Warnock, Strawson 等才情煥發的新一代哲學家，基於不具邊見的廣泛的語言解析，挑出邏輯經驗論本身的種種理論毛病出來。日常語言解析的發展，確是彌補了不少邏輯經驗論的武斷，而對形上學、知識論、倫理學、美學，乃至宗教哲學等等，帶來新的方法論基礎，新的問題探索方式。

1950年代的美國哲學界，一方面擺脫了邏輯經驗論的過份影響，另一方面也逐漸放棄了極爲狹窄的傳統美國哲學思想的限制，從此廣泛地開始接受英國日常語言解析學派（尤其牛津學派）以及歐洲哲學（尤其實存哲學與現象學的方法論）的陶冶，在一般哲學方法論，乃至哲學各部門如形上學、知識論、倫理學、美學、宗教哲學等等，都有了嶄新的研究與發展。可是新的哲學研究發展趨勢也帶來了一種思想危機。這就是說，現代的美國哲學教授一般過份注重專技性的解析與牛角尖般的問題探索，二十年來很難看到劃時代的思想創造。換言之，方法論的反省代替了創造性的思想探險。因此，已有人說美國哲學目前的情況類似中世紀時期的煩瑣哲學，乃屬一種新經院主義（Neo-scholasticism）。當代第一流的美國哲學家多半是方法論的建樹者或是專技解析家，以思想創造而號召的美國哲學家幾已絕跡。目前，美國一般哲學教授對於哲學所採取的態度，大體地說，是認爲哲學家的基本任務在乎哲學概念的澄清與哲學問題的解析，而不在乎提供對於宇宙與人生的思想解答。此一解析的方法論爲主的所謂新經院主義可能還會繼續二三十年，之後是否重回傳統哲學的思想老路，再度開始大規模的體系化思想探險，在現階段的美國哲學發展，一時尚難逆料。

以下專就語言解析（方法論）、形上學、知識論，與倫理學等四項作概括性的論介。

二、語言解析

如果有人詢問，二次大戰結束以後在英美哲學界最爲顯著的哲學發展是什麼，最確當的回答應是：解析性的語言哲學(analytic philosophy of language)。語言哲學之所以形成，最重要的因素是英國劍橋與牛津兩個大學自1940年代逐漸形成的日常語言解析（ordinary language analysis)。早年以 Tractatus Logicophilosophicus（1922）一書奠定邏輯實徵論理論基礎的 Wittgenstein 在1929年自奥地利回到劍橋大學，直到他在1951年逝世爲止，步步展開180°的哲學革命，全盤否定他在Tactatus所建立的理論，而從廣泛而不帶偏見的新觀點重新開始日常語言的解析，以取代狹窄的邏輯解析。另外在牛津大學，也擁有一批新派的日常語言解析健將，以 Austin 爲中心，對於各種人類日常「言辭表達」(speech acts)做哲學性的分類工作，藉以還元「意義」(meaning)爲在不同言辭表達情況所顯現的「用處」或「用法」(use)。這種日常語言解析不久變成一種很有成效的哲學解析方法，普遍地應用到哲學各部門，諸如形上學、倫理學、知識論、美學，甚至宗敎哲學。我們在此簡介日常語言解析的幾個特點：第一、日常語言解析學派打破語言文字的傳統看法，認爲「每字每句都有固定意義」這種學說忽視了字句本身在各種脈絡（context）或各種表達情況所顯現出來的種種不同的意義。換言之，字句的意義乃是字句在不同表達情況所表現着的用法的函數（function or use）而已。譬如就「這部車子是好的」這句子中的（好）（good）字來說，就因表達情況的差異以及說話的人具有的意向，念頭等等心理狀態而有種種不同的意義可能性。說話的人講這句話時，⑴他可能只是覆述一遍賣車的人講過的話，這時「好」字只是出了口（locutionary），並不具有特殊的意義。⑵他也可能是肯定（affirm），承認（reckon）或相信（believe）賣車的人所敍述的車子實際條件是對的；在這種表達情況，他等於是在簽自己的名字在這句話上，顯明他的立場。⑶他也可能是在勸導（persuade）他的太太接受他對這部車子的看法，或警告（warn）她別提其他車子。Austin 曾對只是出口而已的語言表達活動，稱爲 locutionary speech-act，而對第二種場合的具有簽字般作用的動詞，如報告（report），答應（promise），提議（propose）等等，一律歸屬 illocutionary speech-act，算是言辭表達上最重要的一項。第三種帶有實際影響他人的態度，行動等等的，他叫 perlocutionary speech-act，譬如「與人印象」（impress），「欺騙」（deceive），「勸導」（persuade），「引起注意」（attract attention）等是。Austin 根據這三種日常語言表達活動的類別，曾想建立一種哲學性的語言文法，但不幸在一九六〇年早死，不得如願以償。然而今天在美國哲學界繼承 Austin 這種工作的比比皆是，而所使用的解析技巧更臻細密。這種還元意義爲用法的語言解析法，可以幫助人們從語言的獨斷夢眠覺醒，令人對於語言在各種情況的使用方式更能敏感細心，而不致引起語言使用上的種種可能的誤解。言辭表達的眞正了解，乃是了解表達內容的眞相或眞理的基本步驟。Austin一派的語言解析專家能注意及此，確在政治、社會、倫理、宗教等等人類文化生活方面所藉用的語言工具具有很重要的澄淸作用。

與上述一點有連帶關係的是語言文字（尤其個別的字）的意義格度或次元(dimension)問題。依照日常語言解析家的看法，一個字（word）或一個名辭（term）所以常常曖昧不淸楚，乃是由於字或名辭並沒有固定的意義，意義的特定格度之形成，要看字與名辭受那種特殊的語言條件或規則（linguistic conditions or rules）約制而定。這種語言條件或規則的設定，總要關涉文化人類學、社會學、心理學等等其他學問的硏究成果。因爲所謂定義（definition），廣泛地說，是在特殊的社會環境下，因由特殊的文化條件等等，又依特殊的約定俗成的語言規則（conventional linguistic rule）而形成的。定義的形成，甚至可以經由一個特殊的人獨立設定，要求他人接受或遵守。總之，傳統的固定性定義觀念已經打破，代替的是約定性語言規則下具有伸縮性的定義形成的解析方法。這種了解定義的方法，確有從語言框架解放的作用。我們不妨再擧「好」字例解。在傳統的倫理學中，「好」或「善」常被各種倫理學家從他們的特定倫理學觀點給予定義，執爲天經地義。通過日常語言的細密解析，不難發現「善」字可有各種不同的意義格度。譬如Karl Wellman 在「倫理學的語言」(The Language of Ethics) 一書中就列出五種：⑴敍述性意義(descriptive meaning)，⑵情緒性意義(emotive meaning)，⑶評價性意義（evaluative meaning），⑷引導性意義（directive meaning)，與⑸批評性意義（critical meaning)。問題並不在乎「善」字是否只具這五種意義格度，而是在乎隨着我們對於字或名辭的不帶偏見的透視，是否能够把傳統的邏輯家單獨處理定義的偏見修正過來，而把定義問題當做語言使用的條件與規則問題的一環。專就哲學本身而言，邏輯經驗論所曾主張的命題二元法，就可以從日常語言解析發現其中種種破綻出來。世界上所有命題是否可以簡單地分成先然分析（a priori analytic）的與後然綜合的（a posteriori synthetic）兩種，就變成問題了。譬如 "Necessarily all and only bachelors are bachelers" 確是毋需經驗的恒眞命題，但 "Necessarily all and only bachelors are unmarried man" 是否屬於這種命題，就看 "bachelor" 與 "unmarried man" 在不同的言辭表達情況下具有的意義格度一不一樣。由是，受過日常語言解析訓練的人已不會再毫不加考慮地信奉命題二分法爲天經地義了。

與上述一點有關係的另外一點是，日常語言解析幫助我們從傳統哲學（尤其邏輯經驗論）對於衡定「有意義性」(meaningfulness）與「無意義性」(meaninglessness）的規準（criterion）所使用的方法論的簡狹性解放出來。譬如邏輯經驗論曾以「一種命題之有意義與否端看有否經驗的檢證可能性而定」標榜所謂可檢證性原則，企圖掃蕩所有形上學，倫理學等學科的哲學性質。但從日常語言解析的觀點來看，一個命題或一個句子是否有意義，並不在乎具否經驗的檢證性，而是要看它是不是依照至少一個語言規則所設定的某種條件而表達出來。「有意義性」與「經驗的（認知的）有意義性」並非完全一致，決定「有意義性」基本上並不一定是在經驗，而是在約定的語言規則及其所管轄的種種條件。這種「有意義性」一辭的擴大，促使哲學家們重新探討形上學、倫理學、美學、宗教哲學乃至神話中所表現的文句意義的多面性與伸縮性，從而就各種人類文化活動與語言表現的關聯性中發掘新的哲學研究題材。

三、形 上 學

美國近年來對於形上學的研究，已不再蹈襲傳統的規模龐大的體系構築，而是以專技性的解決方式討論以下三個問題：(1)有關普遍概念（universals）與個體的存在與性質的存在學（ontology）問題；(2)有關心物關係如何的問題；(3)意志自由與決定論問題。就第一個問題而言，哲學家們討論的方式廣泛而分歧，難於尋找一個共同的出發點。而且此一問題，關涉邏輯、語法學、語意學的專技性問題，極其複雜。我們對此所獲的印象是，個別的哲學家多少孤離地選擇他自己所關心的存在學問題，彼此討論或反駁的情形並不太存在。而且解決的方式太過複雜而抽象，無從在此作一簡介。

第二問題，與第一問題一樣，也是西方哲學的老問題。心物是否二元，有否交互作用等問題原是笛卡兒首次提出。當時他的結論是，心物各爲一種實體，由所謂松果腺（pineal gland）當做交互作用的媒介。心的實體經由松果腺的媒介，與腦髓交互作用。笛氏心物實體（substances）的理論已被修正爲心物事件（events）交互作用之說。總之，根據此一所謂二元論的交互作用論（dualistic interactionism），某種腦髓事件可以引起心靈事件，反之亦然。反對此說的哲學家，一方面指出此說缺乏足够的科學證據，同時從哲學觀點而言，也指出此說無法說明沒有空間部位的心靈事件如何可能引起腦髓事件，亦無法說明他人的心（other minds）如何可以存在。更有人指出，如果心與物是完全分離而相異，我怎麼可能知道有他人（心靈）的存在？如果心物二元論成立，則我所能知道的心靈活動是我自己的，我就根本沒有辦法證實有所謂他人的心了。

爲了避免心物二元論的困難，也有人再度提出心物平行論（parallelism）的主張。這是一種心物二元論的變形。根據心物平行論，心物不但不同，且無互爲因果的交互作用存在。心物事件只是相互平行的常規事件而已。爲了避免陷於偶然論的見解，此派常亦同時主張機會因說

(occasionalism) 或預定調和說，終與神學混淆不淸。因此又有人提出心靈事件只不過是物質變化過程的附隨 (epiphenomenalism) 這種主張。如果把這種想法推進一步，不難建立一種結論說，所謂心靈事件的產生只是表面結構看來如此，其實所有心靈事件本不存在，而不外與物質事件完全一樣。這當然是唯物論 (materialism) 的主張。

唯物論的確避免了所有心物二元論或其變形學說的理論困難，雖然它並無法徹底解答爲何及如何人能深思、考慮、抉擇、希望等等。近年來另有一派解析的行爲主義或唯物論 (analytical behaviorism or materialism)，通過語言解析把一切使用心理學的或心靈作用的名辭的表現作用統統還元爲只具身體活動的表現方式。這種理論的好處是避免唯物論的獨斷，而只設法使用行爲主義的語言表現說明心靈事件過程。解析的行爲主義或唯物論實際上與有意義性的檢證原則發生關連，目的是在儘量避免任何難於檢證或觀察的 (心靈) 事件之表達。譬如說，「他想殺死他太太」這句本身無法直接檢證殺妻意向的存在與否，如果能還元爲「他拿起刀向他太太怒吼」，就有檢證可能，合乎行爲主義的理論要求。但解析的行爲主義也不是毫無困難的。其中一個難題是，有關信念 (belief) 之類的文句要還元爲不具心靈名辭的文句不見得百分之百可以成功。如有人說老趙相信隣家起火，即使隣家並未失火，即使老趙眞正相信此事之時並無行爲動作的附隨表現，他的相信失火這種純心理活動仍可以存在。這種從一切具有心靈作用的名辭的表達方式還元而爲全具身體作用的名辭的表達方式的困難事實，又使某些哲學家們回到二元論的交互作用之說這條老路了。總之，心物問題仍然懸而未決，反而更形複雜。最大的收穫是在各種解決線索的概念澄淸。

至於意志自由論與決定論的孰是孰非，也是西方哲學的老難題 (aporia)，在近年來的美國哲學界又成爲相當熱門的討論課題，而與倫理學及法律上的責任與懲罰問題關係甚切。意志自由論一般主張人是具有自由意志，故能抉擇；決定論則主張自由意志是表面的說法，人的抉擇與實際行爲其實是外在的（環境等等）與內在的（遺傳、性格等）雙重條件的影響所致，這兩派主張自然引導出對於責任與懲罰問題相異的結論。

決定論一般地說又分爲兩派。第一派是徹底的決定論（hard determinism），認爲意志自由論者沒有深刻地透視人類行爲的裡層構造，因此不能了解，一切行爲其實祇不過是內外兩種條件所引起的結果而已。如果我們對於引起一種行爲的因素知道得更多更徹底，我們不得不承認人對他自己的行爲是沒有眞正的責任可言。如果說一個人的行爲可由理性的考慮而有所改變，或說他能以意志的力量克服早年的不幸環境所帶來的結果，這仍不過是因爲他較幸運而已。因爲所謂知性的高低與意志的强弱等等終可還元到天生的性格、家庭管訓、學校教育、生活環境、交友等等各種因果系列。

有一派較緩和的決定論（soft determinism）則主張意志自由論與決定論是可以並立不衝突的，甚或可以調和的。這派主張，人的行爲原則上還是可以預斷（predictable），因爲設如人是完全自由，而無任何內在的或外在的因素所決定，一切行爲就變成偶然而無常則可循。然而人的行爲並非完全預定不變（pre-determined），因爲設如行爲是事先預定，所謂抉擇（decision-making），期許（expectation），應允（promise），愼重考慮（deliberate）等行爲的主體條件就無法獲得適當的說明。

意志自由論者多半專就第一人稱（first-person）的行爲人或當事人（agent）在道德的抉擇上去考察，認爲決定論者無法說明爲何一個具有理性而明智的行爲人能够冷靜地斟酌、辨別是非，乃至面對自己省察所有可能的內外兩種因素系列而越過此因素系列的束縛做行爲上的最後決定。有些意志自由論者更進一步主張，即使一個人不能依照內在的自由意志表現而爲外在的行爲，那內在的主體自由本身的存在是不容否認的經驗事實。

決定論與自由論的兩派論爭在近年來由於日常語言解析的影響，也常變成語言表現上的還元可否的論爭。意志自由的問題，與上述心物二元與否的問題又有理論上的關聯。譬如主張心物二元的哲學家比較傾向意志自由論的主張，而唯物論者或行爲主義者則多半贊成決定論的說法。

以上簡論美國近年來的兩種形上學問題及其討論。討論愈多愈細，問題更形複雜，解決的方式也不一而定。

四、知識論

美國近年來對於知識論的探討，可以說集中在知覺性質與知覺解析，以及其與知識相互關聯的問題。知覺問題也是西方哲學的老問題，自從柏拉圖正式提出此一問題以來直到現在，還未尋出放諸四海而皆準的定論。目前關于知覺性質與知覺解析，已有感覺與料論（sense-data theory），呈象說（theory of appearing），外物爲因論（causal theory），實在論（realism）等等及其分派，問題愈來愈複雜，解決的方式也愈來愈專技化。

感覺與料論曾是邏輯實徵論者、現代英國經驗論者（如 Russell, G. E. Moore）與美國實效論者（如 C. I. Lewis）等所一致主張的強有力的學說。由於晚期的 Wittgenstein 與 Austin 一派的日常語言解析專家的攻擊，已逐漸失其勢力。感覺與料論的基本主張是，我們不能直接知覺外界事物，我們所實際知覺到的是外物所具有的感覺與料論或與件（the "given"）。此說所以興起，乃是由於理論上必要解答幻象

(illusion)問題。此派知識論者指出，幻象產生的事實，證明我們的知覺常有錯誤的可能，而說明這種幻覺可能性的唯一辦法，是承認我們並沒有直接知覺外物，却僅知覺外物的感覺與料。如果我們使用事物語言(thing language)記述我們的知覺現象，而實際上並無該事物存在，我們就有誤用語言之過，依此建立的經驗命題也就隨着有錯誤了。如果改用感覺與料的語言，我們永不陷于錯誤，即使我們所看到的只是幻象，由於我們使用感覺與料語言，藉以建立的經驗命題不可能有錯誤的情形。

感覺與料論有它的理論困難。如果說，就經驗的觀點外界事物一律可還元爲感覺與料，這所謂感覺與料的眞正性質又是什麼？此派哲學家們對於此一問題就沒有找到令人滿意的答案。再者，此派哲學家信奉奧坎剃刀的原則(the principle of Occam's razor)，主張「如無必需，不可擅加實在」。反對感覺與料論者立刻可以攻擊說，「感覺與料」這個名辭本身豈非一種變相而不必要的「實在」(reality)？除非能够搬出感覺與料的眞正性質，此一名辭豈非等於虛名而已？再者，在我們沒有知覺感覺與料之前，我們如何證明未被知覺的感覺與料獨立存在着？然則感覺與料語言之取代了事物語言，反而徒增「實在」，引起更多的理論困難。

爲了避免這些理論困難，美國新近的知識論者如 Chisholm 等人改爲主張一種呈象說。根據此一理論，人類的知覺經驗之中唯一具有絕對而直接的明證性(absolute and direct evidence)的既不是外物的直覺，亦不是感覺與料的知覺，而是知覺主體的知覺事實。此派哲學家特別藉用語言解析主張說，「x顯着白色」這個命題不一定是確實不可置疑的，不論x是外界事物或是感覺與料。如果只就知覺主體的實際知覺作用過程這一點改說「我現覺白色」("I am sensing whitely" or "I am appeared to white"), 或更精確地說「我宛似現覺白色」("It seems as if I were sensing whitely" or "It seems as if I were appeared to white"), 此一經驗命題就可以具有直接明證性而不可置疑 (indubitable), 足以構成知識論的最基層命題 (basic proposition)。乍看之下, 此一知覺現象的語言表達似乎完整地記述了知覺現象的存在明證性, 因爲完全不必預設所知覺的對象(不論其爲何物)。然而這又引起另外一種理論困難。譬如, 我爲何一定要說「我宛似現覺白色」而不說「我宛似現覺我所宛似現覺者」("It seems as if I were sensing as-if-I-were-sensing-ly")。我所以還能指出特別顏色(如白色而非其他非白色), 正顯示着宛似現覺的表達方式仍關涉到某種經驗內容, 而此內容本身的提出多少總要超出純粹知覺作用過程之外。此派知識論者所欲表達者, 最後變成上述一種空無知覺內容的套套絡基式(tautological)的語句, 還是解決不了知覺性質及其解析的問題。

感覺與料論與宛似現覺說如果無法滿意地解決知覺性質與解析的問題, 我們是否又要回到古典英國經驗論者洛克以來的老路呢? 事實上在美國哲學界最近又有人開始摸索此一老路, 有些主張實在論, 有些則主張外物爲因論。

主張外物爲因論者, 一方面肯定外物的實在, 另一方面藉助於神經學的研究, 建立一種所謂知覺電視說(television theory of perception), 此說把感覺與料與外物的關係比喻成爲電視上所看到的映象與原在照相機前表演的演員。我們所直接看到的仍是感覺與料, 而此感覺與料是以外物爲本因 (original cause)的。換言之, 我們經由神經機制與外物反射出來的光線媒介看到外物爲因的映象, 正如我們經由相機與電波的媒介看到原來演員的表演動作爲因而顯現在電視鏡頭的映象, 道理完全一樣。這種理論可以說是感覺與料論與實在論的新結合, 企圖建立外界事物與感覺與料之間的因果關係。

又有些新派實在論者由於 Austin 日常語言解析的影響，肯定常識人日常使用着的事物語言爲唯一實在可靠的表達方式。此派語言解析的實在論者所以回到常識路線，乃是由於發現感覺與料論與宛似現覺論者所建立的知覺語言太過技術化，反而離脫日常語言而容易墮於戲論的緣故。

上述有關知覺問題的哲學理論也同時關涉到科學哲學以及一般經驗知識問題的探討。舉例來說，美國現在的知識論大體上可分兩派，一派主張知識系統的建立來自感覺經驗上具有絕對而直接明證性的一個個孤立着的最基層命題。換言之，帶有知覺明證性的個別基層命題之系統化就是知識建構的步驟。此派知識論者比較同情或接受感覺與料論或宛似現覺論的主張。另一派所謂有機的或統體的 (organistic or holistic) 知識論，則根本否認所謂個別基層命題的存立根據，而以知識系統的建構比喻成爲 Neurath 所云，海員們在大洋不斷翻修船隻的過程。科學知識的形成永遠就是整體性的科學假設之建立或是科學方法論以及科學語言之嘗試建構過程。此派有機論的知識論者自然不會同情感覺與料論的知覺理論。

五、倫理學

倫理學的研究在近年來的美國大致分爲三類。第一是純記述性的倫理現象探討，可以稱爲科學的倫理學 (scientific ethics)，乃屬一般文化人類學家、歷史學家、心理學家或社會學家的研究領域。偶而我們也會看到哲學的倫理學家參與這一種對於不同社會的人倫現象之記述工作。最著名的例子是 Richard Brandt 對於 Arizona 州的 Hopi 印地安族以及 John Ladd 對於美國西南部 Navaho 印地安族所做的調查工作。Brandt 與 Ladd 兩位都是美國當代倫理學研究的領導者，他們都親自進入印地安人的半原始性社會，透過當地人的通譯，得以直接觀察與如實記述一個特殊社會裏的人們在倫理方面所表現出來的規範意識、人倫觀念、行爲規範等等。這種科學的倫理學研究，可以幫助我們對於各種不同社羣在道德意識及行爲所顯示着的同異性，也同時幫助我們重新了解、解釋、支持甚或創建一種倫理學說（ethical theory）的事實根據。Brandt 與 Ladd 所做的記述工作，分別形成 *Hopi Ethics: A Theoretical Analysis*（*1954*）與 *The Structure of a Moral Code: A Philosophical Analysis of Ethical Discourse Applied to the Ethics of the Navaho Indians*（*1957*）這兩本書。

第二類現代倫理學的研究領域是規範的倫理學（normative ethics）。規範的倫理學首先研究各種從古以來所存在過的種種倫理學說，目的是在解析與比較這些倫理學說的基本構造與內容，從中設法求得哲學上可支持性較高的倫理學說。依據規範的倫理學觀點而言，任何完整的倫理學說必須能够提供對於以下各種問題的理論解決：(1)具體地指導人類行爲，道德規範以及社會規範（ethico-social norms）究竟是什麼？(2)兩種或兩種以上道德的以及社會的規範旣有衝突的可能，每當此種衝突或矛盾之時，應有何種道德原理（moral principle）做爲決定倫理判斷的最高規準？(3)對於各種倫理概念，如義務（obligation）、責任（responsibility）、正義（justice）、good（善）、right（正當）等等，有否具體的界定？(4)有否提供能够引導人類的實際道德行爲的一種道德的推理（moral reasoning）或道德的論辯（moral argument）。近年來，最重要的規範倫理學的研究題材是所謂義務論（deontological theory）與目的論（teleological theory）的論爭問題。後者主張決定道德上的對錯或道德義務爲何的根本規準，存乎非道德的價值（non-moral value）。換言之，最後的準繩端在道德行爲能否直接或間接地帶來善惡至少平衡或善多於惡的結果。此所謂善惡，並不指涉道德價值意義的善惡，而是指涉有關道德性的知識、自我實現（self-realization）、完善（perfection）、美（beauty）、快樂（pleasure）等等而言。大致地說，目的論的倫理學說屬於結果論（consequentialism），不承認道德義務或道德行爲本身的正當性能够離脫道德行爲所產生出來的結果。

此派倫理學說最重要的代表是樂利論（utilitarianism），又稱功利主義或效益論。樂利論者主張決定行爲正當與否的最高原理是樂利原理（principle of utility）。換言之，一種行爲之正當與否端看它是否能够帶來最大程度的善多於惡（the greatest possible balance of good over evil）或最小程度的惡多於善（the least possible balance of evil over good）。譬如現有兩種道德行動可以選擇，如果行動A帶來50點善（樂利）與10點惡（反樂利）給整個社會，而行動B則帶來100點善（樂利）與90點惡（反樂利）給社會。按照樂利主義者的計算，行動A應較行動B爲正當。不過今天美國的樂利主義者還未達到一個共同的結論：所謂最大程度的善多於惡與最小程度的惡多於善究竟如何界定，或如何計算，藉以提供人們抉擇道德行爲具體的指導方針。

樂利論又分爲兩大派，一是行動樂利論（act-utilitarianism），另一是規則樂利論（rule-utilitarianism）。前者主張道德行動只受一個原理規制，即是樂利原理。行動的正當與否，完全在乎是否它能帶來更多的樂利或更少的反樂利。規則樂利論反對此說，謂如果每人按照他個人的樂利計算去採取行動，反而常常帶來更多的反樂利，因此最高原理（即樂利原理）與個別的道德行動之間還要有約定俗成的規則（道德的社會的），以便人們按此具體的規則採取行動。約定俗成的規則（譬如交通規則或然諾規則）決定個別行動的正當與否，而樂利原理決定個別規則的好壞（即是否增樂利及或減樂利）。如果個別規則的遵守常常帶來更多的反樂利，而終致背反樂利原理，則可撤消或修正。然而規則未經撤消或修正之前，個別行動仍應遵守該一規則。如此規則樂利論採取⑴個別行動──→⑵約定俗成的規則羣──→⑶樂利原理的三層兩段式道德推理步驟，而行動樂利論者則省却了中層的規則系統。以上二派直至今日仍在論辯不休。還有更複雜的問題是：表面上這兩派的樂利論似乎不同，就其深層構造（underlying structure）看，它們是否完全一樣？這個問題又與如何界定樂利原理以及如何精確地計算樂利之增減息息相關。與目的論的倫理學說相對立的是非目的論或義務論的（non-teleological or deontological）倫理學說，可以包括倫理的直覺論，傳統的耶敎倫理，康德式的倫理學說等。在今日的美國，仍有不少倫理學家循此理路，試予樂利論者以理論的反擊。義務論者不承認樂利原理是道德行爲的最高規制原理。他們認爲，有時一種道德上正當的行爲反而可能帶來更多的反樂利或更少的樂利。換言之，道德行爲之正當與否完全存乎行爲本身之正當性或義務性。譬就然諾（promise）而言，樂利論者不能承認然諾本身有道德意義，因爲然諾之所以具有道德意義乃是在乎然諾的兌現是否增加樂利或減少樂利，就然諾本身去發現道德價值是毫無意義的。義務論者則認爲，然諾及其兌現就是一種道德價值或意義，除此而外，就行爲結果去尋找道德性，完全誤解了倫理的本質。義務論本身也產生了一種不易解答的問題：如果道德價值或意義存乎道德義務本身，則道德義務的形成，究竟依據什麼？對此問題，義務論者多半回答說，這是基於人類良心（conscience）或道德的直覺（moral intuition）。目的論者反對此說，謂這種訴諸直覺的說明太過神秘，等於沒有置答。

義務論又分爲行動義務論（act-deontologism）與規則義務論（rule-deontologism）兩派。前者主張判斷義務之是否道德的，全在個別的情況與個別的行動之性質如何。行動義務論者認爲個別不同的情況所產生的行動抉擇本身決定道德的正當與否，而與任何所謂道德規則毫不相干。換言之，行動義務論者不承認規則有道德價值或意義。實存主義倫理學（existentialist ethics）常被看成此一倫理說的佳例。至於規則義務論者（rule-deontologists）則主張說，行動之正當與否決定於一個或一個以上的道德規則，譬如然諾規則（promising rule），言誠原則（truth-telling rule）等等。

不論是目的論或義務論，都對所謂道德的兩難（moral dilemma）或道德的衝突（moral conflict）問題感到棘手而難於解決。這也是所有倫理學說最感棘手的道德課題。傳統的倫理學很少討論及此，還是到了最近才慢慢被人提出。所謂道德的兩難，是指道德重量幾乎相等的兩種義務擺在眼前，但因當事人不能在同一時間踐行這兩種義務，迫不得已抉擇其一。譬如雙親同時掉入水中，我無法同時解救他們，道德的兩難就是救父則失母，救母則失父，我只能抉擇其一。但在道德的兩難場合，決定行動抉擇的規準何在？又，假定今晨鄰居夫婦託我照顧他們病弱的嬰兒到下午二時他們辦理要事回來爲止。到了下午二時他們未守諾言，還未歸來，而我在下午三時有很重要的約會，不能違約。於此道德的兩難是：如果赴約，嬰孩無人照顧，違背人性原理（principle of humanity）；如果看守嬰孩，無法赴約，有違然諾原則。一般義務論者或直覺論者會下結論說，人性爲重，然諾爲輕。樂利論者則依樂利原理，決定行動的取捨。

倫理學的第三領域是由於解析哲學的影響而逐漸形成的一種新的研究領域，就是所謂解析的倫理學（analytic ethics）或後設倫理學（meta-ethics)，也稱批評的倫理學（critical ethics)。後設倫理學的研究旨趣是在設法解答下列一些邏輯性的知識論的及或語意學的問題：⑴道德判斷所使用的概念或名辭，如「善」(good)、「正當」(right)、「惡」(evil)、「正義」(justice)、「義務的」(obligatory) 等等，它們的意義或界說究竟是什麼？包含這類名辭或概念的道德判斷又具有什麼特性、意義或作用？再者，規定這些名辭或概念的規則又是什麼？⑵上述名辭在道德上的用法與在非道德上的用法究竟如何分辨？一般地說，所謂「道德的」與「無關道德的」(non-moral) 有何意義上的區別？⑶與上述名辭或概念相關的名辭或概念，如「行動」(action)、「良心」、「自由意志」、「意向」(intention)、「然諾」(promising)、動機 (motive)、責任 (responsibility)、「理由」(reason)、「自願的」(voluntary) 等等的意義解析又是如何？⑷倫理判斷或一般價值判斷能否證明，或論證 (justify)？如果可能，則又如何地可能？這一類解析性的或非規範性的倫理學課題多半是二次大戰結束前後在英美兩國逐漸形成的。後設倫理學的建立與發展可以說是近年來英美倫理學的一大成就。

關於道德名辭或概念的意義或界說問題，到目前爲止，大致分爲可認知論 (cognitivism) 與不可認知論 (non-cognitivism) 兩派。前者又分界定主義 (definism) 與不可界定主義 (non-definism) 兩派。界定主義的主要代表是自然主義 (naturalism)，主張一切所謂價值名辭或概念皆可還元而爲自然的或價值中立的名辭或概念。譬如「善」這個價值名辭可界定爲「可導致調和的幸福者」(being conducive to harmonious happiness)，「經由反省所願欲者」(desired upon reflection) 等等。自然主義者對於價值名辭的還元或界定仍未獲致定論，祇是對於界定的方向有一共同認識而已。至於非界定主義的代表則是直覺論 (intuitionism) 或義務論 (deontologism)。此派認爲道德名辭或概念如「善」，

「正當」等，永不可能有價值中立的還元或界定，蓋因道德的領域與非道德的領域根本不同，不能混淆的緣故。

不可認知論否認道德判斷客觀地眞，同時否認有所謂客觀的道德知識。換言之，此派主張所謂價值判斷根本不是具有眞假的邏輯性判斷。此派的首要代表是情緒論（emotivism)，認爲價值判斷表達說話者的主觀態度，且同時帶有感情說服聽者接受或傾向說話者的道德判斷立場的勸誘作用。

又有一種所謂記述的相對論（descriptive relativism)，主張不同的社會所形成的價值判斷基本上是殊異而衝突。換句話說，沒有一個社會群所構成的價值判斷系統可以獲有行諸四海而皆準的理論證憑（theoretical justification)。

由於篇幅上的限制，作者在此只能簡介三、四種後設倫理學中，比較重要的學說，藉以暗示近年來這一方面的探討趨勢而已。對於此一新興的倫理學課題具有興趣的讀者，不妨按照附錄所列書目去做進一步的研究。

六、中國哲學的方法論建構問題：如何接受現代美國哲學的方法論挑激

以上略爲論述美國近年來的哲學研究一般趨向。作者現在所要提出的問題是：這對中國哲學本身的重整或重建究竟可望有何挑激或影響？作者所以提此一嶄新問題，乃是鑒於中國哲學發展至今已有兩千五百年的歷史，而攻治中國哲學的學者多半始終不肯放棄傳統的哲學思想表達方式，致使中國哲學的重建問題一直無法獲得現代化的解決。讀者也許

會問，中國哲學與西方哲學的基本課題（basic subjects）與探求精神（spirit of inquiry）大有不同，我們有何需要跟從西方哲學（尤其現代美國哲學）的思考方式，將我們固有的哲學思想現代化。作者在此所說的中國哲學現代化（modernization），並不是要全盤改變中國哲學的內容或義蘊，而是主張新的問題設定（a new way of presenting the problems），新的中國思想表達方式（a new way of expressing Chinese thought），以及中國哲學全盤性的方法論建立（an overall methodological orientation of Chinese philosophy）等等，確是迫不及待的首要工作。作者每每讀到繼承以及發揚中國傳統哲學（尤其儒道佛三家思想）的老前輩的著作，就有一種感想：論述或疏解中國傳統哲學思想，為何仍要使用兩千多年來無甚變化的語言表達？為何永遠脫離不了大量的引經據典？假如從這類著作去掉經典引句，到底剩下多少著者本人眞正的觀點或創見？為什麼在這類著作很少看到一種具有銳利的批評精神？尤其在儒家系統，為何多半的現代學者祇能做到申論孔孟思想的偉大，而不願平心靜氣地探討所謂儒家聖人的思想功過（pros and cons）之兩面？中國傳統思想既然富有哲學性的內容，我們難道不能透過方法論的嚴格訓練，以不具曲解或偏見的公平態度，重新設定中國哲學特有的課題，重新發現清楚而精確的（clear and accurate）的表達方式等等，現代化地建構我們固有的哲學思想？作者認為，如果我們踐行不了傳統哲學的現代化重建工作，再過一兩個世紀，由於後代的人無法了解傳統的表達方式，中國哲學恐會變成一種老古董，遑論所謂繼往開來。在這篇論文之中，作者無法藉題申論解決這類問題的所有可能線索，因為這等於要作者自己另寫一部中國哲學史論。我們在此祇能特就一兩個典型例子暗示現代化的建構嘗試可能性，藉以拋磚引玉就是了。作者願就孟子的性善說與倫理直覺論（ethical intuitionism）兩點，例示如何可能經由現代美國哲學（尤其語言解析與後設以及規範倫理學）的方法論挑激，重新整理或建構中國固有的思想遺產。

譬就孟子與告子有關人性之四辯來說，孟子攻告子無善無不善之論，就表面結構言，好像是一種邏輯的辯論，其實仔細地研究，不難看出，就深層結構言，孟子是藉用類比（analogy）標榜基於道德自覺的價值感所建立而成的人性本善之說。近年來在美國哲學界所盛行的解析的方法論可以幫助我們重新發現與澄淸孟子性善說之眞諦。作者在此提示現代化地建構孟子性善說可獲支持的論辯之種種。

關於人性、道德、宗教之類的價值問題，我們不能使用純邏輯性的論辯，因爲邏輯本身並不能徹底地解決這類問題。我們對於此類問題能够使用的論辯，乃是一種訴諸人之情理的論辯（*argumentum ad hominen*）。作者認爲，如果孟子一開始就分辨這兩種論辯，而同時聲明性善說是覺醒人類道德自覺的價值感而在道德的說服脈絡範圍之內（within the context of moral persuasion）所建立的訴諸情理的論辯，則不但可以澄淸他的性善論見地，同時更可以具有說服他人接受性善論的力量。

作者曾經受過語言解析的方法論以及規範與後設倫理學方面的訓練，特別感到我們迫切需要方法論地（methodologically）重整或重建中國傳統的哲學思想，俾能彰顯它的現代意義出來。依據這種新的見地，作者認爲孟子對於性善說可以嘗試下列六種理論辯明。其中前五種可在孟子書中尋出材料，只是孟子沒有進一步做哲學的理論化（philosophical theorization）工作而已。

第一論辯可以叫做「直覺四端之論辯」（argument from intuitive "Four Beginnings"）。此一論辯所根據的材料在孟子書中出現兩次，一在「公孫丑」章句上六，一在「告子」章句上六。孟子此一論辯，相當清楚而有力。孟子曾說「人之所以異於禽獸者幾希」(「離婁」下), 就在人生而具有惻隱之心(不忍人之心), 羞惡之心, 恭敬(辭讓)之心以及是非之心。此四端如能自然推廣, 則形成仁義禮智, 即所謂人倫道德(human morality)。孟子所擧最顯著的例子是, 當人見到孺子將入於井, 皆有怵惕惻隱之心, 完全是自動自覺的, 絕非後天的習慣或教養而生者。孟子在此眞正的意思是, 人生而具有一種直覺性的道德生命的火花或可能種子, 不論它是多小, 如果適當地培養, 終可成聖。所謂四端, 只就道德生命的自覺之萌芽可能性說, 並不就其實際的成長(實現)說。也許有人非難, 世上雖有不忍人之心的事實, 也同時有殺人放火的事實, 我們沒有理由特別强調前者而下結論說人性本善。我們可以替孟子辯解說, 歸根結底所謂四端乃是一種高層次的價值肯定, 而非低層次的事實判斷。孟子並未如此說, 但不得不如此說, 否則孟、告二子之辯永不能澄淸。

如果上述直覺四端之論辯說服力量不足, 孟子還可提出所謂「道德的平等性及可圓善性之論辯」(argument from moral equality and perfectibility)。孟子曾說, 人人皆可成爲堯、舜, 意思是說, 如果人是生而平等, 祇能是道德的絕對平等, 而不可能是社會的、經濟的、政治的甚至法律的絕對平等。且在人間世, 確有道德生活的可圓善性存在(譬如耶穌、釋迦、堯、舜、孔、孟等), 理論上勢必預設(presuppose)人生而具有性善的直覺, 不論是大是小。如果人之本性無善可言, 所謂道德人格的圓滿成就就等於紙上談兵了。

第三種論辯可以稱爲「教導效率性之論辯」(argument from pedagogical effectiveness)。孟子曾說, 「萬物皆備於我矣!」(「盡心」章句上)又說:「學問之道無他, 求其放心而已矣!」(「告子」章句上)。從孟子的性善說觀點來看, 敎導人們爲善, 就是促其仁義禮智的道德本性之自覺（self-awakening of the moral nature）。當一個教師教導小孩爲善，與其告訴小孩人性本惡或本無所謂善惡，就教育上的效率言，還不如告訴他人是生而具有異於禽獸的一種爲善去惡的可能性（moral potentiality），道德人格的發展祇不過是自然培育原有善性之種子而已。雖然孟子沒有明白地這樣說，他確可以說，就教育的效率而言，性善說要比任何人性論有價值意義。因爲我們如一開始告訴小孩他的本性是惡，就很難說服他爲善去惡。此一論辯在孟子書中不够明顯，但可以推演出來。

另一論辯是「道德自足的論辯」（argument from moral self-sufficiency）。孟子曾說：「廣土衆民，君子欲之，所樂不存焉；中天下而立，定四海之民，君子樂之，所性不存焉。君子所性，雖大行不加焉，雖窮居不損焉；分定故也。君子所性，仁義禮智，根於心，其生色也睟然，見於面，盎於背；施於四體，四體不言而喻」(「盡心」句上)。他可以根據君子乃至聖人的道德之自足，論辯我們所以能在聖人君子的生活之中發現道德的完善與永恒淨福的一致（identity of moral perfection and eternal bliss），乃是由於他們生而具有本心或仁義之心，日日擴廣培育，終爲天民。若謂人性本無所謂善，而仁義道德乃外鑠者，則不可能有道德的完善與永恒淨福的一致可能性。惟有肯認仁義道德是由內向外推廣，而非由外鑠入人心，我們才能談到道德的自足。具有完整的道德人格者永恒淨福自然隨之而生，因爲「萬物皆備於我」(「盡心」句上)之故。人只要肯「反身而誠，樂莫大焉」(「盡心」句上)，必要之時捨生取義在所不惜。這又關聯另一論辯，不妨稱爲「自願捨生取義之論辯」（argument from man's willingness to lay down his own life for the sake of the principle of *Jen-Yi*）。

孟子談過捨生取義這種道德的極端情況（moral limit-situation）

下的行動抉擇問題，却未依此建立一種足以支持性善說的論辯。孟子曾以魚與熊掌二者擇一的比喩，强調任何人在道德的極端情況皆應依照仁義原理（儒家之最高規制原理）捨生取義。孟子實可進一步論辯，如果人非生而本善，爲何世上有人願意犧牲自己的生命成就仁義？如果仁義不是人之本心自然推廣而成，或如果所謂人倫道德只是約定俗成（conventional）甚或社會所强制而形成者，則又如何說明捨生取義的道德行爲？

作者認爲，孟子可以建立更强而有力的一種論辯，與上述「自願捨生取義的論辯」相輔相成。美國近年來的倫理學家常常討論一個後設倫理學的問題，即「我爲什麼要有道德？」(“Why should I be moral?”)的問題。假定現在有位理性很高，懂得論辯，而又極端自私的人發問：「我不懂人所以要有道德的根本道理」，我們（理論上）將如何說服他？對此問題，在後設倫理學中大體上有兩種解答。第一個解答是，一個人所以應有道德，是由於就長久的人生過程來看，道德的實踐會帶來一個人的幸福或自我成就（self-fulfilment）。這種解答是把道德當做個人所欲求的某種人生目標（譬如幸福）的一種必要手段。此一理論的困難，首先是在道德的尊嚴性有所喪失。同時，它無法解答爲何一個人在極端情況下有時不得不捨生取義。一個理智極高而又絕對自私的人可以辯難說，他可以了解爲何有時需要犧牲一點他個人的利益，因爲他對別人友善，幫忙等等終有一種個人樂利上的收穫(譬如社會人士的讚許等等)；然而他看不出爲什麼一個人要有道德到必要時捨生取義的程度。因爲人生只有一次，如果捨生取義，還有什麼個人樂利上的收穫可言。

另一種解答是康德般（Kantian）的解答，就是說一個人所以應有道德，乃是由於有道德是正當不過的事。這個解答雖然避免了有損道德尊嚴性的理論困難，却產生了其他困難：此一解答不過是套套絡基式地

(tautologically) 強調「一個人應做道德上正當的事，祇因它是道德上正當的」(One ought to do what is morally right simply because it is morally right)。再者，此一理論與上述理論一樣，無法解答為何人要捨生取義。那位自私而聰明的人如果是不信宗教的人，耶教等等皆無法說服他要捨生取義，而在所有西方倫理學說之中也差不多找不出理由說服他為何有時人要有道德到不得不犧牲自我生命的程度。然而捨生取義，不但有此事實，且有道德上的必要性。譬如看到自己的子女甚或其他兒童在街上面臨生命的危險，做為大人應有捨生挽救兒童們生命危險的道德義務。又如一位士兵，為了國家的生死存亡甚或世界和平的目標也隨時需要在戰場上冒着生命的危險從事於戰鬪工作。既是如此，我們又如何說服那位自私聰明的人士（至少在理論上）承認捨生取義的道德必要性呢？孟子的性善說於此似乎較諸任何倫理學說來得強而有力。孟子可以反問這位人士：「你說一個人為何需要有道德？因為人性本有善種，此所以異於禽獸之處。人性既然本善，如能推廣本心，你自然會達到在極端情況下有時也得需要捨生取義的這個結論。換言之，仁義是由內而發，捨生取義祇是固有的本心自然擴張的結果。人之所以異於禽獸者幾希，就在人生而具有自尊心、不忍人之心、羞恥之心等等。除非你承認自己是禽獸，你不得不帶有道德自覺的價值感，在人性的高層次肯定性善。如果祇因你貪生怕死，不願承認自己是人 (a person)，則與自認禽獸無異。如此，假定我們把你當做禽獸，扔出人類社會之外，你同不同意？」對於此一孟子般 (Mencian) 的論辯，那位人士恐怕難於找出更充足的理由支持他那極端自我主義的主張了。就作者對於孟子性善說的了解，他的確可以建立這個論辯的。作者通過後設倫理學的熱門題材「我為什麼要有道德？」的探討，在此方法論地建構一種「有必要解答我為什麼要有道德此一後設倫理學問題的論辯」(argument from the necessity of solving the meta-ethical problem "why should I be moral?"), 旨在現代化地試予重建孟子性善說, 而儘量不致曲解孟子原意。

我們再舉一個規範倫理學的例子說明美國近年來的倫理學探討對於儒家倫理體系的重新構築可能帶來的衝擊或影響。儒家倫理的中心思想是在仁義原理。孟子的最大貢獻在乎給予儒家倫理以人性論的奠基, 同時繼承孔子仁的概念與義利之辨的倫理思想, 結合仁與義爲儒家最高道德原理。孟子說:「仁, 人心也; 義, 人路也」(「告子」上)。又說:「由仁義行, 非行仁義也」(「離婁」下)。義是道德上的當爲 (moral "ought")。具體地說, 是在一切道德的情況依仁採取最爲適宜的道德行爲的實踐原則。在各種不同的道德情況踐行仁義原理, 需要明智的決斷, 這就涉及「經權問題」。經是永恒不變的道德原理, 權是適宜地解釋經在不同的道德情況下所彰顯着的具體義蘊, 而作最爲正當合宜的道德判斷與實存的道德抉擇。在美國最近的倫理學研究, 有一嶄新的討論題材, 就是有關道德的抉擇與道德的兩難問題, 這也就是儒家倫理中的所謂經權問題。現代倫理學中此一熱門課題, 早在先秦儒家的倫理學說中構成重要的哲學題材, 正可例示儒家倫理在現代倫理學中仍有不少值得發掘的理論寶藏。

在孟子之前, 孔子已經注意到經權問題的重要性。他說:「可與共學, 未可與適道, 可與適道, 未可與立, 可與立, 未可與權」(「子罕」第九)。孟子接着發揮「權」義, 對於道德的兩難情況的行動抉擇問題, 已有精銳的透視。孟子說:「男女授受不親, 禮也; 嫂溺援之以手, 權也」(「離婁」上)。這是解決經權問題的最佳例子。於此不難看出, 孟子已經充份把握經權問題在倫理學上的重要性, 而能適爲援用仁義原理解消禮 (社會規範) 與仁 (人性原理) 之間的矛盾。我們不但在孔孟二家發現經權問題的重視，在其他先秦儒家的典籍也看得到有關此一問題的討論。譬如「中庸」所云「時措之宜」(第二十五章)，「君子之中庸也，君子而時中」(第二章)，大學所云「絜矩之道」(第十章)，乃至「公羊傳」所云「權者，反於經然後有善者也」(桓公十一年)，都關涉着經權問題。如何把儒家經權問題的討論與解決現代化地發揮光大，確是一件很有意義的工作。

然而孔孟之教也不是完全沒有理論的瑕疵。譬如孔子嘗云：「吾黨之直者異於是。父爲子隱，子爲父隱，直在其中矣」(「子路」)。孔子過份强調父慈子孝的結果，終忽略了家庭倫理與社會倫理可能有所衝突的道德兩難性問題。孟子雖然正式提出經權問題而試予解決，但因未予顧及與此息息相關的所謂道德判斷一般化 (generalization of moral judgment) 或可普遍化性 (universalizability) 的問題，也與孔子一樣，犯過錯誤的道德判斷。最顯著的例子是在「盡心」篇句上的舜負瞽瞍(卽舜父)而逃的故事。玆將有關的一段抄列如下：

> 桃應問曰：「舜爲天子，皐陶爲士：瞽瞍殺人，則如之何？」孟子曰：「執之而已矣！」「然則舜不禁與？」曰：「夫舜惡得而禁之！夫有所受之也。」「然則舜如之何？」曰：「舜視棄天下，猶棄敝蹝也。竊負而逃；遵海濱而處；終身訢然樂而忘天下。」

表面上看來，孟子似把國法與私情分得明白，天子之父犯法，亦不能禁止司法官前來拘捕，好像具有近世法律平等的精神。然而仔細省察，不難發現一種很嚴重的理論困難。孟子在同一「盡心」篇句下說：「吾今而後知殺人親之重也。殺人之父，人亦殺其父；殺人之兄，人亦殺其兄。然則非自殺之也一閒耳！」這就是說，人之不可彼此相殺，乃是基於儒家所倡仁恕之道。依照孔子所倡「己所不欲，勿施於人」的恕道，人倫的成立根據是在人與人間的道德互恕性(moral reciprocity)。據此推論，殺人之父兄等於間接地殺了自己的父兄。舜父殺人，等於殺己之父兄，於情於理逃不出國法之制裁，而孟子竟謂「竊負而逃……終身訢然樂而忘天下」，實在有違恕道。孝道與恕道有所衝突或矛盾之時，儒家倫理的解決方式常是偏重孝道，犧牲（具有社會倫理意義的）恕道。這可以說是儒家倫理最大的缺點。尤其在現代社會裡，社會倫理的重要性常常超過家庭倫理，孔孟之敎於此必須適當地修正，否則很難被現代人接受。上面已經暗示，美國近年來的倫理學討論課題之中，有一項是康德式的道德判斷普遍化問題。現代倫理學常如此地設問：「假定所有的人都採取同樣的行動，後果又將是如何？」(“What if everyone did the same?”)。這裡所謂「假定」，是理論上的「假定」，不必是事實上的假定。我們可以應用此一設問非難孟子說：「假設每個人在同樣的道德情況（即己父無故殺人）下，與舜一樣竊負己父而逃，整個社會又將變成如何？」問題不在是否各個父親都會眞正殺人，而是在乎理論上設定此種可能性時所形成的道德判斷一般化之結果如何。換言之，道德判斷之形成，與事實並不相干，却與恕道（道德的平等性）關係甚切。作者深信，如果我們誠心誠意接受一些美國近年來的哲學方法論探討之成果，援用到儒家倫理甚或道、釋二家哲學思想的重建乃至改善，當可大大期待中國哲學的繼往開來，而彰顯它在現代世界哲學上的價值與意義了。

〔附錄〕參考書目舉要

(1) Paul Edwards, ed., *The Encyclopedia of Philosophy.* 8 vols. 1967.

(2) Elizabeth and Monroe Beardsley, eds., Prentice-Hall Foundations of Philosophy Series, including:

(2- 1) Virgil Aldrich. *Philosophy of Art.*

(2- 2) William Alston, *Philosophy of Language.*

(2- 3) Stephen Barker, *Philosophy of Mathematics.*

(2- 4) Roderick Chisholm, *Theory of Knowledge.*

(2- 5) William Dray, *Philosophy of History.*

(2- 6) Joel Feinberg, *Political Philosophy.*

(2- 7) William Frankena, *Ethics.*

(2- 8) Martin Golding, *Philosophy of Law.*

(2- 9) Carl Hempel, *Philosophy of Natural Science.*

(2-10) John Hick, *Philosophy of Religion.*

(2-11) John Lenz, *Philosophy of Education.*

(2-12) Richard Ruder, *Philosophy of Social Science.*

(2-13) Wesley Salmon, *Logic.*

(2-14) Jerome Shaffer, *Philosophy of Mind.*

(2-15) Richard Taylor, *Metaphysics.*

(3) F. A. Tillman, ed., Sources in Contemporary Philosophy Series, Harper & Row, Publishers, including:

(3- 1) William H. Dray, ed., *Philosophical Analysis and History.*

(3- 2) Stuart Hampshire, ed., *Philosophy of Mind.*

(3- 3) Avrum Stroll, ed., *Epistemology.*

(3- 4) A. J. Ayer, ed., *Essays in Perception.*

(3- 5) Ninian Smart, ed., *Philosophy of Religion.*

(3- 6) J. J. Thomson and Gerald Dworkin, eds., *Ethics.*

(4) J. W. Cornman and Keith Lehrer, *Philosophical Problems and Arguments: An Introduction.* 1968.

(5) Paul Edwards and Arthur Pap, eds., *A Modern Introduction to Philosophy* (Third Edition), 1973.

(6) John Passmore, *A Hundred Years of Philosophy* (Revised Edition), 1966.

(7) R. M. Chisholm, H. Feigl, W. K. Frankena, and J. Passmore, *Philosophy: Humanistic Studies in America*, 1964.

(8) M. Scriven, *Primary Philosophy*, 1966.

(9) E. Nagel and R. B. Brandt, eds., *Meaning and Knowledge: Systematic Readings in Epistemology.* 1965.

(10) A. G. N. Flew, ed., Controversies in Philosophy Series, St. Martins Press, including:

(10-1) Geoffrey Mortimore, ed., *Weakness of Will.*

(10-2) W. D. Hudson, ed., *The Is-Ought Question.*

(10-3) C. V. Borst, ed., *The Mind-Brain Identity Theory.*

(10-4) Colin Lyas, ed., *Philosophy and Linguistics.*

(10-5) O. R. Jones, ed., *The Private Language Argument.*

(11) Joel Feinberg and W. C. Salmon, eds., Contemporary Perspectives in Philosophy Series, Prentice-Hall, including:

(11-1) A. R. Anderson, ed., *Minds and Machines.*

(11-2) V. C. Chappell, ed., *Ordinary Language.*

(11-3) Nelson Pike, ed., *God and Evil.*

(11-4) George Pitcher, ed., *Truth.*

(11-5) Vincent Tomas, ed., *Creativity in the Arts.*

(12) Baruch A. Brody, ed., Central Issues in Philosophy Series, Prentice-Hall, including:

(12-1) Baruch A. Brody, ed., *Moral Rules and Particular Circumstances.*

(12-2) Hugo A. Bedau, ed., *Justice and Equality.*

(12-3) Mark Levensky. ed., *Human Factual Knowledge.*

(12-4) G. I. Mavrodes, ed., *The Rationality of Belief in God.*

(12-5) Robert Sleigh, ed., *Necessary Truth.*

(12-6) D. M. Rosenthal, ed., *The Mental and the Physical.*

(12-7) Richard Grandy, *Theories and Observations in Science.*

(12-8) Gerald Dworkin, ed., *Determinism, Free Will, and Moral Responsibility.*

(12-9) D. P. Gauthier, ed., *Morality and Rational Self-interest.*

(12-10) Charles Landesman, ed., *The Foundations of Knowledge.*

(12-11) Adrienne and Keith Lehrer, eds., *Theory of Meaning.*

(13) Jerry H. Gill, ed., *Philosophy Today*, No. 1, No. 2, and No. 3., 1968-70.

(14) C. G. Hempel, *Aspects of Scientific Explanation and Other Essays in the Philosophy of Science.* 1965.

(15) E. Nagel, *The Structure of Science.* 1961.

(16) I. Scheffler, *The Anatomy of Inquiry.* 1963.

(17) P. Caws, *The Philosophy of Science.* 1965.

(18) Articles on recent philosophical studies, in *American Philosophical Quarterly*, including:

(18-1) P. K. Machamer, "Recent Work on Perception" (January, 1970).

(18-2) J. A. Shaffer, "Recent Work on the Mind-Body Problem" (April, 1965).

(18-3) M. J. Loux, "Recent Work in Ontology" (April, 1972).

(18-4) J. F. Rosenberg, "What's Happening in Philosophy of Language Today-A Metaphysician's Eye-View" (January, 1972).

(18-5) J. M. Edie, "Recent Work in Phenomenology" (April, 1964).

(18-6) F. G. Weiss and H. P. Kainz. "Recent Work on Hegel"(October, 1964).

(18-7) M. J. Scott-Taggart, "Recent Work on the Philosophy of Kant" (July, 1966).

(18-8) G. B. Kerferd, "Recent Work on Pre-Socratic Philosophy" (January, 1972).

(18-9) R. C. Coburn, "Recent Work in Metaphysics" (July, 1964).

(18-10) H. E. Kyburg, "Recent Work in Inductive Logic" (October, 1964).

(18-11) J. Margolis, "Recent Work in Aesthetics" (July, 1965).

(19) Quine, *Word and Object*, 1960.

(20) ______, *The Ways of Paradox and Other Essays*, 1966.

(21) ______, *From a Logical Point of View*, (Second Edition) 1961.

(22) ______, *Ontological Relativity and Other Essays*, 1969.

(23) Nelson Goodman, *The Structure of Appearance*, 1951.

(24) ____________, *Fact, Fiction and Forecast*, 1954,

(25) S. Shoemaker, *Self-Knowledge and Self-Identity*, 1963.

(26) R. M. Chisholm, *Perceiving: A Philosophical Study*, 1958.

(27) John L. Austin, *Philosophical Papers*, 1961.

(28) ____________, *Sense and Sensibilia*, 1962.

(29) ____________, *How to Do Things with Words*,1962.

(30) C. E. Caton, ed., *Philosophy and Ordinary Language*, 1963.

(31) Paul Ziff, *Semantic Analysis*, 1960.

(32) R. J. Swartz, ed., *Perceiving, Sensing, and Knowing*, 1965.

(33) Morton White, *Toward Reunion in Philosophy,* 1956,

(34) J. O. Urmson, ed., *The Concise Encyclopaedia of Western Philosophy and Philosophers,* 1960.

(35) D. J. O'Connor, ed., *A Critical History of Western Philosophy,* 1964.

(36) John Searle, *Speech Acts,* 1969.

(37) Brand Blanshard, *Reason and Goodness* (Second Impression), 1966.

(38) J. W. Cornman, *Metaphysics, Reference, and Language,* 1966.

(39) W. Sellars and J. Hospers, eds., *Readings in Ethical Theory* (Second Edition), 1970.

(40) Paul Taylor, *Normative Discourse,* 1961.

(41) P. Gauthier, *Practical Reasoning,* 1963.

(42) D. Lyons, *Forms and Limits of Utilitarianism,* 1965.

(43) J. Fletcher, *Situation Ethics: The New Morality,* 1966.

(44) R. L. Cunningham, ed., *Situationism and the New Morality,* 1970.

(45) G. Kerner, *The Revolution in Ethical Theory,* 1966.

(46) H. Castaneda and G. Nakhnikian, eds., *Morality and the Language of Conduct,* 1963.

(47) Marcus Singer, *Generalization in Ethics,* 1961.

(48) R. T. Garner and B. Rosen, *Moral Philosophy: A Systematic Introduction to Normative Ethics and Meta-ethics,* 1967.

(49) R. Brandt, *Ethical Theory.* 1959.

(50) K. Pahel and M. Schiller, eds., *Readings in Contemporary Ethical Theory,* 1970.

(原載一九七三年高布均主編「現代美國行為及社會科學論文集」，三〇一～三四四頁)

儒家心性論的現代化課題（上）

拙論分爲上下兩篇，上篇專就孟子一系的心性論嘗試現代化的哲學證立，而以王陽明致良知教爲孟子性善論的必然歸結。下篇則探討程朱學派的心性論，進而謀求儒家兩大派心性論的現代化綜合，然後比觀儒家心性論與大乘佛學心性論以及西方人性論，而在結論部分暗示創造地發展現代儒家心性論的可能理路。

我以校外考試委員身份，在今年（一九八四）三月二日飛往香港中文大學，停留十天，在該校哲學系曾作兩次演講。其中一次是在三月八日下午，由同窗好友劉述先兄主持，專對以哲學系教授團體爲主的聽衆演講，這裡所登上篇卽是講稿全文，文字上稍有變更。

一、前　　言

去年我在「哲學探求的荆棘之路」下篇（「中國論壇」第十六卷第六期）說過，「我個人覺得，牟（宗三）先生是王陽明以後繼承熊十力理路而足以代表近代到現代的中國哲學眞正水平的第一人。中國哲學的未來發展課題也就關涉到如何消化牟先生的論著，如何超越牟先生理路的艱巨任務」。我今天講「儒家心性論的現代化課題」，可以說是多年來苦讀牟先生的一系列哲學名著所引起來的。超越牟先生的理路則大大不敢，祇能算是自我摸索牟先生的理路所獲致的小小心得。

依照我的了解，牟先生認爲儒家思想（或稱「內聖外王之道」，或依牟先生稱爲「道德的理想主義」）的哲學基礎是在主觀性與客觀性兩重原則：孟子一系的無限心性論（本心本性、仁心善性或良知良能）構成主觀性原則；易庸一系所强調的（牟先生所稱）「道德的形上學」（moral metaphysics）則形成客觀性原則。終極地說，主客兩重原則乃是一而二，二而一，程明道「天理二字的自家體貼」或「仁者渾然與物同體」的「一本」之論可爲例示。

牟先生的看法，我能同意一半。我的意思是說，道德的形上學頂多可與其他形上學思想（如老莊與大乘佛學）爭長競短，並駕齊驅，却很難突出，成爲最具有哲理强制性（philosophical incontestability）或普遍接受性（universal acceptability）的形上學主張。至於牟先生發揮孟子一系的無限心性論所展開出來的道德主體性理路，我是深信不疑的。我們今天的哲學課題是，我們如何現代化地重新建構（reconstruct）與重新建立（reestablish）孟子一系爲主的儒家心性論，一方面向西方哲學家們展示它在哲理上的强制性與普遍性，另一方面證立（justify）它爲倫理道德所由成立的根本哲理奠基理論。

首先，讓我引述牟先生在「我與熊十力先生」（收在「生命的學問」一書）所說的一段話。他說：「有一次，馮友蘭往訪熊先生于二道橋。那時馮氏『中國哲學史』已出版。熊先生和他談這談那，並隨時指點說：『這當然是你所不贊同的』。最後又提到『你說良知是個假定。這怎麼可以說是假定。良知是眞眞實實的，而且是個呈現，這須要直下自覺，直下肯定』。馮氏木然，不置可否。……良知是眞實，是呈現，這在當時，是從所未聞的。這霹靂一聲，直是振聾發聵，把人的覺悟提升到宋明儒者的層次。然而馮氏依舊聾依舊瞶。這表示那僵化了的教授的心思只停在經驗層，知識層上。只認經驗的爲眞實，只認理智所能推比的爲眞實。……自胡適以來，一般名流學者，只停在這層次上。……由熊先生的霹靂一聲，直復活了中國的學脈」。我雖同意，「由熊先生的霹靂一聲，直復活了中國的學脈」，但又覺得，對馮友蘭氏以及世界上（尤其西方）百分之九十九停留在經驗知識層次的學者，光說「良知是眞實，是呈現」，在哲理上未免太過簡易，不够充分。馮氏當然可以反駁說，「就算我的心思僵化，沒有直下自覺的體認吧。但是，如果良知不祇是超驗層次上空空洞洞的口號，它總得呈現在經驗層次才對。如果你拿不出足以說服衆人的論辯强而有力的證立『良知是眞實，是呈現』，而不是假定，你能怪我們停留在經驗知識層次的一大半學者不了解你嗎？光說『良知是眞實，是呈現』，與證明不出上帝存在而又强迫他人信仰上帝的眞實，究竟有何差別？」

我應該承認，牟先生上面一段話好多年來時時擾我心思，逼我思索。今天我就良知的眞實與呈現這一根本關鍵，完全接受。但是，從後設哲學的觀點來看，我們不得不設法證立良知的眞實與呈現；這是儒家哲學繼往開來的必要課題，否則第二個戴東原又會出來，說是儒家永遠抹殺經驗事實，總想「以理殺人」了。我深深覺得，以「批判地繼承並創造地發展」（critically inherit and creatively develop）傳統儒家思想爲己任的現代中國學人，必須藉諸相當嚴格的哲理性論辯（philosophical and metaphilosophical arguments），以理服人，而絕不「以理殺人」。

二、西方追求真理，中國講求道理

牟先生在去年出版的「中國哲學十九講」第二講分辨兩種眞理：一是外延的眞理，多指科學的眞理，具有抽象普遍性；另一是內容的眞理，不能脫離主體性，具有具體普遍性，譬如黑格爾哲學或以儒道佛三家爲主的中國哲學等是。我在這裡稍改牟先生的兩種眞理如下：一是西方的哲學家、神學家與科學家所善於追求的「眞理」(truth)；一是中國哲學家所喜歡講求的「道理」(the Principle of the Way or human reason)。眞理具有普遍妥當性或客觀精確性，在思維方法上藉助於淸晰明瞭的概念分析與層層嚴密的邏輯思考，在實際檢證上有賴經驗事實的符合。嚴格地說，祇有自然科學屬於眞理。道理則建立在開創性思想家的洞見慧識，當然脫離不了主體性的肯認或體認。道理不像眞理，毋需經驗事實的充分檢證或反檢證(sufficient confirmation or disconfirmation)，但絕不能違反、抹殺或歪曲經驗事實。道理的特質是在依據見識獨特而又意味深遠的高層次觀點，重新發現、重新了解並重新闡釋現前現有的經驗事實對於人的存在所能彰顯的種種意義。道理所能具有的哲理强制性與普遍接受性（但絕不是客觀眞確性），本質上是建立在相互主體性脈絡意義的合情合理與共識共認。合情合理指謂道理的强制性；共識共認則指道理的普遍性，意謂相互主體的可體認性與可接受性。如果我們仍想套用「眞理」一辭到道理上面，我們就應該說，道理乃是關涉人存在(human existence)的相互主體性眞理(intersubjective truth)，而非客觀眞理(objective truth)。一般文學藝術的雅俗共賞之理，人倫道德，政治社會思想，歷史文化的了解，乃至哲學上的形上學、心性論、價值論、宗敎哲學等等，皆屬道理的領域。至於心理學、文化人類學以及一般社會科學，則兼攝眞理與道理兩面，與形成純粹客觀眞理的自然科學不盡相同；換句話說，就研究態度與方法言，屬於（科學）眞理，但無法完全擺脫相互主體性道理的條件。

我在下面推演孟子性善論的十大論辯之前，應該預先如此分辨眞理與道理，而特別加以說明，這些論辯如果理據充足，則所證立的性善論也祇成立之爲人人（相互主體性）實存的肯認（existential affirmation）意義下的道理，而與客觀眞理毫不關涉。據我個人的了解，孟子與告子之間的人性論辯所以完全失敗，除了雙方完全忽略「性」字的語意釐定與誤以類比當做邏輯論辯之外，眞理與道理的混淆不淸可以說是主要因素。

三、證立孟子性善論的十大論辯

我在十二年前寫過有關中國哲學重建課題的專論（學生書局出版），特以孟子性善論爲例，嘗試了六大論辯。但從今天的眼光看來，稍嫌粗糙。去年爲了成中英兄的英文雜誌「中國哲學季刊」十週年紀念特刊寫了一篇「孟子一系的心性論——一個現代化的哲學處理」（“The Mencian theory of Mind and Nature: A Modern, Philosophical Approach”），重新建構了性善論的十大論辯，而以王陽明與王龍溪的致良知教總結孟子一系的心性論。我在這裏大體依循那篇英文專論的十大論辯，而以中文重思重寫一次，做爲十多年來探討性善論眞諦的個人定論。

我在下面建構的十大論辯，多半可在孟子書中找到根據或線索。有些是孟子親自明白點出的，有些是他暗示過的，有些是他的話語所蘊含（imply）而他本人不見得深透到的，有些是他理應知道而未及表示的，也有些是我自創而相信他應當印可的。這些論辯的系統化建構，有助於我們了解，以心性論爲例的儒家哲學基本上是講求道理，而非追求眞理的。就方法論言，我處理性善論的現代方式，算是多年來個人所構想的「創造的解釋學」(creative hermeneutics) 的一種應用。

第一是「道德感的論辯」(argument from moral sense)。孟子在告子篇明顯說出，「口之於味也，有同耆（嗜）焉；耳之於聲也，有同聽焉；目之於色也，有同美焉；至於心，獨無所同然乎？心之所同然者，何也？謂理也，義也。聖人先得我心之所同然耳！故理義之悅我心，猶芻豢之悅我口。」孟子以爲，道德感或道德直覺 (moral intuition)，有如感官，是人類天然之性，原本存在，特稱之爲「良知良能」。這個論辯是建立在人的自然本能與道德直覺的類比 (analogy)，但是類比旣不是嚴密的邏輯論證，也不具有道理的强制性，因爲「良知良能」並不是普通意義的（人性低層次的）自然本能。再者，卽使這個論辯可以成立，也不能排除負面人性和私心惡意同時存在的可能性；因此，這個論辯如果成立，旣可證立性善論，亦可證立人性善惡並存並强之說。道德感說在西方也有一些倫理學家提出過，但哲理的說服力量不够充分。道德感說充其量祗能當做孟子性善論的直接肯定或說明而已。

第二是「四端自發的論辯」(argument from the spontaneous "Four Beginnings")，可以看成上面道德直覺之具體化。孟子正面舉出若干實例，藉以論證在經驗層次當下呈現的所謂「四端」必然指點人性本善。孟子說:「所謂人皆有不忍人之心者，今人乍見孺子將入於井，皆有怵惕惻隱之心，非所以內（納）交於孺子之父母也，非所以要譽於鄉黨朋友也，非惡其聲而然也。由是觀之，無惻隱之心，非人也；無羞惡之心，非人也；無辭讓之心，非人也；無是非之心，非人也。惻隱之心，仁之端也；羞惡之心，義之端也；辭讓之心，禮之端也；是非之心，智之端也。人之有四端，猶其有四體也。」

孟子在其他地方也擧了一些實例或「想當然耳」的虛例，以便證明在經驗層次處處可以發現四端的存在；四端祇就道德生命的自覺之萌芽可能性說，並不就實際的成長體現說。譬如滕文公篇有云：「蓋上世嘗有不葬其親者。其親死，則擧而委之於壑。他日過之，狐狸食之，蠅蚋嘬之，其顙有泚，睨而不視。夫泚也，非為人泚，中心達於面目。蓋歸反虆梩而掩之，誠是也。則孝子仁人之掩其親，亦必有道矣。」此一段話語的倫理意涵（ethical implication）是：連上古未開化時期的人類都有起碼的羞惡之心呈現，足以證示他們已懂得在人性的高層次對於自己丢棄父母屍體的不孝行為表示道德的自責自疚，這豈不象徵著以人倫道德為核心的人類文明之曙光開始出現了嗎？

孟子又在告子篇說：「一簞食，一豆羹，得之則生，弗得則死。嘑爾而與之，行道之人弗受；蹴爾而與之，乞人不屑也。」行道之人或乞人由於對方施食的態度不善，寧願挨餓而不受食，倫理學上蘊涵自他人格的尊嚴，康德表現之為「應把一切人格看成目的，永不當做手段」的定言命令，孟子則看成人人本有的羞惡之心。孟子藉用此例想要證明人格尊嚴感的存在事實有其本心本性或良知良能的先天理據（transcendental ground），絕不可能是經由長久的社會規制（social conditioning）所形成的個人後得習慣。我們在這裏不妨比較哈佛大學心理學教授斯基納（Skinner）在他「自由與尊嚴之超越」（Beyond Freedom and Dignity）這本書裏所主張的社會規制說。

大體地說，「四端自發的論辯」比「道德感的論辯」更有說服力量；因為它能訴諸經驗層上足以發人深省的道德現象證立人性本善之說，頗有令人首肯的道理。但是，從社會學、心理學、文化人類學或一般自然主義觀點去看，孟子四端自發之說祇能算是對於經驗層次的道德現象所作的高層次價值判斷或超驗解釋（transcendental explanation）。經驗事實意義的道德現象與道德現象的超驗解釋之間還有一段間隔。執守經驗主義立場的學者多半主張，科學的或記述的倫理學（scientific or descriptive ethics）之應用可以免去這一段間隔。依據記述的倫理學，孟子的四端論辯所舉出的實例或虛例仍有混淆（低層次的）經驗事實與（高層次的）價值判斷之嫌，不可能具有充分的道理強制性或普遍性。不過，我們可以回答說，孟子的四端論辯與偏重自然經驗的任何理論，在道德現象的解釋上至少並行不悖（compatible），如與其他論辯合起來看，當可顯出道理的殊勝所在。

第三是「仁恕論辯」(argument from human-kindness and moral reciprocity)。我們都知道，就字體的結構言，孔子的「仁」字指謂二人，象徵著人倫道德始於人與人間的相互主體性關係。而孔子的「恕」字也指謂「如心」，意即他心如我心，人人原有同心。儒家「仁」、「恕」二字所彰顯的人倫道德普遍性內涵意味極其深長，而儒家所標榜的「仁恕之道」，頗會通著亞里斯多德以來的西方中庸（the golden mean）觀念，或耶穌所云「你要他人照你的意思待你，你得一樣如此待他」(馬太福音第七章第十二節)，分別指點出構成人倫道德不可或缺的根本脈絡（the fundamental context of human morality）。孔子的「恕」或「己所不欲，勿施於人」，是仁道踐行的日常具現化，有其相互主體性意義的道理強制性與普遍性。孟子深深了解到相互主體性的仁恕之道在日常世俗所彰顯著的普遍倫理規範意義，因此處處提及仁恕，更進一步哲理化之爲性善論，當做人倫道德所由成立的心性論奠基。孟子說:「愛人者人恒愛之，敬人者人恒敬之」(離婁篇)；「仁者以其所愛及其所不愛；不仁者以其所不愛及其所愛」(盡心篇)；「吾今而後知殺人親之重也。殺人之父，人亦殺其父；殺人之兄，人亦殺其兄。然則非自殺之也一閒耳！」（盡心篇）等是。孟子這些話語雖未明顯點出人人互恕的道理有其本心本性的根源，至少內在地蘊涵這個意思。

孟子的論點是，仁恕之道旣是人倫道德不可或缺的相互主體性普遍道理，這就必然指點，在人性的高層次有本心本性或仁心善性的眞實存在，否則無法說明仁恕之道何以形成，而爲人人遵守。孟子在倫理學的不朽貢獻，可以說是在人倫道德所由成立的人性論奠基；他是東西哲學史上第一個發現人性論較倫理學佔有哲理優位的絕頂哲學家。

但是，著重科學觀察的社會學家、心理學家與文化人類學家，甚或哲學評論家，仍會反駁說，仁恕觀念不必是生而具有的本然之性，也很可能是社會規制所塑成的後得習慣，又可能是踰越人性事實的一種倫理學的要請（ethical demand）。這裏所謂「要請」，頂多表示儒家（孟子）對於先天的仁心善性眞實存在的願望（wish）；願望與眞實（reality）仍有一道鴻溝。當然，他們至少也得承認，仁恕論辯所要證立的人性本善之說，是有「成立可能」（plausible）的，不容忽視。我認爲，「仁恕論辯」如與其他論辯（尤其下面將要提到的第七、第八兩種論辯）相提並論，當可增加它的道理强制性了。

第四是「敎導效率性的論辯」（argument from pedagogical effectiveness）。這是一種具有實效論證立（a pragmatist justification）形式的論辯。依此論辯，孟子的性善論在道德敎育的應用，當比荀子的性惡論或其他人性論更有實效，也更有意義。依孟子的本意，敎導他人（尤其孩童）做道德上應做的事，就深一層說，卽不外是從旁協助他人本心本性之實存的自我覺醒（the existential self-awakening of man's original mind or nature），祇有性善論能够啓發人人自我醒悟人倫道德的心性本原。有此心性醒悟，就自然容易重視人格的尊嚴，層層推廣父母子女的家庭之愛，終及一切人類之愛等等；至於其他人性論則無此敎育效率性的哲理根據可言。

孟子有時比喩仁爲穀種，如在告子篇說：「五穀者，種之美者也。苟爲不熟，不如荑稗。夫仁，亦在乎熟之而已矣。」孟子這裏的比喩，極具道德敎育的深遠意義。道德人格的正規發展，有如穀種的播放、滋養與成長的自然過程，而道德敎育的主旨是在啓發人人重新發現並收回（rediscover and recover）一度放失的本心本性。孟子故云：「學問之道無他，求其放心而已矣！」（告子篇）「放心」之「放」並不是本心本性的遺失不見，而是道德主體的自我忽略或迷失而已（neglected or missed, but never really lost）。儒家學問之道，不外是個人（主體）與社會（相互主體）雙重道德敎育所憑據的道理與所踐行的道路。

特就道德敎育的意義與價值言，孟子性善論與其他人性論一告子「生之謂性」說，弗洛依德心性三分（本能衝動、自我與超自我）之說，康德自由意志設準理論，沙特的絕對自由論等等一相互比較，確實顯示道理更深更爲優越。孟子性善論可以包容告子或弗洛依德等人的自然本能，放在人性的低層次上。孟子又可同意康德、沙特等人對於「人的自由本質上是道德的自由」的肯定，但要加上一句說，道德的自由原是根基於人的本心本性，而非其他。我們的道德自由能否高度發揮，端看我們的本心本性是否實存地覺醒起來。

在宋明大儒之中，陸象山算是對於孟子性善論的敎導效率性最能領會的第一人。他說：「孟子曰：『言人之不善，當如後患何？』今人多失其旨。蓋孟子道性善，故言人無有不善。今若言人之不善，彼將甘爲不善，而以不善向汝，汝將何以待之？故曰：『當如後患何？』」（陸九淵集語錄上）。孟子書中的下面一段，也多少暗示我在這裏爲他建構的論辯：「公都子問曰：『鈞是人也，或爲大人，或爲小人，何也？』孟子曰：『從其大體爲大人，從其小體爲小人』。曰：『鈞是人也，或從其大體，或從其小體，何也？』曰：『耳目之官，不思而蔽於物。物交物，則引之而已矣。心之官則思；思則得之，不思則不得也。此天之所與我者。先立乎其大者，則其小者弗能奪也。此爲大人而已矣』」(告子篇)。孟子認爲，道德敎育的主旨是在喚醒小人（小體之人）的本心本性，轉化小人爲大人(大體之人)。借用海德格的現代化名辭說明，卽不外是實存的非本然性（existential inauthenticity）到實存的本然性（existential authenticity）之心性醒悟與轉化。遺憾的是，海德格祇善於分辨本然性與非本然性，却未能深一層地透視心性醒悟的本原所在，實存地轉化他的存在思維而爲心性醒悟（existential transformation of his thinking on Being into *hsin/hsing* awakening)。

我已提過孟子性善論在道德敎育的意義與價值的殊勝道理。但這不等於說，在道德敎育的應用上它比其他人性論更能收到實際成效，因爲實際成效如何，尙待性善論的敎育政策推行之後才能看出。專就實際效果言，我們恐怕永遠不會知道性善論在敎育應用上的成敗得失。不過，這並不至於影響性善論的敎育意義與價值。而事實上，任何敎育政策背後都預先存在着一套敎育哲學甚至人性論的基本主張，政策的推行並不等待實際效果的證驗。總之，此一論辯的眞正旨趣是，性善論在道德敎育上有其不可磨滅的意義與價値，而在敎育效率上也理應有百利而無一害。這是道理問題，而不是事實問題。

第五是「道德平等性及可圓善性的論辯（argument from moral equality and perfectibility)，與上面的論辯息息相關。孟子在離婁篇說：「舜人也，我亦人也。」又說：「堯舜與人同耳！」又在告子篇借曹交之語倡導「人皆可以爲堯舜」。孟子的意思是說，特就成德成聖的實現可能性言，聖凡原無差別，蓋因本心本性普遍的潛在於人人之故。此一論辯雖可承認，在人間世永無政治、社會、經濟、個人體質才質等等的絕對平等，但就成德成聖的實現潛能這一點必須强調一切人類絕對平等，無有高低上下之分。依此論辯，世上曾經有過孔子、釋迦、耶穌等等圓善的道德人格的事實，迫使我們非肯認人性本善不可，否則無法說明聖德人格所以能够存在的道理。哲學評論家當然可以反駁說，就經驗事實言，祇有「人遲早會死」這一件事眞正顯示一切人類絕對平等；至於孟子所云聖凡一律性善，一律具有成德成聖的本來潛能，這個論調未免混淆了經驗事實層次的絕對平等（「人皆有死」）與道德理想層次的絕對平等（「人皆可以爲堯舜」）。後者祇能當作儒家對於道德敎育的高度願望或要請（high-minded wish or demand），頂多反映儒家本身的終極關懷與終身工作目標罷了。卽使如此，哲學評論家仍不得不承認，孟子性善論至少可以構成說明聖德人格所以能够存在而道德敎育所以儘求人人完善完美的箇中道理，足以發人深省。

無論如何，孟子認爲，如果我們不願肯認人性本善，則任何有關道德人格圓善化的討論就等於紙上談兵，無甚意義了。孟子故云：「今夫麰麥，播種而耰之，其地同，樹之時又同，浡然而生，至於日至之時，皆熟矣。雖有不同，則地有肥磽，雨露之養，人事之不齊也。故凡同類者，擧相似也。何獨至於人而疑之？聖人與我同類者。……心之同然者，何也？謂理也，義也。聖人先得我心之所同然耳！故理義之悅我心，猶芻豢之悅我口」（告子篇）。孟子此語，對於動輒自暴自棄或迷失生命意義的人，當有針砭作用。

第六是「道德自足的論辯」（argument from moral self-sufficiency and self-contentment）。此一論辯的理據來自盡心篇的下面一段話：「廣土衆民，君子欲之，所樂不存焉；中天下而立，定四海之民，君子樂之，所性不存焉。君子所性，雖大行不加焉，雖窮居不損焉；分定故也。君子所性，仁義禮智，根於心，其生色也睟然，見於面，盎於背，施於四體，四體不言而喻」。對儒家學者來說，孟子此語描敍君子的道德生命所自然流露出來的自得自足、樂天知命的生活情趣與境界，極具一種道德宗教（moral religion）的哲理蘊涵。這就是說，聖人君子的道德生命（氣命轉成正命）與永恒淨福所以能够終極一致，乃是由於他們生而具有本心本性，加以日日培育推廣，終爲孟子所云「天民」。若謂人性本無所謂善，而仁義道德乃不過是外鑠之者，則不可能有道德實踐與永恒淨福的合致。惟有肯認仁義道德是由內向外推廣而成，非由外鑠入內心，我們才能談到道德的自得自足。具有完整的道德人格者永恒淨福隨之而至，因爲「萬物皆備於我」（盡心篇）之故，人祇要有「反身而誠，樂莫大焉」（盡心篇），必要時捨生取義在所不惜。孟子於是又說：「尊德樂義，則可以囂囂矣。故士，窮不失義，達不離道。窮不失義，故士得己焉；達不離道，故民不失望焉。古之人，得志，澤加於民；不得志，修身見於世；窮則獨善於身；達則兼善天下」（盡心篇）。

對此論辯，哲學評論家可以提出三點加以反駁。第一，極少數聖人君子的自足自樂頂多證立他們自己的本心本性，却難於據此推論一切人類的本性亦善。第二，猶太敎徒與耶敎徒奉守十誡，十誡是上帝啓示的他律規範，而耶敎徒又接受一切人類生具原罪之說，實與孟子性善論有天壤之別。但是，他們也一樣可以踐行道德義務而自足自樂，毋需預設人性本善。由此可見，「道德自足的論辯」證立人性本善的理據並不充分，難有道理上的普遍性。第三，道德實踐與自足自樂也沒有必然關聯；完善的道德人格與永恒淨福是否合致，乃宗敎救濟或解脫之事，而與哲學並不相干。總之，此一論辯本身的說服力量十分薄弱，祇有附隨其他較有哲理強制性的論辯才有證立意義可言。

第七是「生死關頭心性醒悟的論辯」（argument from *hsin/hsing* awakening）。孟告之間有關人性的辯論，乍看之下好像是邏輯辯論，但就深層結構言，孟子其實是藉用類比想要喚醒人人道德自覺的價值感；這種價值感既然祇能發自內心，孟子在哲理上就自然標榜人性本善之說了。做爲第一個儒家的存在主義者，孟子性善論的用意是在藉此道理喚醒人人的道德自覺，啓發人人的心性從海德格所云「日常平均化了的非本然性」夢眠醒悟過來，轉化非本然性爲道德實存的本然性。人人心性的醒悟如果可能，則在道理上非預先肯定高層次的本心本性不可。人在各種不同的道德境況所以能够擇善去惡，所以能够自責自咎，所以能够辨別是非對錯，不能說全是社會規制的外在訓練所由形成；因爲「人之所以異於禽獸者幾希」（離婁篇）的那一點點靈犀（良知良能）眞實存在，才能引發人的道德自覺。這種自覺或醒悟在日常世界也許難於發現，但在生死交關的雅斯培（Jaspers）所云「極限境況」格外明顯。人之所以能够而又願意捨生取義，乃是由於人在生死關頭最能呈現仁心善性之故。孟子說得好：「魚我所欲也，熊掌亦我所欲也。二者不可得兼，舍魚而取熊掌者也。生亦我所欲也，義亦我所欲也。二者不可得兼，舍生而取義者也。生亦我所欲，所欲有甚於生者，故不爲苟得也。死亦我所惡，所惡有甚於死者，故患有所不辟（避）也。如使人之所欲莫甚於生，則凡可以得生者，何不用也？使人之所惡莫甚於死者，則凡可以辟患者何不爲也？由是則生，而有不用也；由是則可以辟患，而有不爲也。是故所欲有甚於生者，所惡有甚於死者。非獨賢者有是心也，人皆有之，賢者能勿喪耳！」（告子篇）

論語泰伯篇曾子有云：「鳥之將死，其鳴也哀；人之將死，其言也善」。曾子此語實有助於我們體會在生死關頭道德心性覺醒的道理，充分顯示儒家生死智慧的根本義諦，而此生死智慧的哲理奠基則不外是本心本性的肯認，殺人放火無所不爲的歹人到了生命盡頭也懂得自我懺悔或良心自責，想在人生的最後片刻尋得（道德）生命的終極意義。對於此類生死關頭心性醒悟的實存現象，當然可以採取純粹的（有神論）宗敎解釋。但是，如果我們講求的是哲理（哲學的道理），則孟子的性善論可以說是最强而有力的人性哲理了。

英國哈得遜(W. D. Hudson)敎授在他的「當代道德哲學」(Modern Moral Philosophy）這本書說：「當我們與他人辯論道德問題時，我們有權問他如何回答『人是什麼？』這個問題。如果他回答了，我們有權再進一步問他，他的人生觀是否與他的倫理觀並行不悖。他不能藉用（休姆以來的）『實然應然二歧性』（the is-ought dichotomy）規避這個問題。我上面所說，還有更切身的歸結，就是說，我們至少不難設想，道德判斷必需（人性論的）奠基。我們也許有一天能够解決『甚麼是人？』的問題。我所說的『解決』，意謂『取得有關（人性）的共識』。這也許看來不太可能，但不是不可設想的。……各種探究人性的學問對於倫理學可能供給一些線索。我所想到的是各種人的科學（如生理學、心理學、社會學）以及宗敎」。

上面引述的哈得遜之語很耐人尋味，因爲他是一一考察了現代英美倫理學說之後才大大感嘆這些學說缺少人性論的奠基；儒家則自孟子以來早已把握到「心性論在先，倫理學在後」的道理。哈得遜自己能够想到，人性觀與倫理觀，或人性的「實然」與道德規範的「應然」，必有密切的關聯。但他不可能了解到，人性的「實然」有高低兩個層次：「眞實本然」(real and authentic）的「實然」與「現實自然」(actual and natural）的「實然」。告子、荀子以及一般經驗主義或自然主義的西方倫理學家主張後者，不取前者。孟子的性善論外表上看來似乎主張前者，排除後者；然就深層結構言，它並不排除後者，而是包容後者在人性的低層次罷了。我們這樣重新解釋性善論，大有助於儒家心性論進一步的擴充與發展。

在西方，休姆以來的「實然—應然」溝通問題（意即我們能否從「實然」邏輯地推演「應然」的倫理學問題）直到今天還未獲致令人滿意的回答。西方倫理學家幾無例外，以身心活動的自然事實（如自我保存、愛好食色等本能衝動）當做「實然」的內容，而以倫理規範或價值判斷規定「應然」的意涵，難怪「實然」與「應然」的二歧性很難祛除。孟子一方面承認人性低層次的「食色性也」之類，另一方面强調高層次的本心本性，哲理上從高層次的「實然」推出仁義道德的「應然」毫無困難，生死交關之際的捨生取義或自責自咎等等良知的當下呈現（presencing），即是最佳例證了。

然而，孟子對於完全停留在經驗層次，從未實存地醒悟於本心本性的理智很高而又極端自私的人（rational egoist），如何去說服他接受性善論的道理呢？孟子又如何說服他肯認他的本心本性不因他那自私自利的表現而完全消失不見呢？這就涉及下面的論辯了。

第八是「後設倫理學的必要性之論辯」(argument from metaethical necessity)，可以看成第七論辯之後設倫理學的深化。戰後開始盛行的後設倫理學有一項重要的問題:「我爲什麼要有道德？」(“Why should I be moral?”)。假定現在有位很有邏輯頭腦但又極端自私的自我主義者發問:「我不懂人爲什麼要有道德？」，我們（理論上）應如何說服他呢？有一種解答是，一個人所以應有道德，是由於就長久的人生過程看，道德的實踐會帶來一個人的幸福或自我成就。又有一種康德式的解答是，一個人所以應有道德，乃是由於道德是理所當然的事；套套絡基地說，「一個人應做道德上正當的事，祇因它是道德上正當的」。在後設倫理學最流行的解答是泰勒（Paul Taylor）教授在「規範論說」（Normative Discourse）這本書中所强調「『有道德』(to be moral)與『有理性』(to be rational）乃屬同一件事」的看法。但是，上面那位自我主義者是個有理性的人，他的眞正問題是：「我爲什麼要有道德到犧牲自我生命的程度？我就是有理性，才不能接受這種看法。我可以捐款，我可以犧牲一點時間與精力，爲家庭或社會做事，因爲我能了解，這樣做對我自己也有好處，吃點小虧可獲大利，譬如贏得他人讚賞之類。但是，我爲什麼要爲了所謂『道德』犧牲我的生命？我不信宗敎，不信永生或永罰，我祇相信這麼一個人生。你們搬出來的解答對我毫無意義，因爲你們並沒有針對我的問題提出解答。」我們都知道，捨生取義，不但有此事實，且有道德上的必要性。但是，沒有一個西方倫理學家能够針對這位自我主義者的問題提供令人滿意而中肯的答案。我們却可以在孟子的性善論中找到道理上强而有力的回答。孟子可以反問這位自我主義者說：「你問一個人爲何要有道德到犧牲自我生命的程度。終極的哲學道理是，因爲人性本有善種，此乃所以異於禽獸者幾希之處。這一點人的自我了解可以當做道德的直覺，也可以當做實存的道德心性醒悟。人性旣然本善，人自然能够推廣他自己的本心到他人同樣的本心。人性本善是仁恕之道所由形成的終極哲理。假若你自己曾有生命危險，而爲仁人所救，你不得不醒悟到基於人性本善的互恕之理。你同時也得達到『有道德的必要時一切人類（包括我自己）應當捨生取義』的結論。這不是邏輯推理或純粹知性的問題；這是人本身是否醒覺於人性高層次的仁心善性的問題。如果那位仁人與你一樣，也是自我主義者，他會救你嗎？如果沒有互恕之理根基於人性本善，今天你還有你的生命嗎？如果你還想逃避這道德的眞實，你祇不過是懦夫，但不是有理智的自我主義者。一個懦夫不願也不會捨生取義，但他在內心深知他是懦夫。你所謂的『理性的自我主義』，說穿了祇不過是掩蓋自我懦弱的非本然性而已；如用沙特的名辭說明，乃是一種自我欺瞞，陷於實存的自我矛盾。當然，你仍可以從理性的自我主義觀點坦白地主張，旣無人性本善，亦無仁恕之理。但是，你如不接受人與人間的最起碼的恕道，你根本就沒有資格在人類社會生存下去。理性的自我主義者是不能欺騙自己的，那麼你同不同意我們把你扔出人類社會之外，讓你自生自滅？」對於此一孟子般的現代化論辯，理性的自我主義者很難找出更充足的「道理」支持他的論點了。我們如此重新設定後設倫理學的問題爲「一個人爲何要有道德到捨生取義的程度？」，然後再去重新發現孟子性善論的眞諦，格外能够顯示它的現代化意涵出來。

第九是「人的終極關懷之論辯」(argument from man's ultimate concern)。孔子在論語衞靈公篇說：「君子憂道不憂貧」。「憂貧」的「憂」是日常世俗的憂愁憂慮；「憂道」的「憂」意指儒家的終極關懷，已故徐復觀教授曾稱之爲「憂患意識」。孟子很忠實地繼承孔子「憂道不憂貧」的精神，也在離婁篇說：「君子所以異於人者，以其存心也。君子以仁存心，以禮存心。仁者愛人，有禮者敬人。……有人於此，其待我以橫逆，則君子必自反也：『我必不仁也，必無禮也，此物奚宜至哉？』其自反而仁矣，自反而有禮矣，其橫逆由是也，君子必自反也：『我必不忠』。自反而忠矣，其橫逆由是也。君子曰：『此亦妄人也已矣。如此，則與禽獸奚擇哉！於禽獸，又何難焉！』是故，君子有終身之憂，無一朝之患也。乃若所憂則有之：『舜，人也；我亦人也。舜爲法於天下，可傳於後世。我由未免爲鄉人也』。是則可憂也，憂之如何？如舜而已矣！」。

孟子所云「君子有終身之憂」的現代化意涵可以藉用意義治療法(logotherapy)的開創者傅朗克(Viktor Frankl)在他「醫師與靈魂」(The Doctor and the Soul)這本書所說的一段話加以詮釋。傅朗克說：「沒有自我責任意識的人祇把人生當做自然賦與(a given fact)，實存分析却要教導人們把人生當做一種任務(life as an assignment)。

但是，我們還得加上一句：有些人更進一步，在高層次體驗人生（的意義）。他們體驗到（人生）使命源頭的權威；他們體驗到賦與他們使命的主人（task-master）。我們在這裏看到了宗敎家的特質：他對人生了解到雙重責任，一是完成他的人生使命應負的責任，另一是面對賦與使命的主人所承受的責任。」

我們比較孟子的性善論與傅朗克的意義治療法，不難發現兩者對於人生的看法，頗有會通之處，耐人尋味。孟子對於「命」字的雙重了解（氣命與正命）類似傅朗克上面所提的「自然賦與」與「人生任務」，而他對「天」與「天命」的觀念亦極接近傅朗克對於「賦與使命的主人」與「使命源頭」的信念。不過，傅朗克的意義治療法所打開的向上門是西方一神論爲模型的純粹宗敎，孟子以後的儒家却逐漸哲理化了「天」等中國固有宗敎觀念，內在地落實於本心本性的肯認。就實存的哲理言，孟子的性善論不但構成儒家倫理學與解脫論（安身立命、樂天知命之說）的終極奠基，也可以看成意義治療法的哲學基礎。孟子當然要主張，人之所以會有終極關懷，所以了解人生之爲一種任務的根本道理，就在人性本善。孟子當然要引用曾子那句「鳥之將死，其鳴也哀；人之將死，其言也善」，藉以證示，正因人性本善，做爲萬物之靈的人才會在生命盡頭格外醒悟到生命（氣命）卽是正命（天命）的終極道理，才會在最後關頭實存地覺醒於自我本然的道德心性。我們如從宗敎的觀點評衡儒家與耶敎的終極關懷與終極意義的發現，則兩者難分高下，各有千秋。但從哲學的觀點去看，則孟子的性善論所代表的儒家確有令人嘆服的道理，具有强制性與普遍性。

第十是「宗敎超越性的論辯」(argument from religious transcendence)。此一論辯與上面的論辯可以說分別構成同一論辯的兩個層面，就是宗敎超越性層面與道德內在性層面。孟子基本上緊隨孔子，把天命看成又是超越的天帝之命，又是內在的道德正命。譬如他說：「富歲子弟多賴（懶）；凶歲子弟多暴。非天之降才爾殊也，其所以陷溺其心者然也」（告子篇）。他又說：「盡其心者，知其性也；知其性，則知天矣。存其心，養其性，所以事天也；殀壽不貳，修身以俟之，所以立命也」（盡心篇）。孟子在這裏搬出的宗教超越性論辯不是嚴格的哲理性論辯，充其量祇能當做宗教的道德信仰，而不能看成對於人性本善的哲理證立。孟子也與孔子一樣，不願講明超越的天究竟是什麼，故說「天不言」（萬章篇）；但孔子以前的宗教觀念在孟子書中仍很明顯。孟子認爲人的本心本性彰顯著超越的天命，意旨與中庸開頭的一句「天命之謂性」完全相同。

專就心性論的哲理言，孟子的性善論毋需預設宗教超越性的天命觀念。沒有這種宗教的預設，性善論更能顯出强而有力的哲理普遍性。下面兩段孟子書中的話語充分證示，孟子本人還在宗教的超越主義與倫理的自律主義之間的十字路口徘徊：

⑴「故天將降大任於是人也，必先苦其心志，勞其筋骨，餓其體膚，空乏其身，行拂亂其所爲；所以動心忍性，曾（增）益其所不能。……然後知生於憂患而死於安樂也」（告子篇）。

⑵「莫非命也；順受其正。是故知命者不立乎巖牆之下。盡其道而死者，正命也；桎梏死者，非正命也」（盡心篇）。

在前段，宗教的超越者（天）支撐人對道德使命的終極關心。但在後段，人的氣命已經實存地轉化而爲道德的正命，毋需建立宗教的超越者，當做人的氣命（自然之命）與正命（道德之命）的終極奠基。很顯然，後段才眞正發揮了孟子性善論的哲理性，而到了王陽明的致良知敎，性善論才完全擺脫宗教的超越性，徹底變成具有高度哲理的生死智慧了。

四、陽明對於孟子心性論的總結

從上面十大論辯的一一考察，我們可以獲得幾點結論。其一，在遵守禮敎習俗或世俗倫理的平均化日常世界裏，良知或本心本性不易呈現，甚至埋沒不顯。卽使呈現，也很難說經驗知識的解釋不能成立。難怪馮友蘭要說良知是個假定了。

其二，十大論辯之中較有哲學道理的强制性與普遍性的是第七、第八與第九這三個論辯。這三個論辯的共同理據是：人的實存在生命盡頭或極限境況所呈現出來的道德心性之醒悟。這裏良知或本心本性的醒悟，已踰越了一般科學（如社會學、心理學等）所能應付的自然經驗領域，而是屬於萬物之靈的終極關懷之事。人因終極關懷而去探求生命的終極意義與終極存在，或依宗敎信仰獲得救濟或解脫，或依哲學道理的層層挖深，建立生死智慧，據此打開道德實踐的向下門。很顯然，宋明理學所採取的是第二條路，徹底哲理化了孟子的性善論，而以王陽明的致良知敎總結孟子一系的心性論，爲儒家思想的哲理奠基。但在包括孟子在內的先秦儒家，純哲理性的心性論與依此建立而成的倫理道德自律論還未完全從宗敎的超越主義分辨出來。

其三，人倫道德所由成立的終極道理，有兩種可能。一是宗敎的超越主義，譬如耶敎信仰，另一是純哲理性的心性論，兩者並行不悖，我們不可能有絕對客觀的規準判定孰優孰劣，孰高孰低。（就這一點說，我並不太贊同唐君毅先生九層境界的判定方式）。但是，如果我們所偏重的是相互主體性脈絡意義的道理證立，則孟子一系的心性論顯然殊勝得多。以耶敎爲例，除原罪外，亦同時承認選擇神或罪惡的根本自由，選擇神卽選擇道德的善。因此，耶敎的自由概念稍稍類似孟子的性善。

但儒家毋需預先假定或肯定純屬宗教信仰層域的上帝創世與啓示之說。

其四，就表面上看，孟子的心性論首先肯定人性本善，然後通過對於四端等等的觀察發現本心或良知在經驗層次的呈現，之後再以本心或良知的呈現證立本性的眞實。但是，我們在第七、第八與第九三個論辯的證立步驟才眞正看到了孟子性善論的深層結構。這就是說，孟子首先祇能肯定生死交關之際本心的終極覺醒或良知的眞實呈現，然後才能據此標榜人性本善的。換言之，孟子心性論的證立關鍵，是在人心自醒之爲道心的本心（用）上面，而不在祇具先天超越性意義的本性（體）上面。因此，我上面所提到的「心性醒悟」，嚴格地說，應該改爲「人心卽道心」的自我覺醒。這就充分說明了爲什麼孟子的眞正繼承者是主張「心卽理」的陸王而不是倡導「性卽理」的程朱。這也同時說明了，爲什麼王陽明三十七歲時的那一次生死徹悟，是日後建立致良知教不可或缺的生命體驗。據「王陽明年譜」所載，陽明在貴州龍場受盡苦難之時，「自計得失榮辱皆能超脫，惟生死一念，尙覺未化。乃爲棺槨，自誓曰：『吾惟俟命而已。』日夜端居澄默，以求靜一。……因念聖人處此，更有何道？忽中夜大悟格物致知之旨。……始知聖人之道，吾性自足，向之求理於事物者誤也。」陽明後來在「傳習錄」卷下回顧龍場那一次的生命體驗，告誡弟子們說：「學問功夫，於一切聲利嗜好，俱能脫落殆盡，尙有一種生死念頭，毫髮掛帶，便於全體有未融釋處。人於生死念頭，本從生身命根上帶來，故不易去。若於此處見得破，透得過，此心全體，方是流行無礙，方是盡性至命之學。」陽明衆多弟子之中，王龍溪可以說是最能體會陽明在生死關頭呈現良知或本心的根本義諦了。他說：「先師自謂，良知二字自吾從萬死一生中體悟出來，多少積累在」（王龍溪全集卷二）。又說：「若夫生死一事，更須有說。有任生死者，有超生死者。……平時一切毀譽得喪諸境，纔有二念，便是生死之根。毀譽得喪能一，則生死一矣。……良知虛寂明通，是無始以來，不壞元神，本無生，本無死」（卷五）。

其五，在生死交關的那一刹那人人所能呈現的良知，爲什麼又是自無始以來無生無死的不壞元神呢？理由很簡單，隨時隨地，每時每地，都可以說是生死關頭，都可以說是本心當下醒悟之實存（現實存在、眞實存在）的契機（existential moment）。每一時刻卽是生死交關的時刻，卽是良知呈現的時刻，卽是道德生命的絕對主體性所彰顯著的「永恒（卽）現在」（the "eternal now" as disclosed by the absolute subjectivity of man's moral life）。如此，孟子的性善論，經過一番實存的本體論化（existential ontologization），終於轉化而成王陽明與王龍溪的致良知敎了。王陽明說：「你未看此花時，此花與汝心同歸於寂；你來看此花時，則此花顏色一時明白起來，便知此花不在你的心外」（「傳習錄」卷下）。又說：「人的良知，就是草木瓦石的良知。若草木瓦石無人的良知，不可以爲草木瓦石矣。豈惟草木瓦石爲然。天地無人的良知，亦不可爲天地矣。蓋天地萬物，與人原是一體，其發竅之最精處，是人心一點靈明，風雨露雷，日月星辰，禽獸草木，山川土石，與人原只一體。」（卷下）。我們在這裏不難發現陽明致良知敎與禪宗哲理以及田立克（Paul Tillich）的新基督敎神學有所會通，又有所分辨之處。我們在這裏也可以得到陽明「有卽時、時卽有」（Being is Time, and Time is Being）—「有」指良知之體，「時」指良知之用，體用相卽不二一的儒家生死智慧對於海德格「有與時」（Being and Time）的基礎存在論所構成的思想衝擊。（關於我借用日本道元禪師的「有卽時、時卽有」之說，而對陽明生死智慧與禪宗哲理所作的比較，請參看拙文「如淨和尚與道元禪師—從中國禪到日本禪」，已在東吳大學哲學學報「傳習錄」第三期刊登。）（一九八四年十月二十五日深夜，於費城西北郊外）

儒家心性論的現代化課題（下）

一、孟子一系心性論的轉折課題

我在上篇（鵝湖月刊第十卷第五期）「前言」曾依牟宗三先生的解釋學理路，提到儒家思想的哲學基礎，是在主觀性與客觀性兩重原則：孟子一系的心性論挺立了人存在的道德主體，易庸一系的「道德的形上學」則彰顯了「宇宙秩序即是道德秩序」的（宇宙論）價值本原，亦即天命天道。我在上篇結尾又主張，「孟子的性善論，經過一番實存的本體論化（existential ontologization），終於轉化而成王陽明與王龍溪的致良知教了」。我在這裏想進一步說，程明道的主客「一本」之論祇具「自家體貼」的個人生命體驗意義，但缺哲理的深化工夫；至於總結孟子一系心性論的陽明致良知教，則有足以訴諸共識共認的哲理強制性與普遍性意義。我的意思是說，致良知教不但是孟子性善論的哲理歸結；如就哲理推演的程序言，易庸一系的「客觀性原則」也必須看成陽明經由一番「實存的本體論化」所導致的宇宙論觀點。易庸所倡「道德的形上學」原是殷、周兩朝以來天與天命等宗教的超越觀念逐漸「形上學化」（意即人爲地「客觀化」）的結果。天地自然是否原原本本彰顯儒家所云「生生之化」或「天命流行」的道德意義，並沒有完全獨立乎道德主體的客觀性證立理據可言。就其哲理的深層結構言，「道德的形上學」原是儒家的仁人君子依其良知的自我醒悟實存地投射或推廣自己的道德主體到天地自然所形成的儒家特有的本體論洞見，而「生生之化・天命流行」的儒家宇宙論，哲理上也是依此洞見而成立的。

記得三年前我致畏友蔡仁厚兄的一封信中提及個人近年來的研修心得，說:「我深深了解到，以儒家爲首的中國哲學的眞諦是，(1)實存的自我醒悟（existential self-awakening），(2)本體論的洞見慧識（ontological insight），與(3)解脫論的生死智慧（soteriological enlightenment）三事一時並了」。我借用了明道之語「三事一時並了」，爲的是要表示，儒家「三事一時並了」的哲理根據是在特以「道德實存的自我醒悟」爲中心的孟子一系心性論，亦卽强調「人心醒爲道心」（本心或良知）的陸王「心卽理」說。此說與莊子・禪家雖然貌似，本質上却迥然不同:前者的「三事」是依道德實踐的主要關心而「一時並了」的，後者則是「超道德的」（transmoral），哲理上與解脫上並不滿足於儒家「道德主義」（moralism）的立場。

我所說的「實存」，指謂人的存在（方式），兼攝「現實存在」（actual existence）與「眞實存在」（real existence）雙層意涵；譬如人心・氣命（自然之命）・「生之謂性」（告子）等等指涉現實存在層面，道心・正命（道德之命）・「天命之謂性」（中庸）等等則指眞實存在層面。以沙特爲主要代表的西方存在主義（應稱「實存主義」較爲正確）主張，人的現實存在卽不外是「實存的自由」（existential freedom）在各種人生境況的實際呈現，不論一般人是否有此察覺；「實存的自由」呈現（不論是本然的還是非本然的方式）點出了人的眞實存在層面。與此相比，以王陽明爲典型代表的儒家「存在主義」，則於人的現實存在發現道德主體之實存的自我醒悟，就此點出眞實本然的人存在高層次面，進而肯認現實存在（人心・氣命等等）與眞實存在（道心・正命等等）原是實存的一體兩面。仁人君子的道德主體一旦實存地自我醒覺，哲理上也勢必實存地本體論化易庸一系的「客觀性原則」。依此看法，陽明通過那一次生死關頭的大徹大悟所建立的致良知教，哲理上可規定之爲我所云「道德實存(的自我醒悟爲根基)的儒家本體論」(the Confucian ontological theory as deeply rooted in the self-awakening of man's moral existence)，貫通了儒家思想的主客兩重原則，綜合了孟子一系的心性論與易庸一系的宇宙論。這就是爲甚麼哲理（證立的本末次序）上我不得不說，集儒家（內聖）思想之大成者，乃是陽明的致良知教，而非其他。這也同時說明了，爲甚麼陽明的致良知教能够徹底消解理與氣，心與性，人心與道心，本體（體）與功夫（用），知與行，未發與已發，動與靜，內（主）與外（客），善與惡（良知至善而無有善惡相對）等等分歧對立，而終於奠定了孔子以來儒家「一貫之道」的根本哲理。我們可以說，表面看來如此簡易的致良知教，就其深層結構言，其實相當複雜而奧妙，因它不但不捨離日常世界的一切分歧對立，反而當作道德生命日日磨鍊的必需條件，予以超越地收含之，統貫之，即此「事上磨鍊」的功夫呈現良知。這是陽明致良知教最吸引人的地方。

但這不等於說，總結孟子一系心性論的致良知教是解決人性問題的唯一答案，是道德實踐的萬靈丹。如果是這樣，陽明之後的儒家思想祇有走上與道家相同的命運，我們也就不必講求我所說「批判的繼承與創造的發展」，遑論未來的展望了。爲了儒家心性論（兼及倫理學）的現代化，首要步驟是通過我所云「問題探索法」的哲學功夫，發現致良知教所產生的有關心性論（與倫理學）的種種難題。記得維根斯坦（Ludwig Wittgenstein）曾經說過，哲學家的本領是在發現眞正的哲學問題，而不必是在給予解答。中國哲學工作者應多學習這種本領。

去年（一九八四）三月二十二日晚上，我在耕莘文教院大禮堂演講「中國哲學研究改良芻議」，是由中國哲學會與中國時報人間副刊合辦，算是我十八年後重踏故土短短兩週之間所作的最後一次（第六次）學術演講。「中國論壇」第十九卷第六期（一九八四年耶誕）載有拙文「批判的繼承與創造的發展」下篇，我在這裏提到那次演講的幾個要點，其中一點是：「現代中國哲學工作者必須關注哲學思想（在問題設定上）的齊全性，（在問題解決上的）無瑕性，（在解決程序上的）嚴密性，以及（在語言表現上的）明晰性。西方第一流哲學家，如亞理斯多德或康德，都能注意到此，反觀傳統中國哲學家幾無一人能設想得如此周到」。我深信，如果我們能够站在我所說「中國本位（專爲中國哲學的繼承與發展著想）的中西互爲體用論」立場，針對我們所發現到的中國哲學本身的內在難題與時代課題，借用或吸納一些合乎我們需求的西方哲學正面資糧，如解釋學、日常語言解析、現象學等等，創造地轉化而爲中國哲學傳統的一部分，我們就不難達到重新建立（reestablish）我們的哲學傳統並重加活力（revitalize）的目的。牟先生的「中國哲學十九講」結語說：「明亡以後，經過乾嘉年間，一直到民國以來的思潮，處處令人喪氣，因爲中國哲學早已消失了」。我想加一句說，中國哲學（尤其儒家）在現代世界還可以有進一步的新創造、新發展與新綜合，我上面所建議的，或有拋磚引玉之功。依我上述的個人管見，我在這裏先就致良知教所產生的有關心性論（兼及倫理學）的種種難題，舉出其中犖犖大者。

其一，道德實存的自我醒悟是保證致良知教具有哲理强制性與普遍性的必需條件，但在平均化了的日常世俗，良知確實不易呈現，甚至隱沒不顯，所謂道德主體的挺立亦談何容易。事實上，願意接受並踐行致良知教的儒家同道寥若晨星，如果良知論者隨著熊十力老唱「良知是眞實，是呈現」的高調，而不去同情地了解非良知論者（或非性善論者）的人性（以及倫理道德的）看法，就很容易變成孤芳自賞的極端內向型，而良知論者特有的「單元簡易心態」也由於曲高和寡，容易惡化而爲「自我閉鎖心態」。爲了避免這種心態偏差，良知論者應該自動謀求原有「單元簡易心態」與較有現代化意味的「多元開放心態」之間的融通。良知論者當然應該繼續顯揚致良知教單元簡易的根本哲理，但爲了充實本身的哲理，也得同時細聽非良知論者的異見（異見不一定是「異端」，也可能是優異之見，有待吸納），而以多元開放的哲學胸襟了解它，甚至吸納它，轉化而爲有助於進一步現代化地充實致良知教的思想資糧。良知論者如何重新對待（re-treat）程朱學派（的心性論），便是其中一個最大的考驗。無論如何，良知論者必須自我轉折，自我充實，必須了解到「單元簡易方式」與「多元開放方式」不但沒有衝突矛盾，反可辯證地相彰相益。（牟先生在「現象與物自身」使用「自我坎陷」一辭。此辭易生誤解，且不够積極。我在這裏使用「自我轉折，自我充實」或可免於獨斷，而有助於良知論者與非良知論者之間的對談與相互衝擊。）

其二，在平均化了的日常世俗，「良知不太容易呈現」旣是不可否認的事實，良知論者不得不認眞探討良知所以不易呈現的種種緣故。如果良知論者忽略有關人性的現實（actual）或事實（factual）層面，就很容易產生過份單純的解釋或不必要的誤解，甚至「以理殺人」。設若有人坦白承認，他從未有過甚麼「良知呈現」的經驗，這可能是由於日常的自省工夫不足，或可能是個性的限制使然，也可能是他對人性與道德的個人經驗與體認方式與良知論者不同。如果他的承認不是出於坦誠，而是帶有一種自欺自瞞，我們還得進一步細查，他所以自欺自瞞的原因究竟爲何。是他存心如此的嗎？還是他不能自已而如此呢？這在西方人性論史上關涉到自由論與決定論孰是孰非的古來難題。去年（一九八四)年三月六日，我在香港中文大學所作的另一次演講，題目是「(禪)佛教，心理分析與實存分析—自由論與決定論孰是孰非的古來（哲學）難題」，聽衆主要是由哲學系全部師生構成。我希望在兩三個月內將此講稿重新整理，付諸出版。在這裡我祇想說，良知論者由於站在人性的高層次超越地簡化了人類心性之種種的結果，很有忽視上述難題的偏向。我們如果講求孟子一系心性論乃至整個儒家心性論的現代化發展與創造性綜合，就得早日改正這種偏向。

其三，上述難題，如更深一層地探討，終必涉及人類罪惡的起源問題。對此問題，儒家一向看得太簡單，孟子一系的心性論者更是如此。孟子說：「耳目之官不思，而蔽於物。物交物，則引之而已矣。心之官則思，不思則不得也」（告子篇下）。但他並沒有進一步說明，爲甚麼多半的人類「不思」而「蔽於物」，因他覺得性心才情旣是本來同一，就沒有說明的必要。他又說：「若民，則無恒產，因無恒心」（梁惠王篇上）；並且承認，「世衰道微，邪說暴行有作，臣弑其君者有之，子弑其父者有之」（滕文公篇下）。但他未曾說明「世衰道微」的起因，也未解釋人民爲何「無恒產，因無恒心」。孟子在這裏輕輕帶過，認爲哲理上問題已經解決，祇要敎導人人「求其放心」卽可。陸王承繼孟子理路，對於惡的起源問題也無甚興趣，也多半以「自暴自棄」、「蔽於物欲」、「此等善惡皆由汝心好惡所生」等三言兩語輕輕帶過，而未試予進一步的哲理分析。陽明偶爾也說：「孟子說性，直從源頭上說來，亦是說個大概如此；荀子性惡之說，是從流弊上說來，也未盡說他不是，只是見得未精耳！」（傳習錄卷下)。但他的基本用意不在性惡一面，因此毫無興趣就「流弊」處挖深關涉惡的起源的人性問題，遑論孟荀人性論的哲理綜合了。以孟子一系心性論爲例，我們必須設法早日克服傳統以來過份簡單化或籠統化（oversimplification or overgeneralization）哲學問題與思維程序的基本缺點。

其四，良知論者在道德實踐問題偏重行爲動機的純善之餘，動輒忽視道德判斷與行爲抉擇的客觀性規準問題。我這裏所說的「客觀性」，意謂人與人間的相互主體性，不是科學意義的純經驗性；「規準」則指可望共同接受的（超越個人主觀的）道理，這裡特指道德理由或規範（moral reason or norm）而言。陸象山說：「汝耳自聽，目自明，事父自能孝，事兄自能弟，本無少缺，不必他求，在乎自立而已。」（陸象山全集卷三十四「語錄」上）王陽明也順此「簡易」理路，說道：「以此純乎天理之心，發之事父便是孝，發之事君便是忠，發之交友治民便是信與仁」（傳習錄卷上）。象山雖了解到，「必欲天下之理無所不明，必至夫子耳順之年而後可言」（卷三「與曹立之」書二），語意稍近程朱，但基本上仍循孟子老路，未有突破。陽明雖注意到「事上磨鍊」的必要，却未曾了解所謂「見聞之知」（這裡專指爲了獲致正確的道德判斷與行爲抉擇所必需的一切有關的事實資料的知識，包括蒐集、調查、分析、判定等等手續），其實也構成了道德知識（是非對錯）的一大要素。尤從現代倫理學的觀點看來，傳統儒家所分辨的「德性之知」與「見聞之知」乃是道德知識整體的主客兩面，應該並重，缺一不可。陽明對於弟子徐愛所問：「如書弑某君，伐某國，若不明其事，恐亦難斷？」，祇不過約略答謂：「如書弑君，卽弑君便是罪，何必更問其弑君之詳？…聖人只是刪去繁文，後儒却只要添上」（傳習錄卷上）。良知論者如此偏重德性之知（良知）爲本，而以見聞之知爲末，在現代社會是有問題的。也許良知論者還不需要那麼多的見聞之知，用來處理日常家事，如「溫凊之節，奉養之宜」（同上卷上），但他如果處在日日多元複雜化的現代世界，又如何以純致良知的傳統簡易工夫去應付個人道德（微小規模的倫理道德）以外的政治社會道德（巨大規模的倫理道德）問題呢？再者，如果兩個良知論者對於某一處境所採取的道德判斷與行爲抉擇不盡相同，甚至完全相反，他們難道祇靠彼此良知的比較來決定孰是孰非嗎？尤有進者，當良知論者與非良知論者對於某一處境所採取的道德判斷與行爲抉擇相左而有所爭論之時，良知論者難道祇不過引述陽明之語就可以解決爭執嗎？難道雙方毫無需要良知以外的（包括聞見之知在內的）客觀性規準嗎？孟子一系的心性論者對於此類倫理學問題從未仔細想過；如果想過，他們就不得不回到原先的性善論或致良知敎重新檢討，而在哲理上自求轉折與充實了。總之，在儒家思想的傳統裡，心性論與倫理學應有相互影響、相互發展的辯證關係存在。譬如上述倫理學難題必然逼使現代的良知論者認眞考慮，如何通過批判的繼承，創造地（現代化地）發展孟子一系的心性論，以便適當地解決這些難題。首要步驟應該是在（新）儒家傳統本身，設法謀求能够創造地綜合陸王心性論與程朱心性論的新觀點、新理路。爲此，我們必須挖掘程朱心性論的深層結構出來。

二、程朱哲學（心性論）的深層結構

一九七四年年底，我應邀在哥倫比亞大學教授俱樂部演講「創造的解釋學：道家形上學與海德格」(Creative Hermeneutics: Taoist Metaphysics and Heidegger)，算是個人構想「創造的解釋學」的開端，講稿一年半後在英文「中國哲學季刊」登載。去年（一九八四）三月二十日晚上，我在臺大文學院會議室首次以國語演講「創造的解釋學」，大概不久會把講稿整理印行。創造的解釋學最重要的一項是「表面結構」(surface structure) 與「深層結構」(deep structure)的分辨，這一對詞滙借自語言學家喬姆斯基 (Chomsky) 的劃時代名著「句法結構」(Syntactic Structure)，但我賦與了新而不同的涵義。大體上說，哲學思想（如程朱哲學）就其表面結構言，准許各種不同的解釋可能性，一般研究者就在哲學思想發展史（如儒家思想史）脈絡範圍之內儘量公平地比較諸般解釋，從中判定最客觀而可取的解釋。創造的解釋家（亦卽有意通過解釋開創新理路的哲學思想家，而非純粹學者型的思想史家），則要發掘藏在表面結構底下的深層結構，以便顯現連原來思想家都意料不到的他那原本思想的哲理蘊含 (philosophical implications) 出來。創造的解釋家一旦發現原本思想所內藏而語言表現上並不明顯的哲理蘊含，就可以超越原來思想家的立場，替他理出他本應理出而未理出的獨到見地。我這解釋學的著想靈感源自海德格的「存在思維」(das Denken des Seins) 理路。他在「甚麼叫做思維？」(Was heisst Denken) 這本書裏說道：「(哲學) 思維愈是具有獨創性，則（藏在）思維之中的未被思維者 (das Ungedachte) 就愈顯得豐富。未被思維者是思維所能齎與的最大禮物」。「未被思維者」卽不外是我上面所提，原有的獨創性思想之中有待創造的解釋家發掘出來的哲理蘊含。海德格又說：「我們的（解釋學）課題是，緊緊追溯原來思想家的思維路數重新隨後思維一次，緊緊追溯他的（哲學）探問重新隨後探問一次。我們的課題實與時常聽到的『原原本本地去了解原來思想家原原本本的思想』這個要求大異其趣。這個要求是不可能（兌現）的，因爲沒有一個思想家（眞正）了解他自己（的思想）。」海氏此語發人深省，但因他的德文句法獨特，難於直譯，我的試譯祇能取其大意，儘求辭達而已。我們如果套用海氏此語，則可以說，程朱（尤其朱熹）二位未曾眞正了解過他們自己所開創的哲學思想的本質（本來面目），更沒有意識到他們的哲學思想所內藏著的種種豐富的哲理蘊含。現在且讓我們重新探查，有別於其表面結構的程朱哲學（尤其心性論）的深層結構究竟是甚麼。

依照牟先生出版「心體與性體」以前的傳統定型的思想史解釋，朱熹的哲學並不僅僅繼承並系統化了程伊川的哲學理路，而是集宋代儒學甚至孔子以來的儒家傳統的大成。理由很簡單，孔子的仁義思想，孟子的性善論，荀子的禮論，易庸的天命天道思想，周敦頤的太極、無極之說，張載的「心統性情」說與「變化氣質」論，乃至程氏兄弟的形上學、心性論、修養論等等，無一不在朱熹的龐大思想體系各具明顯適當的定位，且相互貫通，融爲一爐。由是觀之，朱熹無疑是宋明理學家之中眞正繼承並顯揚了儒家道統的最大功臣。但是，牟先生在「心體與性體」徹底推翻了這個傳統定型的解釋，判定朱熹本伊川所完成的所謂「橫攝系統」，乃係「別子爲宗」，不能代表儒家正統，因它有違論·孟·中庸·易傳以來「縱貫系統」的本義之故。據我的理解，牟先生的獨到解釋，在他寫出「中國哲學的特質」這本書時，還未形成。在此書第七講牟先生說：「後者（客觀性原則）源於中庸首句『天命之謂性』與易傳的全部思想，下至宋儒程朱一派；前者（主觀性原則）源於孟子，下至宋明儒的陸王一派」。可見牟先生那時還隨順著傳統說法去了解程朱哲學的本來面目，尙無解釋學上的突破跡象；也可想見「心體與性體」在他心目中所佔的地位。去年三月初旬，石元康君特別爲牟先生與我二十六年後的重逢，在香港一家潮州餐館設宴款待，讓我在牟先生旁陪座。歡敍之間，我稍表露自已多年來苦讀牟先生一系列名著的感觸說，他對「佛性與般若」一書所下的功夫恐怕最深，因我記得他在此書序尾說過：「人之生命有限，積思至今，已不覺垂垂老矣」，而大乘佛學又是中國哲學思想之中最爲龐雜而極難處理之故。牟先生却回答說，在他那麼多的著書之中他最嘔心瀝血的還是「心體與性體」這三巨册，而非「佛性與般若」。我們據此不難想見，牟先生爲了還出程朱哲學「別子爲宗」的本來面目所下的功夫是如何艱苦的了。

我們如果專在儒家思想史脈絡範圍之內比觀傳統定型的解釋與牟先生的獨到解釋，則可以說，前者祇不過觸及程朱哲學的表面結構，後者才眞正彰顯了它的深層結構。但是，我們也同時可以轉移解釋學的視線，改從「批判地繼承並創造地發展」傳統思想的新時代哲學思維觀點，重新透視以心性論爲主的程朱哲學的深層結構，而獲致另一可能的解釋學結論。換句話說，程朱哲學可有兩種深層結構並行不悖，甚至相輔相成。一是牟先生所標示的哲學史脈絡意義下的「別子爲宗」這個解釋學理路，另一是我將嘗試的哲學思維（的現代化重建）脈絡意義下的我所云「創造的解釋學」理路。牟先生並不是沒有想到後者的可能性，因爲他在「心體與性體」第三册（第四十九頁）說過：「假定兩相對立，以爲只此縱貫系統卽已足（形式上是已足），斥橫攝者爲支離，爲不見道，（自究竟言是如此），而不能欣賞其補充之作用與充實上之價值，則亦非是。前者是朱子之過，後者是象山之過。總之，兩者只能相卽相融，而不能相斥相離。此非心理上之寬容問題，乃是客觀上之實理問題」。由於牟先生撰著「心體與性體」的目的並不在進一步顯揚並創造地發展程朱哲學，而是在乎還出它的本來面目，故祇須提醒有心的讀者，朱陸「只能相卽相融，而不能相斥相離」。牟先生的解釋學工作確是我們謀求朱陸綜合的首要步驟，就這一點說，苦讀「心體與性體」要比研究朱陸全集更有助於我們哲學思維的功夫磨鍊。

牟先生在「心體與性體」第三册中隨處點到爲止的附帶話語，似乎暗示著有關「創造的解釋學」理路的可能線索。譬如他在第三百五十三頁說：「其（朱熹的橫攝系統）在形而上學上，理氣不離不雜之淸新明截，由氣之造作營爲說明自然界之形成，此雖尙未至科學之階段，然氣之造作營爲是物理的，基本原則處是科學的，而可以向科學走，則無疑」。我却認爲，「理氣不離不雜之淸新明截」旣係形上學的道理提示，就不必亦不應與自然科學的眞理探求拉上關係。（關於我所作「道理」與「眞理」的分辨，請參閱本文上篇第二節。）朱熹本人就常混淆理氣形上學與他那有關天文氣象之類的「前科學性」推測。「氣」當然可以看成爲了記述與說明自然現象及其變化的一種前科學性（protoscientific）概念，却仍不能算是「氧氣」等純科學性的元素概念。在程朱的理氣不離不雜論，「氣」與「理」構成一對形上學概念，用來賦與「形下」層次的現象變化以一種形上學的說明，故具「道理」的意義，而無「眞理」的性質可言。如果（哲學）「道理」與（科學）「眞理」混淆不淸，恐對程朱哲學的進一步發展祇有害而無益；且以今日高度科技的驚人發展，根本毋需程朱理氣論盡「一臂之助」，遑論理氣論的「科學化」了。牟先生似乎多少意識到這一點，因爲他又說過：「朱子之『窮在物之理』其目標是在窮其存在之理，並不是窮其存在之然之曲折本身。窮存在之理是哲學的，窮存在之然之曲折本身是科學的。」（第三百六十五頁）不過我們還得加一句說，（與「理」不離的）「氣」是關於「形下」（存在之然）的形上學說明所需要的「質料」概念，乃屬哲學的一而非科學的一宇宙論之事；至於（與「氣」不雜的）「理」則是關於「形上」（存在之所以然）的形上學理據所需要的「形式」概念。我在這裏借用亞理斯多德的「形式」與「質料」這一對形上學概念，主要是爲了澄淸，程朱的「理」與「氣」也是一對形上學概念，而與科學眞理毫不相干。當然這不等於說，程朱的「理·氣」與亞理斯多德的「形式·質料」涵義相同。我們在這裏所不應忽視的是，儘管就哲學思維的結果言，程朱的理氣不離不雜論固然導致「別子爲宗」，而有變成似而非科學的主知主義（pseudo-scientific intellectualism）之嫌；但就程朱的本來意圖與畢生功夫而言，理氣不離不雜論還有可能看成程朱二位苦心承繼易庸理路而形成的一種「道德的形上學」。依此了解，我們應予解消程朱形上學中（自然存在之所以然的）「物理」與（道德規範之所當然的）「義理」之間的混淆。我的意思是說，程朱必須捨離「物理」（以及「眞理」），而祇保留「義理」（以及「道理」）。如此，理氣不離不雜論仍可以是儒家本位的一種「道德（義理）的形上學（道理）」，而程朱格物致知之說也應隨著捨去「物理」窮索之義，而祇存留「義理」（尤指道德知識的客觀性規準）探求之義了。我們祇有如此重解與重建程朱形上學，才能避免「別子爲宗」之嫌。

牟先生的「別子爲宗」解釋理路，與我所嘗試的「創造的解釋學」理路，不但不衝突，反有相得益彰之效，因爲前者專就儒家哲學的發展史還出程朱的眞面目，後者則進一步設法「挽救」前者所已指摘的哲理困局之故。程朱二位畢生堅持，他們的形上學探索基本上依循易庸以來的「道德的形上學」理路，而他們的心性論與倫理學的建構所根據的基本哲理，也是來自孟子的性善論與孔孟以來的仁義禮智信等道德觀念。程朱二位的終身志願與畢生勞作充分證明，他們一心一意所要建立的仍不外是儒家本位的哲學理論與道德實踐。這是我所以想要嘗試「創造的解釋學」理路，專從哲學思維的創新角度，重新探現程朱哲學深層結構的主要理由之一。另一主要理由則是，我們隨著牟先生發現到程朱哲學的偏差（譬如牟先生所指摘的橫攝型認知主義偏向），再從哲學思維的創新角度挖出程朱哲學的深層結構，藉以改正偏差之後，更能依照牟先生的暗示去「欣賞其補充之作用與充實上之價値」，進而謀求陸王與程朱兩大派的現代化綜合。

我在上面引述了牟先生在第三百五十三頁所說過的話。他在那裏又緊接著說：「其（朱熹的橫攝系統）在人生道德修養上，顯示本體論的存有之理之超越而遍在，正視氣質之獨立機栝性，深致慨于人生之命限與無可奈何，亦見橫攝系統之莊嚴與嚴肅。(此本儒者之共義，縱貫系統亦非不知此，然橫攝系統則更能凸顯此義)」。牟先生在這裏關於道德修養（倫理學）與氣質命限（心性論）所作的暗示，極有助於程朱哲學的進一步發展，可以當做「創造的解釋學」理路所亟需的首要線索。我曾主張，致良知敎在哲理上貫通了儒家思想的主客兩重原則，綜合了孟子一系的心性論與易庸一系的宇宙論。如果大家能够接受此一觀點，我們就不難進一步嘗試陸王與程朱兩大派的綜合，將後者看成良知論者爲了自我轉折與充實，在「心卽理」說的低層次自動推演而成的補充思想。爲此，我們必須依「創造的解釋學」觀點，重新探索程朱哲學的深層結構究竟是甚麼。

我認爲，就哲理證立的本末次序言，程朱哲學的深層結構，乃以「心性論爲主，倫理學爲副」；這應該是理氣形上學所由成立的本來理據，祇是程朱沒有了解到這一點。同時，程朱原先建立的理氣形上學，也應（已如上述）隨之有所修正，俾能鞏固其儒家本位的「道德的形上學」立場。朱熹本人以爲，哲理推演的程序上他的形上學在先，心性論與倫理學在後。如果他對陸王的「心卽理」說深具慧識，就會意識到，整個程序應予顚倒過來。也祇有這樣去了解與解釋程朱哲學的深層結構，我們才能糾正它那有違儒家本義的主知主義偏差，才能重新還出它的儒家本色，也才能探討包括程朱心性論在內的整個儒家心性論的現代化課題。

陽明在天泉橋上證道之際，消解了兩位弟子汝中（王龍溪）與德洪（錢緒山）之間論學而引起的歧見，謂：「利根之人一悟本體，卽是功夫，人己內外，一齊俱透了。其次不免有習心，在本體受蔽，故且敎在意念上實落爲善去惡，功夫熟後，渣滓去得盡時，本體亦明盡了。汝中之見，是我這裏接利根人的；德洪之見，是我這裏爲其次立法的。二君相取爲用，則中人上下，皆可引入於道。若各執一邊，眼前便有失人，便於道體各有未盡」(傳習錄卷下)。陽明之所以具有足以消解兩者歧見的眞實本領，乃是由於他從未抹殺人的氣質分限，又能收含一切分歧對立於簡易眞切的致良知敎之故。因此陽明說道：「只是人的資質不同，施敎不可躐等。中人以下的人，便與他說性說命，他也不省得，也須慢慢琢磨他起來」(卷下)。又說：「我輩致知，只是各隨分限所及。……與人論學，亦須隨人分限所及」(卷下)。

但是，孟子一系的心性論者（簡稱良知論者）若能順著人的習心或氣質分限去如實觀察並描敍一大半人（中人或以下）的心性動向，則哲理上不得不吸納程朱心性論進來，藉以補充致良知教對於低層次（負面）心性掩蔽良知之強之深所做的說明之不足，否則容易引起誤會說，良知論者偏執高層次（正面）的人性觀點之餘，閉眼而不關注現實自然的日常心性之種種。良知論者如能採取哲學思維上的主動，謀求與程朱心性論之間的綜合（其實程朱學者也同樣可以自動依附或回歸孟子一系的心性論理路），其結果則是：他在致良知敎的高層次（眞實本然的層面），當以先知先覺的道德啓蒙家身份（蓋因先有良知的自我呈現與證悟之故），諄諄誘導他人也像他一樣，即就事上磨鍊的日常功夫，自我呈現良知出來；同時又在低層次（現實自然的層面），應用程朱心性論（尤其朱熹的心性分析）的細察功夫，去同情地了解一大半人不能、不願或不知如何呈現良知的緣因緣由。如此，程朱心性論不但可以避免「別子爲宗」之嫌，反而轉成致良知教的一個重要成素，稍似三論宗所云二諦（勝義諦與世俗諦）之間的辯證關係。如此，在心性的高層次既可以肯認人心與道心、心與理、未發與已發等等原本一如，而在低層次又許原本一如的此等形成分歧對立，義理之性（本然之性）與氣質之性許有分辨，亦許「心統性情」之類的看法說法有其存在理由。如此，本以單元簡易的哲學型態出現的致良知教，現又可以兼具多元開放的思想胸襟，經由程朱心性論的主動吸納而獲第一步現代化的自我充實了。至於程朱心性論這一邊，也以依附致良知教的新方式，成為包括倫理學、理氣形上學、格致說、修養論等等在內的整個程朱哲學的哲理奠基。陸王與程朱兩大派之所以具有相互融合而構成高低二諦的可能性，乃是由於儒家哲學本質上講求（相互主體性意義的）道理而非追求（客觀事實性質的）眞理之故。道理與道理之間可以共同形成我所云「整全（顧到全面）的多層遠近觀」(holistic multiperspectivism)；眞理與眞理之間則多半形成理論的正面衝突，己是則彼非，彼是則己非，甚難並行不悖。

我們依循「創造的解釋學」理路而現代化地綜合兩大派心性論的結果，「心卽理」與「性卽理」的長久爭論，有關格物致知乃至形上（理）形下（氣）分合與否的種種宋明理學的棘手難題，哲理上都可以一一迎刃而解。首就心性論與倫理學的聯貫性言，我們在高層次應依致良知教，解朱熹所云「仁是愛之理」為「心之踐仁施愛卽不外是理」，義禮智等當亦如是觀之；但在低層次應許心與性（理）暫時分歧，了解（人人分殊之）心為期求可望共識共認的客觀性（實卽相互主體性）規準之心。儒家義理，或我們今天所稱道德知識，應該包括主（內）客（外）兩面：在高層次乃不外是道德實存的自我醒悟，亦卽人人道德主體性的挺立，於此層次，朱熹所分仁義禮智之性理與愛宜恭別之心情同一無別；但在低層次，則針對世俗的分殊不一，不得不講求「他律」道德意義的客觀性規準或判斷。換句話說，整全的儒家義理應該同時並重行為動機的純善心性（主或內）與行為抉擇以及道德判斷的普遍妥當性或相互主體的可接受性（客或外）。由是德性之知與聞見之知，或尊德性與道問學，得以「皆備於我」，無有偏缺；而良知論者與程朱學者分別偏重二者之一的弊病皆可依此糾正過來。

緊接此點，我們當可再進一步消解兩大派有關格物致知・卽物窮理的歧見。在高層次，當然要求人人當下呈現良知，當下挺立其道德主體，而解「格物」之義爲人人「正其不正，以歸於正」，「致知」之義爲人人「致吾心之良知」；又解「卽物窮理」之義爲人人卽就事上磨鍊的日常功夫窮盡（本）心（本）性。但在低層次，仍應順著程朱格致窮理的平實功夫，針對世俗人心分殊不一的現實處境，設法求得可望人人共識共認的普遍義理，亦卽較具公平客觀性的道德規律或規準。但爲了避免「別子爲宗」之嫌，我們祇替程朱格致之說保留「義理」，而捨棄超越相互主體性脈絡的「物理」之義。我們如此綜合（但非折衷調和）兩大派（根基於心性論的）倫理學與格致說，當有助於良知論者在日日多元複雜化的現代世界，具備一種倫理道德的應變彈性，而把原屬他律道德意義的客觀性規律規準吸納到致良知教（的「世俗諦」）本身。就這一點說，良知論者實有必要隨順程朱，認眞探討我所常提的「經權問題」。良知論者在高層次既已（要求人人）挺立自律道德的主體性，則容納所謂「他律道德」於低層次，豈有困難，安有疑懼？關於此類課題，我將在姊妹篇「儒家倫理學的現代化課題」（此係去年三月十九日晚上我在東海大學演講的主題）另作詳論。

最後，我既依「創造的解釋學」理路，重挖易庸以來的儒家形上學的深層結構，而以此「道德的形上學」爲孟子一系的心性論經由一番實存的本體論化所導致的哲理歸結，則程朱的理氣形上學應可置於致良知教的低層次，當做程朱心性論向外推廣而成的理氣不離不雜論。在「道德的形上學」高層次，良知、天理、太極乃至陰陽元氣，原本一如；此「一本」之論，係由心性一番實存的本體論化而得成立。但在低層次，旣許心與性(理)等等暫時分歧，當然亦可分辨形上與形下，或理與氣之不離不雜，而與程朱心性論相應。但程朱學者不得不承認，理氣形上學所由成立的哲理基礎是在位歸孟子一系的心性論低層次的程朱心性論，反之非然。

三、李退溪四端七情說的哲學考察

去年九月初旬，我應邀飛往西德漢堡大學，在「李退溪國際會議」上以德語唸了一篇「李退溪四端七情說的哲學考察」(先以英文寫成，而後自試譯爲德文)。李退溪與奇高峰之間關於四端七情說的（書信往返式）論戰，實爲韓國儒學史上的一大公案。我應用了「創造的解釋學」，試予哲理分析與澄清，而挖出退溪四端七情說的深層結構的結果，發現此說可以當做證示朱王心性論綜合可能的一個佳例。我在這裏依據上述拙論，予以扼要的說明。

孟子的四端說有兩種形式如下:

(A) 「惻隱之心，仁之端也；羞惡之心，義之端也；辭讓之心，禮之端也；是非之心，智之端也。人之有是四端也，猶其有四體也。凡有四端於我者，知皆擴而充之矣，若火之始然（燃），泉之始達」(公孫丑篇上)。

(B) 「乃若其情，則可以爲善矣，乃所謂善也。若夫爲不善，非才之罪也。惻隱之心，人皆有之；羞惡之心，人皆有之；恭敬之心，人皆有之；是非之心，人皆有之。惻隱之心，仁也；羞惡之心，義也；恭敬之心，禮也；是非之心，智也。仁義禮智，非由外鑠我也，我固有之也，弗思耳矣。故曰:『求則得之，舍則失之』」(告子篇上)。

對於陽明來說，(A)與(B)祇是形式上不同，本質上則無異，蓋因性、心、情、才原本一如之故。朱熹則因分辨理（形上）氣（形下），以及性（卽理）與心（統性情）等等，故解(A)或(B)，總隔一層，不合孟子原旨。譬如他解(A)說：「惻隱羞惡辭讓是非，情也；仁義禮智，性也。心統性情者也。端，緒也；因其情之發而性之本然可得而見，猶有物在中而緒見於外也」（見四書集註孟子公孫丑篇上之注）。此注足以例示陸王與程朱在心性論所由分歧的關鍵所在。退溪與高峰皆屬朱子學派，反對陽明心學。他們旣然各自認爲忠實的朱子學者，則如何去正確了解孟子的四端說呢？

儒家七情說出現在禮記禮運篇，曰：「何謂人情？喜怒哀懼愛惡欲，七者，弗學而能」。中庸首章有云：「喜怒哀樂之未發」，祇列四情；但因關涉未發、已發的問題，退溪與高峰的論辯，慣於引用中庸的四情，代表七情。退溪主張「理氣互發」，而視四端與七情名實俱異；高峰則主「理氣共發」，而認兩者名異實同。高峰指摘，退溪誤辨四端與七情，有違朱子本義。

前年元月，南韓退溪學研究院理事長李東俊先生以空郵贈我一套「陶山全書」（共四册，韓國精神文化研究院印行），有關上述論辯的往返書信，收在第二册第二十一至二十三卷。在論辯的最後階段，高峰在「四端七情後說」與「四端七情總論」表示，大體上他願意接受退溪的主張。我却認爲，高峰不應如此輕易讓步，因他對於退溪的指摘，頗有令人首肯之處。

依我觀察，退溪的四端七情說至少以五種形式出現：(1)「四端發於理，七情發於氣」；(2)「四端之發純理，故無不善；七情之發兼氣，故有善惡」；(3)「四端理之發，七情氣之發」；(4)「四端之發主於理，七情之發主於氣」；(5)「四（端）則理發而氣隨之，七（情）則氣發而理乘之」。(1)形式之中「發」字許有兩種涵義，一是「發自」（issuing from），另一是「彰顯」（manifesting）。如取「發自」之義，則(1)意謂「四端自理發出，七情自氣發出」。但依朱熹，四端亦不外是情，亦必自氣發出，理則祇存有而不活動。故「四端自理發出」之解，有違朱子本義，而陷於矛盾。如取「彰顯」之義，則⑴意謂「四端與七情分別彰顯理與氣」。此解容易引起誤會說，四端與七情分屬兩種範疇。然依朱子之說，在現象界理氣互不可離：心由氣所造成，但含有理；情亦係氣所形成，有時合乎理，有時不合乎理。無論如何，如取「彰顯」之義，誤會難於消除。

高峰的指摘似乎迫使退溪改取⑵形式。依此，「發」字祇有「彰顯」之義，而四端之發純理至善似又合乎孟子原旨。但高峰認為，四端與七情皆係氣所形成之人情，兩者的差別並不可能在「純理」與「兼氣」之分，却是在乎「發而中節與否」。高峰更進一步說，「若泛就情上細論之，則四端之發亦有不中節者，固不可皆謂之善也；有如尋常人或有羞惡其所不當羞惡者，亦有是非其所不當是非者。……烏可以為情無有不善，又烏可以為四端無不善耶？」（第二册第三十八頁）。退溪答云：「夫人羞惡其所不當羞惡，是非其所不當是非，皆其氣昏使然。何可指此儳說，以亂於四端粹然天理之發乎？」（同册第五十二頁）。但高峰又引朱子駁云：「(朱子)『語類』論孟子四端處一條曰：『惻隱，羞惡也，有中節不中節。若不當惻隱而惻隱，不當羞惡而羞惡，便是不中節』。此乃就孟子所已言，發明所未備，極有意思，不可不深察也」（同册第六十頁）。很顯然，高峰之論緊隨朱子，退溪之解四端必皆中節，則接近孟子原旨，但違朱子之意。我們在這裏不難看出，退溪必須超越朱熹，才能解決自己的理論困難。可惜退溪本人未曾意識到，他已站在超越朱熹與否的十字路口。

當退溪偶爾發現朱子之語「四端是理之發，七情是氣之發」（見朱子語類卷五十三），便覺得此語足以證明原來的⑴形式無誤，不必更改。退溪既然完全接受此語，我把它看成⑶形式。對退溪來說，⑴與⑶完全同義。其實(3)的語病較(1)更加嚴重，蓋因(3)明白表示，四端與七情分別自理與氣「發出」之故。退溪引用朱子之語「證明」(1)之「無誤」，頂多表示他對朱子語句的忠實，却無關乎哲理上的證立（philosophical justification）。何況朱子此語語病不輕，祇能當做朱子未經熟慮的一時浮泛之辭，退溪豈可如此偏執？

至於(4)形式，則完全避免了「發自」之歧義，而又明白表示「主於理」與「主於氣」的分辨。退溪自釋(4)，謂：「四端之發，孟子旣謂之心，則心固理氣之合也。然而所指而言者，則主於理。何也？仁義禮智之性粹然在中，而四者其端緖也。七情之發，朱子謂本有當然之則，則非無理也。然而所指而言者，則在乎氣。何也？外物之來，易感而先動者莫如形氣，而七者其苗脈也。……二者（四端與七情）雖曰皆不外乎理氣，而因其所從來，各指其所主與所重而言之，則謂之某爲理，某爲氣，何不可之有乎？」（同册第二十一頁）。但高峰無法接受退溪的解釋，因他認爲四端亦係對於外物的形氣感動，實與七情無別。且四端與七情旣係已發，惟一的問題是在中節與否，亦卽合乎仁義禮智之理與否。依朱子之說，四端旣有可能偶不中節，則以「主於理」與「主於氣」分辨四端與七情之殊異，無甚理據與意義可言。退溪當然可以堅持，孟子所云四端無不中節之理；但此堅持終必逼使退溪超越朱熹「性卽理」說，靠近陽明「心卽理」說。退溪畢生服膺朱子，而視陽明如仇敵，又如何敢予超越朱子？

高峰指摘(4)的困難，似又迫使退溪換成(5)的形式，而自釋云：「雖滉（退溪）亦非謂七情不干於理，外物偶相湊著而感動也。且四端感物而動，固不異於七情；但四（端）則理發而氣隨之，七（情）則氣發而理乘之耳。公（高峰）意以仁義禮智是未發時名，故爲純理；四端是已發後名，非氣不行，故亦爲氣耳。愚謂四端雖云乘氣，然孟子所指不在乘氣處，只在純理發處，故曰『仁之端，義之端』……」(同册第四十七頁)。退溪固可如此「遷就」孟子本意，但此「遷就」當必使他同時肯認性、理、心、氣等等原本一如，而不得不放棄朱熹的理氣形上學與心性論。終身拳拳服膺朱熹的退溪與高峰，亦如朱熹本人，從未意識到程朱心性論（與形上學）與孟子一系的心性論實隔一層。因此，高峰反在最後關頭莫名其妙地自我認輸，而退溪也自以爲己說無可動搖，而絲毫沒有覺察自己已被迫在兩大派的十字路口站立不定。

假如退溪十分了解到，回歸孟子原路就得超越朱熹，就得脫胎換骨，重新體認陸王「心卽理」說，則他實有可能綜合兩大派的心性論，而置程朱心性論於致良知教的低層次了。他在「四書總論」說道：「大學言心而不言性，中庸言性而不言心，論語不兼言性命仁義，而孟子又兼言而詳說之。又何也？蓋心性一理也。自其稟於天而言，謂之性；自其存諸人而言，謂之心。大學雖不言性，而明德明命何莫非稟於天之性乎？中庸雖不言心，而其戒懼謹獨何莫非存諸人之心乎？性命仁義無二致也。分而言之，固有不同；總而言之，皆天所賦」(第四册第三百二十五頁)。當我發現退溪此語，不覺手舞足蹈，因我十年來依「創造的解釋學」所構想出來的「整全（顧及全面）的多層遠近觀」，居然在退溪此語(尤其最後一句)獲得印證。「分而言之」卽指我所云「多層遠近觀」(multiperspectivism)；「總而言之」則指我所稱「整全」或「顧及全面」(holistic)。退溪實可依此創造地解釋兩大派的心性論，而在高低層次適予安頓「心卽理」說與「性卽理」說。可惜退溪過度服膺朱熹之餘，旣不敢如此嘗試，亦無能爲力。蔡仁厚兄在「朱子學的綱脈與朝鮮前期之朱子學」的結尾說：「(朝鮮前期的儒學)可能由於一意專講朱子學，對於北宋諸儒的義理乃至先秦儒家的基本原旨，似乎發揮較少。而對陸王一系則採取批駁固拒的態度，因而近世儒學中一個極爲重要的

『心卽理』與『性卽理』的問題，一直未被重視。就儒家之學的完整性以及朝鮮學術的豐富性言，這似乎不能不說是一件憾事」（見「新儒家的精神方向」第二〇一頁）。仁厚兄的觀察十分正確，我在這裡祇想補充一句說，早期朝鮮儒者（尤其退溪）如曾依循我所强調的「創造的解釋學」理路，針對根本哲理的分歧原由認眞探討過兩大派的眞諦，就不至於如此忽視「心卽理」與「性卽理」的問題了。

四、儒家心性論與其他心性論的比觀

創造地綜合陸王與程朱兩大派的心性論，算是探討儒家心性論的現代化課題的首要步驟。我們的課題探討却不能祇停留在這個（儒家圈內）階段，因為東西人性論史上還有其他不少極其重要的心性論說，足與儒家心性論爭長競短，相互抗衡。因此，我們課題探討的第二步驟是，面對其他心性論者的思想挑激，細心研究他們的著眼點與基本看法，再進一步設法吸納其中極有助於現代化地充實儒家心性論的一些思想資糧，做為新時代儒家哲學的一部份。由於儒家自孟子以來一向不太重視負面人性的問題，我在這裏專取對於負面人性關注最切的佛敎、耶敎與弗洛依德（Freud）的心理分析學說三者，做為討論的焦點，以收拋磚引玉之效。佛敎心性論包括大小乘各宗理論之種種，極其複雜而難於處理。依我十幾年來在天普大學開設「大乘佛學」、「佛學與實存的現象學」等博士班課程的教學經驗，我認為最有助於充實儒家心性論的第一部（大乘）佛學典籍是「大乘起信論」。事實上，此書與海德格的「有與時」（Being and Time）是我在「佛學與實存的現象學」這一門課規定使用的兩大敎材。而最近又讀牟先生的「中國哲學十九講」，發現他對大乘起信論的「一心開二門」所予創造的解釋，更印證了我多年來的想法。因此，佛教心性論方面，我在這裏祇選大乘起信論的如來藏思想爲例，探討儒家心性論進一步自我充實的現代課題。

牟先生在「佛性與般若」自序云:「嚴格講，佛教並未中國化而有所變質，只是中國人講純粹的佛教，直稱經論義理而發展，發展至圓滿之境界」。若以智顗的天台圓教爲準判定佛教各宗教義之高低，固然可以如此說；但從「創造的解釋學」觀點，去探討中國大乘佛學的現代化發展課題以及儒道佛三教辯證的哲理綜合課題，我們就得打破「中國佛教祇不過是印度佛教的延伸與圓熟化」這個看法。有趣的是，牟先生在「心體與性體」第三册第一〇九頁上，似乎已以創造的解釋家姿態說出我很想說的話:「在佛家，眞常心義乃後起。中國佛教特喜此宗，亦是中國心態之反映，亦是孟子靈魂之再現于佛家，亦是因中國儒家原有如此之骨格。……佛家之華嚴與禪所以特喜眞常心倒是不自覺地以中國儒家本有之骨格爲背景，此所以謂之爲中國心態之反映，謂之爲孟子靈魂之再現于佛家也」。眞常心性論最精彩的表現是，大乘起信論以「一心開二門」方式展開出來的如來藏思想，言簡意深，耐人尋味。

對於儒家心性論的現代化課題探討而言，大乘起信論實可以看成最有思想衝擊性或挑激性的一部典籍；它又能够提供我們，爲了創造地發展以心性論爲核心的未來中國哲學與宗教思想所急切需要的思維靈感與正面資糧，不容我們忽視。譬如「一心開二門」的心性論模型，不但有助於我們辯證地綜合陸王與程朱兩大派的心性論，更有助於我們進行不斷修正、擴充與深化（儒釋道爲主的）整個中國心性論的重建工作。特就這一點說，牟先生的下面一段話極具「創造的解釋學」深意:「(『一心開二門』）是哲學思想上一個很重要的格局。這個格局非常有貢獻，不能只看作是佛教內的一套說法。我們可以把它視爲一個公共的模型，有普遍的適用性，可以拿它來對治一個很重要的哲學問題。這也是我這幾年反覆思考，才看出來的」(「中國哲學十九講」第二百九十一頁)。

不過，牟先生一方面把「一心開二門」看成「一個有普遍性的共同模型」，但又僅僅提示「可以適用於儒釋道三教，甚至亦可籠罩及康德的系統」(第二百九十八頁)，因爲牟先生認爲「大乘起信論的『一心開二門』是屬於道德的形上學或超絕的形上學的層次。因此，此一架構亦唯有在道德的形上學或超絕的形上學中才有意義，才有貢獻」(第二百九十九頁)。我却認爲，我們如能建立兩三年來我一直强調著的「中國本位（專爲中國思想之批判的繼承與創造的發展著想）的中西互爲體用論」這個新時代的觀點，我們就有辦法突破原有「一心開二門」的理論局限性，擴充而成「一心開（出高低）多門」，以便重新建構牟先生所已暗示的「一個公共的(心性論）模型，有（其）普遍的適用性」。如此，我們才能進一步籠罩或吸納康德系統以外的其他頗具（後）現代意義的心性論，包括新舊派心理分析等等科學的或人文的心理學說（scientific or humanistic psychological theories)，而在高低不同的心性層次予以辯證的綜合與定位（a dialectical synthesis and orientation)。」這不但不是放棄儒家心性論或道德的理想主義，反而是現代化的自我轉折與充實。新時代的良知論者應該兼具單元簡易的（儒家）哲理信念與多元開放的思想胸襟，應該成爲我所云「哲理探索的荊棘道路上勇往直前的求全主義者」(a perfectionist marching forward on the thorny way of philosophical inquiry)，但永不變成毫無原則的妥協主義者。

起信論的「一心」(如來藏自性清淨心，相應於儒家的良知或本心本性）所開出的二門，是心眞如門（清淨無漏的一切法）與心生滅門（生死流轉的一切法)；而此二門的關係是「依如來藏故有生滅心」，或「依本覺故而有不覺，依不覺故說有始覺」，充分顯揚如來藏思想的根本立場，亦與孟子一系的心性論立場共鳴相應。由是可知，起信論作者對於心生滅門所作的現象學說明，並不具有價值中位的科學性質，而是帶有一種（本）心（本）性之實存的喚醒作用。換言之，他對心生滅門之種種相狀樣態所進行的我所說「實存的現象學分析」，決不能視如日常心理活動事實的一種純客觀性觀察與記述，而是有意喚起衆生的心性（誓願超度一切衆生），使其能從生死流轉的非本然性狀態（不覺）實存地自我覺醒（始覺）之後復歸本然心源（本覺）的一種誘導或啓蒙工作。他對眞如（如來藏）與無明（一切染因）時時刻刻交相熏習的描敍，類似宋明理學所云天理與人欲的交戰相剋，或耶教所說靈肉二門的交爭；其描敍的目的當然是在（心性論上）保證眞如應必（應然必然）克服無明，有如「存天理，去人欲」。起信論對於心性不覺與始覺的觀察細密入微而了解亦極深透，對於儒家心性論一方面暗示陸王與程朱兩大派的綜合可能性；另一方面又提供了超越朱熹，再進一層擴充與深化（負面）心識分析所需要的線索，這對一向專求單元簡易的良知論者尤其構成很值得深思熟慮的思想衝擊。

為了重新建構具有普遍適用性的心性論模型，我已暗示擴充「一心開二門」而為「一心開多門」的理論必要性。這就是說，在心眞如門（暫稱「心性本然門」）與心生滅門（暫稱「心性應然門」，如描敍妄心妄境以示應該如何復歸眞如，或如說明氣質之性以顯應當如何變化氣質）之下，至少應設純屬現實自然而價值中立的「心性實然門」，以及暴露整個生命完全陷於昏沈埋沒狀態的所謂「心性沈沒門」。告子的「生之謂性」等自然主義的心性論，或從心理學、人類文化學等實然觀點考察而形成的各種科學的心性論屬於「心性實然門」，至於耶教的「原罪」與佛教的「無明」之類，則屬「心性沈沒門」。

屬於「心性實然門」的科學性質的心性論，實有助於儒家心性論者自我轉折（或牟先生所說「自我坎陷」），暫把「德性之知」（亦即「心性本然門」與「心性應然門」）放在括弧之內，針對心性的現實自然層面探索「聞見之知」（亦即「心性實然門」）。「德性之知」與「見聞之知」在心性論建構上的暫時分離，祇有打開良知論者的思想胸襟而去同情地了解「心性實然門」的好處，決不至於影響儒家諄諄敎導人人呈現良知的本來志願，因爲（道德）啓蒙敎育的終身工作是（有關高層次的）一件事，如實了解良知未有呈現的實然心性又是（有關低層次的）另一件事，毫不衝突。這裏有一點值得注目的是，一般科學的心性論，原則上雖是價值中立，實際上很難具有百分之百的客觀眞理性格，總多少會涉及相互主體性意義的道理，也多少受有特定時代與社會等等的種種人爲制約。尤其每當兩種科學的心性論對於自由論與決定論孰是孰非的古來難題所下的結論有所相左之時，無形中暴露出來隱藏在各別理論之中的某種價值判斷，弗洛依德所開創的心理分析學說便是一個顯著的例子。弗氏自以爲，他的心理分析完全是價值中立的科學心性論。但是，當其心性三分（本能衝動、自我與超自我）與無意識心理的模型導致「人被內外因素完全決定而無（道德的）自由可言」的危險結論，就有新派心理分析學者設法修正弗洛依德原有的模型，以便重新發現「人的自由」出來。道德自由與社會實踐的關心促使弗洛姆(Erich Fromm)等人另創人本主義的新派心理分析，也促使沙特（Sartre）與傅朗克（Frankl）等人分別新創存在主義的「實存（的心理）分析」（existential psychoanalysis）與「意義治療法」（logotherapy）。總之，我在這裡對於心理分析之種種所作的簡單說明，當可引起現代儒家學者試予建構「一心開多門」這心性論模型的理論興趣。此一模型的建立算是我所說「整全的多層遠近觀」的一種應用實例。

「心性實然門」的科學心性論如果偏向自由（意志）論，則很容易接上「心性應然門」，甚至「心性本然門」，上述的實存分析與意義治療法都是如此。但如偏向決定論，就有分成「溫和的決定論」(soft determinism) 與「强硬的（即絕對不可移的）決定論」(hard determinism) 的兩種可能性。多半的科學心性論偏取前者，承認科學規律脈絡範圍之內仍有可能存在著有限制的「自由」；弗洛依德的古典心理分析却常被解釋成爲後者。這樣，古典心理分析爲例的絕對決定論就很容易與「心性沈沒門」的耶教所謂「原罪」或佛教所云「無明」相接。就這一點說，起信論的心性論所籠罩的心性層面與範圍實比儒家心性論深廣得多。如有必要，無明（或原罪）可與眞如（或耶穌的贖罪）完全分開來看，以便透視生命最昏沈黑暗的那一面。這樣，最高層次的「心性本然門」與最低層次的「心性沈沒門」形成極端的對比，可讓我們深深了解複雜無比的人（類心）性事實，也讓良知論者除了自己已有的良知（相應於佛教所云「眞智」或「根本（無分別）智」）之外，學得一種佛教所云「俗智」或「後得智」，以便如實知見包括「無明」、「原罪」之類的「心性沈沒門」在內的心性差別分殊之相。儒家自孔子以來也常談及「惟上智與下愚不移」（論語陽貨篇），却無甚興致層層挖深「不移」的可能意涵，直至「心性沈沒門」（即「世上確有某些人完全沒有呈現過良知」，譬如殺過父母的「一闡提」等是）的發現爲止。宋明理學家，或以良知涵蓋一切，全不理會「不移」一事；或如伊川，以「性只一般，豈不可移？却被他自暴自棄，不肯去學，故移不得。使肯學時，亦有可移之理」（遺書卷十八）等三言兩語輕輕帶過就以爲了事。這就部份說明了爲什麼常有人說，儒家對於負面人性與宗教需求的了解遠遠不及耶教與佛教之深之透。

一九七一年秋天，我以純粹哲學的專長從哲學系（臺大、伊大、俄大三校）改到宗教系（天普大學）任教，多年來常與代表耶教以及其他各大傳統的（來自世界各地的）敝系同事們交談對論的結果，今天使

（偏重哲理的）我不得不承認，終極地說，我們的人間世永找不到絕對可行的評斷標準，來讓我們決定，哲理探索之路與宗教解脫之道兩者，究竟孰高孰低，孰優孰劣。儒家的理想主義以「良知的呈現」强調「日日新又日新」的自律道德與樂天知命，而耶教與大乘佛教淨土宗則自罪孽深重的人間負面現象出發，講求他力解脫，提倡平等博愛與慈悲救人，各有千秋，難分上下。我祇能說，我們倘要謀求儒家心性論的現代化發展，則應可以建構儒家本位的「一心開多門」這心性論模型，安插「心性沈沒門」在它的最低層次，以顯儒家的獨特立場，有別於耶教等專以宗教救濟爲終極關懷的其他各大傳統。而我爲了儒家心性論的現代化課題，絞盡腦汁至此，已覺精疲力盡，還談不上實質上的建構嘗試，祇望兩三年後「重整旗鼓，捲土重來」了。

（一九八五年元月十四日於費城郊外，原載鵝湖月刊第十卷第八期）

（附文一）：「一心開多門」之商榷

——邱黃海

一、前言

鵝湖第一一三、一一六兩期刊出傅偉勳先生「儒家心性論的現代化課題」一篇長文。此文試圖透過牟宗三先生對儒學之詮釋，並依傅先生本人特有之見解，爲儒家心性論問題提出一些可能理路。傅先生這種自覺的以中國文化爲本位之哲理探索，其精神深爲吾人所敬佩。惟閱讀之餘，有二、三事不得於心，似與平日理解多有扞格。願借鵝湖一角以討論之，祈傅先生與諸位師友多爲指正。

傅先生此文牽涉極廣，擧凡良知之眞實可能性、性善論之證立、陸王程朱二系之定位綜合，以至於「一心開二門」之哲學模型等問題皆有論及。關此吾人不擬一一討論，只就幾個主要關節處提出管見：

㈠性善論之證立

㈡良知與知識之關係

㈢「一心開二門」哲學模型之不可移。

二、性善論之證立

傅先生以爲孟子性善論之所以具有哲理强制性與普遍性乃基於「人的實存在生命盡頭或極限境況所呈現出來的道德心性之醒悟」而據此建立生死智慧以打開道德實踐之門。並依此而決定「生死交關之際本心的終極覺醒」是性善論之證立關鍵。所以然者，乃是依以下的辯論而進行的:㈠在遵守禮敎習俗或世俗倫理的平均化日常世界裏，良知不易呈現，甚至埋沒不彰。卽使呈現，亦難說服經驗論者，且亦難說經驗知識之解釋不能成立。㈡「『人之所以異於禽獸者幾希』的那一點靈犀，眞實存在，才能引發人的道德自覺。這種自覺或醒悟在日常世界也許難於發現，但在生死交關的雅斯培所云『極限境況』格外明顯。人之所以能够而又願意捨生取義，乃是由於人在生死關頭最能呈現人心善性之故。：在生死關頭道德心性覺醒的道理（案：傅先生有道理與眞理之區分，詳見傅文。）充分顯示儒家生死智慧之根本義諦，而此生死智慧之哲理奠基則不外是本心本性的肯認。」依此，生死交關之一念警策，遂爲性善論之有哲理强制性之關鍵。復次，「正因人性本善，做爲萬物之靈的人才會在生命盡頭格外醒悟到生命（氣命）卽是（正命）的終極道理，才會在最後關頭實存地覺醒於自我本然的道德心性。」至此，依傅先生，强制性與普遍性乃完全建立。㈢準上所言，傅先生進而論曰；「就表面看，孟子的心性論首先肯定人性本善，然後對於四端等等的觀察發現本心或良知在經驗層次（案：經驗一詞，似有歧義）的呈現，之後再以本心良知的呈現證立本性的眞實。但是我們在第七、第八與第九、三個論辯的證立步驟才眞正看到了孟子性善論的深層結構。這就是說，孟子首先祇能肯定生死交關之際本心的終極覺醒或良知的眞實呈現，然後才能據此標榜人性本善的。換言之，孟子心性論的證立關鍵，是在人心自醒之爲道心的本心（用）上面，而不在祇具先天超越性意義的本性（體）上面。因此，我上面所提到的『心性醒悟』，嚴格地說，應該改爲『人心卽道心』的自我覺醒。」

以下，吾人卽針對傅先生這幾個論點加以討論。首先，依傅先生此文所示，傅先生以爲①良知是能眞實呈現的；②良知之醒悟已踰越了一般科學(如社會學、心理學等)所能應付的自然經驗領域；③良知之醒悟有其終極關懷之意義。凡此，吾人俱表同意。惟傅先生復以爲「孟子首先只能肯定生死交關之際本心的終極覺醒或良知的眞實呈現，然後才能據此標榜人性本善的」，則非是。傅先生亦以爲生死交關之際良知的眞實呈現是用。然用必當機，而機則無數。當生死交關之機固爾起用，而當見父見兄，取捨進退之機亦必起用。皆是用也，皆是機也，傅先生何所據而必取乎生死交關之際耶？傅先生之出此有一明確之判準乎？且生死一念未化，固爲陽明所當之機，然吾人豈必不可於進退取與之際，頓卽悟「富貴不能淫、貧賤不能移、威武不能屈」之純粹而嚴整之道德意識，進而自定方向，自作主宰，截斷一切生理欲求（此語非戕害、禁欲之意），心理（經驗意義的）覊絆，以與天地同流，萬化合一乎？且豈不亦能了脫生、死乎？傅先生復曰:「在生死交關的那一刹那人人所能呈現的良知，爲什麼又是自無始以來無生無死的不壞元神呢？理由很簡單，隨時隨地，每時每地，都可以說是生死關頭，都可以說是本心當下覺醒之實存的契機。每一時刻卽是生死交關的時刻，卽是良知呈現的時刻，卽是道德生命的絕對主體性所彰顯的『永恒的現在』」。是則傅先生以爲生死交關之際有其殊勝之處，蓋念念皆生死也，此或爲其性善論證立所以特具普遍性之理據。然念念固爲生死流轉，念念亦爲情愛膠結，一皆執也，皆落於可能經驗領域條件之制約也。吾人於此豈必想及生死一念耶，復次，即所當之機爲生死交關，而吾人之了悟豈必爲道德良知之了悟耶？豈必不能爲「不禁其性、不塞其源」之道心抑爲轉識成智之佛心？是則據生死交關良知朗現之機（此固可說爲念念皆生死交關良知呈現之機）以建立性善論，並非必然也。（當然，此不是說不可據此以了悟之，以把握良知之呈現，並進而據此以說性善。）且即當生死交關，若未能一念警策其生滅流轉亦如故也。孟子曰：「舜之居於深山之中，與木石居，與鹿豕遊，其所以異於深山之野人者幾希？及其聞一善言，見一善行，若決江河，沛然莫之能禦。」夫大舜豈必於生死交關之際而始醒悟耶？彼其精誠惻怛、充實不可以已，只一善言，一善行即沛然莫之能禦之機也！是故，所當之機或一念執迷，或造道不同不必皆能了悟性善；而了悟性善亦不必待生死交關也。依此，生死慧之建立固爲儒者成德之教所函，然非第一義（此其非第一義之說明乃消極性之說明。雖爲消極性之說明，亦可構成傅先生說之不能成立之充分條件。）復次，用必當機，機爲無數。然則吾人何所據以言遇此無數之機必皆可起用（原則上的）耶？此則爲「性體」一觀念所以出現之故，亦涉乎孟子學第一義之問題。孟子學之第一義在以道德性說人性。而此作爲人性之道德性則由仁義理智之四端而顯示。而四端之顯示則爲「非所以納交於孺子之父母也，非所以要譽於鄉黨朋友也，非惡其聲而然也。」之超越一切利害關係，感性牽引之道德理想性，旣超越一切經驗領域，則具有絕對之普遍性。其主觀之根據在心（工夫），客觀之根據在性。性而以心說之，性而特具絕對普遍性，則其遇無限機以起無限用，則必然矣！此則一起始便接觸那精誠惻怛，純而不已之道德意識，並進而以此爲吾人之性。故爾四無傍依、充實飽滿，應機而動、機機皆如。故曰：「君子所性，雖大行不加焉，雖窮居不損焉；分定故也。君子所性，仁義禮智根於心，其生色也睟然見於面，盎於背，施於四體，四體不言而喻。」所性分定，故爾充實飽滿，大行不加，窮居不損；所性仁義禮智根乎心，以此遇機，機機皆良知之生色，機機皆本心之朗澈。如此，以遇生死念，即發生死慧。故孟子學必以道德性爲首出，非以生死慧爲首出也。依此，生死慧爲成德之教所函即爲必然，其爲第二義以下亦爲必然。此爲積極性之說明。

復次，傅先生於盡心篇「君子所性」一章等（詳見傅文）以下設有三難：「第一，極少數聖人君子的自足自樂頂多證立他們自己的本心本性，却難於據此推論一切人類的本性亦善。第二，猶太教與耶教徒奉守十誡，十誡是上帝啓示的他律規範，而耶教徒又接受一切人類生具原罪之說，實與孟子性善論有天壤之別。但是他們也一樣可以踐行道德義務而自足自樂，毋需預設人性本善。由此可見，『道德自足的論辯』(即指「君子所性」一章等）證立人性本善的理據並不充分，雖有道理上的普遍性。第三，道德實踐與自足自樂也沒有必然關聯；完善的道德人格與永恒淨福是否合致，乃宗教救濟或解脫之事，而與哲學並不相干。總之，此一論辯本身的說服力量十分薄弱，祇有附隨其他較有哲理强制性的論辯才有證立意義可言。」由此三難之設，可見傅先生於孟子學之第一義，即以道德理性爲人性之義，疏於認識。第一難涉及性善論之普遍性問題。前文已言：吾人不能據某特殊機緣而特眷顧此機緣，以此機緣能顯豁良知便以之爲性善論證立之根據。夫良知呈現固爲性善論之主觀根據，亦具普遍性（具體的），然不必某機也。良知呈現遇種種機可有種種慧，不必生死慧也。而此中關鍵則在以超越之道德理性爲首出。是以，性善論之普遍性問題不在良知遇某機所展露之殊慧也。尤有進者，其爲普遍性與必然性亦不因某時某地某人理解不理解而不成立。夫孟子旣以道德性爲人性，而道德性又爲超越一切經驗領域者，復次，此超越之道德理想又非不能呈現者（如康德然），則其普遍性即成必然。

吾人雖不能以少數聖人君子之自足自樂推論一切人類的本性本善，然其所據之以成其自足自樂者，却是人性本善成立之普遍而必然的根據。其次，良知呈現與否本屬實踐問題。它不是個理論問題。在日常平均化之世俗，良知固不能時時呈現，而其所以不易呈現之故亦只在不能反躬自省而已，吾人卽使將其不能呈現之故細細解析，以成知識。然彼若痲木如故，良知仍不能呈現也，世皆知須讓坐老弱婦孺，而痲木如故者何又若彼其衆？此不在他，不自反耳。其不自反吾人亦無何術使其自反。蓋道德乃自律之事也，實踐之事也。心思昏昧，物交而引，固不能呈現，然其一念警醒，卽四無傍依，充實不可以已。依此，傅先生所謂難於說服經驗論解釋者，並非性善論之哲理强制性與普遍性不足之問題，只是如何說服之的技術性問題。依此，傅先生所設問之「亦難說經驗知識之解釋不成立」則根本爲一假問題矣。至謂耶猶二敎之十誡是他律規範，又有原罪之說，而其敎徒一樣踐行道德義務毋需預設人性本善云云，則根本爲問題之混淆。夫耶敎十誡之爲他律道德固無可疑。然耶敎徒豈不可見生民失所而自生怵惕惻隱之心乎？若可，則自爲自律道德。其如是而行，而成其自律道德豈待於知不知、預設不預設性善乎？此不相干之論也。再其次，道德實踐與自足自樂是否有必然關聯，吾人亦有一判準以明之。吾人可問：此道德實踐爲自律乎？爲他律乎？自律者「由仁義行」，仁義非他，四端之心也。孟子曰：「仁義禮智根於心」，此以仁義之心說性也。又曰：「君子所性雖大行不加焉，雖窮居不損焉，分定故也。」則發爲四端之心非有待於外，乃其自定自主，所性於內，說自由此最自由，說自足、自樂，此最自足自樂。故曰大行不加、窮居不損，豈有他哉，不待於外也，分定故也。他律者行仁義，則仁義之行非必吾之所願，非吾所願則有待於外，此老莊盛辯禮樂僵滯之故也，此朱子學必爲漸敎之故也。是故，道德而自律則必然自足自樂，道德而他律，則標準在外，標準在外，習心習氣之求與之相應者亦苦矣，何得樂耶？是故所謂樂者仁義之心自樂也，所謂足者，仁義之心自足也，故曰：「理義悅我心。」理義悅我心，心與理義非異質之相符，乃同質之相照，不，理義卽心，心卽理義，此二者實同一也。是則自樂自足不必待宗教救濟或生死解脫而然，吾心一念警策，一起首便與自律：道德性相接，則飽滿著實，樂在其中矣。耶教之自足自樂，其能自足自樂乎？則不能無疑也。

綜上所述，傅先生與筆者分歧之處，惟在孟子學第一義之問題，他義可演而明也。

三、良心與知識之關係

傅先生在「孟子一系心性論的轉折課題」一節中，提出致良知敎所產生的有關心性論（兼及倫理學）的「種種難題」。今撮要羅列、分疏如左：（引號所示爲引文）

其一、「道德實存的自我醒悟是保證致良知教具有哲理强制性與普遍性的必需條件，但在平均化了的日常世俗，良知確不易呈現，甚至隱沒不顯，所謂道德主體的挺立亦談何容易。」（案：但字以下一線索導引傅先生的理路向兩條路走：一是以生死慧爲性善論之奠基，如上所云。一是引向道德判斷與行爲抉擇的客觀性規準問題，此卽這一節之討論焦點。傅先生以此却進而說出令人訝異（異非必優異也）之觀點：「事實上，願意接受並踐行致良知敎的儒家同道寥若辰星，如果良知論者隨著熊十力老唱『良知是眞實、是呈現』的高調，而不去同情地了解非良知論者（或非性善論者）的人性（以及倫理道德的）看法，就很容易變成孤芳自賞的極端內向型，而良知論者特有的『單元簡易心態』也由於曲高和寡，容易惡化而爲『自我閉鎖心態』。爲了避免這種心態偏差，良知論者應該自動謀求原有『單元簡易心態』與較有現代化意味的『多元開放心態』之間的融通。……無論如何，良知論者必須自我轉折、自我充實，必須了解到『單元簡易方式』與『多元開放方式』不但沒有衝突矛盾，反可辯證地相彰相益。」

關此，吾人分疏如下：

第一、關於「良知不易呈現」一問題：這個問題，上文已略道及，今再做以下補充。吾人可問：良知不易呈現是原則上的還是一時的。如果是原則上的，則性善論自身矛盾，此應不爲傅先生所許。如果是一時的，則吾人應努力崇明德，使那最內在、最深層之呼喚日日彰顯。依是，吾人對良知呈現與否之當身，所能問者，亦止乎此。如謂：現有大多數人不能呈現良知（非原則上的）以致於世衰道微，而世衰道微之原因多方且各各殊特，或爲教育的、家庭的、社會的、環境的、個性的等等不一而足，則吾人理當窮究其原委，一一疏理。（蓋不如此，亦不爲吾人良知所許）然問題卽轉移矣。又如謂：現有大多數人，所持觀點與儒者迥不相侔，則吾人理當求其調和融通，使各有定位。（蓋不如此，又非爲良知所許矣）。如此，吾人可問：這些殊異之觀點應定在何位，性善論又應定在何位？是否有一說法可超越地總持諸說，如有，如何可能？然則問題又轉矣。是故，凡此問題（傅先生所提尙有許多，下文再述）乃與良知呈現與否之當身問題不相干者。是故孟子所謂「物交物則引之而已矣」「心之官則思，不思則不得也」乃是一原則上，根源上，究竟上之解釋。根源上之解釋如此已足。

第二、儒者（非特定個人）是否有「單元簡易心態」或「自我閉鎖心態」之問題。如果我們注意到上述種種問題之欲求，其解決皆爲吾人當不容已之良知所推動、所責成，則吾人不得謂儒者有「單元簡易心態」、甚或「自我閉鎖心態」。古人有云：「一物不知，儒者之恥。」此是一種最開放、最負責之心態。吾人之一切活動：不論是自我修養、與人交接、甚或理論性、知識性之探討皆在活動當中，即，皆是在實踐當中。當下之實踐能誠懇肫肫、如理而行否？吾人之知識性探討、理論性之研究能求其全、責其備否？理論之設立能得其至當否？理論失當，不為吾心所安，即當更求其完備。凡此，皆無不在良知之提携與潤澤中。一有不當、一有缺憾即吾人良知之創造、善化歷程之休止，而此後不為良心之所安。故爾時時創造、時時提携，時時融攝。如此襟胸，如此肫懇，安可以閉鎖視之耶！由此觀之，熊先生所謂「良知是眞實、是呈現。」之孤懷，果為高調？果為閉鎖乎？

第三、至傅先生所謂良知論者應自我充實，應同情地了解非良知論者的人性看法。「單元簡易方式」（此詞誠不可取其貶義）與「多元開放方式」不但沒有衝突矛盾，反可辯證地相彰相益等等，吾人皆默爾而讚嘆之。此本是儒者要善化一切，致中和、位天地育萬物之心願所必涵。

其二、「良知論者在道德實踐問題偏重行為動機的純善之餘動輒忽視道德判斷與行為抉擇的客觀性規準問題。我這裏所說的『客觀性』，意謂人與人間的相互主體性，不是科學意義的純經驗性；『規準』則指可望共同接受的（超越個人主觀的）道理，這裡特指道德理由或規範而言。」……「陽明雖注意到『事上磨鍊』的必要，却未曾了解所謂『見聞之知』（這裏專指為了獲致正確的道德判斷與行為抉擇所必需的一切有關的事實資料的知識，包括蒐集、調查、分析、判定等等手續），其實也構成了道德知識的一大要素。尤其從現代倫理學的觀點看來，傳統儒家所分辨的『德性之知』與『見聞之知』乃是道德知識整體的主客兩面，應該並重，缺一不可。陽明對於徐愛所問：『如書弑某君，伐某國，若不明其事，恐亦難斷？』祇不過約略答謂：『如書弑君，卽弑君便是罪，何必更問其弑君之詳……聖人只是刪去繁文，後儒却只要添上』(傳習錄卷上)。良知論者如此偏重德性（良知）爲本，而以見聞之知爲末，在現代社會是有問題的。」……「他如果處在日日多元複雜化的現代世界，又如何以純致良知的傳統簡易工夫去應付個人道德（微小規模的倫理道德）以外的政治社會道德（巨大規模的倫理道德）問題呢？再者，如果兩個良知論者對於某一處境所採取的道德判斷與行爲抉擇不盡相同，甚至完全相反，他們難道祇靠彼此良知的比較來決定孰是孰非嗎？（案：這是一個假問題，詳見傅文）尤有進者，當良知論者與非良知論者對於某一處境所採取的道德判斷與行爲抉擇有所爭論時，良知論者難道只不過引述陽明之語就可以解決爭執嗎？（案：這又是一個假問題）難道雙方毫無需要良知以外的（包括聞見之知在內的）客觀性規準嗎？孟子一系的心性論者對於此類倫理學問題從未仔細想過……」

關此，吾人之分疏如下：

第一、傅先生以爲「德性之知」與「見聞之知」缺一不可。吾人亦表同意。惟又以爲「良知論者在道德實踐問題偏重行爲動機的純善之餘，動輒忽視道德判斷與行爲抉擇的客觀性規準問題」則非是。上文曾及：吾人一切活動皆在實踐當中，既在實踐當中則良知必要求提携、潤澤、推動、責成此一切活動。此可以「良知之創造性」以表示之。良知之創造固與特殊材質，不同環境、狀況之特殊事實資料之知識無關，但它是一個提携、責成、推動之動力。良知之創造無特殊內容，其內容就只是整個提携、責成、推動與潤澤，質言之，它的內容就是創造——一個沒有特殊內容而一切特殊內容莫不在它的責成與推動下的道德創造。其在微小規模的倫理道德中（如傅先生所說）卽要求了解微小規模倫理之特殊狀況之曲折而善化之。其在政治社會的狀況卽要求了解政治社會之煩難多端而一一責成之、善化之。此則很自然的卽帶出客觀性之規準問題，豈如傅先生所謂動輒忽視之耶？然所謂客觀性規準乃是因時因地因人而不同的。故客觀性規準必因時因地因人而制宜，此則禮樂敎化（取其廣義）之所以形成也。而其因時因地因人之制宜所以可能一因人事之紛雜多變，一因良知之時時提攝、時時責成、時時善化。人事之紛雜多變，故須加以客觀地了解以求其當。是故在歷史的、社會的、國家的實踐中，儒者因其良知之責成、推動乃最重視客觀性規準與夫禮樂敎化者。孟子書中豈不處處如此點示？且若無良知之推動、責成，則直如朽木死灰耳，何可語於客觀規準之莊嚴！復次，客觀規準雖因時因地因人而制宜亦有其日趨合理化、普遍化之意義。儒者在歷史之實踐中不必一時卽能構作出最合理之客觀規準。古人作不成，則理當由今人擔待，是見在良知之責成下，歷史之實踐亦有其逐漸合理之歷程。復次，由客觀規準之設立，卽帶出一切有關事實資料的知識之蒐集、調查、分析、判定等科學方法之講求。科學方法背後有一科學精神。此科學精神旣由良知之歷史實踐而帶出，則其所成就之經驗知識，其普遍性與自然性如何說明？其與良知之關係爲何？傅先生只是寡頭地提出見聞之知之必要，並進而說應該並重，而於此一最關鍵之問題並未注意及之。(儒者以良知爲本、見聞爲末亦不見得比「並重說」較不重視見聞之知，其餘更無論矣！）此一切問題則由康德首開其端，復由牟先生予以充分的證成。有關牟先生此一步理路，後文再及，今只說歷來儒者之見。準上所言，良知是一個主動原則、責成原則、善化原則，而見聞之知則因時、地、人制宜，而其所以日具合理化亦由良知之不容已而責成。是故，德性之知爲本、見聞之知爲末。尤有進者，儒者以見聞之知爲末並不意味輕忽見聞之知，相反的，正是最重視見聞之知！蓋此必爲良知之實踐所責成也。

第二、傅先生曰：「如果兩個良知論者對於某一處境所採取的道德判斷與行爲抉擇不盡相同，甚至完全相反，他們難道祇靠彼此良知的比較來決定孰是孰非嗎？」此問題乍看之下頗動人，在某個意義下亦許成立，然亦難逃是個假問題。行爲抉擇不同，乃涉乎所觀所見。而人皆是有限個體。甲依此立場以觀之，乙依彼立場而觀之，所著重處容有不同，理念則一也。所著重處不同，其不同非是那精誠惻怛純亦不已之不同，而是材質之不同、內容之不同。如人皆望鵝湖之理想開展發皇，惟諸君子之氣質或柔或剛，或狂或狷，觀點不同、立場不同固有衝突之事，而皆可相恕諒、相涵融。良知是個無特殊經驗內容的創造、責成，因此不能互相比較。它根本超越一切可能經驗之領域，如有比較，亦只是互肯互認，相期努力耳。再者，一切衝突之事皆非吾人良知所安，則吾人必求相應地彼此了解，而此亦在良知之要求下而可能。再次，如所謂比較是彼此特殊觀點之比較，則所比較者必非良知；否則，「良知」一概念即自相矛盾。傅先生又曰：「當良知論者與非良知論者對於某一處境所採取的道德判斷與行爲抉擇相左而有所爭論之時，良知論者難道祇不過引述陽明之語就可解決紛爭嗎？難道雙方毫無需要良知以外的（包括聞見之知在內的）客觀性規準嗎？」依上所述，儒者必要求一客觀規準，而此規準之要求正爲良知所責成。且所謂「非良知論者」若亦要求一客觀規準，此要求亦爲其欲善化紛爭之良知所責成。復次，此一客觀規準之合理性（不委曲雙方、不造成不公平）亦爲彼此之良知所責成。否則吾人必不安也。傅先生於此，亦將良知看的太死、瞧的太少了。再次，傅先生所引陽明語亦有誤解之處。陽明只是就聖人作經用心處，而謂人之學聖賢須有個把柄、得個頭腦而已，此豈有輕忽聞見之意？關此，玆抄陽明一語以助解：「問名物度數，亦須先講求否。先生曰：人只要成就自家心體，則用在其中。如養的心體果有未發之中，自然有發而中節之和，自然無施不可。雖預先講的世上許多名物度數，與己原不相干（案：己字須善看）。只是裝綴臨時，自行不去。亦不是將名物度數全然不理。只要知所先後，則近道。又曰：人要隨才成就，才是其所爲能。如夔之樂、稷之種。是他資性合理便如此。成就之者，亦只是要他心體純乎天理。其運用處，皆從天理上發來。然後謂之才。到得純乎天理處，亦能不器。使夔與稷易藝而爲，豈亦能之。又曰：如素富貴，行乎富貴，素患難，行乎患難，豈是不器。此惟養得心體正者能之。」

四、一心開二門之不可移

傅先生在陸王、程朱二系綜合問題（此亦有許多問題尙待討論，然今不暇及）塵埃落定之後，雖將良知放在高層次，聞見之知放在低層次，仍採二者並重之說。關此，吾人在上文曾就主觀與客觀實踐二面加以辨正，惟尙有一形上學之理由來說，此詳乎下文。在「儒家心性論與其他心性論的比觀」一節中，先生又提出「一心開多門」的看法，今撮要如左：

「我們如能建立……『中國本位（專爲中國思想之批判的繼承與創造的發展著想）的中西互爲體用論』這個新時代的觀點，我們就有辦法突破原有『一心開二門』的理論局限性，擴充而成『一心開（出高低）多門』，以便重新建構牟先生所已暗示的（案：事實上並非暗示，此乃已明確地被決定了）「一個公共的（心性論）模型，有（其）普遍的適用性」。

「起信論的一心（……）所開出的二門，是心眞如門（……）與心生滅門（……）；而此二門的關係是『依如來藏故有生滅心』，或『本覺故而有不覺，依不覺故說有始覺』……由是可知，起信論作者對於心生滅門所作的現象學說明，並不具有價值中位的科學性質，而是帶有一種（本）心（本）性之實存的喚醒作用。」

「爲了重新建構具有普遍性適用性的心性論模型，我已暗示擴充『一心開二門』而爲『一心開多門』的理論必要性。這就是說，在心眞如門（……）與心生滅門（……）之下，至少應設純屬現實自然而價值中立的『心性實然門』，以及暴露整個生命完全陷於昏沈埋沒狀態的所謂『心性沈沒門』。告子的『生之謂性』等自然主義的心性論，或從心理學、人類文化學等等實然觀點考察而成的各種科學的心性論屬於『心性實然門』，至於耶教的『原罪』與佛教的『無明』之類，則屬『心性沈沒門』。」

依此，傅先生透過儒家心性論與其他心性論之比觀而提出「一心開多門」的看法。依傅先生，「一心開多門」所以比「一心開二門」較具普遍的適用性而向其公共的模型之地位，乃是因爲：㈠「一心開二門」之心生滅門「並不具有價值中位的科學性質」。㈡耶教的「原罪」與佛教的「無明」在一心開二門之義理規模下，無從安頓。依此，一心開多門之多是不決定的、是開放的。假如我們人類歷史發展到某時期突然有先知先覺又創設了某教，或在瀚浩無垠之太空漫遊中與外星人於旦暮相遇遂因此而有五、六、七、……以至於不可知門之開設也未可知。依此，多之所以爲多之不決定的，只籠統的如此說。而其所以爲不決定是因爲經驗的進程、發展乃不可逆料的。此種想法可以「世事難料」一詞當之。

但是，所謂「價值中位的科學與耶教「原罪」或佛教的「無明」在牟先生的哲學系統甚或作起信論的大德的本懷中是否無安頓呢？「一心開二門」之二是否亦是不決定的、隨意的呢？我們不能老睜著眼睛往外瞧，却忘了是「誰」在瞧。人類對宇宙人生做了一些反省之後有一些「見」。但這些「見」是由「我們這個地方發出來的，依此，我們必須將這些「見」所依止的能力作一番考察，然後才能決定人類能知些什麼。否則，我們憑什麼說所見之是非？這是批判哲學之任務，亦是一切任意的獨斷論的剋星。在西方，認爲人是決定的有限，在東方則以人是雖有限而可無限的存有。經驗的進程固是敞開的，而其所以爲敞開（亦即在時空之格局中運動）則是依於人之有限性而然的。其有限依於人類所以領納外界現象之感性主體與知性主體而標誌。其無限則依於人類所以透徹善化之源的智的直覺而標誌。人類以其感性主體與知性主體以知現象，以其智的直覺而知物自身。復次，有限、無限、感觸直覺、智的直覺這一對詞語之對翻亦不是獨斷的、籠統的提出。這是經過批判哲學之路數，即，經過對於人類理性全部能力當身作一番詳細縝密之考察所出的結晶。此一部工作由康德開其端，由牟先生加以充分的證成。（其詳請參見認識心之批判、智的直覺與中國哲學，及現象與物自身等等。）康德的業績在純粹理性之批判，即，對於感性主體、認知主體及思辨理性之功能作一番批判性的考察以決定人類純粹理性認知之能力何在，並進而決定人類依此機能能知那些對象。他雖然提出實踐理性之優先性之說，然却未能充分予以證成。依此，康德只能確定現象而不能確定物自身。物自身只是個消極的概念。然物自身既是個消極的概念，我們又不能知物之身，則吾人憑什麼而有現象與物自身之超越區分？在此，康德即成爲一個獨斷論者。人類以其感性主體直覺外物（直覺是外物之呈現原則、具體化原則，或依康德說，感觸直覺將對象給予於我們），而感性主體乃是依時空之先驗形式以領納對象，又知性主體或超越的統覺以及先驗範疇思對象；這些都是確定的，因爲相應於感性主體，我們有感觸直覺，相應於超越統覺我們有形式直覺。但是相應於物自身，我們却無直覺。依此，物自身之概念只有邏輯的可能性而無眞實的可能性；眞實的可能須有直覺以實之、以呈現之、以具體化之。牟先生承續了康德批判哲學之精神，依中國傳統哲學之勝義以融攝之。在儒釋道三家，智的直覺（無限心）是可能實呈現的）。依是，人之有限性乃以其有限心而規定（感性主體、認知主體）、其無限性則以其無限心而規定。依是，現象與物自身乃得其充分之證成。復次，有限心乃依一定形式而領納自然、了解自然、探究自然；一定型式就人類理性言，乃由時空十二範疇而標示，其他一切有限之理性存有不一定依此型式，可能依彼型式，然總亦須依特定之型式以領納之。無限心了解之「智思界」則爲無對象相、無生滅常斷一異來去之如如本相，此乃無相之相。又，依牟先生，此「時空十二範疇」乃相應於唯識宗之分位假法（見佛性與般若），皆執也。依是，有限心與無限心乃相應於執（識心）、與無執（智心）。其他一切有限之理性存有云云，固只是邏輯可能之設擬，惟若有其存在則亦必相應於執與無執之超越之區分。依是，執與無執之對翻對一切有限之理性存有言，乃窮盡而互斥者。而所謂一心開二門亦相應於此窮盡互斥者。依是，一心開二門之二非任意的、不決定的，此乃相應於有限理性存有之直覺而設。（無直覺則無對象）。依是，一心開二門之超越區分乃定然不可移者。復次，無限心旣不依一定型式，則物自身必無特殊內容；有限心以其依一定型式則有特殊內容；依是，傅先生所謂心性實然門與心性沈沒門若有地位亦只能歸於心生滅門之下，絕不能四者並列。夫一心開二門亦有其所開之之道，豈可任意開設耶！

復次，前文曾及：良知（無限心）之歷史實踐必然帶出一客觀規準。其在中國只是如此，惟不能自覺地反省此客觀規準背後之科學精神。吾國傳統所闕者正此科學精神之正視也，惟不能說不重視客觀知識，否則，儒者亦不過玩弄光景而已，其良知亦必枯凋而萎縮。此中輕重分際至爲緊要，不可不辨！科學精神在西方爲擅長，而所以表示之者則爲科學方法之講求。然吾人眞欲收其相觀而善之效，不能只是學人言談，必須在根源上加以融攝，如此科學精神方能眞在中國生根。依是，吾人必須面對兩個問題：㈠科學知識如何具有普遍性與必然性？此一規模有兩部：一是經驗對象所以可能之理性根據；一是思解活動所以可能之理性根據。前者爲康德所完成，後者爲牟先生所作成。㈡無限心（良知）與有限心（識知）之關係問題。第一問題在本節前半段略有道及，玆不再贅。請言第二問題：

人雖有限而可無限。其無限乃以智的直覺之呈現言，是以當下朗徹、圓實飽滿。然而人又是有限的，其有限則依其感性主體、知性主體而爲有限。感性主體依時空之形式條件以直覺外物，知性主體復以先驗範疇而思此時空格局下之對象。儒釋道三家要人學聖希賢其重點亦在上達以見實相，惟更須普渡衆生，解決屬於人之一切特殊問題，必如此無限心方能客觀面得其申展。蓋客觀面之實踐亦爲無限心所提攝、責成故，否則，聽任衆生苦海流轉其無限之眞心即枯槁而萎縮。依牟先生，知性由良知之辨證地開顯是必要而且必然的。其爲必要是就德行恆易以知險、恆簡以知阻而爲必要。是就不壞假名以說諸法實相而行其必要。其爲必然則爲辯證的必然，即無限心欲成事事物物而辯證的開顯出之必然。知性之開顯旣爲良知辯證地開顯而出，則知性即不能由無限心一概念所可邏輯地分析出。蓋知性之本質是執，乃所以窮盡事物之定相；而執與無執對顯。然知性既是無限心之辯證地開顯，則其執不是無明的執，而是自覺地要執，即是明的執。執是明的執，則其爲知性便非寡頭的知性，而是有本有源的知性。蓋如此說的知性是預認了執與無執對顯之分解而有辯證的必然性之知性。此意即函：知性之爲辯證的申展乃依乎一形上學的洞見而然者。故曰：不是寡頭的知性。此牟先生名之曰：「間接的有形而上之必然性。」

五、結　論

茲綜結吾人之討論如左：

㈠ 性善論之證立不因某機緣所致生之殊慧而然，乃是依此殊慧之所以爲慧處而然。換言之，性善論乃以道德性說人性，而此道德性非他，即仁義禮智四端。

㈡ 良知是本、知識之本是儒者歷來之見。然此並不意味儒者不重視知識，恰恰相反，此正是儒者最重視知識（較他人）之表現。

㈢ 「一心開二門」一模型乃是相應於現象與物自身之超越區分而設。依此，此二門之開設乃窮盡排斥而不可移。

傅先生之觀點與本文最大之分歧是惟在：現象與物自身之超越區分能正視否？依吾人觀點，孟子之大體、小體，德性之知與聞見之知皆相應於此一區分。而此一區分之烘托亦即本文之基本用心所在。鄙見如此，尚祈傅先生有以教之。

（原載鵝湖月刊第十卷第十期）

(附文二)：「儒家心性論的現代化課題」一文之討論

——高　柏　園

一、前　言

鵝湖月刊第十卷第五期及第十卷第八期，分上下二篇刊載了傅偉勳先生的宏文「儒家心性論的現代化課題」(以下簡稱「傅文」)。拜讀之餘，深感傅先生用心與工夫之深，雖文中所論，筆者並不完全接受，然仍自覺受益非淺。此文既出，邱黃海先生亦於鵝湖月刊第十卷第十期發表「『一心開多門』之商榷」一文(以下簡稱「邱文」)。文中除對傅文多所讚許外，亦提出許多意見相詢。本文即希望對此二文不一致之處加以澄清，並展示筆者對此二文的一些看法，以求就教於傅、邱二位先生。

二、關於「『一心開多門』之商榷」一文之檢討

邱文主要分三方面討論：(1)性善論之證立，(2)良知與知識的關係，(3)一心開二門之不可移。本文即據邱文之區分逐一討論其中之內容。

(一) 性善論之證立

1.有關生死慧之討論

邱文指出:「惟傅先生復以爲『孟子首先只能肯定生死交關之際本心的終極覺醒或良知的眞實呈現，然後才能據此標榜人性本善的。』則非是。……傅先生何所據而必取乎先死交關之際耶？傅先生之出此有一明確之判準乎？……是則據生死交關良知朗現之機（此固可說爲念念皆生死交關良知呈現之機）以建立性善論，並非必然也。」❶

然而即就傅文而言，傅文似乎並沒有「必取乎生死交關之際」以證成性善論之主張。亦即，「孟子首先只能肯定生死交關之際本心的終極覺醒或良知的眞實呈現，然後才能據此標榜人性本善的」，此中「首先只能……然後才能……」即使可將之視爲具有必要條件關係，但是，傅文之重點似乎不在「生死交關之際」，而在「生死交關之際本心的終極覺醒或良知的眞實呈現」上。傅文緊接此語又謂:「換言之，孟子心性論的證立關鍵，是在人心自醒之爲道心的本心（用）上面，而不在只具先天超越性意義的本性（體）上面。」❷又，「人之所以能够而又願意捨生取義，乃是由於人在生死關頭最能呈現仁心善性之故。」❸旣謂「最能」而非「本能」，卽見傅文並非「必取乎生死交關之際」，而在指出孟子只能由生死交關之際時所顯之「本心的終極覺醒或良知的眞實呈現」，來證成其性善論。若本文之解釋能够成立，那麼傅文卽不必如邱文所理解者，也因此，邱文之駁斥並沒有抓住重點，也沒有强制性。

---

❶ 邱黃海，「『一心開多門』之商榷」，鵝湖月刊，第十卷第十期，P一四。
❷ 傅偉勳，「儒家心性論的現代化課題」(上)，鵝湖月刊，第十卷第五期，P10。
❸ 同上，P六。

又，邱文由消極與積極二義，說明「生死慧之建立固爲儒者成德之敎所函，然非第一義（此其非第一義之說明乃消極性之說明。雖爲消極性之說明，亦可構成傅先生說之不能成立之充分條件。）……故孟子學必以道德性爲首出，非以生死慧爲首出也。依此，生死慧爲成德之敎所函卽爲必然，其爲第二義以下亦爲必然。此爲積極性之說明。」❹據此，則邱文似乎認爲傅文至少有認爲「生死慧爲首出」之義。然而，傅文明謂:「論語泰伯篇曾子有云:『鳥之將死，其鳴也哀；人之將死，其言也善』。曾子此語實有助於我們體會在生死關頭道德心性覺醒的道理，充分顯示儒家生死智慧的根本義諦，而此生死智慧的哲理奠基則不外是本心本性的肯認。」❺由此看來，生死智慧在傅文中尙須以本心本性之肯認做爲其「哲理奠基」，則當非第一義。是以，邱文卽使證明生死慧在孟子學中非首出，然亦不能「構成傅先生說之不能成立之充分條件。」蓋卽就此義而言，邱文與傅文之立場並未構成排斥關係也。

此外，邱文復指出:「復次，卽所當之機爲生死交關，而吾人之了悟豈必爲道德良知之了悟耶？豈必不能爲『不禁其性，不塞其源』之道心抑爲轉識成智之佛心?」❻嚴格地說，此問題應該是孟子的問題。而傅文似乎亦隱含地對此問題加以提出，其謂:「牟先生的看法，我能同意一半。我的意思是說，道德的形上學頂多可與其他形上學思想（如老莊與大乘佛學）爭長競短，並駕齊驅，却很難突出，成爲最具有哲理强制性（philosophical incontestability）或普遍接受性(universal acceptability）的形上學主張。」❼

---

❹ 同註❶，p十四。
❺ 同註❷，p六～七。
❻ 同註❶，p十四。
❼ 同註❷，p一。

又,「人倫道德所由成立的終極道理, 有兩種可能。一是宗教的超越主義, 譬如耶教信仰, 另一是純哲理性的心性論, 兩者並行不悖, 我們不可能有絕對客觀的規準判定孰優孰劣, 孰高孰低。」❽

又,「……今天使(偏重哲理的)我不得不承認, 終極地說, 我們的人間世永找不到絕對可行的評斷標準, 來讓我們決定, 哲理探索之路與宗教解脫之道兩者, 究竟孰高孰低, 孰優孰劣。」❾

就以上三段引文看來, 傅文似乎並不完全接受道德良知在道心、佛心中的優位性, 果若如此, 則傅文似亦可有此問題之提出。

總之, 邱文在本節對傅文所做之駁斥, 由於並未能掌握住傅文之重點而告失敗, 至少, 邱文之駁斥並不具有強制性; 除此之外, 邱文之大意與傅文並不構成嚴格之衝突。

2.關於傅文於盡心篇「君子所性」一章的三個設難

傅文將孟子盡心篇「君子所性」一章, 視爲「道德自足的論辯」的主要根據, 並進而對此論辯, 嘗試提出三點加以反駁。此三點分別是:

(1)極少數聖人君子的自足自樂頂多證立他們自己的本心本性, 却難於據此推論一切人類的本性亦善。

(2)猶太敎徒與耶敎徒奉守十誡, 十誡是上帝啓示的他律規律, 而耶敎徒又接受一切人類生具原罪之說, 實與孟子性善論有天壤之別。但是, 他們也一樣可以踐行道德義務而自足自樂, 毋需預設人性本善。由此可見,「道德自足的論辯」證立人性本善的理據並不充分, 難有道理上的普遍性。

---

❽ 同註❷, P九。

❾ 傅偉勳,「儒家心性論的現代化課題」(下), 鵝湖月刊第十卷, 第八期。P十八。

(3)道德實踐與自足自樂也沒有必然關聯；完善的道德人格與永恒淨福是否合致，乃宗教救濟或解脫之事，而與哲學並不相干。❿

邱文則認爲這三點問難並不能成立，而分別加以辯駁與說明。

首先，邱文認爲「第一難涉及性善論之普遍性問題」，因此，邱文便嘗試證成性善論的普遍性，以回應傅文之問難。邱文對性善論的普遍性之證成方式如下：

> 夫良知呈現固爲性善論之主觀根據，亦具普遍性（具體的），然不必某機也。……是以，性善論之普遍性問題不在良知遇某機所展露之殊慧也。尤有進者，其爲普遍性與必然性亦不因某時某地某人理解不理解而不成立。夫孟子旣以道德性爲人性，而道德性又爲超越一切經驗領域者，復次，此超越之道德理想又非不能呈現者（如康德然），則其普遍性卽成必然。吾人雖不能以少數聖人君子之自足自樂推論一切人類的本性本善，然其所據之以成其自足自樂者，却是人性本善成立之普遍而必然的根據。其次，良知呈現與否本屬實踐問題。它不是個理論問題。在日常平均化之世俗，良知固不能時時呈現，而其所以不易呈現之故亦只在不能反躬自省而已，吾人卽使將其不能呈現之故細細解析，以成知識。然彼若痳木如故，良知仍不能呈現也，世皆知須讓坐老弱婦孺，而痳木如故者何又若彼其衆？此不在他，不自反耳。其不自反吾人亦無術使其自反。蓋道德乃自律之事也，實踐之事也。……依此，傅先生所謂難於說服經驗論解釋者，並非性善論之哲理强制性與普遍性不足之問題，只是如何說明之技術性問題。依此，傅先生所設問之「亦難說經驗知識之解釋不成立」則根本爲一假問題矣。⓫

---

❿ 同註❷，P六。
⓫ 同註❶，P十五。

關於邱文此義，吾人檢討如下:

(1)「良知呈現固爲性善論之主觀根據」，然是否卽因此而「亦具普遍性（具體的)」，則有待說明。

(2)由「孟子旣以道德性爲人性，而道德性又爲超越一切經驗領域者」，且「此超越之道德理想又非不能呈現者」，是否卽可推出「性善其普遍性卽成必然」之結論？

若孟子已由道德性規定人性，而道德性又是純然至善的，那麼，「人性本善」根本就是套套邏輯，自然也具有普遍性。果若如此，則涉及吾人對孟子性善論之理解與詮釋的問題，換言之，彼此的詮釋角度若不一致，則不當僅就彼此的結論相辯，而必須在詮釋角度上謀求溝通與一致。又，卽使傅文之設難能接受「以道德性爲人性」的前提，但是，吾人仍能質問:「孟子由良知之呈現，是否卽能充分地得到支持，而能宣稱「以道德性爲人性」的主張？由此看來，邱文如欲眞正充分證成性善論之普遍性，至少仍必須對以上之問題再加說明。

(3)傅文於第一問難中，主要在說明少數君子之自足自樂，不足以推論一切人類的本性亦善。而邱文又謂:「吾人雖不能以少數聖人君子之自足自樂推論一切人類的本性本善」，此則表示接受傅文之主張；而邱文至多只是指出:除此證明方式外，吾人仍可由其他方式證成性善論之普遍性。此則表示邱文實不足據此以駁斥傅文。

(4)邱文對良知之「不能」與「不易」呈現之區分，有時有混淆之現象。如，在日常平均化的世俗，良知果眞「固不能」時時呈現？邱文謂:「在日常平均化之世俗，良知固不能時時呈現，而其所以不易呈現之故亦只在不能反躬自省而已，吾人卽使將其不能呈現之故細細解析，以成知識。」此段文意，似乎不甚清楚。(邱文於此或卽在討論傅文於「陽明對於孟子心性論的總結」中的結論之一:「在遵守禮敎習俗或世俗倫理的平均化日常世界裏，良知或本心本性不易呈現，甚至埋沒不顯。卽使呈現，也很難說經驗知識的解釋不能成立。」⑫)邱文並謂「傅先生所設問之「亦難說經驗知識之解釋不成立」則根本爲一假問題矣。」今邱文旣沒有充分證成性善論之普遍性，則不當說「傅先生所謂難於說服經驗論解釋者，並非性善論之哲理强制性與普遍性不足之問題，只是如何說明之技術性問題。」。此外，卽使邱文能證成性善論之普遍性，也不必然要排斥經驗知識對良知之解釋，更不必謂其爲一「假問題」；而且邱文突然轉而討論至此，不免有些突兀之感。

其次，關於第二問難，傅文主要在指出「踐行道德義務而自足自樂，毋需預設人性本善。」⑬至少，耶敎徒與猶太敎徒卽如此。就此義而言，邱文謂傅文「爲問題之混淆」並不中肯。又，邱文謂：「夫耶敎十誡之爲他律道德固無可疑。然耶敎徒豈不可見生民失所而自生怵惕惻隱之心乎？若可，則自爲自律道德。其如是而行，而成其自律道德豈待於知不知、預不預設性善乎？此不相干之論也。」⑭耶敎徒是否可有自律道德暫且不論，然而自律道德是否有待於「知不知、預不預設性善」，此乃孟子之問題，非傅文之問題。而就邱文看來，邱文似乎認爲自律道德不必待於「知不知、預不預設性善」。其實，「知不知、預不預設」可有二義：心理的或邏輯的。就其爲心理的角度而言，則人可能有自律的道德行爲，但不必先自覺地預設性善；就此義而言，卽使不先預設性善，並不必然使自律道德爲不可能。此或卽邱文之意。但就孟子而言，由於道德的自律是以性善爲根據的，因此，自律道德在邏輯上得先預設性善。卽使如此，似乎亦推不出傅文乃「不相干之論」的結論。

---

⑫ 同註❷，P九。
⑬ 同註❷，P六。
⑭ 同註❶，P十五。

關於第三難，由於傅文與邱文對「自足自樂」之解釋不同，因此，似乎並沒有一個能普遍被接受的結論。傅文不認爲道德實踐與自足自樂有必然關係，而邱文則暗示道德自律與自足自樂根本是分析命題，因而有必然之關聯。前提旣不一致，則不必要求彼此非達成共同的結論不可。

筆者以爲，傅文有關孟子性善論證之討論，其主要用心不只在對孟子學之詮釋，同時也是在檢討孟子性善論證是否有效的問題。而吾人說孟子之論證無效或對之提出質疑，不必然表示反對孟子，也不必然隱含對孟子學之不了解、不認識。因此，邱文謂:「由此三難之設，可見傅先生於孟子學之第一義，卽，以道德理性爲人性之義，疏於認識。」⑮此則推論過多，失之武斷。而且，邱文的說法似乎暗示其自身對孟子學之第一義已有一客觀而不可移之了解，然而，邱文似乎並沒有（也不足以）證明或說明其了解果眞爲客觀。另若就傅先生的「創造的詮釋學」觀點看來，這種詮釋也只是詮釋中的一種，它旣不能證明自己是唯一客觀而正確的詮釋，因此，也不能排斥其他詮釋的可能。此外，傅先生自謂苦讀牟先生著作，且對孟子之性善論證先後有中英文作品討論之，此義雖不足以充分證明傅先生卽能完全掌握孟子學之第一義，但似乎亦難以導出「傅先生對孟子學第一義疏於認識」之結論。又，傅先生亦有類似「以道德理性爲人性」的看法，如「孟子首先祇能肯定生死交關之際本心的終極覺醒或良知的眞實呈現，然後才能據此標榜人性本善的。」⑯此義或可提供邱文參考。

---

⑮ 同註❶，p十五。
⑯ 同註❷，p十。

（二） 良知與知識之關係

1.關於「良知不易呈現」一問題

傅文謂:「道德實存的自我醒悟是保證致良知教具有哲理强制性與普遍性的必需條件，但在平均化了的日常世俗，良知確實不易呈現，甚至隱沒不顯，所謂道德主體的挺立亦談何容易。」⑰而邱文則謂:「凡此問題（傅先生所提尙有許多，下文再述）乃與良知呈現與否之當身問題不相干者。是故孟子所謂『物交物則引之而已矣』『心之官則思，不思則不得也』乃是一原則上，根源上，究竟上之解釋。根源上之解釋如此已足。」⑱但是，

(1)傅文主要在討論「良知不易呈現」的問題，而不在討論「良知呈現與否之當身問題」。因此，傅文卽使「與良知呈現與否之當身問題不相干」，也沒有任何困難可言，其實根本就沒有邱文所提之相不相干的問題。

(2)根源的解釋是否已足，固不必置論，但傅文主要用心便是在擴展此根源性之解釋，此則甚明顯。

2.關於「儒者是否有『單元簡易心態』或『自我閉鎖心態』」之問題

其實，傅文只是一種假言形態的說法:「……如果良知論者隨著熊十力老唱「良知是眞實，是呈現」的高調，而不去同情地了解非良知論者（或非性善論者）的人性（以及倫理道德的）看法，就很容易變成孤芳自賞的極端內向型，而良知論者特有的「單元簡易心態」也由於曲高

---

⑰ 同註⑨，p七。
⑱ 同註❶，p十六。

和寡，容易惡化而爲「自我閉鎖心態」。」⑲因此，傅文並未斷言「儒者有『單元簡易心態』或『自我閉鎖心態』」。此外，說熊先生之孤懷爲「高調」也不必盡是劣義，「高」又有何不好？但是，如果以一種閉鎖心態來唱高調，則矜持太過，淪爲閉鎖，亦不足取矣。

3.關於「道德判斷與行爲抉擇的客觀性規準」問題

(1)邱文指出：「傅先生只是寡頭地提出見聞之知之必要，並進而說應該並重，而於此一最關鍵之問題並未注意及之。……尤有進者，儒者以見聞之知爲末並不意味輕忽見聞之知，相反的，正是最重視見聞之知——蓋此必爲良知之實踐所責成也。」⑳

此中，邱文謂「最關鍵之問題」或即「良知之自我坎陷」一義，而傅文則有兩處提及。其一爲：「牟先生在《現象與物自身》使用『自我坎陷』一辭。此辭易生誤解，且不够積極。我在這裏使用『自我轉折，自我充實』或可免於獨斷，而有助於良知論者與非良知論者之間的對談與相互衝擊。」㉑另一處在同篇第十七頁出現。因此，邱文說傅先生「於此關鍵之問題並未注意及之」，是值得商榷的。

又，邱文認爲儒者是「最重視見聞之知——蓋此必爲良知之實踐所責成也」，此則有違歷史之事實，蓋儒者必以德性之教爲優位也，見聞之知固然爲良知之自我坎陷而有其重要性與必要性，但並不可謂儒者「最重視見聞之知」也。

(2)邱文接著又指出：「傅先生曰：『如果兩個良知論者對於某一處境所採取的道德判斷與行爲抉擇不盡相同，甚至完全相反，他們難道只靠彼此良知的比較來決定孰是孰非嗎？』此問題乍看之下頗動人，在某個

---

⑲ 同註⑨，p七。
⑳ 同註⑪，p十七。
㉑ 同註⑨，p八。

意義下亦許成立，然亦難逃是個假問題。」㉒

首先，邱文既已承認傅文之問題「在某個意義下亦許成立」，則又何以稱其「亦難逃是個假問題」？至少，傅文之問題「在某個意義下」實爲一可成立之眞問題。

其次，邱文認爲傅文之問題乃是「假問題」之理由乃是：

(A)「良知是個無特殊經驗內容的創造、責成，因此不能互相比較。」

(B)「如所謂比較是彼此特殊觀點之比較，則所比較者必非良知；否則「良知」一概念卽自相矛盾。㉓

先就(A)而言，「無特殊經驗內容之創造、責成」是否能推論出「不能互相比較」的結論？上帝的創造、佛家的佛心以及道家的道心皆可以是無經驗內容之創造、責成，而此三者似乎仍可與儒家的良知相比較。

暫不論(B)是否成立，卽使成立，似乎亦不必與傅文衝突。蓋傅文主要論點或卽在：「良知之體固可謂無衝突，然良知不能不在個人特殊情境下發用，而個人對情境之詮釋與感受又不必相同，因此，良知之用於經驗世界時卽有不一致之可能。若然，則此不一致之抉擇批判之客觀判準又何在？」換言之，吾人卽使憑良知做事，也不必然保證所做的一切事都有「事實上的恰當性」，雖然可能有「價值上的恰當性」。因爲我們不能保證自身的有限智慧果眞已窮盡了一切的事實可能性，進而能採取一最恰當的抉斷。此所謂「智者利仁」與「智之於賢者也，命也。」的意義所在。

誠然，我們可以獲得相對的「事實上的恰當性」，三思而行，盡己當下之智慧而抉斷，雖不必完美，但亦可無憾，否則一切抉斷皆可無限後退矣。然而，這相對的事實上的恰當性並不表示必無衝突，若然，則

㉒ 同註❶，P十七。
㉓ 同註❶，P十七。

吾人如何在此諸多的「相對的事實上之恰當性」中作比較，則有待吾人之努力，而不能僅僅訴諸個人之良知矣。而且傅文似乎並非如邱文所謂:「將良知看得太死、瞧的太少了」㉔，而應該是一種由「批判地繼承並創造發展（critically inherit and creatively develop）傳統儒家思想爲己任的現代中國學人」㉕所做的一種嘗試與努力。此義或可極成傅文之眞實意義與要求，至少，也可以是一種同情的了解。

（三）「一心開二門」之討論

1.關於邱文對傅文之質疑

邱文指出:「依傅先生，『一心開多門』所以比『一心開二門』較具普遍的適用性而有其公共的模型之地位，乃是因爲:㈠『一心開二門』之心生滅門『並不具有價值中立的科學性質』。㈡耶教的『原罪』與佛教的『無明』在一心開二門之義理規模下，無從安頓。……但是，所謂「價值中立的科學』與耶教『原罪』或佛教的『無明』在牟先生的哲學系統甚或作起信論的大德的本懷中是否無安頓呢？『一心開二門』之二是否亦是不決定的，隨意的呢？」㉖

若就傅文所採取之「創造的詮釋學」方法以及一種「批判地繼承並創造地發展」態度看來，則傅文雖沒有直接否認牟先生及大乘起信論系統對科學及原罪的安頓，但至少認爲這不是充分而直接的安頓。傅文指出:「牟先生一方面把『一心開二門』看成『一個有普遍性的共同模型』，但又僅僅提示『可以適用於儒釋道三教，甚至亦可籠罩及康德的系統』，因爲牟先生認爲「大乘起信論的『一心開二門』是屬於道德的

㉔ 同註❶，p十八。
㉕ 同註❷，p二。
㉖ 同註❶，p十八。

形上學或超絕的形上學中才有意義，才有貢獻」。我却認爲，我們如能建立兩三年來我一直强調著的「中國本位（專爲中國思想之批判的繼承與創造的發展著想）的中西互爲體用論」這個新時代的觀點，我們就有辦法突破原有「一心開二門」的理論局限性，擴充而成『一心開（出高低）多門』，以便重新建構牟先生所已暗示的『一個公共的（心性論）模型，有（其）普遍的適用性』。」㉗

由此看來，

⑴傅文或者認爲「一心開二門」並沒有窮盡了一切可能，因此吾人可就其他的可能相繼開發。

⑵即使傅文認爲「一心開二門」已然窮盡了一切可能，但對某些存在之安頓並不直接而明顯，因而偏取心生滅門之義，而再予開發。由此而言，「一心開二門」與「一心開多門」並不必相排斥。而傅先生「一心開多門」之義雖啓發自起信論與牟先生，但不必自限於起信論與牟先生之系統，而可有其個別之創發，此亦可視爲「調適上遂」之發展也。

至於邱文，則認爲「一心開二門」是定然而不可移的。其證成方式如下：

(A)「有限心與無限心乃相應於執（識心）、與無執（智心）」

(B)一切有限之理性存有亦必相應於執與無執之超越之區分。

(C)「依是，執與無執之對翻對一切有限之理性存有言，乃窮盡而互斥者。而所謂一心開二門亦相應於此窮盡互斥者。」

(D)「依是，一心開二門之二非任意的，不決定的，此乃相應於有限理性存有之直覺而設。」

(E)「依是，一心開二門之超越區分乃定然不可移者。」㉘

㉗ 同註⑨，P十六。
㉘ 同註⑪，P十九。

邱文之證成形式如上，吾人討論如下:

首先，由(A)與(B)並不必然能推論出(C)。亦卽: 一切有限之理性存有必相應於執與無執之超越之區分，並不隱含一切有限之理性存有對執與無執之對翻乃窮盡而互斥。

其次，卽使以上之推論成立，然而，人亦爲有限之理性存有之一，而其所以能證成執與無執之超越之區分，必然得承認人的「智的直覺」。若然，則至少人能超越執與無執，無限與有限，此則足以否定(C)——「執與無執之對翻對一切有限之理性存有言，乃窮盡而互斥者」。

總之，依邱文，則「一心開二門」乃不可移，因而「傅先生所謂心性實然門與心性沈沒門若有地位亦只能歸於心生滅門之下，絕不能四者並列。」㉙然邱文所持之理由不够充分，而仍應補充。至於問題的關鍵，乃在邱文與傅文對「心生滅門」之理解與詮釋的差異上，而不應如邱文所說:「傅先生與本文最大之分歧是惟在: 現象與物自身之超越區分能正視否？」㉚

筆者所以如此理解，理由主要有二:

(A)對「現象與物自身之超越區分」之正視，並不必然排斥「一心開多門」之詮釋可能。

(B)邱文似乎暗示傅先生對「現象與物自身之超越區分」並不能正視。但是由傅文看來，傅先生對此義應該是能正視的。蓋傅文自謂:

> 「我今天講『儒家心性論的現代化課題』，可以說是多年來苦讀牟先生的一系列哲學名著所引起來的。」㉛

㉙ 同註❶，十九。
㉚ 同註❶，p二十。
㉛ 同註❷，p一。

又,「牟先生在《現象與物自身》使用「自我坎陷」一辭。」㉜

其他引及牟先生之論者尚多，玆不贅引。由此看來,「現象與物自身之超越之區分」在牟先生《現象與物自身》一書中至爲重要，傅先生旣已苦讀牟先生著作，甚至亦引及「自我坎陷」一辭，則似乎很難說傅先生對「現象與物自身之超越之區分」未能正視。

行文至此，吾人可暫時結論如下:

1.傅、邱二文雖然對某些文獻及問題的詮釋與看法不盡相同，但在根本精神上似乎並沒有造成嚴重的理論衝突，而仍可透過彼此同情的了解而獲得會通。

2.邱文對傅文缺乏一種同情的了解，因而其對傅文的批評表面看似尖銳，其實並不中肯，也不能構成嚴格的論辯，至多也只能說邱文與傅文有些意見不盡相同而已。

三、關於「儒家心性論的現代化課題」一文之商榷

本節嘗試討論傅文中幾點值得商榷之處，以求敎於傅先生。以下玆分四點討論之。

(一) 關於證立孟子性善論的十大論辯

由於傅文已指出:「我在下面建構的十大論辯，多半可在孟子書中找到根據或線索。有些是孟子親自明白點出的，有些是他暗示過的，有些是他的話所蘊含(imply)而他本人不見得深透到的，有些是他理應知道而未及表示的，也有些是我自創而相信他應當印可的。」㉝因此,

---

㉜ 同註❾，P八。
㉝ 同註❷，P三。

本文不再就詮釋之角度及內容加以討論，而所願補充的一點是：傅文如果在此論辯前，先將孟子對「性」、「善」等語詞之使用的意義脈絡及語意的脈絡加以說明，則似乎更爲深入而完整。換言之，如果我們能先確定孟子對「性」、「善」等語詞之使用上及語意上的脈絡，則吾人便能獲得較爲一致的前提，而接下來關於論辯的邏輯問題當更爲清晰，進而更可充分展示孟子性善論的形上學的（metaphysical）意義。[34]

當然，這裏我們也遇見了一個難題，此卽，吾人對語詞之使用與語意的規定可容許特殊之角度，因此，吾人對語詞之使用及語意之了解便無法完全由語詞本身分析而得，因而，這些語詞之使用及意義又得透過對孟子學整體的了解而成立。若然，則此處似乎隱含著一個循環。但是，如果我們既已採取一種較爲謙遜的詮釋態度，同時也虛心接受批評，則當可儘量避免自身的獨斷，而嘗試獲致一比較理想的詮釋。同時，卽使吾人之詮釋不完全恰當，但吾人却能先暫時採取一明確之態度，此則可使得有關邏輯上的討論更形明晰而一致。

關於孟子對「性」與「善」的討論，至少以下諸條值得注意：

孟子曰：「乃若其情，則可以爲善矣，乃所謂善也。若夫爲不善，非才之罪也。」（告子上6）

何謂善，何謂信？曰：可欲之謂善，有諸已之謂信，……（盡心下25）

孟子曰：「口之於味也，目之於色也，耳之於聲也，鼻之於臭也，四肢之於安佚也，性也，有命焉；君子不謂性也。仁之於父子也，義之於君臣也，禮之於賓主也，智之於賢者也，聖人之於天道也，命也，有性焉；君子不謂命也。」（盡心下24）

---

[34] 參見 Ian Philip Mc Greal "Analyzing Philosophical Arguments" Sacramento State College, 1968。p. 10-19。

孟子曰:「盡其心者,知其性也;知其性,則知天矣。存其心,養其性,所以事天也。殀壽不貳,修身以俟之,所以立命也。」(盡心上1)

吾人以爲,孟子對性善論的建構,重點不只落在證成之論證及過程上,而亦在於吾人是否願意接受其肯斷。換言之,孟子性善論基本上是道德理想主義的進路,孟子先肯定了人的道德性,並理想地以此道德性規定「性」與「善」,而後再做種種的印證與說明。因此,根本問題在對人性的詮釋角度問題,即使性善論不能在現實中得到理論的充分證成,然而孟子依然能道德地、理想地肯定人性是善的,而「性」與「善」純然是價值概念與應然的問題。無論如何,吾人的價值感與應然感的成立,總得預設人的價值創造性,而此價值創造性或即爲孟子性善論所欲眞正逼顯者,亦爲人的「眞實本然」(real and authentic) 所在。它不必從經驗中找尋根據,而它自身就是使吾人對經驗世界理解與評價的可能。

總之,性善論的「善」,或可視爲一極稱之辭,而非與「惡」相對的「善」,而此中的「性」,或即是一切存在與價值的創造根源。而孟子性善論的根本意義,或即在指出:人的終極價值創造性是純然至善的,它是使吾人對善惡評價的根本可能根據,也是使一切存在具有眞實意義的總根源。此外,告子篇中關於性善的討論,似乎亦值得傅文加以討論。

(二) 關於宗教的超越主義與倫理的自律主義

傅文在有關「宗教超越性的論辯」中提到:

專就心性論的哲理言,孟子的性善論毋需預設宗教超越性的天命觀念。沒有這種宗教的預設,性善論更能顯出强而有力的哲理普遍性。下面兩段孟子書中的話語充分證示,孟子本人還在宗教的超越主義與倫理的自律主義之間的十字路口徘徊：

(1)「故天將降大任於是人也，……中略……然後知生於憂患而死於安樂也」(告子篇)。

(2)「莫非命也；順受其正。……中略……；桎梏死者，非正命也」(盡心篇)。

在前段，宗教的超越者（天）支撐人對道德使命的終極關心。但在後段，人的氣命已經實存地轉化而爲道德的正命，毋需建立宗教的超越者，當做人的氣命（自然之命）與正命（道德之命）的終極奠基。很顯然，後段才眞正發揮了孟子性善論的哲理性，而到了王陽明的致良知教，性善論才完全擺脫宗教的超越性，徹底變成具有高度哲理的生死智慧了。㉟

又，

但在包括孟子在內的先秦儒家，純哲理性的心性論與依此建立而成的倫理道德自律論還未完全從宗教的超越主義分辨出來。

……，人倫道德所由成立的終極道理，有兩種可能。一是宗教的超越主義，譬如耶教信仰，另一是純哲理性的心性論，兩者並行不悖，我們不可能有絕對客觀的規準判定孰優孰劣，孰高孰低。㊱

根據上文，吾人所願提出的主要問題是：孟子是否在「宗教的超越主義與倫理的自律主義之間的十字路徘徊」？而孟子的性善論是否必須「擺脫宗教的超越性，徹底變成具有高度哲理的生死智慧」？

首先，如根據傅文以耶教做爲宗教的超越主義之一，則孟子或許果眞是擺脫了宗教的超越主義。但是，由孟子「天將降大任於斯人也」一段看來，孟子的宗教的超越主義顯然與耶教不同。因此，吾人認爲，

㉟ 同註❷，p九。
㊱ 同註❷，p九。

「宗教的超越主義」可有二義，孟子所擺脫的應該是耶教式的宗教的超越主義，其不必要擺脫道德意義的天道，而「天將降大任於斯人也」一段似乎正好證成孟子對道德意義之天道的體會。況且從「天將降大任於斯人也」與「莫非命也，順受其正」這兩段文字，也看不出孟子必然徘徊於宗教的超越主義與倫理的自律主義之間，此二者不必是排斥關係。

至於孟子，誠然有「天」的超越意識，如「盡心知性知天」，「存心養性事天」，「天將降大任於斯人也」等。而且，如果我們能夠接受「儒家以道德意義決定天道性命之內容」一義，則孟子與孔子正是要由主體的道德修養而充實、具體化天道性命之無限意義，也就是由主體的心性論而開發出道德的形上學，以此極成自由無限心之無限要求。如此理解，則不但孟子並無排斥、擺脫宗教的超越主義，反而是極成其心性論時所必有之發展；同時，中庸的配天、與天地參，易傳的窮神知化，與天地合德等觀念，無不具有深刻之意義。否則，論孟易庸中論及天道之處皆難得善解，同時宋明理學中，亦只有象山、陽明一系爲儒學正宗，其他如濂溪、張載、明道、伊川、朱子、五峯、蕺山等大家皆無法善予安頓。此似乎不能盡先秦儒學與宋明理學之實。㊲

㊲ 參見牟宗三，《心體與性體》第一册，正中書局，六十八年十二月台三版，P 三十五，「大抵先秦後期儒家通過中庸之性體與道體通而爲一，必進而從上面由道體說性體也。此即是易傳之階段，此是最後之圓成，故直下從「實體」處說也。此亦當作圓滿之發展看，不當視作與論孟爲相反之兩途。蓋論孟亦總有一客觀地、超越地言之之「天」也。如果「天」不向人格神方向走，則性體與實體打成一體，乃至由實體說性體，乃係必然者。……若必將中庸易傳抹而去之，視爲歧途，則宋明儒必將去一大半，只剩下一陸王，而先秦儒家亦必只剩下一論孟，後來之呼應發展皆非是，而孔孟之「天」亦必抹而去之，只成一氣命矣。孔孟之生命智慧之方向不如此枯萎孤寒也。是故儒家之道德哲學必承認其函有一「道德的形上學」，始能將「天」收進內，始能充其智慧方向之極而至圓滿。」
另外可參見牟宗三，「中國哲學十九講」，學生書局，七十二年十月初版，P 七四～七五。

（三） 關於程明道

由以上所論可知，在儒家哲學系統中，天道的超越性與心性的內在性是一體的，這也就是明道的「一本論」所盛言的圓教規模。「在孟子的語句上似表示心性與天尚有一點距離，本心卽性，而心性似不必卽天。然此一點距離，一因心之絕對普遍性，二因性或心性之內容的意義有同于天處，卽可被撤銷。故明道云：『只心便是天，盡之便知性，知性便知天，當下便認取，更不可外求』。明道如此說，實因其生命智慧與孟子相呼應，孟子本可有此開啓，故卽存在地呼應之而卽如此說出也。如果『天』不是向『人格神』的天走，又如果『知天』不只是知一超越的限定，與『知命』稍不同，則心性與天爲一，『只心便是天』，乃係必然者。」㊳

誠然，明道嘗謂：「吾學雖有所受，天理二字却是自家體貼出來。」㊴但這不必然表示（如傅文所說）「程明道的主客『一本』之論祇具『自家體貼』的個人生命意義，但缺哲理的深化工夫。」㊵觀明道有盛言天人根本是一的一本論，有展示天道天理於穆不已、生化不斷的天道篇與天理篇，有討論修養工夫的定性書與識仁篇（案：此諸篇之名、義，皆取自牟先生）。此則能充分地回應論孟易庸的主客體系，而極成儒家的圓教規模。何以故，以主客二邊皆不虛歉也。而「象山與陽明既只是一心之朗現，一心之申展，一心之遍潤，故對于客觀地自「於穆不已」之體言道體性體者無甚興趣，對于自客觀面根據「於穆不已」之體而有本體宇宙論的展示者原無多大興趣。此方面之功力皆差。雖其一心之遍

㊳ 同上，P二七。
㊴ 間引自，同上第二册，P五四。
㊵ 同註⑬，P六。

潤，充其極，已申展至此境，此亦是一圓滿，但却是純從主觀面申展之圓滿，客觀面究不甚能挺立，不免使人有虛歉之感。自此而言，似不如明道主客觀面皆飽滿之「一本」義所顯之圓教模型爲更爲圓滿而無憾。」㊶此義若成立，則傅文謂「哲理（證立的本末次序）上我不得不說，集儒家（內聖）思想之大成者，乃是陽明的致良知教，而非其他。」㊷此義則有待商量了。卽使如傅文所强調，乃是從「哲理（證立的本末次序）上」說，而集儒家（內聖）思想之大成者似乎不必是陽明的致良知教，而可以上溯爲孟子了。

而且，由於傅文對於明道的忽視，而於伊川朱子一系之思想，也就儱侗地以「程朱」稱之，此則於明道與伊川學問思想性格之差異未能簡別，易生誤會。尤有進者，傅文特重程朱與陸王二系之會通，而忽視了明道以下所開的五峯蕺山系。而蕺山系尤其是繼王學末流亡病而發，此亦見王學畢竟於客觀面有欠缺，而有蕺山歸顯於密之回應也。

（四） 關於伊川朱子

傅文極欲以陽明致良知教會通、含攝伊川朱子系，以爲「如此，程朱心性論不但可以避免『別子爲宗』之嫌，反而轉成致良知教的一個重要成素，稍似三論宗所云二諦（勝義諦與世俗諦）之間的辯證關係。」㊸此意甚佳，然卽使如此，朱子「別子爲宗」之地位仍不可免。因爲朱子對「其學可含攝於致良知教」一義根本缺乏自覺，反而是自覺地建立其系統（雖然其本人或不自覺其本身思想與先秦儒學間之差異），此所以其不能接受明道，所以壓伏五峯系，所以斥象山爲禪，此亦所以牟先生雖判

㊶ 同註㊲，p四七～四八。
㊷ 同註⑨，p七。
㊸ 同註⑨，p十二。

朱子「別子爲宗」，而又盛讚其學問氣象之宏偉與其獨開橫攝系統之勁力！

因此，吾人固可予以會通，但吾人先得確定其「別子爲宗」之性格，然後才能予以進一步之會通。此與三論宗所云二諦之間的辯證關係稍有不同者，在「諸佛依二諦爲衆生說法」之時，已有一超越的自覺在，此所以「二諦是教」，而二諦俱可成就最深智慧，而朱子則並無此超越之自覺。此外，禪宗有頓悟與漸修之爭，此在某一意義上，似亦可類比於三論宗之二諦說，而似亦可將頓教類比於陽明，漸教類比於朱子或劉蕺山，而有一辯證之發展。㊹

（五） 其 他

傅文指出：

人倫道德所由成立的終極道理，有兩種可能。一是宗教的超越主義，譬如耶教信仰，另一是純哲學性的心性論，兩者並行不悖，我們不可能有絕對客觀的規準判定孰優孰劣，孰高孰低。㊺

又，

……今天使（偏重哲理的）我不得不承認，終極地說，我們的人間世永找不到絕對可行的評斷標準，來讓我們決定，哲理探索之路與宗教解脫之道兩者，究竟孰高孰低，孰優孰劣。儒家的理想主義以「良知的呈現」强調「日日新又日新」的自律道德與樂天知命，而耶教與大乘佛教淨土宗則自罪孽深重的人間負面現象出發，講求他力解脫，提倡平等博愛與慈悲救人，各有千秋，難分上下。㊻

㊹ 有關此義，可參見拙文「壇經頓漸品中的頓悟與漸修」，中國文化月刊，第五六期，東海大學出版。

㊺ 同註❷，P九。

㊻ 同註❾，P十八。

傅文提出此義，似乎隱含著對有關圓教與判教的看法，但又僅以一種抒意的形式說出，並沒有進一步的論證或說明。然而，由於佛教已有判教之規模，而牟先生亦有一判教之路數，且對圓教一問題亦已有深入之討論，關此，我們敬請傅先生能進一步開示，以啓後學。

又，傅文認爲：「我深深了解到，以儒家爲首的中國哲學的眞諦是，⑴實存的自我醒悟（existential self-awakening），⑵本體論的洞見慧識（ontological insight），與⑶解脫論的生死智慧（soteriological enlightenment）三事一時並了」。㊼傅文所提出之三點，陳意固精到，但若做爲「以儒家爲首的中國哲學的眞諦」，則並不充分。因爲這三點在某一意義上似乎仍爲共法，至少佛家與道家卽可擁有之，如此一來，眞正儒家的眞諦似乎不顯著、不充分。而且，「解脫論的生死智慧」一辭，用來表詮儒家智慧亦不甚恰當，蓋儒者並沒有强烈的解脫意識與解脫論。因此，筆者以爲此「解脫論的生死智慧」，不如以「天道性命相貫通所極成之道德理想主義的內聖外王之道」一義，或許較爲貼切。

此外，傅文指出「牟先生在《現象與物自身》使用『自我坎陷』一辭。此辭易生誤解，且不够積極。我在這裏使用『自我轉折，自我充實』或可免於獨斷，而有助於良知論者與非良知論者之間的對談與相互衝擊。」㊽由於傅文並沒有提出說明或進一步之理，而筆者又不覺「自我坎陷」一辭之有「易生誤解，且不够積極」之病，是尙祈傅先生惠予說明之。

㊼ 同註❾，P六。
㊽ 同註❾，P八。

四、結　論

本文主要旨趣，在試圖對傅、邱兩先生之宏文，做一可能之詮釋與討論。此中，筆者嘗試儘量展示作者可能用心之所在，並釐清彼此之立場，及提出一些個人的看法與建議以供參考。謬誤之處，尙祈二位先生賜正之。

（原載鵝湖月刊第十一卷第二期）

胡適、鈴木大拙與禪宗眞髓

胡適與鈴木大拙在中國禪宗史研究，曾是分別代表中日兩國的國際知名學者。胡適基本上是着重考證方法的史學家，鈴木則是承繼中日臨濟禪衣鉢而自成一家——所謂「鈴木禪（學）」——的禪宗大德。胡與鈴木因對早期禪宗發展史研究的共同興趣而建立學術性的友誼，也因關涉禪宗眞髓的解釋問題而有所激辯，至死格格不入。他們之間的論辯爭執，可以說是現代禪學一段極饒趣味而又發人深省的公案。

鈴木大拙與胡適的論爭，顯示兩種殊異的立場

胡適始終深怪一般日本禪宗學者固執傳統的禪宗史觀，袪除不了主觀的成見；鈴木則痛斥胡適以純然外在的歷史考證沾沾自喜，誤以禪宗皮肉當做骨髓，未曾登堂，遑論入室。「骨髓」一辭，據我所知，源自景德傳燈錄卷三所載一則有關禪宗初祖菩提達磨的四大弟子各顯禪功而分別領得乃師皮肉骨髓的傳說。依此傳說，其中二位未曾深透禪宗眞諦，衹得皮肉。另一徒弟道育則答以「四大本空，五陰非骨，而我見處無一法可得」，而獲師骨，但與禪宗眞髓尚隔一層，蓋有混淆頑空偏無與眞空妙有的危險之故。最後慧可（後爲二祖）禮拜達磨而立，自然默然。達磨許曰：「汝得吾髓。」問題是在：禪宗自達磨以來一向標榜「敎

外別傳，不立文字，直指人心，見性成佛」，則禪宗眞髓孰得孰失的客觀標準究竟何在？設無客觀規準，而僅僅「以心傳心」決定禪道證悟的皮肉骨髓，則又何能分辨禪者禪心的眞僞？不但禪宗有此問題，傳統儒家由於禪宗的挑激而發展出陸王心學乃至王龍溪良知頓悟徹悟之說，也同樣產生了眞儒僞儒如何辨別的難題。我們仔細考察胡與鈴木之間的一段禪學公案，或能尋出一條解決的線索。

胡適酷評鈴木禪學的英文論辯「禪佛教在中國——其歷史與方法」，與鈴木的「論禪——對於胡適博士的答辯」，都在我的夏大老師已故摩爾（Moore）教授所主編的「東西哲學」季刊同時登載（民國四十二年該刊第三卷）。胡適論文原文現已收在正中書局所印行的「胡適禪學案」一書；鈴木的答辯後來也收在一本紙皮普及版「禪宗研究」（Studies in Zen），是鈴木許多英文禪學論集之一。鈴木在民國五十五年以九十六高齡仙逝，就在半年之前他曾囑咐女助手工藤澄子日譯他與胡適的禪學論辯，另加幾篇文章，湊成小書。鈴木死後一年之內，這本小書由東京筑摩書房印行，書名「關於禪的對話」。我自己也買了一本，發現工藤譯文遠較胡與鈴木的原作暢順而又親切。此日譯本係普及版，相信不少日本讀者熟知這段禪學公案。工藤女士在譯者附記中說：「胡適博士在這裏以歷史學家的身分與大拙先生對立。近年來盛行着從歷史學、心理學、精神醫學等角度科學地解析並闡明禪的種種嘗試，這當然是可喜的現象。不過正如大拙先生所說，不論我們如何積累關於禪的綿密的科學研究，我們還是無法深透禪的本質。禪者大拙先生與大史學家胡適博士之間的論爭顯示兩種立場的殊異，耐人尋味」。一般中國讀者恐怕還未讀過這裏所提的兩篇英文論辯，我就首先依次論介這兩篇論辯的要點，旁涉胡與鈴木的其他論著，再進一步比觀二者解釋禪宗眞髓的優劣功過，最後提出我個人多年來摸索禪道所獲得的小小結論。

發掘神會在禪宗史上的鉅大貢獻與應有地位

在「禪佛敎在中國」，胡適一開始就大大表示，他對鈴木解釋禪宗的態度與方法頗爲失望；他最感到失望的是，鈴木及其門弟子輩動輒曲解禪爲既反邏輯（illogical）又反理性（irrational），故而超越我們知性的理解。爲了强調他如何拒斥鈴木禪學，胡適還特別引述了鈴木所著「禪的生活」(Living by Zen) 中的一段話語：「我們如果想從常識觀點對禪加以判斷，就會發覺整個地基從我們脚下滑失過去。當我們評衡禪的眞理或反眞理，所謂合理化的思考方式是毫無用處的。禪總是超越人類知性的理解範圍。我們對禪頂多能說，禪的獨特性就在它本身的反理性。也就是說，禪非邏輯性的理解所能企及」。胡適認爲，鈴木所代表的反理性派禪學解釋家們所遭遇到的主要困難，是在他們存心忽視歷史的觀點與方法。鈴木曾在他的「禪學論文集」(Essays in Zen Buddhism) 第二册中明白地說：「禪始終超越着時空關係，當然更要超越歷史的事實。」胡適則站在對極的立場主張，禪宗正像其他中國哲學學派，也祇能就歷史發展的脈絡去了解它。總之，胡適以爲，我們如想獲取禪宗眞諦的正確解釋，則合理化的思考態度與歷史的方法必須取代鈴木那種反理性、反邏輯而又反歷史的禪學觀點。

爲了證實他的基本論點正確，胡適首先總述他過去二十五年來在禪宗發展的歷史考證所獲致的結論。依照胡適的考證，慧能弟子神會和尙向當時唐朝宮廷所寵神秀一系的漸悟禪公開挑戰，不措揑造史實，宣言其師慧能實爲承繼弘忍（五祖）法衣的正統禪宗第六祖，而以慧能無念無住、定慧不二的頓悟禪爲禪宗眞髓。胡適斷定，神會雖在傳統的禪宗史上聲名不太顯赫，如果沒有經他一番赤手空拳挑戰當權派的禪宗革命，慧能一系的頓敎就不會有後來燦爛的發展與法燈賡續，也不太可能奠定唯我獨尊的正宗地位。胡適關於神會的學術論著，死後集成「神會和尚遺集——附胡先生晚年的研究」一書，由中研院胡適紀念館出版。胡適經由精密的歷史考證重新發現神會在禪宗史上的鉅大貢獻與應有地位，除了「六祖壇經」是否全屬神會杜撰等細節問題之外，多半已被中外學者公認，今天成爲中國早期禪宗發展史的一般常識。誠如印順法師在他的傑作「中國禪宗史」(民國六十年初版) 所說，「直到燉煌所藏的，有關神會作品寫本的發現，經胡適等校跋而發表出來，神會的禪學，及那個時代的禪宗史，才有較正確的理解。從事神會禪學的研究者，雖不一定能恰當地敍述，或不免偏頗的論斷，然從資料的整理公布來說，是不能不表示欽佩的！」(該書第三百頁) 因我撰寫本文的旨趣，不在純粹的歷史考證，而在通過對於胡與鈴木論辯的哲學考察重新探討禪宗眞髓，有關胡適在禪宗歷史考證方面的學術貢獻以及所關涉的一些問題，我就祇在這裏稍提，不作詳述了。

經過佛教內部的一場革命，「中國禪」於焉成立

胡適根據他的歷史考證下了一個令人注目的結論。這就是說，神會顯揚慧能平民化的禪宗頓教，在當時並不是孤立的事件，而是涉及佛教內部改革甚或內部革命的全盤中國化運動的一個環節。此一印度佛教中國化(簡易化、平民化、實際化)的宗教運動在第八世紀的唐代開始醞釀，漸次波及全國各地。神會和尚就是佛教中國化的內部革命時期應運而生的一個中心人物。在這樣的宗教改革時代，大佛教家、大禪者總多少抱有聳人聽聞的偏激思想。神會不但是個大禪者，又是對於時代動向很有敏感而能充分利用策略的政治天才。這就部分說明了當時爲何有那麼多的自由派、激進派人士，以及各種異端份子，大大歡迎並支持神會對於守舊派、當權派的公開挑戰。對於這些擁護破舊創新的人們來說，神會

的勝利乃意味着佛教思想與信仰從傳統權威的古老枷鎖獲得一大解放。

神會所代表的第八世紀禪宗的革命派思想到底是甚麼？胡適大體上依循在第九世紀高唱教禪一致的華嚴宗第五祖宗密所作的禪宗宗派分類與教義分析，列舉從事於禪宗革新、佛教中國化的四大宗派。首先是以無住爲祖師的成都保唐寺派，極力反對傳統佛教與禪宗的禮拜、祈禱、懺悔、讀經、畫佛、寫經等等外在修爲，斥爲愚行，而以無憶、無念、無妄爲禪宗要旨。無住主張「起心卽妄，不起卽眞」，可能受過神會的影響。其次是神會發揚慧能頓教的一派，主張生滅本無，不假禪修，祇是無念無住，自然無爲，充分顯示轉化印度禪爲中國禪而有所契接道家的前進思想。神會以不作意不住心爲無念，故云：「所作意住心，取空取淨，乃至起心求證菩提涅槃，並屬虛妄」。神會又循其師慧能定慧不二之旨，倡言「念不起空無所有，名正定；能見念不起空無所有，名正慧」。依胡適的解釋，傳統佛教的「戒定慧」三學之中，「戒」（持戒）與「定」（禪定）在神會的頓悟禪都可以不管，要的祇是「慧」（智慧），其他統統歸到理智主義。胡適指出，宗密屢說神會主張「知之一字，衆妙之門」，足見神會最重「知」字。胡適在他早期的「荷澤大師神會傳」中已引用過此語，並解釋說：「當日南北二宗之爭，根本之點只是北宗重行，而南宗重知，北宗重在由定發慧，而南宗則重在以慧攝定。故慧能、神會雖口說定慧合一，其實他們只認得慧，不認得定。此是中國思想史上的絕大解放。禪學本已掃除了一切文字障和儀式障，然而還有個禪定在。直到南宗出來，連禪定也一掃而空，那才是徹底的解放了」。胡適又在另一早期長篇「中國禪學的發展」解釋同一語句說：「所以中國禪宗，側重知解，終身行脚，求善知識。且此語實開中國思想界『良知』一派的先河」。胡適生前也常喜用民間俗諺「放下屠刀，立地成佛」，例解神會一派明心見性，頓悟成佛之旨。

第三派是以般若經與龍樹空宗哲理為基礎的牛頭山派，具有打倒一切偶像的虛無主義傾向，雙遣修與無修，佛與無佛；無一法可立，亦無佛道可成。最後則是馬祖道一所開創的宗派。此派宗旨為「觸類是道，任心為修」，意謂隨時所遇皆可成道，隨心自然皆為修行。道一倡言「不斷不修，任運自在，名為解脫，無法可拘，無佛可作」。他祇教人「所作所為，皆是佛性；貪嗔煩惱，並是佛性；揚眉動睛，笑欠謦咳，或動搖等，皆是佛事」。馬祖語錄有一句膾炙人口的禪宗名言「平常心是道」，很有道家自然無為的意味。胡適在民國十七年七月二十一日「答湯用彤教授書」中强調道一禪較神會禪更進一步道家化、中國化，並說：「至唐之慧能、道一，才可說是中國禪。中國禪之中，道家自然主義的成分最多，道一是最好代表。……神會一派不久便衰歇。道一門下不久成為正統。『中國禪』至此始完全成立。」

只憑宗教虔誠而不藉助理智與歷史方法，終使禪宗解釋，歸於失敗

胡適又舉馬祖弟子丹霞天然夜宿荒寺時，進入正堂燒燬木佛取暖禦寒的故事，藉以說明神會、馬祖等人以後慣於叱佛訶祖、打破偶像的中國禪，祇有依照唐代當時佛教內部革新的歷史動向才能正確地理解。然而鈴木反說：「從純粹的禪學觀點去看，不管我們如何評價丹霞的功勞，他這種行為實應看成大大的褻瀆，是所有虔敬的佛教徒所應避免的」。胡適在這裏挖苦虔敬的禪佛教徒鈴木說，以這種所謂「虔敬」的態度想去體會中國禪的特質，是徒勞無益的。胡適的意思是，祇憑宗教的虔誠而不藉助於理智的觀點與歷史的方法，就擺脫不了主觀的先入之見，而所嘗試的禪學解釋也終歸失敗而已。胡適再舉馬祖另一俗家弟子龐蘊的名言「但願空諸所有，愼勿實諸所無」，喻為「龐氏剃刀」，就像中世紀耶教神學家奧坎的剃刀——「如無必要，不可擅加實在」——一樣，剃除不存在的或毫無具體存在意義的一切事物。依據胡適自己的看法，龐蘊的剃刀就是中國禪的剃刀，把中世紀的神靈，一切佛與菩薩，印度佛教流傳下來的四禪、四念處、六神通等等一律除掉。因此，中國禪實質上已不是禪，而是佛教內部的中國式改革或革命了。

在英文論辯的結尾，胡適解釋禪宗的教育方法說，表面上看來近乎瘋狂或混亂的禪學方法，並不如鈴木所曲解的那樣反邏輯或反理性，而是一種有意識的且合乎理智的教育方法，指點禪者依靠堅苦的自我磨練，經由步步擴充而有的人生經驗，主動地發現自我解脫之道。胡適總括禪學方法爲三個層面。第一是「不說破」。這就是說，禪師從不肯輕易爲弟子解說，祇教他從自心自性上去體會佛心佛性本自具足，毋需向外動念馳求。禪悟貴在自得，如爲學人說破，便成無謂的口頭禪了。第二是種種禪機方便，叱喝、棒打、把鼻、不理不睬、反問、一字關、雙關語、進退兩難的話頭等是；目的是在暗中指點學人自己大疑一番，而又從中自我釋疑與醒悟。第三則是雲水行脚。學人在師父處不得要領，便下山遊方行脚，訪遍名山大川，積累生活經驗，或經一年半載，或過五年十年，直到有一天頓然大徹大悟，眞所謂「踏破鐵鞋無覓處，得來毫不費工夫」。胡適還借引宋儒朱熹的話語，「樹上那有天生的木杓？要學僧家行脚，交結四方賢士，觀察山川形勢，考測古今治亂之迹，經風霜雨露之苦，於學問必能得益」，以便證示，連執守儒家道統的朱子，都不得不點頭承認行脚在禪宗教育上的意義與價值。胡適再三挖苦鈴木說，「那些誤以禪的方法爲神秘而又反理性，因此『全然超越人類理解範圍』的批評家，便是不懂得賞識這個第三層面的極大教育價值的人們。」

以上我參照了一些胡適的中文論著，論介他評鈴木禪學的英文論辯大要。

探討禪道的兩種心態

現在且來看看，學貫中印日佛教思想而又通曉東西古今多種語言的當代禪宗大師如何答辯。

鈴木在「論禪——對於胡適博士的答辯」，開頭便說：「胡適關於歷史知之甚詳，却毫不了解歷史背後的主要人物。」創造歷史的主演人物所具有着的獨特性格或主體性，絕不能構成歷史的考察對象，因爲他的主體性拒絕任何外在化的客觀表現。祇有他本人能深刻地直感獨自的內在體驗，這並不屬於歷史家的研究範圍。胡適研究禪學，一開始就沒有考慮到歷史方法的局限性。這是鈴木讀胡文之後的第一印象。他的另一印象則是，關於禪的探討，有兩種質上相異的心態。第一種人既能解禪，又够資格講述禪學；第二種人摸不通禪究竟是甚麼，祇在浪費時間而已。禪屬於超越第二種心態的高層次元。第一種人很懂得第二種人對禪不知所措的原由，因爲他們自己在徹底了解禪之前也曾經歷一段同樣的失敗經驗。鈴木所說的第二種心態當然指向胡適；這是鈴木回手挖苦胡適的序幕。

胡適以外在歷史問題了解頓悟禪，與禪宗本身的內層思想課題無關涉

這段開場白之後，鈴木首先指出，胡適硬把禪的生命放在客觀化的歷史框架，而解釋神會當時的禪學動向爲「祇不過是佛教內部改革或革命這個更廣大的運動的一部分」，根本就沒有摸通慧能、神會一系所開拓的頓悟禪理路。據胡適說，頓悟思想起於第五世紀鳩摩羅什的弟子道生；但依鈴木的了解，所謂「頓悟」，乃是一切佛教的眞髓所在。這就

是說，佛陀的悟道卽不外是「頓悟」；一切佛敎，不論大乘小乘，不論空宗有宗，甚至淨土宗，歸根結柢，都發源於釋迦牟尼在那菩提樹下悟道成佛的頓時體驗。鈴木的意思是說，不論在那個時代或歷史背景，佛敎所標榜的解悟成道，本來就是頓悟性質的；問題是在何時頓悟，而不在有否頓悟漸悟之分。在佛敎經典之中，鈴木特別舉出維摩經、楞伽經、與圓覺經爲例，證示所謂「頓悟」思想或體驗，並不始於道生或慧能。

鈴木雖也同意，慧能經由神會顯揚出來的頓悟禪敎確是建立道地中國禪的偉大的開端。但他認爲，胡適對於慧能、神會一系的頓悟禪敎所作偏歷史性的强調與解釋，並沒有還出頓教的本來面目。鈴木說：「頓悟禪是定慧一體之教所衍生出來的枝葉問題。依我『歷史的理解』，定慧一體優先於頓悟；把握到了定慧一體，自然導致頓悟」。鈴木猜想，神會所以特別標出頓悟，恐怕是由於神秀一派漸悟禪的强烈反對所致；胡適把頓悟禪聯貫到政治策略、法燈爭奪戰、佛敎改革的時代動向等等外在的歷史問題，實與禪宗本身的內層思想課題無甚關聯。慧能所以在中國佛敎思想史上能與智顗（天台宗）、法藏（華嚴宗）等人並垂不朽，且有資格躋列於世界性的最高地位，乃是因爲他踐行了革命性的思想突破；此一突破，就是依他自己禪的直觀建立而成的定慧不二之敎。所謂定慧不二，意指禪定卽不外是智慧。「禪」字原是早期中國佛敎徒音譯古代梵語「禪那」(dhyana) 而新造的；但在慧能以後，冥想、靜慮、沈思、止觀一類靜態意義的禪修或禪定已與中國禪宗所講生命活潑而自由自在的禪完全斷離了關係。

其實胡適對於禪定這一點也有相當的了解。針對定慧不二之敎，鈴木所要爭論的，倒是在「慧」(或「知」) 字的了解與解釋究竟孰是孰非的問題上面。對於鈴木來說，這是他所以不得已向胡適答辯的關鍵所在。

鈴木批判胡適誤解禪宗發展，又曲解禪智，因此進不了禪宗之門

我們已經知道，宗密屢說「知之一字，衆妙之門」是神會的基本主張，而胡適對於神會的「知」字，解爲具體經驗意義的「知解」、「理智」或「知識」。鈴木抓住了這一點而加以批評說，胡適因體會不到神會「知之一字」的深意，就英譯此字爲「知識」(knowledge)。但神會的「知」並不是我們平常所了解的「知識」、「理智」或「知解」，而是超越一切二元對立（譬如主客對立、神人對立、生死對立、有無對立、此岸彼岸對立等等）的絕對智慧。

在中國大乘佛學與禪，「智慧」是古代梵語 prajna 的意譯，「般若」則是音譯；這就是爲甚麼中國佛敎哲學家們常重複地稱爲「般若之智慧」或「般若知」，以別於我們平常所說的實際「智慧」。我們平常所了解的「智慧」、「知識」等等乃是相對於「般若知」的所謂「分別知」，梵語原字是 vijnana，在唯識法相宗常專譯爲「意識」。分別知基於意識（分別知本身）與意識對象的相待對立，可以構成概念分析、邏輯思考、(具有主賓形式的)日常語言等等，也可以成就數學、科學、政治、世俗道德等等知識；但這與大乘佛學或中國禪爲了破生死對立，破生死與涅槃對立，破佛性與衆生對立等等二元分裂所要建立的般若知並不屬於同一層次。這就說明了禪所以非超越人類知性理解範圍不可的基本道理。鈴木自己特創新詞「般若的直觀」(prajna-intuition)，藉以表現不可思議的禪智。般若的直觀是主觀（知識主體）與客觀（知識對象）未分以前的純粹心性，純粹經驗，或純粹醒悟，而爲主客分裂之後一切經驗、一切知識所以成立的本原基盤，有如大海與衆漚的關係。

歷史考證家的胡適一方面把禪宗發展講成打破舊習，反對傳統的一種佛教革新，另一方面又曲解禪智或般若的直觀，降爲分別知，因此解釋不了禪的自性，也進不了禪宗之門。我們不難看出，就神會「知之一字」的解釋問題，鈴木對於胡適的批判，是毫不留情的。

從鈴木禪學的觀點看，胡適根本體會不出般若知境界

鈴木進一步說，般若的直觀是超越語言表現的禪者絕對主體性體驗，直接而單刀直入，不假借於任何媒介，不論是概念分析或是邏輯推理。禪宗語錄所以處處充滿着禪師表面上反乎常理的弔詭之語，乃是爲了引起學人的大疑團，讓他經歷一番堅苦的公案試煉，設法衝破分別知的藩籬，自家釋疑，自家體貼本來面目，當下頓悟一切本來如是如是，非分別知所得擬晝。

鈴木指出，中國禪者深知般若的直觀所打開出來的絕對境界，不爲知性理解所擬，不爲日常語言所囿，因此慣用「是麼」、「只麼」、「如是」、「如此」、「只遮是」等字眼，不得已地「表達」這個境界。例如傳燈錄卷八記載，米嶺和尙行將示滅，留下一偈，云:「祖祖不思議，不許常住世，大衆審思惟，畢竟只遮是」。又在同卷，有僧問利山和尙:「如何是西來意（達磨自印度來中土，有何用意）?」和尙答云:「不見如何」。僧云:「爲什麼如此?」和尙云:「只爲如此」。從鈴木禪學的觀點看來，胡適根本體會不出「畢竟只遮是」或「只爲如此」的般若知境界，因爲他總是想藉分別知去揣摩，去解釋這個境界的緣故。

根據般若知與分別知的區別，鈴木姑且搬出他所了解的禪宗知識論。依此知識論，我們對於本體或實在（卽終極存在或永恒不變者）可有兩種知識。一種是分別知所能構成的「可知的知識」(knowable knowledge)，建立在主觀（能知者）與客觀（所知者）的相對關係上面；這是「關於」(about) 本體的知識，胡適所理解的是這種知識。另

一種是般若的直觀所當下呈現的「不可知的知識」(unknowable knowledge); 這不是「關於」本體的知識, 而是主客相對以前的根源本體自然流露出來的絕對知識。在大乘佛學與禪宗, 所謂本體, 不是實體化的神或存有 (Being); 而是一切諸法的空性或眞如, 乃意味着我們的意識或分別知未分主客二元以前的本來如是如是的境界, 有如老子的「道可道, 非常道; 名可名, 非常名」, 或莊子的「無無」。鈴木擧出好幾個公案, 例示禪者如何弔詭地「表現」這種知識。譬如傳燈錄卷十四記載, 有僧問石頭希遷禪師:「曹谿(指六祖慧能)意旨誰人得?」師曰:「會佛法人得」。僧問:「師還得否?」師曰:「我不會佛法」。石頭在這裏並不是客氣, 而是點醒學僧不能用分別知去瞎猜無一法可得的佛法。又有一次, 道吾問石頭:「如何是佛法大意?」石頭答云:「不得不知」。道吾再問:「向上更有轉處也無(能否給點暗示)?」道吾曰:「長空不礙白雲飛(廣闊的天空毫不阻礙白雲從心所欲, 自由自在地流動)。」石頭這一詩句, 便是不得已而象徵性地暗點出來的, 分別知所思議不得的本來境界。

鈴木認爲, 胡適的禪學研究, 一味偏重歷史方法, 全然抹殺禪在時與非時辯證問題的獨特主張

鈴木對於胡適歷史方法的批判, 也涉及禪的時間論問題。鈴木說:「歷史與禪都關涉着時間, 但有本質上的區別。歷史對於非時間性(timelessness)毫無所知, 甚至把它當做一種虛構; 禪却反要貫穿時間與非時間。這就是說, 非時間存在於時間, 時間也存在乎非時間。禪的生命呈現在時間與非時間的矛盾。」歷史規避現在生存着的人與事物, 而去挖掘已經過去而枯朽的東西。禪則無生無死(破除生死對立)而又大死大生(分別知死而般若知生)。鈴木在這裏所要表示的是, 禪學對於大乘佛學「生死即涅槃」之說所深化的義蘊: 生死 (分別知的相對世界) 與涅槃 (般若知的絕對境界) 當下悟爲本來無二。我想, 雲門禪師的名言「日日是好日」(碧岩錄第六則) 可以借來說明鈴木所了解的禪宗時間論。「日日」意指時間, 而「好日」則意謂非時間或永恒;「日日」指生死,「好日」則不外是「涅槃」。在禪者的頓悟體驗, 每日每時便是當下呈現的絕對境界; 能否當下呈現, 端在我們的本心本性有否頓悟醒悟。禪者頓悟的「頓」, 便是鈴木所要說的時與非時的互相交叉。所謂當下頓悟的「當下」, 所指的是隨時隨處, 而不是定時定處。鈴木認爲, 胡適的禪宗研究一味偏重歷史方法, 因此全然抹殺禪對生死、不朽、永恒、涅槃等等涉及時與非時辯證問題的獨特主張。

禪宗, 只有在中國這樣的地基上才能產生

最後在禪的方法論方面, 鈴木認爲中國禪從未有過特定的教育方法; 胡適所說禪的方法有三個層面等等, 完全是從歷史的分別知去看方法問題。譬如「不說破」, 並不是一種禪的特定方法, 而是禪悟體驗的構成本身已具有着的弔詭表現。擧例來說, 傳燈錄卷二十一載有一則古鏡公案。有僧問弘瑫禪師:「古鏡未磨時如何?」師曰:「古鏡。」僧又問:「磨後如何?」師曰:「古鏡。」古鏡喩指佛心佛性、般若知的絕對境界, 或本來面目, 磨鏡則喩謂佛法修行。從學僧的分別知看, 禪師答非所問; 從禪師的般若知看, 重說「古鏡」的「不說破」時, 已「說破了也」。因此,「不說破」與「說破」乃般若知一體之兩面或兩用; 胡適以不說破爲一種不對學人說清楚的禪學方法, 從鈴木看來, 是很膚淺的解釋。

繼承臨濟禪衣鉢的鈴木特別强調, 在世界思想史上禪宗確是一個偉大的革命運動, 恐怕也祇有在中國這樣的地基才能產生。專就民族性格

言，印度人具有暝想的、抽象的、非現世的，以及非歷史的傾向；中國人則對於現世生活極表關心，尊重歷史與實際，喜愛具體的生命與事象，具有濃厚的大地氣息。假若中國禪者如慧能，祇沿襲着印度傳統的佛教理路，像其他大乘宗派哲學家們一樣從事於過份抽象的思考，就不會打開定慧不二的頓悟禪教出來。慧能以來的頓悟禪依般若的直觀，內在地呈現絕對的解脫境界於時時刻刻的現世生活之中。

胡適的歷史考證之法無助於了解禪宗眞髓，且混淆了般若知與分別知

頓悟禪的眞正目的，並不在破壞偶像或推翻傳統權威。如果禪要破壞偶像，叱佛訶祖，那是禪者的內在生命自然產生的價值判斷。譬如臨濟禪師的「逢佛殺佛，逢祖殺祖，逢羅漢殺羅漢，逢父母殺父母，逢親眷殺親眷，始得解脫」，並不是說爲了自我解脫非殺佛祖父母等等不可，而是强調絕對主體性的頓悟解脫，乃學人已分內事，非由外助；同時，在這絕對的般若知境界，人人平等，無有佛祖父母等等世俗諦上的名分區別。臨濟模仿莊子的「博大眞人」，稱呼呈現這種境界的禪者爲「無位眞人」。「無位眞人」原是我們每一個人的本來面目，祇是因爲我們的分別知阻礙我們向上收回原本具足的般若知，我們才失去了自已的無位眞人根源世界。從鈴木禪學的觀點看來，胡適的歷史考證方法不但無助於了解禪宗眞髓，反有混淆般若知與分別知的錯誤，有如一層雲霧遮蓋青天。

以上我儘以通俗的現代式表達論介鈴木的答辯，並隨處補充一些禪例禪解，希望有助於讀者對鈴木禪學的基本了解。

對鈴木的反擊，胡適幾無回手餘地

我們從胡與鈴木之間的對辯不難看出，胡適對於鈴木的反擊幾無回手的餘地。胡與鈴木所惟一同意的是，道道地地的中國禪始於慧能，主張定慧不二，意卽以慧攝定，而神會則是顯揚慧能頓悟禪的大功臣。鈴木在答辯之中並未提及道家，不過他當會同意胡適所云中國禪契合道家自然主義之說。事實上，鈴木在他上百的英文與日文論著，隨處提到道家（尤其莊子）與禪宗的會通所在。鈴木所要指摘的是，歷史家的胡適祇會在禪的外圈打轉，却從未設法了解禪者頓悟解脫的內在生命世界。任何細心研究過印度佛敎思想到中國大乘佛學以及禪宗的讀者，都不得不點頭同意鈴木的指摘。我們不妨借用德國哲學家狄爾泰（Dilthey）的幾個解釋學名詞來說明，胡適的歷史方法在禪學解釋上所暴露出來的局限性。

胡適是近代歐羅巴的合理主義者；鈴木却批判近代合理主義，而置禪於超越地位

簡單地說，狄氏認爲，研究人類精神現象（藝術創造、宗敎道德體驗、哲學智慧等等）的學者必須懂得三層步驟：（一）原主演者（如詩人、畫家、禪者）的內在體驗；（二)內在體驗的意義表現（如在詩句或公案)；以及（三）學者（或解釋家）對於原有內在體驗的了解。爲要了解原有內在體驗，學者當然非得研究（譬如詩句或公案中的）意義表現不可；這裏學者需要一種「隨後體驗」的功夫。

從鈴木禪學的觀點看來，胡適缺少這種功夫。「胡適禪學案」的主編是日本著名禪宗學者柳田聖山。他在長篇序文「胡適博士與中國初期禪宗史之研究」開頭提到，胡適所寫過的「中國哲學史大綱」與「白話

文學史」，都只有上卷而夭折，因此他有「上卷先生」的綽號。

柳田接着說：「可是，之後他零星的發表些禪學論證和考據，這可當作他為兩書下卷所作部分執筆的準備。」但是，胡適使用他那狹隘的歷史方法去解釋禪宗發展，而摸索不出禪宗眞髓，則他又如何去了解與處理比禪宗思想還要複雜難懂的整部中國大乘佛學的哲學內容呢？

柳田又說：「處理史料必須徹底吟味，固屬當然之事，可是思想史旨在理解思想，其範疇决非只限於史家一方之理，不辯自明。因此，博士的立場反而招致思想批判，到晚年竟造成與鈴木大拙公開攤牌之事，就是一例。胡適之作學問與鈴木之為佛教，兩人之間有相當距離。……胡適始終是近代歐羅巴的合理主義者，鈴木大拙却批判近代合理主義，置禪於超越地位，他認為禪就是禪，佛教就是佛教，有時還會超越歷史性。胡適對此主張斥之謂神秘主義，非合理主義，兩人的立場是水火不相容的。」柳田此語是很公平客觀的。

胡適固不了解莊子與禪宗會通的哲理；而鈴木屢次誤用「反邏輯」、「反理性」等辭，也徒增一層毫不必要的思想混淆

不過，胡適評斥鈴木禪學之為神秘主義或反理性主義，值得我們注目。如說這是一種誤解，我想鈴木本人由於誤用濫用「反邏輯」、「反理性」等辭，也應負些責任。我個人讀鈴木的英文著作時，也曾遇到這類字眼而傷過腦筋。後來自覺有些把握摸通佛教哲學與禪道之後，才想出了一個「挽救」鈴木禪學的辦法出來，應用在自己的教學與英文論著。我自創了兩個英文字辭，「超邏輯」(translogical) 與「超理性」(trans-rational)，藉以替代鈴木所誤用的「反邏輯」與「反理性」。

鈴木所云般若的直觀，應該講成超越邏輯或理性而不為邏輯或理性所限制，而不應是違反邏輯或理性。在意識或分別知活動的日常世界

裡，人人順從邏輯或理性，是一個普遍而必要的條件，否則知識無以構成，語言無由使用。在禪智或般若知運行的徹悟境界，禪者的心性乃從邏輯或理性的思維限制解放出來，自由自在，絕待透脫。不但禪家如此，道家（尤其莊子）所善談的無心無念，自然無爲，也是如此。無怪乎莊子常被看成達磨西來以前的第一位中國禪師。

莊子「齊物論」中有一段談到你我辯論的孰是孰非。莊子的結論是，我們如果想從是非圈子（二元對立的世俗界）徹底解放我們的心性，則非轉化我們的機心（即是非對錯的分別心）而呈現與道爲一的無心（無分別心）不可。如用大乘佛學的二諦說明，無心無爲乃係高層次的勝義諦事，超越決定是非對錯的邏輯理性範圍；機心有爲則屬低層次的世俗諦事，必受邏輯理性的管制。前者關涉生死智慧與終極解脫之道，故必超越是非對錯的二元對立，但絕不是要否定是非對錯的世俗意義。這就是爲甚麼莊子要在高層次倡言「至人無已，神人無功，聖人無名」（逍遙篇），而又在低層次自述「不譴是非，以與世俗處」（天下篇）了。慧能以來的中國禪學亦是如此。般若知在高層次轉化分別知，超越邏輯或理性，但並不否認分別知在低層次的作用意義，因此無由違反邏輯或理性。這樣，般若知與分別知，勝義諦與世俗諦，宗敎哲學與科學道德，可在高低層次各別顯其功能，相輔相成而不彼此排除。這才是貫穿大乘佛學與禪宗的中道立場。胡適固不了解莊子與禪宗於此會通的哲理，而鈴木屢次誤用「反邏輯」、「反理性」等辭，也徒增一層毫不必要的思想混亂。

鈴木禪學是了解禪宗眞髓與現代化課題的一大關鍵

鈴木英文答辯的目的，是在駁斥胡適的禪宗解釋與研究方法，而不在宣揚他本人繼承並發展傳統（臨濟）禪宗思想而成的現代化禪學。根據多年來鑽研鈴木禪學的個人心得，我深深覺得，如要了解禪宗眞髓及其現代化課題，鈴木禪學是一大關鍵，可以提供我們正面資糧與反面教材，譬如上述語辭的誤用，便是反面教材之一。由於篇幅所限，我不便在此對於鈴木禪學作全盤性的論述與評價。

中國禪的眞髓是佛心佛性的絕對肯定與大澈大悟

不過，我在鈴木主要著作之中所發現到的一些問題，很值得一提，因爲我們從這些問題的省察，可以獲得解決禪宗現代化課題的種種可能線索。

第一個問題關涉頓悟的本質或根本義諦，也是禪宗眞髓究竟何在的問題。鈴木在答辯裡，爲了顯揚慧能頓悟禪的定慧不二（以慧攝定）之旨，過份强調般若的直觀，却不及透出「直指人心，見性成佛」的義諦。鈴木比胡適更能把握到，釋迦牟尼在菩提樹下的頓悟成道乃是一切佛敎哲理與修行的源頭與歸宿，因此頓悟並不是道生或慧能的新創。但是，鈴木以般若知爲頓悟禪的核心，並沒有顯出中國禪的眞髓所在，因爲般若知已在印度空宗與金剛經等般若系統的經典提出，而爲中國大乘佛學以及禪宗所接受發揚。

我的看法是，中國禪的眞髓或根本義諦即不外是佛心佛性或本心本性的絕對肯定與大徹大悟。「佛心佛性」是大乘佛學的傳統名辭，「本心本性」則源自孟子，慧能首次正式借用，裝上超道德（而非否定道德）的實存醒悟的本原這個禪宗新義。慧能以後，中國禪者特別喜用莊子的「無心」一辭，似乎更能表現禪者頓悟之心無念無住而又隨時隨處大機大用之義。

頓悟禪之所以爲中國禪的根本理由

慧能所開創的頓悟禪所以說是劃時代的中國禪宗革命，完成佛教徹底中國化的使命，乃是因爲他能突破一切大小乘佛教思想，重新發現佛教的始源與歸終就在佛陀那時那地的頓悟解脫，而以本心本性的實存地醒悟（existential awakening）爲禪悟解脫的眞髓所在。慧能以後的中國禪更進一步契接道家（尤其莊子），具體地展現無心（活潑潑的頓悟禪心，而非靜態的般若知）在日常生活裡自由自在，無爲而無不爲的妙用妙行。「平常心是道」、「日日是好日」、「砍柴搬水，無非妙道」等等乍看庸常、細察深徵的禪語，便充份發揮了自然無爲、祇是無事的禪道精神。

從禪道的觀點看來，傳統佛教所謂涅槃，所謂成佛，乃不外是無得無失，隨處而安的生活藝術；這種生活藝術的成立根據，則是在乎無心所自然呈現出來的生死智慧。現代化地發揚臨濟禪的鈴木當然深知無心的眞諦，也曾寫過「論無心」（日文）、「禪宗無心說」（英文）等書。但他解釋禪道，又時有偏重般若的直觀之嫌，更循金剛經爲禪宗編造一種他所謂「即非（即時否定）之邏輯」，公式化爲「A是A，因爲A不是A；是故A是A」，有別於我們平常所了解的邏輯。我在這裡修正鈴木禪學偏「知」之病，而以無心或本心本性之實存的當下醒悟爲禪宗眞髓，似乎更能說明頓悟禪之所以爲中國禪的根本理由。

我這些年來探求中國哲學之道所獲致的一個結論是中國儒道佛三家的根本義諦是在各別的生死智慧與解脫之道，而三家各別建立的生死智慧與解脫之道有其各別的眞常心性論奠基，或偏道德層面（儒家），或偏超道德層面（其他二家）；至於三家的中心人物，則是孟子（以及陽明）、莊子與慧能。

頓悟不是禪宗訓練的結束，而是開始，鈴木大拙常引人走入歧途

其次是證上修行或悟後修行的問題。臨濟曾說：「佛法無用功處，祇是平常無事，屙屎送尿，著衣喫飯，睏來卽臥。愚人笑我，智乃知焉」。臨濟此語，如就字面上看，很容易引起誤解，以爲頓悟之後，可以無所事事，一切不管，甚至玩世不恭，是非善惡不分。禪道二家主張無心無念、自然無爲，因此常有走向極端的危險，魏晉文人如劉伶或陽明以後的狂禪便是好的例子。不但傳統禪宗沒有好好解決悟後修行的問題，連鈴木也常忽略這個問題的緊要嚴重。

有位久居日本而精通禪宗的洋人名叫斯耐德（Snyder）的，就曾批評過鈴木，說：「頓悟並不是禪宗訓練的結束，而是禪宗訓練的開始。就在這裡，鈴木大拙與其他講禪的作者們時常引人走入歧途。頓悟並不結束甚麼，反而打開禪修之門給我們。」斯氏的評語可以說是一針見血，把頓悟禪教的問題要害揭發出來。

我在鈴木著作之中也曾發現過此類問題。舉例來說，鈴木晚年出版了一本英文大作「禪與日本文化」，在第六十三頁上寫道：「禪是極端有彈性的。只要它那（般若的）直觀教義不受干涉，它可以適應幾乎所有的哲學與道德學說。它可以跟無政府主義或法西斯主義，共產主義或民主主義，無神論或理想主義，或跟任何政治的、經濟的獨斷論結婚。」

鈴木在二次大戰時說：「日本軍隊在打沒有正義的仗，也是沒有希望的仗。」

有心的讀者必定質問：「難道一代禪宗大德也會說出這種荒謬不堪的話嗎？難道他摸對了禪宗眞髓嗎？」據我所知，鈴木確是禪宗大德，也同時是具有强烈道德感的人。譬如二次大戰結束之前，鈴木住在鎌倉。時有軍方代表找他商借他房子的一部份，供給軍方使用。在當時的情況下，做爲日本國民的鈴木當然不致吝嗇，也沒有理由加以拒絕。但鈴木居然當面訓了這位軍方代表，說:「你知道嗎？日本軍隊在打沒有正義的仗，也沒有希望的仗；而你還有臉皮代表軍方商借房子？」兩人當場一番口角之後，也不了了之。但在日本無條件投降之後不久，這位軍方代表特別跑了一趟鎌倉，向鈴木當面道歉，還謝謝鈴木當初極有識見的訓斥。在大戰期間，鈴木居然敢向日本軍閥挑戰，如此膽識，實在少見。他那「禪是極端有彈性」的荒謬之言也祇有當做他一時講話或寫作上的疏忽或漏洞了。

當然，有此疏忽或漏洞，也證明了從傳統禪宗到鈴木禪學，悟後修行且又如何修行的問題一直沒有獲得滿意的解決。這個問題也可以說是下列問題的一個環節。

經過幾百年佛教革命運動，中國古代思想復活了，哲學思想也復興了

第三是如何融貫勝義諦與世俗諦，而使般若知與分別知在日常運用上相輔相成的問題。這個問題可以說是包括禪宗在內的整個中國大乘佛教所一直面臨着的艱難課題。其中最棘手的課題是，在勝義諦層次頓悟解脫的禪者如何向下，在世俗諦層次如何適當地處理人倫道德的善惡對錯。

爲了「挽救」鈴木禪學的「反邏輯、反理性」，我曾暗示過，般若知與分別知可依大乘佛學的二諦中道立場相輔相成而不彼此排除的可能性。但在實際上的應用，却不是那麼簡單。

在具體的道德處境，對於善惡對錯有所取捨的分別知必定優先於超越一切二元對立的般若知；在這種處境，大徹大悟的禪者又如何將就分別知的道德抉擇而不影響般若知的應用呢？大乘佛學與禪宗直到今天，似乎還未找出令人滿意的回答。胡適對於禪道的了解雖不及鈴木的深透，却對此一問題較有識見。胡適在他「禪宗史的一個新看法」結尾說道：「經過革命後，把佛教中國化、簡單化後，才有中國的理學。佛教的革新，雖然改變了印度禪，可以仍然是佛教。……誠意、正心、修身，是要齊家、治國、平天下，而不是做羅漢，不是出世的。這是中國與印度的不同。韓文公以後，程子、朱子的學說，都是要治國平天下。經過幾百年佛教革命運動，中國古代的思想復活了，哲學思想也復興了。」馮友蘭在抗戰期間所出版的「新原道」中也說：「禪宗更進一步，統一了高明與中庸的對立。但如果擔水砍柴，就是妙道，何以修道底人，仍須出家？何以『事父事君』不是妙道？這又須下一轉語。宋明道學的使命，就在再下這一轉語。」至於錢唐牟徐等當代大儒，對於此一問題的慧識，當然更爲深刻，不待一一說明。如何批判地繼承與創造地發展傳統的中國大乘佛教哲學，以便解決現代社會的人倫道德問題？這是代表佛教與禪宗的現代中國思想家們所應擔負的新任務、新使命。

禪宗眞髓孰得孰失的客觀標準究竟何在

最後的問題就是我在本文序言所提出的問題：禪宗眞髓孰得孰失的客觀標準究竟何在？我們現在應可了解，所謂純然客觀的標準是不存在的。不過，我們還多少可以設立內在（絕對主體性側面）與外在（相互主觀性側面）的雙層標準。

就內在標準說，頓悟解脫與否，無心呈現與否，畢竟是禪者本人冥冥自證的內在體驗之事，也祇有所謂「天上天下，唯我獨尊」（釋迦頓悟成道時的名言）的他自己能做最後的斷定。在內在的一層惟一適用的標準是中庸所云「誠者物之終始，不誠無物」，或大學所說「誠其意者，毋自欺也。」禪者本人如何自證他的頓悟解脫並非自欺？他可以自問：我有否絕對不移的生死智慧，已破生死關而又任生死？抑或仍存些微懼死之心？他也可以自問：我是否已有一套無心無住的生活藝術，體現「日日是好日」或「平常心是道」？抑或仍在貪愛名利，拋棄不了私欲念頭？就誠毋自欺一點而言，不但禪家頓悟應是如此，儒家的良知或耶教的良心皆應如此。再就外在標準說，人人共存的相互主觀世界裡，我們雖然祇能猜測而無法了知禪者明心見性、頓悟解脫與否，但有資格要求禪者，如果他已獲得禪宗眞髓，他仍需向我們證實，他的般若知與世俗層次的分別知相輔相成而無彼此排除的現象。這就涉及上述第三個棘手的問題了。

上面我提出了幾個禪道的現代課題，尤其是禪與人倫道德如何貫通的棘手課題。但是我們不能否認在現代社會裡，禪在形上學，宗教哲學、耶教神學，心理分析、精神醫學，心理治療、乃至文學藝術方面的鉅大影響。禪道原是中國人的獨創，却在戰前戰後經由鈴木大拙、久松眞一、西谷啓治等日本禪宗學者發揚光大，引起了西方人的注意與興趣。難道我們自己不急起直追，在不久的將來開創更廣更深的大乘佛學與禪宗之道，而超過日本學者的成就嗎？衷心期待現代化意義的中國禪再度出現，是我寫本文的一大旨趣。

（一九八三年六月七日於費城近郊，原載同年六月二十六至二十九日中國時報人間副刊）

如淨和尚與道元禪師——從中國禪到日本禪

日本思想史上哲學家寥寥無幾，但曾出現過兩位不世出的哲學天才，一位是開創京都學派的日本近代哲學之父西田幾多郎（一八七〇—一九四五），另一位是留學南宋而親承一代大德如淨和尚衣鉢的日本曹洞宗始祖道元禪師（一二〇〇——二五三）。道元禪學在日本本土曾埋沒了數百年。德川幕府時代雖有曹洞宗中興功臣天桂禪師（一六四八—一七三五）撰成道元主著正法眼藏的首部詮釋書正法眼藏弁註，但未引起反應。到了近代日本，和辻哲郎曾在一九二二年寫出沙門道元，開始提醒日人重視道元禪學的不朽貢獻。接着又有秋山範二的道元研究（一九三五）與田邊元的正法眼藏哲學私觀（一九三九）等哲學名作出現，代表戰前道元禪學研究的最佳成績。從此，日人重新衡定道元在日本佛敎史上的地位，現已公認他是日本有史以來最偉大的獨創思想家。

戰後日本陸續出現有關道元研究的論著，如今已是汗牛充棟。其中值得一提的是，大久保道舟所著道元禪師傳研究與他所編道元禪師全集上下巨册，寺田透等所校注的道元上下二卷，多人合寫的道元禪四卷（誠信書房印行），鏡島元隆所著道元禪師及其門流，以及梅原猛與高崎直道合著的效法古佛的道元（角川書店佛敎思想第十一册）。

道元自撰的正法眼藏與其弟子懷奘所錄正法眼藏隨聞記，皆係古代漢、和二文夾雜而成，充分顯出道元禪道哲理與語言使用的獨特風格，很值得中譯，以饗愛好禪道的中國讀者。道元在劃時代的名著正法眼藏（約有百篇）所表現著的禪道思想，乃是中、日禪宗的哲學奠基，足以代表禪宗最高哲理。最令我們注目的是，他是中、日禪宗史上以非語錄體的長篇大論方式正式標出禪宗哲學的第一人。他寫的現成公案、佛性、有時、谿聲山色、山水經、古鏡、一顆明珠、諸惡莫作、說心說性、諸法實相等珠玉篇所彰顯的禪道哲理絕不在莊子南華眞經之下，且有現代化意味，耐人細讀。譬如他在有時這一篇中故意誤讀「有（些）時（候）」爲「有與時」乃至「有卽時」，不但證明了他是創造的解釋家，同時顯示他是絕頂哲學家，預取了七百年後海德格（Heidegger）名著有與時（Being and Time）的書名與存在論思想。中國學者一向不太關注日本佛敎思想，也從未鑽研道元禪學。我們如要講求中國佛學的現代化與未來發展，道元禪學不但可以提供極其豐富的正面資糧，更可以構成强有力的思想挑激。

道元又以純粹漢文撰成永平廣錄、普勸坐禪儀、正法眼藏三百則、學道用心集、典座敎訓、永平寺知事淸規等作，足見深厚的漢學根柢。如淨和尙與道元的師生情誼與禪悟對談，乃是關涉中國禪演變而成日本禪最饒趣味而又發人深省的一段禪宗史實，道元自己在正法眼藏、隨聞記等書隨處提到。道元以漢文記述師事如淨前後經過的寶慶記，義遠（如淨中國弟子）所編天童山景德寺如淨禪師續語錄中道元所附記的部分（見大正新修大藏經第四十八册第一三六頁），現存最古老的道元傳記建撕記，以及日本曹洞宗第四祖瑩山紹瑾（一二六八——一三二五）所撰傳光錄，也保存着很寶貴的有關資料。

集宋代儒學大成的朱熹逝世的一二〇〇年，也正是道元呱呱墮地的一年。道元生在風雅的宮廷貴族之家，幼小卽顯聰慧，四歲讀李嶠百二十首雜詠，七歲讀破毛詩、左傳。不幸的是，他三歲時生父去世，八歲又喪慈母，年幼已嘗佛教所云「諸行無常，一切皆苦」的悲痛體驗。據說，慈母臨終之時遺囑道元日後剃髮染衣，修行佛道，爲他父母祈求冥福，兼救四生六道的業苦。傳光錄記云:「八歲之時悲逢母喪，哀嘆最深，乃於高雄寺目睹香煙縷縷上升，感悟生滅無常，由是發心(求法)。」道元悟道之後，時謂菩提心卽不外是諦觀生滅無常之心，這可以說是源自八歲喪母的宗教體驗，依此體驗（無常感）而有日後禪家生死智慧（無常觀）的悟得。

收養道元的大舅原任朝廷攝政，有意培養他爲政府顯要。十三歲時他却半夜逃去比叡山訪他另一舅父，表白求法決意，而在翌年剃髮出家，開始讀經，研修天台敎義。聰明的道元不久便對當時盛行的天台本覺思想產生疑惑。本覺思想源於涅槃經「一切衆生悉有佛性」一語。此語本意原是「衆生皆有成佛可能」，到日本天台本覺思想却轉成「人人本來覺有佛性，不待修行」之意。如此，本覺敎義與始覺（修行而後始覺佛性）敎義互相對立，就有了如何綜合二者的修證課題存在。本覺與始覺對立與否的宗敎弔詭已在大乘起信論出現，但未獲得令人滿意的哲理解決。道元當時的天台敎義以始覺思想爲劣（因許永不成佛的可能之故），而以本覺思想爲優（蓋倡人人本已悟覺佛性之故），十五歲的道元已經發問:「涉獵經論自有疑（惑），謂顯、密二敎共談『本來本法性，天然自性身』，若如此則三世諸佛依甚更發心求菩提耶？」

十年之後道元有緣拜如淨爲正師，經由如淨指點，大徹大悟「身心脫落，修證一等」的禪髓，解開了少年時期的疑惑，道元禪學由是形成而發展。道元破除本覺始覺對立的禪宗修證課題，十分類似三百年後王陽明與王龍溪所提人心如何頓悟良知的儒家心學難題。道元後來以「現成公案」體證禪家生死智慧，而龍溪亦以「現成良知」徹悟儒家安身立命之理，可謂前後對應，相得益彰。

爲了解決修證問題的疑惑，道元開始遍求名師。他在寶慶記自述「入千光禪師之室，初聞臨濟之宗風」。千光禪師就是日本臨濟宗始祖榮西（一一四一—一二一五）。榮西留學南宋兩次，第二次在浙江天童山景德寺師事虛菴懷敞禪師，苦參四年，歸國之前繼承臨濟宗黃龍一派的法脈。他除推廣臨濟禪到日本之外，還著有喫茶養生記（一二一一），算是中國（臨濟）禪與茶道同時移植日本之始。道元上面的自述語意不明，不少學者懷疑道元在十五、六歲（榮西示寂之年）見過榮西。不過他在十八歲拜榮西高弟明全和尙爲師的事，却是史實；又在六年之後伴隨明全渡海至宋，師弟二人皆在天童山修行。

天童山住持無際了派係臨濟宗、大慧宗杲再傳弟子。道元在此修行一年有餘，無甚心得，又逢了派之死，就出外行脚，訪求正師而無所獲。道元失望之餘正想歸國，偶聞天童山已來一位高僧如淨和尙，因接了派遺書從臨安淨慈寺轉任天童山住持。道元於是帶着一縷希望回山，拜如淨爲師。

寶慶記開頭一段載有道元拜見如淨之前的請願書，謂「道元幼年發菩提心，在本國訪道於諸師，聊識因果之所由。雖然如是，未明佛法僧之實歸，徒滯名相之懷幖。後入千光禪師之室，初聞臨濟之宗風。今隨（明）全法師而入炎宋。航海萬里，任幻身於波濤，遂達大宋，得投和尙（如淨）之法席，蓋是宿福之慶幸也。和尙大慈大悲，外國遠方之人所願者，不拘時候，不具威儀，頻頻上方丈，欲拜問愚懷。無常迅速，生死事大，時不待人，去聖必悔。本師堂上大和尙大禪師，大慈大悲，哀愍聽許道元問道問法。伏冀慈照。小師道元百拜叩頭上覆。」如淨答謂：「元子參問，自今已（以）後，不拘晝夜時候，著衣衩衣，而來方丈問道無妨。老僧一如親父，恕（爾）無禮也。」如淨如此優待道元，准他隨時來參，一方面顯出如淨慈悲愛護之心，另一方面也表示着二者之間以心傳心的師生機緣巧熟。而他們初次見面，又一拍卽合，有如禪家所謂「啐啄同時」（母鳥幼禽裏外配合，同時啐啄鳥卵），或如天台所云「感應道交」。道元在正法眼藏特設「面授」一篇，强調佛祖正師面授心印的必要性，說：「大宋寶慶元年（一二二五）乙酉五月一日，道元初（見）先師天童古佛於妙高台（卽大方丈），燒香禮拜，而先師古佛亦始（接）見道元。當時（先師）指授面授曰：『佛佛祖祖，面授法門乃現成也。是靈山之拈花也，嵩山之得髓也，黃梅之傳衣也，洞山之面授也，是佛祖之眼藏面授也。」道元又在行持篇說：「面對先師，是逢其人也」，慶幸自己求得正師而歡欣鼓舞。如淨也立卽發現道元「雖是外國人，乃（大）器量人也。」從此，師事如淨前後兩年之間，道元得以參問有關佛敎禪家的一切疑難，諸如敎禪有否區別、佛性是否超越善惡無記三性、經典解釋、禪院敎院律院徒弟院等四院區別及其規則之類，其中最切要的當然是禪悟解脫的終極課題。

如淨生於宋孝宗隆興元年（一一六三），十九歲出家以後，遊歷諸方叢林。四十八歲時住持南京清涼寺，之後又住持過台州瑞嚴寺與臨安淨慈寺，最後住持天童山，時已六十二歲（一二二四）。宋理宗紹定元年（一二二八）七月十七日示寂，享年六十有六，爲曹洞宗第五十代。如淨爲南宋末期禪宗革新派健將，亟欲還出禪家初祖（達磨）、六祖（慧能）的本來面目。一方面拒斥儒、道、佛三敎合一之論，欲以佛敎統括儒、道二家，另一方面又痛斥「禪宗」一辭之濫用，而以釋迦以來的坐禪法門綜合敎禪二家，充分發揮曹洞禪的特色。道元承繼如淨眞傳，在他著書也處處顯揚此說。

如淨生前厭惡世俗權勢，謝辭皇帝所賜紫衣，喜著粗衣，而以靜居深山幽谷爲樂；祇管打坐，以此善誘學僧。道元回國之後也忠實地遵循乃師清淨主義的修道精神，日常起居，如出一轍。道元在隨聞記首卷敍及如淨教學態度，說：「……衆僧坐禪之時，（先師）爲誡貪眠，雖履打謗言呵嘖，衆僧挨受而皆歡喜讚歎。（先師）有時上堂云：『……我爲各（學僧）破迷授道而爲住持之人。因此或出呵嘖之詞，或以竹篦打擲，……不外代佛擧揚此儀，諸位兄弟望以慈悲見諒。』衆僧（聞言）無不流涕。」道元後來訓誡學僧坐禪修道，也表現了同樣的曹洞風格。

天童山衆弟子中道元獨占鰲頭，如淨早就屬望他繼承衣鉢。有一次召示道元說：「你是雖後（我而）生，頗有古貌。直須居深山幽谷，長養佛祖聖胎，必至古德之處也。」道元立即禮拜謝師。如淨唱道：「能禮（道元）所禮（如淨）性空寂，感應道交難思議。」然後廣說西天東地佛佛祖祖的行履，道元聽得感淚沾襟。

據隨聞記所載，如淨自十九歲出家以來，無時無地不以坐禪爲務，乃至臀肉爛壞。「祇管打坐、身心脫落」便是如淨畢生修證一如的簡易寫照。道元無條件地接受此一法門，視爲禪宗眞髓。有一次如淨入堂，看到一位衲子（學僧）不在坐禪，反在貪睡，就懲誡他說：「夫參禪者身心脫落。只管打睡作麼？」當時道元聞聽此語，豁然大悟，就到方丈向如淨燒香禮拜。如淨問他爲何禮拜，道元答說：「身心脫落來」，表白證悟之意。如淨就說：「身心脫落，脫落身心」，加以印可。道元謙虛地說：「這箇是暫時伎倆。和尙莫亂印（可）。」此語顯示道元已能理會「證後修行」的重要；發心修行與證後修行乃是修證一等的一體兩面。如淨當時答說：「我不亂印」。此次師生感應道交的機緣，使道元頓悟了「祇管打坐，身心脫落」的解脫眞諦。

如淨雖一方面强調佛法超越教禪區別，亦無大小二乘之分，另一方面却又提醒道元說，坐禪與慈悲原不可分，乃爲自他受用，充分表現大乘菩薩道精神。如淨時常教導「羅漢（辟）支佛之坐禪（卽小乘禪），雖不著味，闕大悲，故不同佛祖大悲爲先，誓度一切衆生之坐禪也。……故於坐禪中，不忘衆生，不捨衆生。」

寶慶三年（一二二七）秋天道元辭別如淨，離宋歸日，帶回明全和尙的遺骨。臨行之時從如淨領取嗣書圖，正式繼承如淨衣鉢，並領芙蓉道楷（一〇四三——一一一八）禪師所穿過的袈裟。道元日後在京都興聖寺僧堂開設時，對他學僧提及此段師生因緣，說：「山僧歷叢林不多，只是等閒見天童先師，當下認得眼橫鼻直，不被人謾，便乃空手還鄉。所以「毫無佛法（與人），任運且延時。朝朝日東山，夜夜月沈西，雲收山骨露，雨過四山低。畢竟如何？」過了一陣又自答說:「三年逢一閏，鷄向五更啼。久立，下座。」道元此語，最吃緊的一句是「便乃空手還鄉。」道元以前留學中土的日本高僧，比如分別開創日本天台、眞言二宗的最澄（七六七—八二二）與空海（七七四—八三五），或如繼承中國臨濟禪的榮西，都帶回一大批經卷，也倡導圓、禪、戒、密四宗相承的折衷主義。祇有道元一人不帶半卷經籍，完全空手還鄉，徹底表現了以心傳心而無一法與人的禪家精神。專就這一點說，中國禪眞正移植日本而演成日本禪，應以道元「空手還鄉」爲嚆矢，在中、日思想文化交流史上意義甚大。

道元回國之後不久，以漢文撰著普勸坐禪儀，大倡「自然身心脫落，本來面目現前，欲得恁麼，急務坐禪」。又以和文寫出辦道話（「辦道」係日式漢文，意卽「修道」），後爲正法眼藏總序。在這一篇道元再次强調「祇管打坐，身心脫落」爲宗門正傳，不假借於燒香、禮拜、念佛、修懺、看經等等外在修爲。又說佛家不論教之優劣或法之深淺，祇求修行眞僞與否；祇要正信修行，卽能得道，不分男女、貴賤、僧俗或利鈍，人人完全平等。道元又進一步說，修證乃是一等，修是「證上之修」，而「初心辦道卽是本證全體」；坐禪卽不外是身心脫落，身心脫落則顯現「身心一如，性相不二」的境地，於此境地生死之外別無涅槃，而一切諸法皆歸平等一心。

與聖寺新僧院的開堂是在一二三五年十月十五日，是日本禪宗史上值得大書特書的一天，因爲道元在此創立日本最初的純粹禪修道場，開始正式實行留宋時期從如淨所學到的道地中國禪修，派任高弟懷奘爲僧堂首座，自擬重雲堂式、出家授戒作法、典座敎訓等清規。大家知道，中國禪從傳統佛敎正式獨立，始於百丈懷海（七二〇—八一四）的禪居創設與百丈淸規的制定。從百丈開始，禪宗有它本身的規模：禪居與傳統的律寺不同，不立佛殿，專供坐禪之用；百丈淸規成爲標準的禪門規式，師徒共同勞作、共同修行、共同起居、共同遵守禪居規條。這是中國佛敎教育史上的一大創舉，也多少影響了宋明理學書院制度的形成。道元開創日本禪宗規模的一大貢獻，實在可與中國禪宗的百丈懷海前後媲美。在這時期，道元也開始着手撰著正法眼藏，到他示寂時計劃中的百篇祇缺數篇，整部幾已完成。道元不但移植中國禪宗的形式規模，在思想內容上更進一步開拓日本禪道出來。

道元在興聖寺僧堂提倡坐禪，約有十年，聲望日高。但京城一帶的叢林却日益俗化，諂諛權勢，有違道元護持純粹佛法的宿願。同時嫉羨他的比叡山僧徒也多，有相逼迫害之勢。當年道元辭別如淨之時，如淨曾勸誡他說：「汝以異域人，授之表信，歸國布化，廣利人天。莫住城邑聚落，莫近國王大臣，只居深山幽谷，接得一個半個，勿令吾宗致斷絕。」道元記取師訓，乃於一二四三年夏天率衆移居靠近日本海的越前地帶，就在酷寒的深山幽谷建立新寺，不久正式取名永平寺，由是開始「接得一個半個」，宏揚曹洞宗風。道元鄙斥文章修辭之類，本人却擅於詩作，漢、和皆優。這裏我們從他「山居」十五首中選出二首，做爲例示。一首是：「西來祖道我傳東，釣月耕雲慕古風；世俗紅塵飛不到，深山雪夜草庵中。」另一首是:「夜半更闌眠未熟,情知辦道可山林;溪聲入耳月到眼,此外更須何用心。」

一二五〇年後嵯峨上皇久聞道元德風,遣派特使到永平寺賜下紫衣,道元再三固辭,有如乃師如淨的超俗風格。一二五三年八月二十八日道元終於病重不起,享年五十有四。如淨死時書辭世頌云:「六十六年,罪犯彌天。打箇踍跳,活陷黃泉。咦!從來生死不相干。」道元仿效乃師,亦留遺偈云:「五十四年,照第一天,打箇踍跳,觸破大千。咦!渾身無(處)覓,活陷黃泉。」師生遺偈,文意雙似,都表示着終極解脫就在「生死卽涅槃」的大徹大悟。道元在生命盡頭,仍憶念着天童先師;這是中國禪到日本禪的移植過程中一則令人感動的師生因緣。

天童如淨畢生祇管打坐,重實踐工夫而疏於禪理探討。永平道元在修證一等的坐禪工夫絕不在乃師之下,而在禪理的深化更在乃師之上,不爲傳統曹洞禪的窠臼所囿。我們已經知道如淨對於道元的種種影響,其中最重要的是「祇管打坐,身心脫落」的修證一等這個禪理。道元完全接受這個禪理,看成釋迦牟尼菩提樹下坐禪成佛以來獨一無二的正傳佛法,超越大小二乘與教、禪二家的區別,也當然超越五家七宗的禪宗派系。天才思想家道元以此禪理爲基點,更進一步在現成公案、全機、生死、有時、佛性等篇展開了深妙獨特的禪宗哲學。我們首先譯解正法眼藏第一篇現成公案的主要部分,例示道元禪學的眞諦與現代意義。

「現成公案」一辭意謂佛心佛性現時當下生成不斷。如依修證一等的禪理解釋,每時每刻的禪修打坐卽是證悟,卽是佛心佛性的當下現成。此篇開頭一段點出道元禪學的眞髓所在,也代表着道元行文的上乘功力。原有和文一氣呵成,中譯極難,我且試譯於此,原有漢文儘予保持:「當諸法之爲佛法的時節,卽有迷悟、有修行、有生死、有諸佛、有衆生。萬法不屬我的時節,無迷悟、無生滅、無諸佛、無衆生。佛、道原本跳出豐儉，故有生滅、有迷悟、有（衆）生（與諸）佛。雖是如此，花依愛惜落，草逐棄嫌生。（强）運自己修證萬法謂之迷，萬法進前修證（我）自己謂之悟。大悟於迷爲諸佛，大迷於悟爲衆生。更有悟上得悟之漢，迷中又迷之漢。諸佛正爲諸佛之時，（諸佛）毋需覺知自己之爲諸佛。然而（諸佛實爲）證（會自性之）佛，繼續證（會自己之）佛（性）。擧（自己）身心見取（形）色，擧（自己）身心聽取（音）聲，雖親自會取，却非影留鏡面可喩，亦非月印水上之比。證一方時，另一方（立即轉）暗。學佛道者，學自己也；學自己者，忘自己也；忘自己者，萬法所證也；萬法所證者，乃使自己身心以及他人身心脫落之也。由是（證）悟迹（象）有所休歇，悟迹休歇，（則證悟）長時出（現，生成不斷）。當人始求（佛）法之時，（因求法於外，故而）遠離（佛）法邊際。當（佛）法正傳於己（分內）時，（自己）即爲本分人。」此段試譯，括弧內的漢字由我補充，以便增加讀者的理解。有興趣的讀者不妨參照新文豐出版公司影印的大正新修大藏經第八十二册第二十二頁所載原文。

上述一段道元名文，已有不少日本學者試從各種角度加以詮釋。我的學生海因（Heine）博士最近也出版了一篇英文論文，借用我爲了解釋中國形上學的深層結構所自創的「顧及全面的多層遠近觀」(holistic multiperspectivism)，專就此段名文試予哲學的解釋。我自己在四年前講授「道家、禪宗與海德格」這門博士班課程時，也叫美國研究生們各寫一篇加以解釋。這裏我用淺顯白話介紹較爲可取的解釋。

道元的意思是說，當我們從佛法觀點去看諸法(一切事物現象)時，就有迷悟、修證、生死、聖（諸佛）凡（衆生）等等二元差別。我們凡夫無法徹底解決生活煩惱，無法擺脫人性枷鎖，更無法脫離生死苦海，這都是經驗事實。但當我們發心求道，就會立刻體會到，解脫之道就在由迷至悟，因修而證，大死而後大生，自凡趨聖等等個體生命的向上轉化。根本佛敎四諦之中，苦、集二諦是釋迦在高層次的佛法立場針對生老病死的一切苦惱（苦諦）及其形成因緣（集諦）所作的透視，有如醫學上的診斷（diagnosis）。滅、道二諦則是他所提示的解脫之道（滅諦）及其實踐步驟（道諦），又似醫學上的治療（therapy）。不論是從現實層面（苦集）去看，或從理想層面（滅道）去看，上述二元差別儼然存在，由是而有衆生向上求道成佛與諸佛向下解救衆生的二門。

但是，如果我們換個角度，跳過我們自己（個體生命）的迷悟、修證、生死或凡聖，就萬法（包括個體生命在內的一切事物現象）透視萬法，或如天台所云：「如實知見諸法實相」，則本來就無所謂迷悟、凡聖或生滅可言，一切祇是自然法爾。佛法上的二元差別，預先假定我執（自迷）我願（求道）的存在現實；如無我執我願，則從四聖諦到大小乘一切佛法都可以拋諸腦後了。從個體生命的向上向下去看萬事萬物，就有佛法二元區別的方便設施；就萬事萬物透視如實之相，則個體生命迷悟修證與否的佛敎問題統統自動解消。道元當可同意，老子：「夫物芸芸，各復歸其根」，慧能死時自喩「葉落歸根」，乃至張載西銘所云：「聚亦吾體，散亦吾體」，都表現着儒、道、佛三家站在無我立場所建立的共同一致的生死智慧。依此生死智慧，個體的生死迷悟已不是問題所在；眞正的終極問題是在我們能否超越個體生命，如實知見萬事萬物的原本自然。

我們還可以進一步說，「當諸法之爲佛法的時節」與「萬法不屬我的時節」乃是一體的兩面。前者專指差別、個體、肯定或「有」的立場；後者則指平等、全體、否定或「無」的立場。圓融無礙的佛法最勝義諦應該包攝這兩種立場而不偏廢。因此，道元又說：「佛、道原本跳出豐儉，故有生滅、有迷悟、有生佛。」「豐饒」是佛敎的建立門，指建設性層面，轉眞空（一切法空）爲妙有（事事無礙），「日日是好日」；「儉約」則是掃蕩門，指破壞性層面，破除一切迷妄我執，還出我法二空，體悟一切了不可得。「豐儉」意謂有與無，肯定與否定，或建立與掃蕩，有如禪家所謂「活人劍」與「殺人刀」。佛道跳出豐儉，彰顯中道實相，故而有卽無，肯定卽否定，色卽是空，差別卽平等。因此，就經驗世俗諦言，有所謂個體生滅；就無我勝義諦言，則無生無滅。同樣地，雖有迷悟而又無迷無悟；雖有生佛而又無衆生無諸佛。「當諸法之爲佛法的時節」、「萬法不屬我的時節」與「佛道原本跳出豐儉」三者，可以看成從三個層面——有、無、中道——分別描敍道元現成公案的禪悟體驗，哲理上表現之爲我所謂「顧及全面的多層遠近觀」。

中道實相雖是如此，我們凡夫所執着的世俗界，却是「花依愛惜落，草逐棄嫌生」。道元此一詩句，道盡了人間世的取捨愛憎，勝過千言萬語。花落本無心，人却有心，以愛惜之念觀看美花飄落；草生亦本無心，人却有心，以棄嫌之情觀看雜草叢生。

誠如中國禪宗三祖僧璨在信心銘所云：「至道無難，唯嫌揀擇。但莫憎愛，洞然明白」。如果我們有心修行，以便尋求有所得的「證悟」，同時又以己意瞎猜萬事萬物的如實之相，這就是迷妄，如果我們無我無執，無心成佛而祇管打坐，乃至身心脫落，且讓萬法實相自然呈現，這便是證悟。衆生本悟而反自迷，諸佛則知迷之爲迷而不存心成佛，故反成佛而毋需自覺爲佛。所謂證悟成佛，不是修行的結果，而是眞正的開始；因此證悟之後，更需修行，永無止期。初發菩提心而祇管打坐的時節，就是佛心佛性「現成公案」的時節，祇管打坐而證悟成佛的時節，仍是佛心佛性「生成不斷」、悟迹休歇而繼續禪修的時節。這是身心脫落，修證一等的本義。當年道元「身心脫落」之後，雖經如淨印可，而自己却說：「這箇是暫時伎倆」，就是這個意思。

身心一旦脫落，則禪者能舉身心而大機大用，眼能見取形色之爲形色，耳能聽取音聲之爲音聲，自由透脫，毫無罣礙。我們凡夫的身心不能脫落，故以分別心去看萬事萬物，主體（身心）與客體（外境）始終隔斷而不融通；有心證取一方（身心），另一方（外境）就立刻轉暗，有如影（外界影像）現鏡面（身心），或如月印水上。眞正的本分人無心而又忘我，能使自己身心（也兼助他人身心）自然脫落，這是道元所倡學佛道，學自己的禪修旨趣。道元現成公案的禪者境界，足與莊子「無心」、「自然」的眞人境界匹敵，相得益彰。

道元禪學最富哲理的部分是在佛性與有時兩篇。道元在這兩篇（以及其他篇章）時以我所謂「創造的解釋學」（creative hermeneutics）方式故意誤讀佛教原典的文句，俾便表達他那深刻無比的禪悟體驗（實踐）與極具突破性的禪道哲理（理論）。我時常主張，哲學思想家所以要借用創造性的解釋方式，主要目的是在「批判地繼承並創造地發展」（critically inherit and creatively develop）傳統定型的哲學以及宗教思想。道元嘗試創造性的解釋，新創不受傳統束縛的獨特語言，進而大膽開拓禪宗哲學的新理路，這對今天爲了「中國傳統思想的現代化」課題奮勉摸索着的新一代中國學者來說，無疑構成發人深省的思想衝擊。

在佛性篇，道元故意誤讀大般若涅槃經（獅子吼品）的佛言：「一切衆生悉有佛性，如來常住無有變易」，創造地解釋成爲「一切卽衆生，悉有卽佛性，所謂『如來常住』，卽無卽有卽變易」。「一切衆性悉有佛性」的原意是：一切衆生生而具足可能成佛的種性。道元站在修證一等的立場批判這傳統的佛性論（或如來藏思想）。道元說：「悉有（萬事萬物）卽佛性，悉有之一悉（卽一分）爲衆生。」道元深受繼承般若系統的中國天台教義之影響，將（本來祇限於衆生的）佛性與（普現萬有實相的）法性視爲同義，且進一步肯定「悉有（卽）佛性」，亦卽性、相不二之義。道元於是又說:「佛性必是悉有，因悉有卽佛性之故。」道元的意思是說: 包括衆生在內的悉有卽不外是佛性當下現成; 悉有的現前存在與佛性的現成不斷乃是同一件事。道元「悉有（卽）佛性」論的旨趣是在解開本覺、始覺的對立吊詭，而依修證一等的禪悟體驗還出性（佛心佛性)、相（悉有實相）不二的本來面目。

道元當然知道，「悉有（卽）佛性」論並不是獨立於禪者修證的(西方人）所謂「客觀眞理」(objective truth)，而是祇管打坐而身心脫落的禪者所冥冥自證出來的道理。我們不妨借用當代日本禪師久松眞一（三年多前以九十高齡去世）所用的名辭，解釋道元的「悉有（卽）佛性」爲禪者本人的「絕對主體性」所自然呈現出來的證悟境相。道元在佛性篇中的名句「盡界一切無客塵，直下更無第二人」，就是爲了表達破除悉有與佛性對立乃至本覺與始覺對立的絕對主體性，也可以說是爲了從身心脫落、修證一等的禪學觀點重新解釋釋迦那句「天上天下，唯我獨尊」而自創出來的禪語。釋迦的「我」當然不是個體生命所局限著的我，而是絕對主體性意義的無我之「我」。

禪者一旦了悟悉有與佛性相卽不二，則如來、涅槃或佛性常住不易之說也就不攻自破了。道元借用百丈之語:「說衆生有佛性，亦謗佛法僧; 說衆生無佛性，亦謗佛法僧」，辯證地超越佛性之有（常住不變）與無（本來無有)，而依修證一等的見地主張「無常（卽）佛性。」六祖慧能曾說:「無常者卽佛性也，有常者卽一切善惡諸法分別心也。」(註: 此語可在通行本六祖法寶壇經發現，但敦煌古本六祖壇經未載此語。可見道元留學南宋時期，通行本所根據的宋代版本已被看成標準定本。但敦煌古本出土之後，曾掀起了胡適帶頭的一場中日禪宗史學者之間有關版本眞僞的論戰，至今未休，迄無定論。道元在佛性篇中將「一切善惡」寫成「善惡一切」。) 但慧能並未依據此語展開「無常佛性」論。這完全是道元的創意，他在有時篇（成於佛性篇一年之前）已爲此論舖下修證一等的禪宗時間論基礎。「無常佛性」的意涵遠較「悉有佛性」深刻，因爲前者徹底時間化（temporalize）了悉有與佛性相卽不二的見地。這就是說，萬事萬物生滅無常的每一刹那卽是佛性隨時現成的時節；在無常之外，別無佛性可言，而所謂「常住不易」，不論指謂佛性或涅槃，更是空談無益。道元故曰：「草木叢林之爲無常，乃佛性也。人物身心之爲無常，乃佛性也。……大般涅槃因是無常，故爲佛性也。」

道元所以亟欲破除涅槃經以來傳統大乘的「常樂我淨」思想，乃是爲了堅持修證一等的正傳佛法。如此，佛性乃可現成於無常，而涅槃亦可落實於生死；理想卽在現實的奮勉歷程，證悟卽在時時刻刻的不斷修行。道元在卽心是佛篇發揮此旨，淋漓盡緻。他說：「卽心是佛，乃發心、修行、菩提、涅槃之諸佛也。……設使一刹那間發心修證，亦是卽心是佛，設使經無量刼發心修證，亦是卽心是佛，設使一念中發心修證，亦是卽心是佛。……然則（誤）以長刼修行作佛之爲非卽心是佛者，未見卽心是佛者也，未學（佛道）者也，未見開演卽心是佛之正師者也。」道元强調發心修證卽不外是證悟成佛，生死流轉當中的時時行佛（修行作佛）卽是佛性之當下現成，以及作佛之心卽是佛性本身等等，可以說是預取了三百年後王陽明所倡破生死關後的良知頓悟，乃至其弟子王龍溪所云「現成良知」。陽明心學雖然預先肯定孟子性善之說，但在哲理上已較後者佔有優位。這就是說，良知在生死關頭自我印證，人性本善之說才不致空談無益。道元禪學實有助於我們澄淸，孟子性善說與陽明致良知教在哲理上孰先孰後的儒家心性論課題。

大般若涅槃經獅子吼品又有佛言「欲見佛性，應當觀察時節形色，是故我說，一切衆生悉有佛性。」百丈禪師曾引此言，但稍改字，云：

「欲知佛性義，當觀時節因緣。時節若至，其理自彰」(見續藏經第一三六册聯燈會要卷七)。道元在佛性篇中引用百丈此語，但改「其理自彰」爲「佛性現前」，且又故意加以誤讀，創造地解釋成爲：「欲知所謂佛性，應知卽在時節因緣。『時節若至』意謂時節旣至，豈可疑著耶？應知，『時節若至』卽是十二時（卽二十四小時）中不空過。『若至』乃不外是旣至。蓋時節若至，則佛性不至也。然則時節旣至，此乃佛性現前也，或其理自彰也。『時節若至』而未至之時節，『佛性現前』而未現之時節，皆未曾有也。」道元可以說是一個「誤讀天才」(a misreading genius)，經他一番創造的解釋，傳統佛性論徹底轉化成爲禪道「有時」(Being-Time)論，得以充當如淨所傳「身心脫落、修證一等」這禪宗眞髓的哲理奠基。釋迦三十五歲在菩提樹下悟道成佛的「特定」時節，到了道元禪學終於變成隨時隨地乃至每時每地現成公案的時節，而禪宗所倡「日日是好日」或「平常心是道」，到了道元也終於獲得修證一等的哲理深化了。爲了徹底了解道元禪學之中最爲獨特而又最具突破性意義的哲理，我們必須提到有時這一篇。

景德傳燈錄卷二十八載有藥山惟儼和尙之語：「須向高高山頂立，深深海底行」。道元在有時篇開頭引用此語，再從其他禪宗資料得些靈感，改寫爲：「古佛（藥山）言，有時高高峯頂立，有時深深海底行，有時三頭八臂，有時丈六八尺，有時拄杖拂子，有時露柱燈籠，有時張三李四，有時大地虛空」。如就字面解釋，此語意謂古佛有時候站立山頂，有時候動行海底，有時候顯出三頭八臂（指不動明王的憤怒之相），有時候變爲一丈六尺的金身（指佛身），也有時候轉成拄杖拂子等等，變化萬端，自由自在，藉以比喩禪者的大徹大悟與大機大用。但是，道元在這裏又加以創造地誤讀，說：「所謂有時者，時已是有也，有皆是時也」。他繼續說，一丈六尺的黃金佛身卽是有時（存在與時間相卽不二)，故從佛身的有時放出莊嚴光明；禪者應在日日十二時中學習印證「有卽時、時卽有」(Being is time, time is being) 的修證一等之理。不動明王的三頭八臂亦是有時，故與日日十二時相卽不二。問題是在:「有（存在）時（時間)」究竟是甚麼？如何了解有與時乃是一如？

依照我們常識（凡夫）的了解，所謂時間與時間歷程上的一切存在現象截然有別；時間自身不具存在現象的任何內容，永遠從過去經由現在流向未來，而一切存在現象則在時間流逝過程當中變化生滅。有時候出現某一存在現象（如露柱燈籠)，有時候出現另一存在現象（如張三李四)，時間本身却與存在現象毫不相干地自動流逝，過去變爲現在，現在又轉成未來。不但我們的常識如此分辨「有」與「時」的本質上殊異，傳統大、小乘佛敎也從未肯認「有」與「時」的相卽不二。大家知道，在佛敎思想史上曾產生過種種不同的緣起理論，包括釋迦的「十二因緣說」，小乘佛敎的「業感緣起說」，唯識法相宗的「阿賴耶識緣起說」，起信論的「如來藏緣起說」乃至華嚴宗的「法界緣起說」；但這些緣起理論基本上是佛敎時間論，有別於道元所獨創的「有一時論」(theory of being-time)。繼承並發展龍樹空宗的吉藏三論宗與智顗天台宗多少破除了傳統的時間獨立性觀念，却未建立「有卽時、時卽有」的理論。至於慧能以來的中國頓悟禪，首次標榜經由佛心、佛性（或本心、本性）隨時隨地的當下醒悟徹底體現「日日是好日」的禪道生活。我們在中國頓悟禪不難發現禪宗「有時論」的思想胎動。但在中國禪宗史上沒有一個禪者具有哲學思辨的天才，有意識地創造一套修證一等的有時論出來，當做獨一無二的禪理奠基。光就這一點說，道元的有時論在中日禪宗思想史甚至整個佛敎思想史上具有不可磨滅的哲學貢獻。由於篇幅所限，我在這裏祇舉道元有時論的幾個要點，稍作論介。

我們已經知道道元如何時間化了「悉有(卽)佛性」，轉成「無常(卽)

佛性」。我們可以說，道元又進一步「有時」化（onto-temporalize）了「無常佛性」，變爲「時節（卽）佛性」。時節佛性卽不外是「有（佛性）時（時節）」終極一如的禪理表現。且以春天花開與秋天葉落爲例，我們凡夫乃至一般佛敎徒總以爲，春、秋各個時節自動旋轉，構成過去、現在、未來的時間歷程，而在這個歷程產生花開葉落的生滅變化。道元站在修證一等的絕對主體性立場，禪悟到花開（有）卽是春天的頓時現成（時），春的瞬刻卽是花的盛開；葉落卽是秋天的當下現成，秋的刹那卽是葉的散落。表面上看，花開葉落與春秋時節乃是「有時」或「時節佛性」的一體兩面；終極地說，兩者卽是「有時」或「時節佛性」。又以生死爲例，我們總以爲在時間流逝歷程當中，在過去的某一時刻有過我們個別身心之生，而在未來的某一時刻將有身心之死；身心的生死流轉與時間的流逝歷程是兩件事，有與時應有分別。道元的有時論徹底破除了我們這種看法，終極地肯定生死與時節原本無二，卽不外是「時節佛性」每時每地的當下現成。生的瞬間卽是時節佛性，卽是絕對永恒；死的刹那也是時節佛性，也是絕對永恒。我們凡夫的愛憎取捨影響不了生死的「有時」，遠不如無我無心地自證「生是全機現，死是全機現」，由是超生死而任生死。道元在全機篇應用有時論的禪理說：「(有時之）現成卽是生，生卽是現成。現成之時，無一不是生之全現成；無一不是死之全現成。……生不罣礙死，死不罣礙生。盡大地，盡虛空，（有時之）全機現成於生，亦現成於死」。我時常說，大乘佛學的根本義諦是在「生死卽涅槃」，生死之外別無涅槃。此一義諦終在道元的有時論（與佛性論）獲得最深刻而又最徹底的哲學詮釋（創造的解釋）了。

春天花開的「有時」，秋日葉落的「有時」，生的「有時」，死的「有時」，乃至其他一切諸法的「有時」，都有各自的絕對永恒性，卽是當下現成的時節佛性。身心脫落、修證一如的禪者如此欣賞花開葉落，如此面對生死全機。爲了表達一切有時各自的絕對永恒性，道元又徹底破除了我們一般常識所接受着的前後繼續而流逝不斷的時間歷程觀念，主張：一切「有時」，前後際斷而絕對絕待。道元在現成公案篇以薪燃成灰爲例，說：「薪燃成灰，不再爲薪。然而不應見取薪前灰後。應知薪住薪之法位，有前有後；雖有前後。前後際斷。灰住灰之法位，有後有前，（雖有後前，後前際斷）」。前後際斷並不意謂現在與過去（前際）、未來（後際）完全斷絕，除現在之外別無過去未來可言；而是意謂着「有時永遠是現在」——所謂「過去」旣是有時的「永恒現在」(eternal now)，所謂「未來」亦是有時的「永恒現在」。

龍樹在中論亦曾借用薪火之喩否定過去、未來的實在性，而說「一切存在不生不滅」。但他沒有進一步積極地展開「前後際斷」的有時論思想，這完全是道元的獨創。他在有時篇特以「有時之而今」(the presencing of being-time）這個名辭表現一切有時前後際斷的當下現成。譬如說，不但釋迦牟尼在菩提樹下悟道成佛的那一時刻是「有時之而今」，他的出生、離宮、修行、說教乃至圓寂，無一不是「有時之而今」。祇是因爲我們凡夫隔斷生死與涅槃，分別修行與證悟，才會覺得釋迦在「過去」修行、「現在」證悟、「未來」說教，而產生種種妨礙卽心卽性頓悟解脫的無謂價值判斷。從道元修證一等的「有時之而今論」去看，釋迦苦修卽不外是時節佛性的當下現成，他的圓寂亦不外是時節佛性的當下現成。依照同理，我們凡夫的生死苦惱與發心求道也是時節佛性的當下現成。我們生命歷程的每一秒鐘都是「有時之而今」，祇是因爲我們妄加無謂判斷，才會覺得我們過去的掙扎摸索是時間的浪費，才會感到通過現在的修行覓求未來的證悟似乎遙遙無期。

道元在有時篇還進一步把「有時之而今」講成「有時之經歷」。他說:「『有時』有經歷之功德，卽謂自今日經歷明日，自今日經歷昨日，自昨日經歷今日，自今日經歷今日，自明日經歷明日；經歷乃是（有）時之功德故。」我們可以說，「有時之而今」指謂花開葉落、生死流轉等等一切諸法的時節佛性化；「有時之經歷」則特指禪者絕對主體性的大機大用，自由自在地環歷一切「有時」，認同一切「有時」，而體現「日日是好日」或「平常心是道」的禪宗生活藝術。

我們如果仔細比較道元修證一等的有時論與海德格早期的「實存哲學」與晚期的「存在思維」(Thinking on Being)，則不難窺知道元禪學的哲理優越性與現代意義。海氏批判整個西方形上學與神學，畢生追求超越任何概念化或實體化的（終極）存在（Being）而不可得；同時或論存在與時間（早年主著書名），或說時間與存在（晚年一篇論文的標題），却從未卽心卽性徹底解悟道元「有卽時，時卽有」的禪理。海德格生前不時感嘆他所思維的「存在」遠離西方傳統，反而接近道家之「道」或大乘佛學與禪家之「空」，却未能了透莊子「有眞人而後有眞知」或禪家「明心見性、頓悟成佛」的根本旨趣，遑論契合道元的有時論與佛性論了。

中國佛敎起源於印度，印度學者由於不必要的民族優越感鄙視中國佛敎的成就，不屑一顧。日本佛敎發源於中土，中國學者也由於不必要的傳統自尊心忽略日本佛敎的貢獻，不求了解。我們今天如要講求儒、道、佛三家傳統思想的繼往開來，第一步就得培養多元開放性的文化胸襟，虛心學習他國之長，以補我國之短。我的同事雅達布（Yadav）博士十二年前應聘轉來敝校天普大學，除了他的本行之外，多年來執敎一門「印度與遠東思想」，無形中克服了他那長久鄙視中日哲學與宗敎的極大偏見。今天，他對莊子、孟子與道元的哲學愛情，比一般中日學者有過之無不及。我個人自幼通曉日文，但是說來慚愧，對於道元禪學的研究，還是擔任海因博士的論文指導之後才認眞開始的。我在這裏公開雅達布與我個人的教學經驗與心理轉變，或有助於中國讀者的深思反省，探討我們應該如何打破自我滿足的傳統心態，而在一切現代化的過程當中逐漸培養多元開放的文化胸襟出來。而拙文論介道元禪學的一大旨趣，就在刺激中國學者通過道元研究，深一層地探討如何踐行中國佛學與禪道的現代化課題。此一課題也算是整個中國傳統思想的現代化課題之中一個不可分離的重要環節。

（一九八三年十一月三日晨二時半撰於費城近郊，原載東吳大學哲學年刊「傳習錄」第三期）

（禪）佛教、心理分析與實存分析

一、前　言

一九七四年我在敝校天普大學（Temple University）開設了「佛學、心理分析與實存分析」(Buddhism, Psychoanalysis, and Existential Analysis）這門新課，與兩年之後所開設的另一門新課「易經、道家與禪宗」（Yi-Ching, Taoism, and Zen）構成一對自創的大學部姊妹課程，多年來選修的學生相當踴躍，來自哲學、心理學、社會學、宗教學、人類學等系，足以例證美國大學生對於（以儒釋道爲主的）東方思想以及東西方思想文化交流與溝通的興趣與關注，日益增加。我教「佛學、心理分析與實存分析」，每年春季一次，包括本學期在內，足足講授了十二次，自覺積下了不少研究心得。最近一直在想，把這些年來所積下的心得與結論寫成一本英文或中文的書。但因目前寫作的精力貫注在「中國哲學之批判的繼承與創造的發展」這新時代的課題上面，暫無餘力完成心願，就借東吳大學哲學系趙主任再度邀我爲該系學術年刊「傳習錄」撰文的機會，先以短論形式發表我那門課的大致內容以及思維線索。這或稍有助於刺激國內各大學哲學系，多所創設既饒興味又具現代化意義的東西哲學比較課程。拙文不妨看成對於提高哲學敎育水準的當前課題有意抛磚引玉的試作。

二、五個主題與五種模型

我敎「佛學、心理分析與實存分析」的第一年，就已選定了五種模型，用來批評地比觀東西雙方的心性論、(偏重倫理道德意義的）行爲理論、人格發展論、解脫論等等，從中訓練學生們逐漸培養嚴格的哲理析評能力與創造性的自我思考習慣，且進一步各自摸索較爲可取的解決線索與結論。依照講授的次序，我所選定的五種模型是：(1)弗洛依德（Sigmund Freud）所創立的古典心理分析學說；(2)根本佛敎（三相、四諦、緣起論等)；(3)沙特（Jean-Paul Sartre）的「實存的心理分析」(existential psychoanalysis)，簡稱「實存分析」(existential analysis)；(4)傅朗克（Viktor Frankl）所自創的「意義治療法」（logotherapy)；以及(5)禪宗哲理。有時按照情形，把沙特的實存分析放在根本佛敎之前討論，以便對照心理分析與實存分析的殊異所在。本來最完整的講授內容還應該包括弗洛依德以後的新派心理分析學說，影響沙特與傅朗克最大的德國哲學家海德格(Martin Heidegger)的「實存哲學」(existential philosophy）與「存在思維」(Thinking on Being)，以及根本佛敎與禪宗哲理之間的其他大小乘佛學理論，尤其是大乘起信論的如來藏思想。但因實際上不可能在一個學期之內加上如此之多的內容，祇有在分別討論五種模型之時順便點出，提醒學生們硏究這些「額外」理論的重要性，俾便擴充他們的觀點，深化他們的了解。

五種模型雖一開始就已選定，配合五種模型而設定的五個主題，却是起初幾年點點滴滴積下來的敎學經驗與研修心得逐漸系統化而形成的。美國男女學生都很好問，他們在上課討論時所提出過的一些重要問題也多少刺激了我更一層的哲理推敲，實有助於五種模型與五個主題的系統化與精密化，使我體會到「教學相長」的眞義。依照哲理推敲與上課討論的步驟層次，這五個主題是：⑴人類內在問題的本質探討；⑵爲了處理或解決上述問題的心性論模型建構課題；⑶自由論與決定論孰是孰非的古來哲學難題；⑷心理（或精神）治療與宗教解脫論（或我所云「生死智慧」）相輔相成的關聯問題；以及⑸宗教解脫論的現代化課題。我在下面各節，一一針對這五個主題客觀地分析五種模型的根本觀點，批評地比較它們的優劣長短，進而謀求足以超越地綜合這些模型的更深更廣的新時代模型。我此刻的基本立場是，以禪宗哲理爲核心的大乘佛學理論能够供給我們東西心性論模型綜合課題的解決線索。我對美國學生也如此提示大乘佛學的包容性、融通性與深切性，但我不排除其他的理論綜合可能性，這要全看任何綜合嘗試在哲理證立上的强度（justificatory strength）與相互主體意義的可接受性（intersubjective acceptability）如何了。

三、內在問題的本質探討

人的外在問題，指涉群己生命的保存、經濟生活的發展、政治社會活動等等問題。內在問題則不同，依我看法，可以分爲三類：⑴心理問題（psychological problems）；⑵精神問題（spiritual problems）；以及⑶實存問題（existential problems）。心理問題算是最基層的內在問題，乃指心理活動的負面現象而言，人人在日常生活裡時時刻刻有所感知，例如失戀的痛苦、寂寞感、憂鬱症、（繁重工作所引起的）心理緊張、神經錯亂、色情狂等等大大小小的心理失常或病症都包括在內。

精神問題則屬高層次的內在問題，非人人時時有所感知；生命意義的喪失（以及重新探求），臨終時刻的懺悔或自我總結，對於死亡與死後問題的迷惑，倫理道德上的責疚感，文學藝術家的江郎才盡之感，儒家所云憂患意識或耶教新派神學家田立克所謂「終極關懷」（ultimate concern）所關涉着的人生使命或宗教解脫等等問題，都可以算是精神問題的顯著例子。至於實存問題，特指實存主義（又稱存在主義）所關心着的「實存（兼涵現實存在與眞實存在二義）的抉擇或信守」（existential choice or commitment）問題。沙特是實存主義者之中最不遺餘力地主張「實存先於本質」（existence precedes essence）的一位。他認為每一個人生下來就具有着他人無法替代的實存獨特性。人的實存是絕對自由，依此自由去做種種人生的抉擇，或去信守一種思想或原則。但是，沒有任何「本質」，不論是傳統思想、社會習俗、宗教教條、或政治社會原理，預先管制或指導每一獨特主體的實存的抉擇或信守。我們雖不必全然同意沙特「實存先於本質」的極端主張，但我們仍可以接受他那强調實存主體的自由、自主或獨特性格的觀點。事實上，大學與中庸所云「愼獨」工夫，乃至王陽明的「致良知」，甚至莊子與禪宗所倡「無心」，都具有極其濃厚的中國式實存主義意味，十分着重倫理道德或宗教解脫上的實存主體的自我抉擇與自我負責，實與西方實存主義相得益彰，且有殊勝之處。實存問題所關涉着的，是實存主體的自由抉擇或信守所顯現出來的「本然性」（authenticity）與「非本然性」（inauthenticity）的分辨問題。譬如一個人在某種人生境況所作的抉擇，帶有沙特所云「虛僞信念」（bad faith）——意卽「自我欺瞞」——的負面性質，或卽平常所說的「違背自己的良知或良心」，而產生一種內在的實存矛盾時，這種抉擇就是非本然性；反之，就是本然性的抉擇。由是可知，突出實存問題，而與普通意義的心理問題以及高層次的精神問題分辨，極有理論與實踐雙面的意義。

我們如何分別應用上述五種模型，去探討以上三種內在問題的本質呢？爲了理解這五種不同的探討方式，我曾設定一個簡易的模式：(1)問題（problems）→(2)分析（analysis）→(3)處理（treatment）或解決（solution）。先就弗洛依德的心理分析理論說，他把所有內在問題還約化（reduce）爲心理問題，而不承認所謂精神問題，遑論實存問題。他所抓到的心理問題的本質，即不外是心理活動的二元性分裂所引起的種種「心理衝突」（psychic conflicts），譬如自我保存衝動與性欲衝動之間的衝突，自我與（倫理誡條、良心、社會規制等等所構成的）超自我之間的衝突等是。弗氏應用心理分析到內在問題的本質探討的結果是，所有內在問題都是心理（衝突的）問題，而幾乎所有心理問題都可以還原到童孩甚至嬰兒時期的原始（性愛）欲求所由產生的偏差或不滿足。

弗洛依德處理心理問題的根本辦法是，對於造成心理衝突或病症的早期原因，使用催眠術，觀念聯合、（患者的）自由發洩等等去進行心理分析，讓患者依靠精神病醫生的旁助重新追溯自我病症史的始因，而獲病原學的自我了解（etiological self-understanding）。弗氏是片面地堅信科學的純粹知性可以完全取代傳統的哲學或宗教，用來徹底解決人的一切內在問題。我們不能否認他的心理分析雖在人格形成理論、精神病理學、精神醫學、心理（精神）治療等等方面有過極顯著的貢獻，但也應該指出，他的理論犯有科學主義的心理還約化偏失。弗氏以後種種新派心理分析學說的產生，主要是爲了超克此一理論的偏失。

高標實存主義的沙特，與弗洛依德完全對立，把人的內在問題統統還約化爲實存問題，亦即絕對自由的「本然性實存」（authentic existence）自我欺瞞地沈下而爲「非本然性實存」（inauthentic existence）的問題。沙特所云自我欺瞞或虛僞信念，乃不外是絕對自由的負面表現，亦即絕對自由的自我誤用，以完全順從某種定型或既成的所謂「本質」(譬如傳統思想、宗教教條、社會習俗、自然本能、定型的人性看法等等)的非本然性抉擇方式逃避本然性實存的絕對自由，由是陷於實存的自我矛盾（而不是平常意義的心理矛盾或衝突)。由於本然性實存的絕對自由蘊含（imply）百分之百的自我責任在內，一大半人寧願逃避到平均化了的日常世界，以埋沒自己的實存本然性於非本然性的「本質」這種自我欺瞞的方式，求取「安全」、「舒服」之類，如此帶着虛僞信念脫卸實存主體的全面性自我責任。沙特應用實存分析去探討內在問題（實存問題）的本質的結果是，問題的解決端在除去一切虛僞信念或自我欺瞞，由是徹底轉化實存主體的非本然性爲本然性，還出本有的絕對自由。因此，沙特特別强調他那實存主義的啓蒙教育的必要性，想要喚醒人人從實存的非本然性夢眠悟覺過來，重新發現並重新肯認無法脫離的實存主體的絕對自由。

佛教兼有宗教的廣度（包容性）與哲理的深度（慧智性)，始終能够站在「中道」立場，從各種高低不同的角度設法如實知見諸法實相，而儘量避免任何偏約化的過失。它對人的內在問題所作的探討與分析，就避免了弗洛依德與沙特分別還約化爲心理問題與實存問題的偏差。佛教（尤其大乘佛學）遵循中道，建立一種我所云「整全（顧及全面）的多層遠近觀」(holistic multiperspectivism)，依此觀點去透視人的內在問題，當然能够顧到心理（低層次)、精神（高層次）與實存（絕對主體性層面）等內在問題的三大層面。

根本佛教的四聖諦中，第一諦「一切皆苦」代表佛教對於內在問題的本質所具有的基本了解。「苦」(duḥkha）字涵義甚廣，有二苦、三苦、四苦、八苦乃至百十苦等說，其中「八苦」之說自古特別流行。所謂「八苦」，除生老病死的四苦之外，加上愛別離苦，怨憎會苦、求不得苦、五陰盛苦（或稱五取蘊苦）。我們不難看出，「八苦」不但關涉心理問題，也同時涉及精神問題與實存問題。譬如愛別離苦與怨憎會苦是嚴重的心理問題，而死苦（面對死亡的恐懼苦惱）不僅僅是心理問題，更可以說是高層次的一項精神（宗教解脫）問題。求不得苦是透視一切苦而獲致的總原因，而五取蘊苦則是更進一步透視人人自我的根本迷執（我執）所發現出來的實存（主體的非本然性狀態）問題，可用舍利弗阿毘曇論第十二所提「十一苦」中的「無明苦」這個辭彙，當做更深一層的解說。總之，心理問題與精神問題的本質不外是在我執（以及法執），而貫穿這兩層內在問題的實存（主體沈沒於非本然性的）問題的本質，則在造成我執（以及法執）的根本無明。我們如此援用我所強調的「問題探索法」，去重新闡釋「一切皆苦」的眞諦，算是嘗試傳統佛敎哲學的現代化繼承與發展之例示。

從佛敎哲學的中道立場去看人的內在問題，心理、精神與實存等三層的問題分辨祇能算是一種方便設施；如就最根本處言，「一切皆苦」的問題本質上是「無明」問題。我的意思是說，四聖諦中的第一諦（苦諦）祇提出了內在問題的表面結構，第二諦（集諦）的緣起論（十二因緣論）才挖掘到其深層結構，經由哲理性的內省分析（introspective analysis），發現了「一切皆苦」的（表面）問題原是「根本無明」的（深層）問題。第一諦提出了人的內在問題，第二諦進行問題的（哲理性內省）分析，而第三諦（滅諦）則提供問題的解決，即是涅槃（nirvāṇa）或貪瞋癡三毒的消除（nirodha）。至於第四諦（道諦），則更進一步提出解決問題的具體方案（解脫之道），亦即三學（戒定慧）與八正道（正見、正思惟、正語、正業、正命、正精進、正念與正定）。讀者不難想見，我構想那（三段）簡易模式的靈感，可以說是源自根本佛敎的四諦之說。

傅朗克繼弗洛依德與阿德勒（Alfred Adler）之後創立了第三維也納學派，以他獨特的「意義治療法」著名。傅氏早年曾在弗洛依德處研究心理分析，第二次大戰期間曾經歷過慘絕人寰的集中營獄囚生活，於此生死交關的極限境況中深深體驗到實存主體的終極生命意義，故在艱難倖存之後開始超越心理分析的局限性，依據現象學的實存分析開創一種新派心理（精神）治療法，亦即意義治療法。意義治療法是心理分析（低層次的應用）與實存分析（高層次的應用）的結合，同時兼爲傅氏自己所云「醫學牧師的職事」（medical ministry），故能向上打開宗教解脫之門，但不以任何特定信仰爲終極答案。因此，意義治療法與佛教一樣，對於內在問題的探討與分析，很有開放性而不獨斷。在低層次，傅朗克跟隨弗洛依德，承認心理問題與病症的存在事實；在高層次，又同時肯認精神問題（如死亡的超克與生命意義的尋探等問題）的必要性；且能應用實存分析的意義治療工夫，挖出貫穿着心理與精神兩層內在問題的實存問題。傅氏一方面接受「心理問題本質上是心理的衝突」的說法，但又認爲心理分析與沙特的實存分析兩者都忽視了精神問題的存在事實。依照傅氏爲了精神治療的應用所作的實存分析，精神問題的本質是在生命或人生意義的自我喪失這一點上面；至於實存問題，則是由於實存主體非本然地放棄足以超克內外命運（如氣命或極限境況）的原有自由意志而形成的。意義治療法的應用目的，就是要幫助人人（尤其患者）重新發現自我實存的本然性自由，依此（他人無法代爲負荷的）自由重新探求一度迷失的生命意義。傅朗克在醫師與靈魂（The Doctor and the Soul）這本書說：「實存分析敎導人們把人生看成一種任務或使命」。此說實與中國人生哲學（尤其儒家正命論）不謀而合，耐人尋味。

禪宗哲理是最後一種模型，一方面超越地包容傳統的大小乘佛學理論，另一方面又以簡易無比的頓悟工夫徹底解消一切人的內在問題，化「有」爲「無」，而以無心無念，無得無失的絕對主體性之當下現成體認「生死卽涅槃」或「日日是好日」的終極意義。因此弔詭地說，所謂「內在問題」原是「本來無一物」，那來的「問題」；問題旣是本無（非一無所有，而是本不必有，因本不必有，故在低層次許有世俗問題產生的可能），則所謂「問題分析」，亦不過是「本不必有所分析」（譬如當下無心頓悟，則大小乘等紛紜衆說亦成糟粕）；問題及其分析一概解消，則那來得「處理」或「解決」。由是觀之，我那三段模式，經過一番禪宗哲理的過濾，就變成多此一擧的概念遊戲了。雖然如此，含藏複雜於簡易的禪道，亦許我這模式的方便設施，充分證示禪道的無限妙用。總之，在「無心」層次（非特定層次的「層次」），旣「無」問題，又「無」分析，亦「無」解決可言——此「無」字乃無心之妙用，充當動詞；但在「有心」層次，許「有」問題，故「有」分析，更「有」解決——此「有」字亦當動詞。「無心」是殺人刀，「有心」是活人劍；「無心」與「有心」相互貫通，而顯中道。我們如此現代化地重解禪道而爲「複雜的世俗衆諦寓於簡易的無心眞諦」，則禪宗哲理就有囊括其他四種模型甚至任何模型於「平常心是道」的理論彈性，且在實踐上得以展現無得無失，自然無爲的生活藝術。傳統禪宗强調「敎外別傳」，故有敎、禪之分；現代化之後的禪宗哲理必須依循佛敎中道，提倡敎禪一如，而含藏大小乘衆說於「無心」（亦卽「平常心」）之中，這樣才能彰顯禪道「唯我獨尊」的殊勝所在。

以上比觀了五種模型對於內在問題的本質分別探討的方式。基本上我有相當理由偏好以禪宗哲理爲主的佛敎中道立場。但我不得不承認，五種模型的評價與取捨，並不是純粹客觀的理論問題，而是與實存主體的個別需要息息相關。擧例來說，對於患有嚴重的精神分裂症的人講沙特的絕對自由，傅朗克的生命意義，或禪宗的無心頓悟，祇是徒費時間，因爲患者所需要的是心理分析與實際治療。大體上說，心理分析在精神病患者的場合格外適用，但在平常人的場合有其理論的限制或偏差。沙特的實存分析與傳統的禪宗哲理在一般人的場合不太靈驗，在精神病患者的場合更無意義，但對敢於突破平均化了的日常世俗的有志之士很有意義。傅朗克的意義治療法與佛教哲學包容性大，不但適用於探索生死智慧的少數慧根，也更適用於尋覓生活意義或設法解除苦惱的一大半人。以其本有的包容性與開放性，佛教也應該像意義治療法，吸納心理分析進來，置於其心性論的低層次，俾能應用到種種心理問題甚或精神病症的具體分析。這是有關佛教理論自我充實的現代化課題之一，上述禪宗哲理的現代化嘗試，卽是佳例。站在教禪一如的現代化中道立場，我們不難重新建立「禪佛教」(Zen Buddhism)，旣包容又超越一切大小乘佛學理論，並進一步吸納佛教以外的種種哲學或宗教思想，尤其心性論，寓有（心）於無（心），含萬（千物論）於一（心），收放自如。這就是我所了解的「禪（卽）佛教」。

四、心性論模型建構課題

五種模型的具體應用成效如何的問題，也關聯到自由論與決定論孰是孰非的古來哲學難題。爲了理解五種模型如何分別解答此一難題，我們必須對於它們各別的心性論建構有所透視。心性論模型建構的透視，也有助於我們回過頭來更深一層地了解五種模型處理或解決上述內在問題的理論根據。我最近寫成儒家心性論的現代化課題上下二篇，登在「鵝湖月刊」總第一一三號（一九八四年十一月）與總第一一六號（一九八五年二月），讀者不妨參照拙作，當可增加我在本節的立論旨趣。

我已提到弗洛依德對於心理問題的本質分析，他認為由於內在心性的二元化分裂與敵對所形成的種種複雜的「心理衝突」即是問題的關鍵所在，譬如欲望本能與自我防衛之間的衝突，自戀本能與愛他本能之間的衝突，自我之中的父極與母極的二元化分裂與敵對而造成的「戀母情結」（the Oedipus complex）等等都是。為要了解「心理衝突」的眞相，我們必須透視弗洛依德所嘗試過的心性論模型建構。

根據他個人早期的精神醫學臨牀經驗，弗洛依德自出版劃時代的心理分析名著「夢的解釋」（The Interpretation of Dreams）那個時候（時正一九〇〇年，象徵着心理分析新世紀的來臨）開始，逐年構想並修改一種基本心性論——即弗氏後來所稱的「心理玄學（或譯後設心理學）」(metapsychology)，當做心理分析與心理治療的理論基礎。弗氏到一九一四年為止所初構的是一種本能衝動的兩元本能論（two-instinct formulation），以性欲本能與自我本能（自我以及人種保存的本能）的對立說明神話時代以來的「性愛」（love）與「飢餓」（hunger）之間的衝突，抑或追求肉體快樂的本能與（阻止性欲越分的）自我防衛本能之間的衝突。但是，弗氏仔細研究古希臘神話中那希索斯（Narcissus）所象徵着的自戀現象的結果，在一九一四年出版一篇論自我陶醉（"On Narcissism: An Introduction"），修改上述兩元本能論為單元本能論（one-instinct formulation）。那希索斯是神話中的美少年，有一天凝視水中湧現着的自己的美好影子而自戀起來，終於憔悴致死，死後化為水仙花。自戀現象的探討促使弗氏重新建構他的本能衝動論模型，祇承認性欲本能（libido）的一種，而此同一性欲本能自我分極化為自戀的性欲本能與愛他的性欲本能（如嬰兒喜愛玩具或男孩初戀母親之類）。如此，自戀與愛他形成性欲本能（或音譯為「里比多」）的一體兩面。

在第一次世界大戰期間，弗洛依德又開始注意到虐待狂（sadism）

與被虐待狂（masochism）等有關性欲發洩的異常行爲，而發現了他的單元本能論對於此類異常行爲的說明有所不足。經過一番心理玄學的深思熟慮，他在一九二〇年寫出快樂原理之超越（Beyond the Pleasure Principle）這一本書，再次修改他的本能衝動論模型，成爲一種雙元對極論（a dual theory）。這就是說，人的本能衝動一開始就有生命本能（life instincts）與死亡本能（death instincts）的兩種相互對立。生命本能指謂已提過的性欲本能與自我（保存）本能。死亡本能則指趨向生命毀滅的衝動而言，如果向外則變成侵犯他人的行爲（如强姦、殺人、虐待狂等等），如果向內則變成自我毀滅（如自虐、自殺等等）。生命本能與死亡本能的雙元對極論是弗氏修改他的本能衝動論兩次之後的晚年定論，他還進一步應用此論到歷史、文化、文學藝術乃至政治社會等等層面的種種巨視心理現象，予以心理分析的獨特說明。譬如希特勒毀滅猶太人種的殘虐行爲，從心理分析的觀點去看，乃屬一種死亡本能的向外發洩。

我們不難看出，不論弗洛依德如何修改他的本能衝動說，他從未放棄兩極分化而對立的二元論看法。也就是說，他始終認爲，心理衝突的形成乃是由於心性之中兩極分化而對立的負面結果。弗氏建構本能衝動論模型的目的是在應用心理分析去解決種種心理問題與病症，而心理問題既已還約化爲心理衝突之種種，他的心性論模型建構方式當然祇有偏向純負面的心理二元對極論了。我們可以說，弗氏有見於負面心性，但無見於正面心性。

除了上述三種本能衝動論之外，弗洛依德在晚年又嘗試了較有系統的心理玄學模型建構，這就是極著名的心性三分說。依照此說，人的心性三分而爲本能衝動（Id）、自我（Ego）與超自我（Super-ego）。人生下時祇是一團本能衝動，在嬰孩時期逐漸與外界（玩具、母親等等）

接觸的結果，「自我」就從本能衝動分化出來。「自我」本身有其父極與母極的兩極對立，由是形成所謂「戀母（或戀父）情結」。在希臘神話裡，底比斯王子奧狄浦斯（Oedipus）曾解怪物斯芬克斯的謎，後誤殺父親，並娶母親，發覺之後自刺雙目，流浪而死。弗洛依德利用此一神話的象徵意義，說明爲甚麼男孩多半先愛母親而嫉恨父親，至於女孩則多半相反。所謂「超自我」，依弗氏之說，乃不外是「奧狄浦斯情結」的後遺症，從父極母極對立着的「自我」之中分離出來，而爲「自我的理想」（ego-ideal），包括（父極擴大所成的）上帝權威、社會規制、倫理規範、宗教教條，傳統禮俗等等，強壓「自我」奉守，故從心理分析的觀點去看，具有戒律或禁忌（taboo）的負面作用。可憐的「自我」夾在「超自我」。外界與本能衝動三者之間，變成這三位「暴君」的「從僕」，聽從三者「指使」。但這三者之間本身就有衝突，事態如果嚴重，就在「自我」之中產生心理問題甚至精神病。譬如本能衝動要「自我」爲它尋得更多的肉體快樂，但外界或「超自我」不許欲望的充分滿足，促使「自我」防衞並抑壓本能衝動的越軌行爲；「自我」的苦惱、憂慮、焦躁、想不開等等心理問題，源自此類心理的二元對立與衝突。弗氏對於人性相當悲觀，認爲不但本能衝動屬於「無意識」（unconscious）或「潛意識」（subconscious）的領域，連「自我」與「超自我」也泰半不在意識範圍之內，這就說明了爲甚麼人的非理性（irrational）成份遠遠超過理性的成份。心理分析能够幫助人人，追溯心理衝突的個別歷史，而把埋在無意識心理領域的種種幼少時期的心靈創傷帶進意識圈裡，獲得純科學知性的病原學了解。這是弗氏心理分析所提示的知性解脫，實有別於宗教解脫。但是，由於弗氏深信人的無意識心理會永遠存在，他決不保證我們總有一天能够徹底超克非理性的黑暗面。從心理分析的觀點去看，傳統所謂「聖人」或「完人」祇不過是騙人的神話。

弗洛依德自己也承認，他的心理玄學模型建構，踰越了科學假設的範圍，經驗事實的檢證也不充足。但他又堅信自己的心理分析學說是一種施諸四海而皆準的科學的心理學理論。這種理論局限性甚至矛盾性的形成，乃是由於弗氏誤犯科學主義的偏約化過失所致。弗氏沒有了解到，以人的存在爲研究對象的心理學以及其他行爲科學與社會科學，本質上與自然科學不太相同，並不具有純粹客觀的眞理性格，却不得不夾雜着（方法程序上的）客觀眞理成素與（問題解決上的）相互主體性眞理（intersubjective truth）成素。相互主體性眞理具有訴諸人人共識共認的道理强制性，但不能說成純粹客觀的科學眞理性。弗洛依德雖善於觀察負面人（類心）性，但他過份强調性欲本能的不滿足（被抑壓）爲心理衝突的主因，未免言過其實，暴露了他那心理分析與心理玄學的理論建構極受社會（西歐）與時代（維多利亞時期）雙層的限制。爲了避免古典心理分析學說的片面性甚至獨斷性，弗氏以後的不少新派心理分析專家，如弗洛姆（Erich Fromm），曾分別嘗試過修正或超越原有學說，俾使心理分析自我充實之後更具理論的開放性、包容性與綜合性。

沙特基於他那「實存先於本質」的實存主義第一原則，徹底破除了包括弗洛依德心理玄學在內的所有古今中外定型的人（類心）性論，統統斥爲構成「本質」的「虛僞信念」而已。沙特尤其認爲，心理分析這種理論祇會加深一大半人的「虛僞信念」，更使他們陷於自我欺瞞的非本然性狀態，而難於自拔。沙特的意思是說，所有定型的心性論，尤其是心理玄學，都是以理論模型出現的「虛僞信念」而已，並沒有彰顯實存主體的本來面目。沙特自己則以現象學的存在論（phenomenological ontology）爲哲學奠基，建構了專爲破除「虛僞信念」的實存主義心性論模型，依此模型展現實存（的心理）分析，藉以教導人們從「虛僞信念」的夢眠醒覺過來，轉化個別自我的非本然性爲實存主體的本然性，充分發揮絕對的自由，擔荷全面性的自我責任。我在「中國論壇」半月刊第十七卷第六、第七兩期（一九八三年十二月二十五日與一九八四年元月十日）登過一篇「沙特的存在主義思想論評」，有興趣的讀者不妨查閱。我在這裡祇稍提示「實存先於本質」的沙特心性論要點。

沙特一開始就很獨斷地劃分一切存在爲兩類：一是「卽自存在」，亦卽（人的）意識以外的一切存在事物；另一是「對自存在」，亦卽人的意識，特稱之爲「實存」，本身原無內容，故可規定之爲「無性」(nothingness)。意識或實存的惟一功能是在永遠不停地「無化」（纏住、追求、分化等等）「卽自存在」，以便無限制地構成意識現象的內容，也無止境地創造新的意義與價值。沙特動態地規定人的存在或卽無性的意識爲實存的絕對自由；絕對自由構成人存在的「命運」。沙特的意思是說，人一生下來就已抛落在卽自世界之中，不得不以無性的意識形式，始終絕對自由地投企自己，創造層出不窮但永不固定爲「本質」的價值與意義，繼續不斷地抉擇種種行動方向，實存地超越自己，直至個體生命的結束爲止。這就是沙特所了解的「實存先於本質」的人生，除此之外別無人生。

沙特又說，實存主體的絕對自由是「處境的自由」(situated freedom)，必定要在人存在境況之中彰顯出來，離脫任何境況的絕對自由是不可能存在的。但是，境況祇不過是實存的自由彰顯所必需的「場所」，而不構成限制自由的一種羈絆。人的實存又是「苦惱的自由」(anguished freedom)，實存的絕對自由所以必須帶有苦惱，乃是由於沒有一樣「本質」可以指導單獨實存的自我抉擇之故。「苦惱的自由」特別意味着，實存的絕對自由卽是全面責任（total responsibility)；絕對自由與全面責任乃是一體的兩面。在絕對自由之前純粹客觀的價值規範之類並不存在,因此單獨實存的任何投企、抉擇或參與(engagement)都不得不自我負荷全面責任。全面責任的自我負荷當然伴有實存的苦惱。

絕對自由論與實存分析可以說是分別構成沙特實存主義積極的與消極的層面。絕對自由論標榜單獨實存的絕對自由抉擇與全面自我責任;實存分析的旨趣是在超克弗洛依德的心理分析,提示一條轉化實存主體的非本然性爲本然性的實存主義實踐之路。沙特認爲,心理分析假借「無意識」心理或心性三分說建立一套決定論來解釋人類行爲及其動機,不但完全忽略了本然性與非本然性的分別,更且對於埋沒自我於非本然性狀態的一大半人提供了「合理化」(rationalize)他們各別的行爲及其動機的一種理論藉口。我們不難想見,弗洛依德的心理分析與沙特的實存分析是完全敵對的兩種極端理論。從前者看來,後者是毫無事實根據的哲學幻想,根本經不起科學的嚴厲批判;從後者看來,前者是一大半人「虛僞信念」的理論合理化,祇助長了他們自欺自逃而非本然地脫卸自我責任,故應摒棄不用。

根本佛敎的心性論模型相當簡單,主要是由(說明「無我」的)五蘊論與(說明「無常」的)緣起論結合而成。但從五蘊論與緣起論逐步發展出來的種種大小乘心性論則極其龐雜,實需長篇大論加以詳釋。佛敎的「無我」時常引起誤解說,所謂「自我」(ego or self)或「人格」(person)並不存在;其實問題並不是在「自我」存不存在。「無我」的本意是實踐性的,而不是純理論知性的。「一切皆苦」既是由於我執(以及法執)而生,而我執(以及法執)又是由於無明而起,則爲了涅槃解脫的實踐需要,我們應該轉移自我觀察的角度,捨離固定不變的「自我」觀念,經由哲理性的內省分析,如實知見「自我」的本質不外是在瞬時瞬刻變化着的色蘊(肉體物質)、受蘊(印象感覺)、想蘊(知覺表象）、行蘊（意志欲求）與識蘊（識別認知）」等五蘊之緣起。換句話說，佛教的「無我」觀，並不是否定「自我」存在而肯認「五蘊」存在的（科學意義的）客觀眞理，而是基於實踐需要建立而成的有關心性本質的我所云「相互主體性道理」，具有訴諸人人共識共認的哲理强制性，亦有勸導人人克服我執（以及法執）甚至根本無明的點醒作用。「無我」的如實知見，不但不違反我們的日常經驗，反而哲理地深化了我們的日常經驗。由於一念之差（根本無明），我們可能產生我執，而執着於五蘊背後的固定不變的所謂「自我」；也由於一念之差（轉識成智），又可能隨時隨地捨離我執，而通透「自我」的本來面目於「諸法無我（五蘊──→空），諸行無常（緣起──→空）」的一切如如（而非一切皆苦）之中道實相。

原始佛教的「無我」觀，經由小乘與大乘各宗的種種哲理深化嘗試，靜態地說，有了五蘊論、六識論、八識論、佛性論等等的心性論發展；動態地說，也有了業感緣起說，阿賴耶緣起說、如來藏（或眞如）緣起說、法界緣起說等等環繞着心性向上向下轉變課題的佛教特有的「唯心」──八十華嚴十地品所云「三界所有，唯是一心」──宇宙論。我在這裡分開心性的靜態與動態，其實祇是方便，蓋因動靜一如，乃不外是心性的一體兩面。無論如何，到了慧能開始的中國禪宗，終於徹底超越上述靜動兩面的大小乘各宗理論，一方面承繼金剛經等般若系統以來的「一切法空」觀，另一方面又接上以莊子爲主的道家哲學，融貫二者而建立而成「無心頓悟，自然無爲」的簡易禪道。我們站在教禪一如的現代化中道立場，還應進一步突破傳統禪宗過份强調「教外別傳」的理路偏差，一方面「有心」地包容上述大小乘各宗心性論乃至心理分析、實存分析等等西方心性論，取長補短，而在禪佛教心性論的高低層次適予定位，另一方面又「無心」地徹底超越包括禪宗哲理在內的一切理論，無得無失，自然法爾。無心頓悟的禪者，旣已免於一切葛藤滯累，則那來的心性問題，遑論問題分析與解決？但禪者自己處於人間世俗，亦應「有心」，而以大乘菩薩的慈悲心腸去關懷世人，從高低不同的心性層次觀察與了解個別實存的內在問題，設法從旁助其解脫。換句話說，「有心」的現代禪者應該具備華嚴經十地品所提「十婆羅蜜多」(dasa-pāramitā) 中的（第七）方便善巧波羅蜜多，而現代化的禪佛教「方便善巧」必須包括佛敎以及佛敎以外的種種心性論知識，否則助人不成反誤人。

我已說過，傅朗克的意義治療法是心理分析與（現象學的）實存分析之結合，因此在低層次容納心理分析的「無意識」心理等說，但依置在高層次的實存分析觀點，適予修正。傅朗克站在實存分析的立場，批評心理分析的決定論偏向，主張人有自由意志，但不是沙特所謂絕對自由。傅氏所說的自由意志，是個別實存尋探生命或人生種種意義的意志，實有別於弗洛依德所云「追求快樂的意志」，亦有別於尼采或阿德勒所云「權力意志」。傅氏基本上是精神治療專家，而不是從事於抽象思考的哲學家，故對純理論性質的心性論模型建構無甚興趣。他一開始就肯定了人有探索意義的自由意志，但在日常世界裡由於構成個人命運（但不是一成不變的命定）的身心條件、社會條件等等制約，不一定能夠經常呈現。意義治療法的目的是在藉用實存分析，旁助患者或常人恢復他們的「意義意志」(the will to meaning)，重新尋探各別所需的生活意義。傅氏規定意義治療法爲一種「醫學牧師的職事」，打開宗敎解脫之門，但由當事人依據實存的自由自求解答。

傅朗克的意義治療法除了「意義意志」之外，並無特殊的心性論主張。不過有一點値得我們注目的是，他對人的生命存在曾作了四大層面的分辨。最低一層是生理（身體活動、自我保存）層面，其次是心理層面，再上一層是意義探索（noölogical）層面，最上一層則是神學（theological）層面。如與心理分析比觀，則不難看出，心理分析缺少上面兩層。又與沙特的實存分析比較，則可以說，沙特決不承認神學層面的存在，反而要依「實存先於本質」的原則，修改意義探索層面爲實存層面，且以此層面涵蓋下面二層。傅朗克對於宗敎毫無偏見，但因他所了解的宗敎是以猶太敎與耶敎爲主的西方一神敎信仰，故以「神學」一辭規定生命存在的最上一層。如從佛敎觀點去看，應該改爲「終極」（ultimate）層面。所謂「終極」，在大乘佛學是「一切法空」，在道家是無名無爲之「道」，在早期儒家是天命天道，在禪宗是「無心」，而在宋明理學則是天理或良知。傅朗克的四大層面說，提供我們很有意義的思想資糧。去年（一九八四）三月十五日晚上，我在耕莘文敎院演講「中國文化重建課題的哲學省察——從生命的十大層面與價值取向談起」（聯合報、中國論壇合辦）。我的「十大層面」建構嘗試，便是傅朗克四大層面的進一步修正與擴充，不久會把講稿整理付印。

五、自由論與決定論孰是孰非的解決線索

自由論與決定論究竟孰是孰非，是西方哲學的古來難題，衆說紛紜，迄無定論。我所提過的三種內在問題與此難題息息相關，因爲如果人的一切已被決定，而無自由可言，就不可能有內在問題的解決，問題的分析也就沒有實踐意義了。我在上節所討論過的五種心性論模型，已暗示我們解決此一難題的種種不同線索。在論評這些不同的解決線索之前，我們應先分辨自由論與決定論各別的兩大類，即「溫和的」（soft）與「强硬的」（hard）這兩大類。

强硬的決定論主張，人的內心活動與外在行爲的一切（當然包括個

性形成、思考方式、生活習慣等等）完全已被社會環境、教育背景、先天的身心條件以及幼少時期的家庭生活等等內外因素決定，毫無自由可言。許多科學家與經驗主義的哲學家則常採取溫和的決定論觀點，認為人的內外行為具有決定論的科學規律性，可藉統計、圖表、精確的觀察等等方式獲得蓋然率極高的說明與預測；但又認為，倫理道德上所設「自由」、「責任」等等概念既有實際需要而不能放棄，則在道德實踐範圍之內對於動機、意欲等等心理現象仍應分辨「自願」（voluntary）與「非自願」（involuntary）。至於所謂「自願」是否直指「自由」，溫和的決定論者多半含糊其詞，而被強硬的決定論者指摘之為自我矛盾。如果溫和的決定論者承認「自願」與「自由」同義，則他們非放棄決定論不可；如果不承認，則「自願」一辭就變成虛詞而無意義，溫和的決定論也勢必跌塌（collapse）而為強硬的決定論了。

弗洛依德的心理分析應屬溫和的抑屬強硬的決定論，難有定見。我們在弗氏著作裡很難發現「自由」、「責任」之類的字眼。他以「超自我」概念，把倫理規範，社會規制等等講成抑壓自然欲求的「禁忌」，另一方面又把人的心理衝突統統歸溯到童孩甚至嬰兒時期的心靈創傷或性欲問題，當然不可能贊成積極的自由意志論主張。不過，弗氏既然以為心理問題的解決端在患者本人的病原學的自我了解，則應承認人至少有知性的「自願自動」甚至「自由」。但已如上述，如此溫和的決定論模稜兩可，很難成立。著名的美國解析哲學專家何斯帕斯(John Hospers)在他一篇論文「此類自由究有何義？」（“What Means This Freedom?”）之中解釋心理分析為一種強硬的決定論，沒有半點自由意志存留的餘地。何氏下了極端的負面結論說，所謂「責任」、「罪過」、「責備」等等倫理學名詞，挖深一層，都是毫無意義的，因為人是否變成精神病患者，是否改善自己的態度，是否有毅力克服早年的不幸，是否努力向上等等，簡而言之，祇不過是「一種運不運氣」(a matter of luck)，如此而已。我們如果接受何氏的解釋，則心理分析無異是一種絕對宿命論 (absolute fatalism) 了。但是，即使我們退一步承認强硬的決定論「似乎有理」(plausible)，由於此論無從應付倫理道德的實踐需要問題，從道德實踐的觀點去看，根本無法令人接受，故不可能具有我所說「相互主體意義（訴諸人人共識共認）的道理强制性」。總之，爲了道德實踐的絕對需要，我們不得不偏向自由論的看法，且不說自由論也像決定論一樣，有它相當的經驗事實根據。自由論與決定論孰是孰非的難題所以產生，乃是由於兩派對於同一經驗事實（即人類內外行爲現象）所作的理論說明有所相左之故。

沙特的實存主義毫不含糊地主張，人一生下來就注定負荷絕對自由，至死方休，算是西方傳統所產生過的最典型的强硬的自由論。人不得不在特定處境表現自由，但不論在那種處境自由的絕對性不會變質。即使在地獄般的集中營，人還是一樣「絕對自由」，因爲他在這種極限境況仍有種種行動選擇的餘地，由他自由決定。他可以立即自殺，可以設法逃出，可以欣賞眼前的自然景色，也當然可以從早到晚自我陶醉於幻想世界。沙特的絕對自由是行動意義的，特指實存的抉擇自由，而與行動抉擇之後成效如何毫不相干。如果應用沙特的實存分析到道德實踐，則實存主義的倫理學可用兩點概括。第一，依照「實存先於本質」的原則，事先決定善惡對錯的道德「本質」並不存在，實存主體祇有在個別處境依其絕對自由「創造」善惡對錯的「準則」出來，這種「準則」既非客觀，亦非一成不變。第二，實存主體的行動抉擇如果帶有「虛僞信念」而逃避自我責任，則屬非本然性，即是實存的抉擇之不正當；如果充分彰顯本然性的絕對自由，則是正當。沙特的絕對自由論排除任何過去內外因素對人所形成的制約，也不分辨自由的程度表現之高低强弱，更不考慮諸般處境的難易輕重。更令人惶惑不解的是，絕對自由的呈現，不論是正面（本然性）的還是負面（非本然性）的，據沙特的說法，是自幼少即已開始，直至死亡才止，無有任何男女老幼的差別。但以如此太過籠統的絕對自由論去觀察童孩的動作行爲，而强予判定之爲本然的還是非本然的，到底有何意義，遑論事實根據？除此之外，沙特的絕對自由論還有其他種種理論困難，讀者不妨參看我在「沙特的存在主義思想論評」這一篇所作過的批評。

專就經驗事實的檢證或反證而言，沙特的絕對自由論遠較古典心理分析的決定論遜色，因爲沙特所主張的「無性的意識卽是絕對自由」原不過是他自己所下現象學的存在論定義而已。這種個人隨意設定的界說，既非科學假設，亦非經驗事實，更不可能是現象學的如實記述了。我們却不得不承認，沙特的實存主義哲學確有喚起人人自我醒覺於實存主體之本然性的一種啓蒙敎育功能，弗洛依德的心理分析則無此功能。沙特如能改變他的口氣說，人並不是生下來卽已注定爲絕對自由，而「實存先於本質」也不是甚麼絕對眞理，而是有意敎導人人轉化其非本然性爲（能够呈現眞正自由的）本然性的一種實踐性要請（a practical demand），則他的絕對自由論當可免於獨斷，反可具有實踐意義的哲理强制性了。但是，做爲典型的西方哲學家，沙特過份自信他那一套現象學的存在論是無可置疑的絕對眞理，一旦握此眞理，卽可適當地應用到倫理道德等等的生活實踐。做爲心理學家，弗洛依德也認爲心理分析是道道地地的科學理論，是不可推翻的客觀眞理。沙特與弗洛依德都沒有了解到，自由論與決定論孰是孰非，是有關人本身的存在問題，此類問題的提出，分析與解決，本質上應屬相互主體性的道理之事，而與（自然科學所可獲致的）所謂「客觀眞理」毫不相干。眞理與眞理之間如有衝突對立，則必須藉諸超越人存在的客觀事實予以解決孰是孰非，故兩者之間難有融合的餘地。相比之下，道理與道理之間不可能有正面的理論敵對，因爲道理所關涉的是觀點的高低遠近以及深淺，其强制性或可證立性來自相互主體（人與人間）意義的共識共認，於此共識共認理論（原則）與實踐（應用）無從截然分開。沙特的實存分析與弗洛依德的心理分析所以勢不兩立，乃是由於雙方堅持己見爲「客觀眞理」之故。如果雙方平心靜氣，承認己方所提出的理論本質上是一種可望共識共認的道理，且與生活實踐不可分割，則仍有相互補充或融合的可能性，可以當做不同層次的心性觀點，也可以就道理的深淺高低比觀評價，而完全避免同一層次的理論眞理之正面衝突。我如此有意消解實存分析與心理分析的理論敵對，可以算是我這些年來所構想的「整全（顧及全面）的多層遠近觀」的一個應用實例。事實上，傅朗克的意義治療法就融合了實存分析（高層次）與心理分析（低層次）兩者，一方面修正弗洛依德的「快樂意志」爲「意義意志」的延伸（而非原先基礎），另一方面又避免沙特的絕對自由論偏差，而依較爲健全的常識深化觀點主張溫和的自由論，認爲人雖不是隨時隨地呈現絕對自由，却具一種萬物之靈所特有的「（追求生命）意義（的自由）意志」，平時也許不太呈現，但在生死交關的極限境況格外彰顯。傅朗克的意義治療法是一種心理（精神）治療，而非純粹抽象的哲學思辨或科學理論，故無理論與實踐截然分割的問題，反有理論寓於實踐的功能。他所採取的溫和的自由論並不排除決定論對於負面心性現象所作的說明或解釋，但在心性的高層次仍能維護實存主體的「意義意志」，其基本立場與佛敎、儒教等等的東方心性論極其接近，不容我們忽視。

佛敎對於任何有關人本身的存在問題所作的分析，基本上依循中道立場，採取我所强調的「整全的多層遠近觀」，極富哲理的包容性。根本佛敎的第二諦（集諦）所提出的十二因緣說，是佛敎對於自由論與決定論孰是孰非的問題所提供的第一個解答。緣起觀的十二支是：無明、行、識、名色、六入、觸、受、愛、取、有、生與老死。依傳統小乘佛教的三世兩重因果之說，無明（卽根本惑）與行（卽業）構成過去世之因，識至受等五支構成現在世之果（卽苦），愛、取、有等三支構成現在世之因，而生與老死則構成未來世之果。如此，無明至老死的因果（惑→業→苦）緣起，無始無終，形成「一切皆苦」的生死流轉。但這祇不過是十二因緣的負面現象，可公式化爲「此有故彼有，此生故彼生」。如從正覺解脫的觀點（第三諦或滅諦）回過頭來再去透視十二因緣的勝義，則正面的「涅槃寂靜」完全取代或解除負面的「一切皆苦」，可公式化爲「此無故彼無，此滅故彼滅」。如果再進一步跳過傳統定型的三世兩重因果說，而將過去與未來的所有時點統統化爲我們現在的「此時此刻」(this very moment)，則「此時此刻」的人之迷悟當下卽可決定十二因緣之有無或生滅。這是禪家頓悟的關鍵所在，傳統的緣起觀到了禪宗終於轉成頓時迷悟之說。（關於禪宗的「有時論」，不妨參看拙文如淨和尙與道元禪師——從中國禪到日本禪，已在「傳習錄」第三期刊登。）

依照傳統（小乘）佛教的三世兩重因果說，業感緣起在過現未三世的時間流逝過程所形成的生死流轉似乎暗示佛教偏向決定論，然而「正覺成道」所彰顯的人生光明似又暗示佛教偏重自由論。換句話說，四聖諦中的苦集二諦似乎偏向決定論，而滅道二諦則反偏向自由論。同時，佛教的「業」(karma) 概念也兼有決定論與自由論的兩種蘊含，而無有矛盾。譬就過去到現在的時間流轉言，我們已有的「業」似乎多少決定了我們此刻的命運；再就現在到未來的時間發展言，我們此刻正創造着的「(善) 業」（如讀聖賢書、發奮圖强之類）似又呈現人的自由，能够改變我們未來的命運。因此，佛教究係自由論抑係決定論，實不易言，端看觀點的高低遠近如何。站在佛教的中道立場，我們敢對西方哲學家（以及神學家與科學家）說，自由論與決定論孰是孰非的西方難題，就其深層結構言，原是與生活實踐不可分離的道理問題，而不是純粹理論的眞理問題。

我多年來深受禪宗薰陶，認爲傳統的禪宗哲理經由一番現代化的創新，可以提供我們有關上述古來難題的解決線索。依照我個人所了解的禪道（包容道家在內的現代禪），每一個人一開始就已站在人生的十字路口，面對十字交叉的兩條路向，一是水平線的（horizontal），另一則是垂直線的（vertical）。水平線的路向是決定論的，人的生命隨波逐流，得過且過無所謂奮勉，亦無所謂墮落，一切祇不過是運不運氣；垂直線的路向是有（大乘佛教所云）向上向下二門之分，或（實存哲學所云）本然性與非本然性之分，或儒家所强調的道心（或天理）與人心（或私欲）之分，故有自由論的偏重。我們所以探問自己究竟是有自由還是已被決定，原是站在十字路口帶有爲了自我了解與生命摸索的實踐性關心而如此探問的，而不是因爲早已知道有關於人性自由與否的「客觀眞理」擺在前面等待我們去發掘出來的。換句話說，我們究竟要偏取自由論（垂直線的路向）還是要偏好決定論（水平線的路向），本質上是實際生活態度的問題，而不是純粹知性探索的問題。如有積極的生活態度，則不會滿足於水平路向，必定會取垂直路向；沙特是如此，傅朗克是如此，佛教徒（與儒家仁人君子）更是如此。再從頓悟解脫的禪家觀點去看，水平路向與垂直路向的抉擇祇在一念之差，迷（有心）則選取水平路向，悟（無心）則自然抉擇垂直路向，「有卽時而時卽有」（Being is time, and time is being），每時每地的生命試煉（如坐禪證修或道德實踐）卽是自由自主，自然自如。最後，從無迷無悟的中道立場去看，人的存在本無所謂「自由」，亦無所謂「決定」，一切卽是如如，卽是諸法實相。由是觀之，自由論與決定論究竟孰是孰非，本來無此（理論）問題，亦無分析問題的必要，至於探求解決問題的線索云云，更是庸人自擾，多此一舉了。

六、精神治療與宗教解脫的融貫課題

弗洛依德把一切人的內在問題偏約化爲心理問題，沙特則偏約化爲實存問題，因此兩者都不承認包括宗教解脫問題在內的精神問題的存在意義。他們的理論雖然勢不兩立，對於傳統宗教却採取同樣的否定態度。他們與馬克思、羅素等人一樣，都是典型的反宗教論者（anti-religionists）。其實嚴格地說，他們祇能算是反上帝論者，因爲他們都像多半的西方思想家，混同宗教與一神論，從未了解以佛教爲首的東方型「哲學的宗教」（philosophical religion）與西方型一神論宗教信仰毫不相干。

在他晚年（一九二七）的小著「幻想的未來」（The Future of an Illusion），弗洛依德把宗教（特指猶太教與耶教的一神論傳統）貶成一種妄念幻想，而以原始人類對於大自然的無知與恐懼感，或童孩的自我之中由於父母二極分化所由形成的「奧狄浦斯情結」，說明宗教（一神論）的起源。原始人類面對大自然的種種威脅（譬如日蝕、地震或水災），不得不設法防衞自己，就幻想出父極（如部落首領或父長之威權）無限擴大而外在化了的創造主觀念。在童孩的場合，起初嫉恨父極，接着懼怕嚴父，最後順從父權，由是原有的「奧狄浦斯情結」昇華之爲對於無上權威的信仰。弗氏根據他對原始人類與童孩的無知無助、恐懼感、權威崇拜等等的心理分析，獲致科學主義的反宗教結論，主張我們應以科學的純知性了解取代宗教的幻想，如此求得自我解放。

對於極力主張「實存先於本質」的沙特來說，（一神論）宗教原不過是「虛僞信念」所由形成的一種「本質」，不但無助於實存主體呈現本然性的絕對自由，反而成爲一大阻礙。沙特把一切存在二元化爲「卽自」（非意識的存在）與「對自」（人的意識）之後，自下定義說，所謂上帝或創造主乃不外是「卽自」與「對自」兩者永不可臻的終極合一。「對自」（意識）不得不永遠追求或纏住「卽自」（構成意識對象與內容）。如果兩者合而爲一，「對自」就完全失去對於「卽自」的意識作用。這是絕對不可能的，因爲「對自」必須以永遠無化（追求或纏住）「卽自」的方式存在，否則等於自我毁滅。

弗洛依德以心理分析的「奧狄浦斯情結」等說，對於（一神論）宗教的起源强予似而非科學的說明。沙特則以獨斷無據的存在二元論與自編自說的上帝界說，跳過胡塞爾（Husserl）所建立的「現象學的括弧」原則，否定上帝的存在與世界創造說。兩者的無神論主張理據不足，無力推翻一神論的宗敎信仰。更重要的是，卽使兩者的一神論宗敎批判有其存在理由，仍無法照樣適用於以佛敎爲例的東方哲學與宗教思想。小乘佛敎動輒忽視中道立場，以佛敎爲一種無神論。從大乘佛學的中道立場重新解釋佛敎，則應該說，佛敎自古以來與西方環繞着有神論與無神論孰是孰非的種種論辯毫不相干。這就是說，佛敎基本上是關注日常生活體驗與實踐以及生死循環超克課題的一種具有高度哲學智慧的宗敎解脫論，經由日常生活種種經驗（尤其「一切皆苦」的負面經驗）的層層深化與極富哲理的內省分析，而探索出生死智慧或涅槃解脫之道。由於佛敎特別關心如何處理負面經驗的心理問題，因此它的內省分析自然帶有一種心理（精神）治療的功能。由於佛敎的終極關懷是如何破生死而成正覺的高度精神課題，它所建立的生死智慧與宗敎解脫之道也當然蘊含獨特的精神治療作用。有趣的是，英文“psychotherapy”一辭可有心理治療與精神治療兩種譯法，佛教的治療方式兼此兩者。尤有進者，佛教着重心識分析與心性醒悟，以此解決實存問題；且依據實存問題貫通並深化着心理問題與精神問題的基本了解，建立極其齊全而又具有實踐意義的心性論，藉以點醒人人的實存主體悟覺於佛心佛性或本心本性，故又兼有實存分析（理論）與心性點醒（實踐）的雙層功能。這就說明了爲甚麼在東方哲學與宗教傳統之中（大乘）佛教始終能够一枝獨秀，對於西方哲學、神學、心理學、精神醫學、心理（精神）治療等等領域構成强有力的思想衝擊，而其實際影響亦有增無減。尤其禪宗，經由著名日本學者如鈴木大拙、久松眞一、西谷啓治、阿部正雄等人的現代化創新，早已打進歐美社會，生根發展，而有融貫東西方的心理（精神）治療與宗教解脫論之勢，前途未可限量。我個人這些年來也在這一方面嘗試有關禪道現代化課題的哲理探索。

依我的了解，目前幾乎所有的美國心理治療專家，由於深受弗洛依德心理分析的負面影響，儘量避免心理治療與宗教解脫的融貫課題。他們依然採取傳統以來的「分工」態度，分開超越層次的宗教領域（啓示、天國、恩寵等等）與世俗層次的知識領域（哲學、科學、醫學等等），認爲高度精神問題如死亡問題（death and dying）應由神父或牧師去負責處理，他們自己祇管世俗人間所產生的心理問題，如此各有專長，兩不相犯。但是，二十多年來一些倡導「臨終精神治療」與「死亡學」（thanatology）研究的新派精神醫療專家，如著名的基布勒羅斯（Elizabeth Kübler-Ross）女士，儼然指出如此「分工」而無密切合作的片面態度，不但有違醫道與人道，也忽略了整全的心理（精神）治療必須關注內在問題的心理、精神與實存等不可分割的三大層面，更是漠視了心理（精神）治療與宗教解脫的融貫課題。基布勒羅斯女士特別提醒我們研究傅朗克意義治療法的必要性，因爲傅氏自己是從萬死一生的集中營生活體會到生命（終極）意義的探求與宗教解脫（或生死智慧）的必然關聯，而在戰後開創具有「醫學牧師的職事」意義的新式心理（精神）治療出來的。可惜的是，傅朗克與基布勒羅斯等人所代表的新派心理（精神）治療未能進一步吸取禪宗等等的佛教資糧，以求自我充實。他們所能了解的宗教解脫，多半限於西方的一神論信仰或神秘主義的超絕精神，這恐怕是阻礙他們大量吸納（禪）佛教正面資糧的絆脚石。但我深信，在東西思想與文化日益溝通的今天，這塊絆脚石遲早是會除去的。每當我在課堂上强調這一點，美國學生也都表示同感共鳴。

七、宗教解脫論的現代化課題

從上節的討論，大家不難了解，具有現代化意義的宗教以及解脫論實與心理（精神）治療息息相關，且相輔相成。因此，傳統宗教以及解脫論的現代化課題之一，就是上節所提如何適予融貫心理（精神）治療與宗教解脫論的嶄新課題。我也暗示了以禪宗爲代表的（大乘）佛教對此課題可有的貢獻與影響，甚盼新一代的佛學研究者多所關注，同心協力，各盡所能，而爲中國大乘佛學的繼承與發展開拓一條適當可行的現代化理路出來。爲了順利完成此一時代課題，我們應在佛學研究加上宗教哲學、比較宗教學、宗教心理學、心理分析、實存分析、精神醫學、解釋學等等學科與方法論的嚴格訓練。

戰後世界各地的宗教現代化過程當中，有一件令人注目的現象是傳統宗教的世俗化或現世化（secularization）運動，尤以日本的新興宗教（多與佛教的革新有關）與美國的耶教發展最爲明顯。我最近在「中國論壇」（第十九卷第五期）所登「批判的繼承與創造的發展」上篇說過，「隨着醫藥科技的後現代化（電子計算化）與物質生活的急速提高，耶教所云『神聖』(the sacred) 與『世俗』(the profane),或佛教所分『出世』與『入世』的二元區別會逐漸解消,人們會從現世生活的日日改善這個角度重新探求宗教(解脫)的需要與意義。就這一點說,不論是大乘佛學的『生死卽涅槃』,或是道教的養生壽老之說,抑是儒家所倡『極高明而道中庸』,都會被人們重視與關注」。大乘佛教各宗之中,禪宗所以特別具有現代意義,乃是由於它能破除出家修行與在家修行之分,而把「生死卽涅槃」的大乘勝義體現化爲「日日是好日」或「平常心是道」的生活藝術,更且提倡簡易直截而人人可行的坐禪、公案等等工夫之故。

佛教從「諸行無常,一切皆苦」的如實諦觀出發,而以「解救衆生,涅槃解脫」爲終極關懷。釋迦當初創立佛教,宣說四諦之時,常以他做太子時驅車出外觀察所及的「生老病死」等四種人間世負面現象,藉來描敍「苦」相。在醫藥科技急速發展而社會福利日益改善的今天,生老病等三種苦相已無古代佛教徒所感受到的那麼嚴重。但是,獨獨死亡問題構成「一切皆苦」之中最難解決的內在問題,涉及心理(死的恐懼)、精神(死的解脫)與實存(死的態度)等三大層面。專就這一點說,宗教解脫論或我所說的「生死智慧」可以說是我們現代人切實需要的精神資糧。以禪道爲例的(大乘)佛教所能提供的此類精神資糧,不但豐富,且具深度,我們不妨引用明朝憨山大師在他「夢遊集」的一段法語,做爲說明。他說:「從上古人出家本爲生死大事,卽佛祖出世,亦特爲開示此事而已,非於生死外別有佛法,非於佛法外別有生死。所謂迷之則生死始,悟之則輪廻息。……所以達摩西來,不立文字,只在了悟自心。以此心爲一切聖凡十界依正之根本也。全悟此心,則爲至聖大乘;少悟卽爲二乘;不悟卽爲凡夫。」憨山此說,可謂總結了整個中國大乘佛學(尤其以明心見性爲唯一法門的禪宗)的根本義諦,標示生死智慧或即「生死即涅槃」的大徹大悟爲大乘佛敎解脫論的眞髓所在。關於此點，我在中國時報人間副刊登過一篇生死智慧與宗敎解脫（一九八三年六月十八日與十九日），讀者不妨參閱，玆不贅述。

最後我還想强調，禪佛敎的生活藝術具有另一現代化蘊涵，就是說，禪與道家（尤其莊子）融貫而成的現代化「禪道」(The Way of Zen)充分例證，中國傳統的哲學與宗敎在生活實踐可以具體化爲文學藝術的審美表現。如此，哲學宗敎與文學藝術合而爲一，生死智慧與審美理念熔爲一爐。這是禪道的極致，亦是孔子以來儒家傳統所津津樂道之者。我們可以據此下結語說，我們今天探討宗敎解脫論的現代化課題，決不能忽略（包括禪道在內的）中國傳統繼往開來的迫切課題。我們的繼往開來，不但有助於東西思想的交流溝通，更能顯揚祖國傳統的最殊勝處。這是拙文的一大旨趣。

（一九八五年四月十九日晨二時撰於費城近郊，原載東吳大學哲學年刊「傳習錄」第四期）

老莊、郭象與禪宗——禪道哲理聯貫性的詮釋學試探

一、前　　言

中國哲學史上引起物議最多的一位，恐怕是魏晉玄學的代表人物郭象（生年不詳，死於晉懷帝永嘉六年，卽公元三一二年），蓋因渠有剽竊向秀莊子原注之嫌故。據世說新語·文學篇所載，「向秀於舊注外爲『解義』，妙析奇致，大暢玄風。唯『秋水』·『至樂』二篇未竟，而秀卒。秀子幼，義遂零落，猶有別本。郭象者，爲人薄行，有儁才；見秀義不傳於世，遂竊以爲己注；乃自注『秋水』·『至樂』二篇，又易『馬蹄』一篇，其餘衆篇或點定文句而已。後秀義別本出，故今有向·郭二『莊』，其義一也」。蘇新鋈教授在他近著「郭象莊學平議」（一九八〇年臺北學生書局），根據王叔岷師以及其他學者之一再考辨，下了結論說：「斯卽象注，無可諱言，實乃秉承秀注爲底本，而有不少之抄襲，然實亦有甚多之潤飾增刪，以及純出己意之自注，非全爲盲目竊襲之作也」（第十七頁）。最近又有北京大學中國哲學史研究室主任湯一介教授（卽已故湯用彤先生公子）所著「郭象與魏晉玄學」（一九八三年湖北人民出版社）。湯氏用力甚勤，考證亦詳，獲致以下結論：「一是，郭象

儘管採用向秀的注，但他都是按照他自己的思想體系的需要而有所選擇，凡是不符合『上知造物無物，下知有物之自造』等思想的都在排除之列。因此，郭象的注只能是對向秀注的『述而廣之』，不可能是把向注『竊以爲己注』。二是，郭象和向秀由於上述觀點不同，還說明了一個重要問題，卽竹林時期向秀的思想正是正始時期王弼『貴無』向元康時期郭象『崇有』的過渡。如果依照這個發展線索來研究魏晉玄學發展的內在邏輯，將能比較淸楚地說明許多問題」（第一五八頁）。

關於「向郭二『注』，其義一也」與否的問題，我個人所採取的態度是，專就「莊子注」的哲理展現言，作者究係向秀抑是郭象，或是向郭的合成，皆無關緊要。「莊子注」的原作者旣承繼了莊子逍遙遊「無己・無功・無名」的精神，當必無心於世俗名氣，視如身外之物。但爲討論方便起見，拙論祇以郭象一人代表向郭，權且看成「莊子注」的原作者。

眞正重要的，倒是在「莊子注」有意無意曲解了莊子哲學所引起的詮釋學問題。❶在中國哲學史上郭象不但引起物議最多，恐怕也是最不爲後代學者了解與同情的一位。理由很簡單，且不說其「莊子注」有剽竊之嫌，而又大大歪曲莊子原意，就算郭象借注發揮而建立了一套新道家哲學，一大半學者總是認爲郭象的注無助於莊子哲學的進一步發展，反而貶低了莊子哲學的原有價値，導致道家傳統終成絕學，而由吉藏三

❶ 項退結教授讀拙文「中國文化重建課題的哲學省察—從生命的十大層面與價値取向談起」（「哲學與文化」第十二卷第十期）之後曾來函（十月十日）表示他的感想，在信末說：「我有一個建議：Hermeneutics 可譯爲『詮釋學』，這樣『詮釋』可與『解釋』分淸楚。後者可指Explanation，比較指科學的因果關係之闡述。中文名詞我認爲需要日漸專技化。意下如何？」項先生的建議我誠意接受，故自本文起開始採用「詮釋學」的譯名，特此對於他的建議表示謝意。

論宗乃至慧能禪宗的中國大乘佛學所完全取代。多年前我也持有如此看法，但經一番「創造的詮釋學」(creative hermeneutics) 思考之後，終於摒除以往成見，重新探討禪(宗)與道(家)之間的思維連續性或哲理聯貫性線索，而在郭象哲學找到了這條隱而不顯的線索(a missing link)。❷同時，我在郭象哲學的表層底下挖掘其深層結構之後，又發現到，郭象亦如莊子，乃是一位創造性的詮釋家，更是一位道道地地的哲學思想家，意圖以大無畏的探索精神，衝破早期道家思想的某些限制，不但有助於禪家哲理的建立，亦有助於觸發超克道・禪二家而辯證地綜合「無爲」與「有爲」的思維靈感。郭象之後，道家傳統中絕而由大乘佛學尤其禪家取代，這不能專怪郭象，祇能怪後繼無人，沒有更進一步創造地發展老莊到郭象的道家哲學。

到目前爲止，對於郭象的研究較有詮釋學創見的，是錢穆教授的「莊老通辨」(該書下卷)，牟宗三教授的「才性與玄理」(第六章)與湯一介教授的「郭象與魏晉玄學」等三書。錢氏提到郭象所用「理」與「自然」等名辭，具有哲學新義，且暗示「後起儒佛兩家，無形中沾染郭義者實多」(四一九頁)。牟著的哲學功力至鉅，對於向郭注中的「逍遙」・「天籟」・「養生」・「迹冥」・「天刑」等義所作詮釋，極有深意，且主張以向郭爲代表的玄學卽以「詭辭爲用」契接中國佛教的般若一系(一九四至一九五頁)。湯氏也注意到魏晉玄學與般若一系的思維相關性，尤其强調僧肇的「眞空義」是接着王弼・郭象而發展了玄學，謂:「僧肇的思想雖然是印度佛教般若學來的，但却成爲中國哲學的重要組成部分，使魏晉玄學成爲由王弼—郭象—僧肇，構成中國傳統哲學的一個發

❷ 國際中國哲學會今年(一九八五)七月中旬在紐約州立大學石溪分校舉行每隔兩年一次的學術討論會，我在會上宣讀英文論稿“Chuang Tzu, Kuo Hsiang, and Ch'an (Zen): A New Approach to the Question of Ideological Continuity”。本文是該英文稿的大大修正與擴充。

展圓圈」(一一三頁)。

錢・牟・湯三位教授都指出了郭象與般若一系爲主的中國早期佛教思想之間的思維關聯，但未進一步暗示自老莊經由郭象（以及天台宗爲主的大乘佛學）到禪宗的哲理聯貫性或理路線索。拙論所將强調的「哲理聯貫性線索的詮釋學探討」，不必一一符合實際的哲學思想史發展過程，而是依據我所云「創造的詮釋學」不得不嘗試的一項「批判地繼承並創造地發展中國傳統思想」的哲學思維工作。創造的詮釋學試探，卽是傳統思想經由辯證的揚棄而獲創造性發展的前奏。❸

二、老子之「道」的詮釋學難題

關於老莊在時間上孰先孰後的問題，直到今日迄無定論。多半學者採取老先於莊之說，錢穆教授却獨排衆議，判定老子書晚出於莊周之內篇，而美國漢學大師克里爾（H.G. Creel）則根據他個人的歷史考證，認爲老莊原屬早期道家的兩派，必須分辨。❹老莊二書是否出於一人之手，也問題多多，日人木村英一教授認爲「老子」乃係原始道家時代到漢初道家學派成立爲止的前後三百年間點點滴滴集成的格言書，❺而莊子書的內外雜篇是否同屬莊周一人所撰，更是衆說紛紜，莫衷一是。我

❸ 我在一九七四年開始構想「創造的詮釋學」，那年年底（十二月六日）曾在哥倫比亞大學教授俱樂部上宣讀英文論稿 "Creative Hermeneutics: Taoist Metaphysics and Heidegger"，兩年後在英文季刊「中國哲學雜誌」出版。據說袁保新教授在他有關老子哲學的博士論文曾引論過拙文，最近在「鵝湖月刊」登過的長篇「老子形上學思想之詮釋與重建」也提到。我不久會撰寫一篇「創造的詮釋學一中國哲學方法論建構試論之一」，盼在「哲學與文化」月刊登載。

❹ 參閱克里爾教授所著 *What Is Taoism? and Other Studies in Chinese Cultural History* (University of Chicago Press,1970) 一書。

❺ 參閱木村教授所著「老子の新研究」(東京創文社一九七〇年出版)。

雖注意到這些考證問題，但依創造的詮釋點觀點，有充分理由認定，就哲理展現的本末程序與推敲輕重言，莊子當在老子之後，可謂集早期道家哲學思想的大成。莊子豈不亦評老聃云:「雖未至於極」(「可謂至極」應依高山寺本與「闕誤」等如此校改）乎！

唐君毅教授曾就老子之「道」析出六義，卽(1)虛理之道（萬物共同之理），(2)形而上之存在的道體或實理，(3)道相之道，(4)同德之道，(5)修德之道及其他生活之道，與(6)爲事物及心境人格狀態之道。❻十三年前（一九七二）當我撰寫有關老子的英文論稿時，唐氏所作「言道之六義貫釋」對我啓迪不少，觸發了我個人的詮釋學靈感，由是重新設定老子之道的六大層面（six dimensions or aspects），依此安排道德經的五千言內容。我所設定的六大層面與唐氏所析出的六義並不相同，且加上了個人的詮釋學管見。❼依照我所了解的老子思想的哲理本末次序，道的六大層面是:(1)道體(Tao as Reality);(2)道原(Tao as Origin);(3)道理（Tao as Principle);(4)道用（Tao as Function);(5)道德（Tao as Virtue);以及(6)道術（Tao as Technique)。從道原到道術的五個層面，又可以合成「道相」(Tao as Manifestation)。大體上說，以形上學爲根基的老子哲學一開始就有道之體相兩面的分辨，而道體所彰顯的道相又分別呈現之爲道原到道術的五個層面。我這裡所說的「層面」，異乎西方哲學（尤其亞理斯多德與康德）所謂「範疇」，而是指謂依據哲學思想家獨特的洞見慧識（philosophical insights）所由構成的高低遠近的多層觀點或透視角度（human perspectives on higher and lower levels)。老子的哲學可以規定爲我所云「整全（顧及全面）

---

❻ 參閱唐先生「中國哲學原論」第十一・十二兩章。
❼ 參閱拙論 "Lao Tzu's Conception of Tao" (*Inpuiry*, University of Oslo Press, Norway, 1973)。

的多層遠近觀」(holistic multiperspectivism) 的一種表現方式，頗具哲理的伸縮性與詮釋學的開放性，因它原是經由日常經驗與觀察的層層深化（即形上學化)，爲了整全地洞視宇宙的奧秘與人生的眞諦而所形成的高低遠近的各種觀點之故。老子本人無此自覺，但是承繼老子的哲學而予以發揚光大的莊子確實有此自覺。我們通過莊子回來重新發現老子哲學的深層結構，則可以如此規定。❽

老子所謂「道體」乃指不可道不可名的「常道常名」，以我自創的現代語辭表達，即不外是「終極存在」。由於道體既不可道不可名，老子始終不便直陳道體的「存在」，祇有退而求其次，借用詩喩形式予以點描（to "point to" but not "pinpoint"）或猜謎（divulge)。譬如「視之不見，名曰夷；聽之不聞，名曰希；博之不得，名曰微。……是謂無狀之狀」(十四章)，「孔道之容，惟道是從；道之爲物，惟恍惟惚。……自古及今，其名不去」（二十一章）等等語句曖昧弔詭，既許超形上學的（trans-metaphysical）不可道不可名之義，亦許形上學的道體之「有」義，故有唐氏「形而上之存在的實體」之義析出。

老子雖避免了直陳道體之「有」，却不及自覺到超形上學與形上學的分辨。老子一方面不得不說，從一切不可道不可名而不可思議的超形上學「觀點」(實非任何特殊「觀點」，而是超越人爲思辨所由形成的一切形上學觀點的「觀點」）去看，本無所謂道體道相・無名有名甚至超

---

❽ 關於我所構想的「整全（顧及全面）的多層遠近觀」模型，不妨參閱下列 "The Underlying Structure of Metaphysical Language: A Case Examination of Chinese Philosophy and Whitehead" (*Journal of Chinese Philosophy*, 1979, pp.339—366); Heidegger and Zen on Being and Nothinguess: A Critical Essay in Transmetaphysical Dialectics" in Nathan Katz, ed., *Buddhist and Western philosophy* (Sterling Publishers, New Delhi, 1981, pp.171—201); "Chinese Buddhism as an Existential Phenomenology (Anna-Teresa Tymieniecka, ed., *Analecta Husserliana*, Vol.17, 1984, pp. 229—251) 等拙論。

形上學與形上學的分辨可言，因爲此類分辨乃是形上學的人爲思辨與語言表現所產生的結果，充分顯示「分辨以前」（超形上學的不可道不可名）與「分辨以後」（形上學玄想與表達的開始）之間極其微妙的辯證性弔詭關係，這就是爲甚麼老子不得已而「字之曰道」（二十五章），且在首章末尾不得不說「此兩者同出而異名，同謂之玄。玄之又玄，衆妙之門」了。依「分辨以前」的不可道不可名，包括道家在內的一切形上學的人爲思辨與語言表現皆應統統放進我所云「超形上學的括弧」（transmetaphysical bracketing），藉此暴露各別形上學的局限性，一面性，甚至獨斷性。❾老子本人的形上學既是大海之一漚，在思辨上與表現上當然有其限制（limits and limitations）。但另一方面，他又必須標榜道家形上學較諸其他形上學理論殊勝優越，蓋因道家形上學同時具有超形上學的自我解放性與容許高低遠近多層觀點同時成立的哲理伸縮性之故。老子開宗明義所云「道可道，非常道；名可名，非常名」，已蘊含着（imply）超形上學與形上學的一體兩面或分合關係，祇是語言表現上仍停留在詮釋學的暗蓄（hermeneutic implicitness）層次而未明指（make it explicit）罷了。加上他對「道體」的含糊描喻與「道原」的曖昧語辭等等，使他無法徹底澄淸可名可道之上的超形上學的弔詭眞諦究竟是甚麼。我們必須等待莊子，才有辦法予以澄淸。

無論如何，不可道不可名的「道體」對老子首先彰顯之爲「道原」。老子所云「無名天地之始，有名萬物之母」（一章），「有物混成，先天地生。……吾不知其名，字之曰道」（二十五章），「天地萬物生於有，有生於無」（四十章），「道生一，一生二，二生三，三生萬物」（四十二章）等語，皆指涉「道原」之義。問題是在：老子「生」字究指何義？

---

❾ 關於「超形上學的括弧」（與胡塞爾「現象學的括弧」的比較），參閱上註所列最後一篇。

是指宇宙論意義的始源或造物者 (the cosmological origin or the creator), 抑指本體論意義的本根或根據 (the ontological root or ground)？就表面結構言，似指前者；就深層結構言，則似又指謂後者，蓋「道法自然」(二十五章) 而又「道常無爲 (而無不爲)」(三十七章), 應無所謂「生不生」之故。但是,我們在老子書中無法找出明確的解答,還得等待莊子解開謎底。

上述有關「道原」的「天地萬物生於有，有生於無」一語，似乎又與專指「道理」的「有無相生」(二章) 一語有所矛盾，我們在這裏如何適予詮釋學的消解？老子五層道相之中,「道原」與「道理」的內在關聯究竟爲何？老子對此難題，也沒有提供我們充分的解決線索，有待莊子澄清或解答。自老子書中析出「道理」之義最早的一個是韓非子,在「解老」篇說:「道者，萬物之所然也，萬理之所稽也。理者，成物之文也；道者，萬物之所以成也。故曰:『道，理之者也。』……萬物各有理，萬物各有理而道盡」。「萬物各有理」之「理」，當可指謂科學家所探索的自然律則無妨，但統轄萬 (物之) 理的「道理」本身，則是老子形上學地深化我們對於宇宙人生的日常觀察與現實經驗而有的獨特洞見，有別於科學意義的自然律則，雖然老子的語氣似乎暗示,「道理」是他所堅信着的一種「自然眞理」(a natural truth)。「反者，道之動」(四十章) 即是老子對於「道理」的涵義規定，彰顯物極必反以及一切對立事物相反相成的「天道無親」(七十九章) 或「天網恢恢，疏而不失」(七十三章)。至於「有無相生，難易相成，長短相較，高下相傾，音聲相和，前後相隨」(二章),「曲則全，枉則直，窪則盈，敝則新，少則得，多則惑」(二十二章),「禍兮福之所倚，福兮禍之所伏」(五十八章),「天之道，其猶張弓與！高者抑之，下者舉之，有餘者損之，不足者補之。天之道，損有餘而補不足……」(七十七章) 等語，則可看成天道自然無爲之理的具象性描喩。

如說「道理」表示老子所堅信着的一種「自然眞理」，則「道用」可以說是此一「自然眞理」的動態化（dynamic）或功能化（functional）表現，老子多半使用擬人般的詩喩予以描述，諸如「道沖而用之，或不盈」（四章），「天地之間，其猶橐籥乎！虛而不屈，動而愈出」（五章），「谷神不死，是謂玄牝。……緜緜若存，用之不勤」（六章），「三十輻共一轂，當其無，有車之用。……故有之以爲利，無之以爲用」（十一章），「弱者道之用」（四十章），「大成若缺，其用不弊；大盈若沖，其用不窮」（四十五章）等語，喩示道的無窮功能所具有着的「無」性（無爲自然）與玄牝般的「柔弱」性。

「道原」·「道理」與「道用」（以及道之體相分辨）構成老子形上學的主要內容，至於「道德」（倫理觀與人生觀）與「道術」（政治社會乃至軍事思想）則是自形上學（天道觀）推演出來的實踐哲學（人道觀）。老子主張，人道必須與自然無爲的天道合一玄同，故倡「爲道日損，損之又損，以至於無爲，無爲而不爲」（四十八章）。老子五千言的泰半篇幅花在「道德」與「道術」，似乎證示他對人倫道德與社會實踐的關心强過形上學的玄想。一九七三年十二月，從長沙馬王堆三號漢墓中所出土的「老子」兩種（目前最古老的）寫本，皆置「德經」（三十八至八十一章）於「道經」（一至三十七章）之前，次序恰與王弼以來的通行本相反，似乎足證這一點。但是，從老子以後的道家發展以及我們所已承繼的老莊哲學與魏晉玄學乃至禪家思想去看，我們不得不說，就老子哲學的深層結構與道家哲理的本末次序言，形而上學必須優先於實踐哲學。尤其重要的是：超形上學與形上學的分合（一體兩面）關係究竟如何的詮釋學課題，因爲此一課題的適當解決，乃是了解道家特有的形上學有別於其他東西方形上學（但又極其接近大乘佛學）的根本關鍵。

爲了徹底把握此一關鍵，我們必須轉到莊子哲學，掘發其深層結構，據此再回過頭來重新詮釋老子哲學的本來義蘊。這是一種「創造的詮釋學」功夫，此一功夫的基本靈感來自海德格（Martin Heidegger）。他在「甚麼叫做思維」（Was heisst Denken?）說：「我們的（詮釋學）課題是：緊緊追溯原來思想家的思維路數重新隨後思維一次，緊緊追溯他的（哲學）探問重新隨後探問一次。我們的課題實與時常聽到的『原原本本地去了解原來思想家原原本本的思想』這個要求大異其趣。這個要求是不可能（兌現）的，因爲沒有一個（獨創的）思想家（眞正）了解他自己（的思想）」。我們不妨套用海德格的話說，老子沒有眞正了解到自己形上學思想的「本來面目」，有待創造的詮釋家（亦卽超越老子的獨創哲學家）莊子幫助我們挖出老子哲學的深層結構。

三、莊子與超形上學的突破

我在上節已經提到莊子書是否出於一人手筆的考證難題。此一難題如不解決，恐怕很難還出莊子哲學的本來面目，也難於獲致客觀公允的詮釋。不過，從創造的詮釋學觀點來看，客觀公允的詮釋不是問題所在。事實上，也不可能有「施諸四海而皆準」的所謂「客觀公允」的詮釋存在。日常語言分析的牛津學派主將奧斯丁（J.L. Austin）曾說：「純粹的記述是個神話」。我們可以套用此語，強調「純粹客觀的詮釋是個神話」。創造的詮釋家所最關心的是，如何先予清除原有思想家的語言表現所產生的表面矛盾或不一致性，同時設法點出原有思想所暗蓄的種種豐富蘊含，從中發現具有詮釋學的强制性與貫通性的基本理路與主導觀念，依此重新建構整個原有思想的本末層次，透過原有思想的表面結構掘發其深層結構，由是再進一步批判地超越原有思想的哲理局限性，而爲原有思想謀求創造性的理路突破與發展，這是創造的詮釋學不可或缺的基本功夫。因此，上述有關莊子書的考證難題雖仍存在，但是爲了禪道哲理聯貫性的詮釋學試探，我們仍不得不設法重新發現莊子哲學的「本來面目」，亦即深層結構。

林語堂曾出版過一本英文書，書名「老子的智慧」(The Wisdom of Laotse)，除了自譯老子全文之外，加上一些莊子原文的自譯，當做老子的詮釋。林氏基本上是文人，安排老莊的原文時，恐怕沒有甚麼詮釋學或哲學方法論的關心或自覺，他的安排却引發了我的詮釋學靈感。我們可擧若干實例證明莊子是中國哲學史上頭一個創造的詮釋家，以超越老子突破老子的方式了解老子詮釋老子，而在哲理上解決了老子形上學中「道體」•「道原」等棘手難題。擧例來說，莊子在「齊物論」篇對於老子的「道生一，一生二，二生三，三生萬物」這有關「道原」的弔詭語作了獨特的詮釋，云：「旣已爲一矣，且得有言乎？旣已謂之一矣，且得無言乎？一與言爲二，二與一爲三。自此以往，巧歷不能得，而況其凡乎！故自無適有以至於三，而況自有適有乎！無適焉，因是已」。莊子在這裡不但充當(東西哲學史上)第一位語言分析專家，消解「道原」爲「道言」(Tao as Language)問題，同時已暗示着一種超形上學的突破，我們在這「突破」可以發現莊子哲學的深層結構。

莊子的超形上學的突破，首先揭開了超形上學(不可思議，思維的超絕)與形上學(存在思維)，道體(終極存在)與道原(存在彰顯)，以及無名無言與有名有言之間的弔詭奧祕。老子對此奧祕(「玄之又玄」)似不甘心於祇存而不論，動輒越軌喩指「道之爲物，惟恍惟惚。……其精甚眞，其中有信」(二十一章)。然而老子自己豈不亦倡「行不言之敎」(二章)？難怪白居易「讀老子」詩云：「言者不知知者默，此語吾聞於老君。若道老君是知者，緣何自著五千文？」老子對此質疑無可置答，莊子則在「齊物論」、「秋水」、「知北遊」、「庚桑楚」、「則陽」等篇闡發超形上學的突破之理，爲老子解難釋疑。譬如他在「則陽」篇末段說：「或之使，莫之爲，未免於物而終以爲過。或使則實，莫爲則虛。有名有實，是物之居；無名無實，在物之虛。可言可意，言而愈疏。……或之使，莫之爲，疑之所假。吾觀之本，其往無窮；吾求之末，其來無止。無窮無止，言之無也，與物同理。或使莫爲，言之本也，與物終始。道不可有，有（又）不可無。道之爲名，所假而行。或使莫爲，在物一曲，夫胡爲於大方？言而足，則終日言而盡道；言而不足，則終日言而盡物。道，物之極，言默不足以載。非言非默，議有所極」。

莊子的上面一段，充分例示他那突破老子哲學與語言局限性的超形上學立場。老子仍云「道之爲物」，令人費神瞎猜；莊子則云「道，物之極」，非有非無，亦非言（有名）默（無名）可載，超越形上學上一切二元的對立相待，旣不肯定亦不否定，而「道」本身亦是假名，有如中國大乘佛學（尤其三論宗）所云「空亦復空」，離四句絕百非，言亡慮絕而一切不可思議。莊子又時以「至無」•「無無」或「無有一無有」等語，暗示有無、是非、虛實、體相等等形上學的人爲思辨所由構成的二元對立概念，不足以把握超形上學意義的不道之道，必須統統打進超形上學的括弧。莊子在「天地」篇云：「泰初有無無，有無名」。多半學者點讀此句爲「泰初有無，無有無名」，完全失去原有超形上學的弔詭，沒有了解到莊子的本來用意，也無法看出莊子與般若空宗爲始的大乘佛學在超形上學上有相通相彰之處。以英譯「莊子」著名的瓦特孫（Burton Watson）教授亦依一般點讀法譯此句爲："In the Great Beginning, there was nonbeing; there was no being, no name"（在泰初之始，有「無」存在着，既非「有」，亦無有名)。❿瓦氏的「莊子」英譯優美無比，大半譯文亦極精確達意，獨獨有關超形上學部分的語句英譯，則常有毛病，可見對於莊子超形上學的突破未有冥契。他在這裡的英譯使用過去式，顯將「無」解爲具有宇宙論時間始源意義的「道原」，有違莊子本意。我則認爲，莊子此語的旨趣是在，借用「無無」(相應於大乘佛學的「空空」或「如如」)點出超形上學對於形上學的原先優位，即所謂「泰初」，却與時間上的「道原」毫不相干。更嚴格地說，一旦有了包括道家在內的形上學的人爲思辨，就不得不同時有從一切人爲思辨解放出來的所謂「超形上學」，對形上學而言，具有優位；如無形上學的人爲思辨，也就不必提及「超形上學 (的括弧)」，更無所謂優不優位了。

從莊子的超形上學「觀點」看來，雖說本無所謂有無·體相等等二元之分，但依超形上學的優位去一一評衡各家各派的形上學說，則老子「無先於有」的道家形上學至少較能冥契超形上學與形上學的一體兩面或分合弔詭，較能免於執「有」(有名有實) 的形上學邊見，許有超形上學的心靈解放可能，旁助人們從種種關涉語言·思想與實在的人爲固執徹底解放出來 (the transmetaphysical liberation from all fixations of language, thought, and reality)。莊子確是人類思想史上第一個提示超形上學與形上學所以一體兩面而又可合可分的終極道理的超等哲學家。如說一般形上學家執「有」而老子亦有執「無」之嫌，則莊子算是以「無無」徹底突破有無二執的超形上學家了，早於印度的龍樹五百年。

老子所以仍有執「無」之嫌，乃是由於他未超形上學地突破「無先於有」的形上學限制之故。我在上面已經引過莊子在「齊物論」中消解「道原」爲「道言」問題的一段。我們應該注意的是，在此段之前莊子

---

❿ 參閱瓦特孫所譯 *The Complete Works of Chuang Tzu* (Columbia University Press, 1968) 第一三一頁。

先對「有始抑無始」的「道原」問題提出己見，懷疑人類（有限精神）具有足够的形上學思辨能力解開「道原」之謎。莊子書中偶爾出現類似老子口氣而「肯定」道原的語句，如「大宗師」篇有云：「夫道有情有信，無爲無形。……自本自根，未有天地，自古以固存。神鬼神帝，生天生地。在太極之先而不爲高，在六極之下而不爲深。先天地生而不爲久，長於上古而不爲老」。此語似乎意謂，「道體」首先對人(老莊)彰顯之爲「道原」，旣是本體論意義的本根，又是宇宙論意義的始源。但是，莊子從未正面肯定（或否定）「眞宰」或「造物者」的存在，因而此語並無詮釋學的優位，祇能當做一時浮泛之辭。⓫較有詮釋學的優位與哲理的强制性的，倒是莊子所說的「道無所不在」（二十二章）以及「道無始終」（十七章）。依此「道」的新義，卽（空間上的）遍在性與（時間上的）無始終性或無限無窮性，以及依據「天均」·「大理」等深化老子「道理」而有的「齊物論」義，老子的「道原」難題終可化解。我們可在莊子書中找到充分的例證支持我這裡的詮釋，譬如「萬物皆種也，以不同形相禪，始卒若環，莫得其倫，是謂天均。天均者，天倪也」（「寓言」）；「道無始終，物有死生，不恃其成。一虛一滿，不位乎其形。年不可擧，時不可止。消息盈虛，終則有始。是所以語大義之方，論萬物之理也」（「秋水」）；「四時迭起，萬物循生。……一清一濁，陰陽調和。……其卒無尾，其始無首。一死一生，一僨一起。所常無窮，而一不可待」（「天運」）；「不以生生死，不以死死生。死生有待邪？皆有所一體。有先天地生者物邪？物物者非物，物出不得先物也，猶其有

⓫ 莊子所云「浮游於萬物之祖」（山木），「上與造物者游」（天下），「怒者其誰邪？」（齊物），「若有眞宰，特不得其眹」（齊物）等語，不能祇就字面了解，必須與莊子他處比較，而於字裡行間進行詮釋學的推敲，如此則不難看出，莊子對於「道原」的人爲思辨使用「超形上學的括弧」，不置可否，實預取了康德「純粹理性批判」之中二律背反之說。

物也。猶其有物也無已！」(「知北遊」) 等是。總之，莊子依其超形上學的天均天倪或「莫若以明」又齊一 (equalize) 又超越 (transcend) 一切物與論的結果，自然也得化解老子「無先於有」的道體道原之說。

我們一旦通過莊子超形上學的突破這一關後，回過頭來重新詮釋老子原文，則「有無相生」(有無相對相待) 與「天下萬物生於有，有生於無」(無先於有) 之間的表面矛盾當可迎刃而解。「有無相生」原係物極必反・相反相成的「道理」之事，而獲莊子超形上學的「齊物論」深化。「有生於無」不應關涉宇宙論的始源與否，而此語可能蘊含着的(本體論上的) 本根或終極存在意義，亦不應看得太死，像王弼那樣超越有或有名而執着於無或無名，即所謂「本無」。如果說，王弼所了解的老子「本無」仍停留在「形上學的優位」(metaphysical priority) 層次，則莊子突破老子的「本無」且從一切偏有或執無的形上學思辨徹底解放而有的「無無」或「至無」則屬「超形上學的優位」(transmetaphysical priority) 層次。弔詭地說，本無所謂優不優位，也無所謂超形上學 (與形上學之分)；但是一旦偏有的形上學思辨產生，就有老子「無 (形上學地優) 先於有」的道家形上學予以超克，而道家形上學一旦成立，又不得不有莊子以超形上學的「無無」突破老子執着「無先於有」的思維局限性。莊子的突破，旨在對於一切形上學的解構或反建構 (de-construction)，而不在道家形上學的重新建構 (re-construction)，實預取了吉藏的「破邪 (即) 顯正」之論。

我們對於「終極存在」與「終極意義」的探討與發現，可有兩種方式：一是宗教體驗，另一是哲學 (形上學) 思維。莊子對於「眞宰」或「造物者」不置可否，當然不致排除依據主體性的宗教體驗而有的一神論信仰或神秘主義；莊子的超形上學與齊克果 (Kierkegaard) 所云「(耶教爲例的宗教) 眞理即是主體性」(Truth is Subjectivity) 並不構成理論上的對峙。做爲超級哲學家，莊子却有不得不踐行超形上學的突破的一番苦衷，儼然指摘有別於純主體性宗教智慧（其實莊子的生死解脫觀亦蘊含此種智慧）的一切形上學說有其人爲思辨的理論限制，不可僭稱「絕對客觀的眞理」。如此，經由一番突破，莊子點醒了「一曲之士」（諸子百家）從他們對於語言・思想與實在的人爲固定化（human fixations）這種思維習慣徹底解放出來，轉化「機心」（the calculative mind）而爲相應於超形上學的突破的「無心」（the no-mind），卽是忘人忘天忘言忘道的眞人之心。超形上學的突破，主要的（實踐性）目的是在人的自我解放，變成一個無心解脫・自然無爲的生活藝術家，這就是莊子的「宗教」，可用「道遊」（Tao as Art）一辭予以概括。莊子在「逍遙遊」篇所云「若夫乘天地之正，而御六氣之辯，以遊無窮者，彼且惡乎待哉！故曰：至人無己，神人無功，聖人無名」，可以說是「道遊」的最佳說明。

「道遊」的可能根據是在人的道心，亦卽無心(Tao as No-mind)。莊子故云：「形若槁骸，心若死灰，眞實其知，不以故自持。媒媒晦晦，無心而不可與謀，彼何人哉！」（「知北遊篇」）。無心與機心原是同一個平常心，兩者的差別不在體（reference）而在用（operation），悟道解脫，卽爲道心，否則墮成機心。超形上學意義的「無無」（弔詭的本體論層面）與絕對主體性意義的「無無」（悟道的心性論層面）乃是原本一如，無有主客之分，體相（或體用）之別，可從「知北遊」篇中下面一段窺知一斑：「光耀問乎無有曰：『夫子有乎？其無有乎？』光耀不得問而孰視其狀貌：窅然空然。終日視之而不見，聽之而不聞，搏之而不得也。光曜曰：『至矣，其孰能至此乎！予能有無矣，而未能無無也。及爲無有矣，何從至此哉！』」

莊子在理論上踐行超形上學的突破，而在實踐上轉化機心爲無心，體悟「無無」，外表上看，似有虛無主義之嫌。事實上不然，就莊子哲學的深層結構言，超形上學的突破祇表現了「殺人刀」的這一面，「秋水」、「人間世」等篇所暗示着的「整全（顧及全面）的多層遠近觀」則表現了「活人劍」的另一面，⑫故在處世藝術能够「無爲而無不爲」（「則陽」），「不譴是非，以與世俗處」（「天下」），「彼且爲嬰兒，亦與之爲嬰兒；彼且爲無町畦，亦與之爲無町畦；彼且爲無崖，亦與之爲無崖」（「人間世」），「和之以是非而休乎天鈞，是之謂兩行」（「齊物論」）。換句話說，莊子的「道遊」並不是片面地「遊乎塵垢之外」（「齊物論」）而完全捨離現實人間，而是蘊含老子所倡「道德」與「道術」的處人入世之道。祇是莊子所云「不譴是非，以與世俗處」等等，表面上不及老子的直截了當，仍有「超脫主義」（transcendentalism）之嫌。整個地說，早期道家，不論老莊，對於「無爲」與「有爲」的問題處理尙有不够精當之處，有待郭象進一步的突破。

四、郭象哲學的深層結構

郭象哲學可以規定之爲「徹底的自然主義」（radical naturalism）。他破除整個道家的（超）形上學，一切還元之爲萬事萬物自然獨化的現象過程，有如尼采破除西方傳統形上學與神學的「彼岸」世界，而倡「永刼回歸」之說一般。郭象執守道家「自然無爲」的根本原則到底，故對莊子超形上學地突破老子哲學的限制，而以「無無」等義對於老子「道體」、「道原」等等難題所作的化解大表不滿，認爲老莊皆未了解萬事萬

⑫ 譬如「秋水篇」中「以道觀之，……以物觀之，……以俗觀之，……以差觀之，……以功觀之，……以趣觀之……」等語，可以例示我所云「整全的多層遠近觀」。

物「自然無爲」的眞諦，故以「無名」、「無無」等等虛無縹緲的詭辭設立（posit）形上學的「彼岸」世界，如此涵蓋純粹自然而無爲獨化的現象界。我們已經看到莊子如何超形上學地突破老子的形上學，但對郭象來說，形上學與超形上學都違背了「自然無爲」的道家原則，兩者的差別祇不過是五十步與一百步而已。

爲要了解郭象破除（超）形上學所建立的徹底的自然主義，我們首須進行「有」·「無」二字的語意分析。據我觀察，在中國哲學史上「有」字許有六義：⑴個別現象或事物，如草木鳥獸或春夏秋冬；⑵萬物萬象的整合統體；⑶現象事物的實際呈現，如「一元復始，萬象更新」的新春來臨，卽老子所云「常有，欲以觀其徼」（一章）的「徼」，或卽程伊川「易傳序」中所云「體用一源，顯微無間」的「顯」；⑷陰陽變化之中的陽剛陽氣，卽老子「萬物負陰而抱陽」（四十二章）的「抱陽」；⑸與「無」構成一對形上學概念的「有」，卽老子「有無相生」之「有」，或卽大乘佛學所云「非有非無」之「有」；⑹撥「無」存「有」的儒家形上學中天理·太極·理氣等等所指謂的「有」。「無」字亦可析出七義：⒜死滅或不存在；⒝現象事物的隱暗不顯，如新春來臨之時冬季之暫時隱沒，卽程伊川「顯微無間」之「微」；⒞陰陽變化之中的陰柔陰氣，卽「萬物負陰而抱陽」的「負陰」；⒟與「有」構成一對形上學概念的「無」，卽「有無相生」中之「無」；⒠具有「道原」意義的「無」或「無名」，對「有」或「有名」而言具有形上學的優位；⒡超越地齊一萬物萬論而徹底斥有破無的「無無」或「至無」，對「無」或「無名」而言具有超形上學的優位（但本來無所謂優不優位）；⒢從一切名言·思想與實在的固定化執着徹底解放了的「無心」，實存地（existentially）相應於超形上學意義的「無無」。專就「無」言，莊子當然强調⒡與⒢雙義，依此踐行超形上學的突破。郭象却依萬物萬象的「自然無爲」原則祇取(A)義，完全否認道或無的存在，遑論莊子所謂「無無」或「無有一無有」了。郭象雖然承繼莊子「無心」之說與自然無爲的「道遊」，却又認爲，道所以是「無名」，乃是由於它一開始乃不過是「無」，意卽空無所有或不存在，而「無」所以「無名」，亦是由於本身名副其實地一無所有而無可名之故。至於「天」字，郭象也解成「萬物之統稱」或「(萬物）自然之謂」，不許任何越出萬物自然獨化範圍的形上學涵義。我們在這裡很淸楚地看到莊子的超形上學與郭象的徹底的自然主義之間所存在着的根本殊異。此一殊異，在郭象注中俯拾卽是，這裡祇取較爲顯著的五段做爲例示。

(1)無始曰:『道不可聞，聞而非也；道不可見；見而非也；道不可言，言而非也！知形之不形乎！道不當名。』(知北遊)
故默成乎不聞不見（不言）之域而後至焉。形自形耳，形形者竟無物也。有道名而竟無物也，故名之不能當也。(知北遊注)

(2)（老聃）建之以常無有，主之以太一。(天下)
夫無有，何所能建？建之以常無有，則明有物之自建也。自天地以及群物，皆各自得而已，不兼他飾，斯非主之以太一耶？（天下注）

(3)夫（天籟者）吹萬不同，而使其自己也，咸其自取，怒者其誰邪？（齊物論）夫天籟者，豈復別有一物哉？卽衆竅比竹之屬，接乎有生之類，會而共成一天耳。無既無矣，則不能生有；有之未生，又不能爲生。然則生生者誰哉？塊然自生耳。自生耳，非我生也。我既不能生物，物亦不能生我，則我自然矣。自己而然，則謂之天然。天然耳，非爲也，故以天言之。（以天言之），所以明其自然（故）也，豈蒼蒼之謂哉！而或者謂天籟役物使從己也。夫天且不能自有，況能有物哉！故天

者，萬物之總名也，莫適爲天，誰主役物乎？故物各自生而無所出焉，此天道也。(齊物論注)

(4)泰初有無無，有無名。一之所起，有一而未形。物得以生，謂之德。(天地)無有，故無所名。一者，有之初，至妙者也。至妙，故未有物理之形耳。夫一之所起，起於至一，非起於無也。然莊子之屢稱於初者，何哉？初者，未生而得生，得生之難，而猶上不資於無，下不待於知，突然而自得此生矣，何又營生於已生以失自生哉！夫無不能生物，而云物得以生，乃所以明物生之自得，任其自得，斯可謂德也。(天地注)

(5)天門者，無有也，萬物出乎無有。有不能以有爲有，必出乎無有，而無有一無有。聖人藏乎是。(庚桑楚)死生出入，皆欻然自爾，未有爲之者也。然有聚散隱顯，故有出入之名；徒有名耳，竟無出入，門其安在乎？故以無爲門，則無門也。夫有之未生，以何爲生乎？故必自有耳，豈有之所能有乎！此所以明有之不能爲有而自有耳，非謂無能爲有也。若無能爲有，何謂無乎！一無有則遂無矣。無者遂無，則有自欻生明矣。任其自生而不生生也。(庚桑楚注)

總結以上五條郭注，郭象對於「道」、「無」之類的(超)形上學名辭一律解爲完全無有，即不存在，所存在者祇是萬物，欻然自生，天然自滅，如此而已。這就是郭象所了解的「自然無爲」，除此之外，別無他義。而所謂「天」，一方面指謂「萬物之總名」，亦即萬物的整體；另一方面又意謂「天然」，亦即天下萬物各別的自生自得。這就是郭象所了解的「天道」，除此之外別無他義。

郭象所了解的「天道」也可以另稱之爲「天理」，但有別於老莊的「道理」。老子的「道理」似仍具有一種客觀形態宇宙論的自然眞理意味。這就是說，物極必反或有無相生的「道理」乃是超越地管制萬物萬象運行變化的終極規律，天網恢恢，疏而不失。自然眞理形態的此一「道理」，經由莊子以「大理」或「天均」予以深化之後，轉變成爲眞人的「無心」超形上學地徹悟「無無」之後超越地齊一死生・善惡・美醜・大小・夢覺等等物化相待的絕對主體性意義之「理」，乃屬有意訴諸人人共識共認的一種「相互主體性眞理」(an intersubjective truth)。此種「眞理」卽不外是中國哲學家所講求的哲學道理(哲理)，實有別於西方哲學家所追求的超越(相互)主體性的所謂「客觀眞理」(objective truth)。

有趣的是，「齊一之理」出於「齊物論」注，但郭象破除(超)形上學而徹底現象化與自然化了「齊一之理」的結果，解釋「道理」爲萬物自生自得的「獨化之理」(the principle of self-transformation)。他在注中隨處使用不同的詞彙表達此一「道理」的意義，譬如「自然之理」、「必然之理」、「無爲之理」、「至理」、「萬理」、「群理」、「正理」等是。據錢穆教授所計，「莊子內篇七篇，理字惟養生主『依乎天理』語一見，而象注用理字者……共七十條。可見象之自以理字說莊，此卽郭象注莊之所以爲一家言也」。⑬這裡我們所應該注意的是，郭象的「理」字如依他那徹底的自然主義本意，則可有可無，蓋「理」也者原不過是一種現象主義(phenomenalism)的方便名目而已，並非有別於(超越)萬事萬物獨化現象的一種「實理」。因此，不僅「道體」與「道原」，連「道理」一辭，在郭象的哲學也是多餘的。郭象雖未如此明言，他的眞意確是如此。總而言之，就郭象哲學的表面結構言，有所謂「獨化之理」或「自然無爲之理」；就其深層結構言，此「理」亦如「道」或「無」，

---

⑬ 參閱錢穆「莊老通辨」第三六四頁。

祇是虛字，而無實義。

我們知道，朱熹所建立的理氣形上學，到了明代引起了「氣一元論」的反動，經過王船山到了戴震，循着張載「由氣化，有道之名」的理路，終於形成「氣化卽道」與「理在氣中」的自然主義觀點。但從郭象的觀點看來，「理在氣中」仍未徹底破除有別於氣的「實理」。在郭象的世界裡，連自然律則或科學定律都應看成萬物萬象的變化過程之上套加的「理」，與萬物萬象的「自然無爲」仍隔一層；至於形上學意義的「理」，不論是老子的還是朱熹的，祇是畫蛇添足，有違原本眞實的自然無爲。就這一點說，郭象實爲中國哲學史上第一位徹底分辨「記述」（description）與「解釋」（explanation），而指摘一切人爲的（不論是科學的，形上學的還是神學的）解釋無權擅稱所謂「絕對眞理」的哲學家，其功不可沒。可惜的是，郭象未曾了解莊子「超形上學的突破」眞諦，在不必曲解莊子原意之處故意加以曲解，減低了他那自然獨化論的哲理成就，容後申論。

郭象依據自然無爲的萬物獨化論所推演出來的性命論與解脫論極其簡單，却有足以挑激（challenge）莊子哲學的哲理蘊含，不容忽視。首就性命論言，萬物旣欻然自生，天然自化，而又必然自滅，此無爲自然的萬物獨化當然蘊含着，個別事物有其自得（自然生得）自限（自然分限）的本性，無由更改亦不必更改。郭象故云:「物各有性，性各有極」(逍遙遊注)；又云:「物各自然，不知所以然而然，則形雖彌異，其（自）然彌同也」(齊物論注)。萬物各別自得自限的天然之性，也就構成各別應有的定命，無所謂大小高低之分，亦無所謂優劣好壞之別。郭象總括他的性命論云:「天性所受，各有本分，不可逃，亦不可加」（養生主注）；又云:「全其性分之內而已。各正性命之分也」(應帝王注)。

上述郭象的性命論已經暗示萬物自適自足的獨化解脫論，乃是郭象有意超越莊子的新「齊物論」，蓋因一切事物依其各自天然分限的本來性命，自得自足，自適自樂，如此「物暢其性，各安其所安，無遠爾幽深，付之自若，皆得其極，則彼無不當而我不怡也」(齊物論注）之故。依此新「齊物論」，一切相對相待徹底解消，就其性命與解脫言，萬物無論大小，一律平等。郭象隨順莊子，尤其强調生死解脫上的萬物絕對平等之旨。莊子將死而弟子欲厚葬之時，莊子拒謂：「吾以天地爲棺槨，以日月爲連璧，星辰爲珠璣，萬物爲齎送，吾葬具豈不備邪？何以加此？」當弟子表示深恐「烏鳶之食夫子」，莊子答云：「在上爲烏鳶食，在下爲螻蟻食。奪彼與此，何其偏也！」（列禦寇)。可見莊子已有萬物平等的自然主義意思。郭象亦云：「夫相因之功，莫若獨化之至也。故人之所因者，天也；天之所生者，獨化也。……況乎卓爾獨化，至於玄冥之境，又安得而不任之哉！既任之，則死生變化，惟命之從也。……死與生，皆命也。……故若以吾生爲善乎，則吾死亦善也。方言死生變化之不可逃，故先舉無逃之極，然後明之以必變之符，將任化而無係也」(大宗師注)。

莊郭二者雖同倡齊物論調，從郭象的觀點看來，莊子的齊物論仍不够徹底，蓋莊子的「物化」仍有待眞人依乎天均天倪「和（之）以自然之分，任其無極之化，尋斯以往，則是非之境自泯，而性命之致自窮」（齊物論)。莊子豈不嘗云：「且有眞人而後有眞知」(大宗師）？豈不亦云：「大知閑閑，小知閒閒；大言炎炎，小言詹詹」(齊物論）？郭象則不然，乃以自然無爲的獨化論超越莊子的眞人眞知，徹底泯除大知小知·大言小言等等之分，絕對化了莊子原有的「齊物論」，在性命論與解脫論似較莊子更進一步，把莊子所應說而未說出的結論全盤托出。以下「逍遙遊」與郭注的比較，足以證示此點。

莊子:「北冥有魚，其名爲鯤。……是鳥也，海運則將徙於南冥。……蜩與學鳩笑之曰:『我決起而飛，槍（搶）榆枋（而止），時則不至而控於地而已矣，奚以之九萬里而（徙）南爲？』……（彼）之二蟲又何知？小知不及大知，小年不及大年。奚以知其然也？朝菌不知晦朔，蟪蛄不知春秋，此小年也。楚之南有冥靈者，以五百歲爲春，五百歲爲秋；上古有大椿者，以八千歲爲春，八千歲爲秋。(此大年也）而彭祖乃今以久特聞，衆人匹之，不亦悲乎！

郭象注:「夫小大雖殊，而放於自得之場，則物任其性，事稱其能，各（或作「名」）當其分，逍遙一也，豈容勝負於其間哉！……苟足於性，則雖大鵬無以自貴於小鳥，小鳥無羨於天池，而榮願有餘矣。故小大雖殊，逍遙一也。物各有性，性各有極，皆如年知，豈跂尙之所及哉！……故遊於無小無大者，無窮者也；冥乎不死不生者，無極者也。若夫逍遙而繫於有方，則雖放之使遊而有所窮矣，未能無待也。……夫物未嘗以大欲小，而必以小羨大，故擧小大之殊各有定分，非羨欲所及，則羨欲之累可以絕矣。夫悲生於累，累絕則悲去，悲去而性命不安者，未之有也。

郭象很可能是中國哲學史上第一個我所云「誤讀天才」(a misreading genius)，以「創造的詮釋學」方式故意誤讀莊子原文，俾便批判地繼承並創造地發展老莊所開拓的道家哲學理路。[14]郭象根據「自

---

[14] 我在「如淨和尙與道元禪師—從中國禪到日本禪」（東吳大學「傳習錄」第三期）也說過道元禪師是一個「誤讀天才」，經他一番創造的詮釋，傳統佛性論徹底轉化成爲禪道「有時」論，得以充當如淨所傳「身心脫落，修證一等」這禪宗眞髓的哲理奠基。

然無爲」的道家根本原理，以萬物獨化的現象論・性命論與解脫論還出老子「道法自然」與「道常無爲而不爲」的本來面目，如此破除老子的形上學；同時又進一步徹底解消莊子一切大小之分（大知小知之分，大言小言之分，聖凡之分等等），突破「超形上學的突破」的結果，就存在・價值・意義與解脫同等看待萬事萬物，這就是郭象新齊物論的「萬物獨化・一切如如」境界。莊子對於「明」（眞人的「莫若以明」）與「無明」（其實是無所謂明不明的聖凡一如與物物自適）的終極分辨，在郭象的新齊物論裏，完全消失不見。如說莊子尙有「以我（眞人眞知）觀物」之嫌，則郭象的「以物觀物」確有超越老莊而貫徹「自然無爲」的義諦到底之功。白居易「讀莊子」詩云：「莊生齊物同歸一，我道同中有不同。遂性逍遙雖一致，鸞鳳終校勝蛇蟲」。白居易深受禪道薰陶，故敢「挖苦」莊子如此，設若渠亦吟一「讀郭象」詩，不知如何吟法？其實，莊子亦可許有郭象所倡萬物獨化的「自然平等」(natural equality) 之論。莊子在「秋水」篇中豈不自云：「儵魚出游從容，是魚之樂也。……我知之濠上也」？旣然如此，眞人之樂與魚之樂有何高低優劣之別？依莊子此段，我們也可以把郭象的「誤讀」看成莊子原有暗蓄的明推（明白點出），算是掘發原有思想深層結構的一套創造的詮釋學功夫。

然而，郭象自己並不認爲莊子的「吾知魚之樂」一段證明莊子超克了「小大之辯」而終臻萬物無爲獨化而自適自足的境界，故評注此段謂：「尋惠子之本言云：『非魚則無緣相知耳。今子非我也，而云汝安知魚樂者，是知我之非魚也。苟知我之非魚，則凡相知者，果可以此知彼，不待是魚然後知魚也。故循子（汝）安知之云，已知吾之所知矣。而方復問我，我正知之於濠上耳，豈待入水哉！』夫物之所生而安者，天地不能易其處，陰陽不能回其業；故以陸生之所安，知水生之所樂，未足稱妙耳」。此注最後一句挖苦莊子「以陸生之所安，知水生之所樂，未足稱妙」，顯然表示郭象對於莊子未曾貫徹齊物論旨到底的美中不足之處有所不滿。依郭象之意，莊子的眞人是否以眞知去建立齊物論旨，藉以了解或體會萬事萬物的自然平等，絲毫影響不了本來的自然平等。換言之，萬事萬物的自然平等原本如此，無待乎眞人眞知，更無「小大之辯」的成立可言。我們在這裡可以發現到從老莊哲學到般若、天台乃至禪宗的有關哲理聯貫性的一條（隱而不顯的）詮釋學線索。

我們知道，般若一系的「一切法空」思想，超形上學地撥有斥無，甚至破空破空空破一切空，有如莊子超形上學的「無無」突破。一切法空觀祇爲大乘佛教解決了有關終極存在的本體論難題，却未探討涅槃解脫如何可能或有關轉識成智的心性向上門的課題，亦未能積極正面地說明「眞空(顯爲)妙有」的諸法實相，故一方面觸發如來藏思想與佛心佛性論在中國佛教的進一步發展，另一方面亦導致智顗所開創的天台宗，以圓融三諦、一念三千等說展開性具法門。這裡最値得我們注目的是湛然承繼智顗的一念三千說而在「金剛錍」提出的「無情有性」說，突破了傳統大乘佛教祇承認有情衆生才有佛性的說法。大體上說，華嚴宗分辨佛性與法性，法性涵攝有情無情，佛性則祇限於有情衆生。但在天台的一念三千法門，善惡乃是法性本具，則諸佛亦有惡，闡提亦有善，不可斷壞，故云「闡提斷修善盡，但性善在，佛斷修惡盡，但性惡在」。本具三千，爲性善惡。緣起三千，爲修善惡。於此天台教觀，已暗蓄着佛性法性原本一如的理趣，湛然再進一步突破佛性與法性的分辨，主張「一草一木一礫塵，各一佛性各一因果具足緣了」，由是有情之發心修行，卽草木等非情之發心修行；一人發心修行，則盡法界之全體發心修行。有情之涅槃解脫，卽草木等非情之涅槃解脫，故云「一佛成道，法界無非此佛之依正」。如再進一步說，則「一色一香，無非中道」，原無聖凡・有情無情・涅槃無明等等之分。郭象的萬物獨化自然無爲境界，與此天台的終極教觀，幾乎異曲同工，前後相得相彰。

早期禪宗較受楞伽經・起信論與華嚴宗所偏重的如來藏或佛心佛性思想，到了慧能，展開禪宗特有的明心見性或無心解脫之說，而在慧能以後禪（宗）道（家）幾乎融爲一爐，形成以臨濟義玄等禪師爲代表的自然無爲・本來無事的生活藝術。就表面上看，臨濟所云「無位眞人是什麼乾屎橛」似乎模仿莊子的「博大眞人」與「道無所不在，……在瓦甓，……在屎溺」（知北遊）等義，而其「祇是平常無事，屙屎送尿著衣喫飯，困來卽臥」的生活藝術，似又承接莊子「道遊」的精神。但就禪道的深層結構言，郭象所云萬物獨化自適的自然無爲或天台的「一色一香，無非中道」必須充當無位眞人無心解脫・平常無事的大前提。換言之，無位眞人無心解脫之前萬事萬物必先解脫（卽自適自足的無爲境界），至於有否無位眞人無心解脫的人間事實，絲毫影響不了萬事萬物的原本自如，無爲自然。據景德傳燈錄卷二十八所載，南陽慧忠承接天台「無情有性」之旨，倡云佛心卽不外是「牆壁瓦礫」，又倡「無心自成，佛亦無心」。郭象的萬物獨化論當然可以包括牆壁瓦礫在內，祇是郭象所關注的「萬物」偏重蛇蟲鳥獸等有情，因此天台「無情有性」之說與南陽禪師所云牆壁瓦礫卽是佛心佛性，可以看成郭象性命論與解脫論所暗蓄着的哲理蘊含的進一步推敲與完成。而南陽禪師有關「無心」之語亦當源自郭象之注，蓋莊子罕用「無心」一辭，此辭在莊子內篇未曾出現，「遊心」却出現三次（人間世・德充符與應帝王）；但在郭象的內篇注中此辭至少出現二十次，郭象在其中三篇（人間世・大宗師與應帝王）的解題均說「無心」，似已預取了僧肇在「不眞空論」中所云「心無者，無心於萬物，萬物未嘗無」的心無義。同時，郭象所貫徹到底的萬事萬物「自然無爲」這個原則，亦可看成慧能以後的道地中國禪（如臨濟宗）所承接的禪道根本義諦之一。有趣的是，老子書中「自然」一辭出現五次，在莊子書中出現四次，在王弼「老子注」中出現二十七次，却在「逍遙遊」與「齊物論」這兩篇的郭注之中就出現了二十八次之多，可見郭象徹頭徹尾執守道家「自然」之義的大無畏精神了。

郭注「庚桑楚」篇有云：「任其自然，天也；有心爲之，人也」。莊子的博大眞人在「任其自然」之前必須先有萬事萬物自適自足的無爲境界；莊子許有此義，但祇停留在暗蓄層次，而由郭象揭開，打通道家哲學到天台教觀乃至臨濟宗所代表的自然主義禪道這一條關涉解脫論的理路。「任其自然」既與「有心爲之」相反，當然意謂眞人的無心無爲。莊子的無心一方面踐行超形上學的突破，另一方面徹底解放人的靈府，使其免於有關語言、思想與實在的任何偏見或獨斷，同時表現「逍遙遊」的生活藝術。但是，莊子的無心似仍强調大知（超形上學的眞知）優於小知，似有顯露眞人的優越感之嫌；郭象的無心則不然，對於老子的形上學與莊子的超形上學踐行毫不妥協的雙層突破，無心於大小之辯，亦無心於眞人眞知的殊特，如此還出萬物獨化自適的如如境界。問題是在：郭象所建立的萬物獨化論既不是獲有經驗事實檢證的科學眞理，又不是具有（超）形上學基礎的哲學道理，則一切事物自生自滅而又自適自得的說法到底有何根據？這難道不是郭象自己的主觀幻想而已嗎？郭象對於莊子「吾知魚之樂」的批評，豈不更適用於他自己嗎？他又如何能够證明萬事萬物獨化自適的「事實」呢？再者，郭象雖有功於貫徹老子所建立的道家「自然無爲」原則到底，超過莊子而展開了新道家的「齊物論」，導出萬事萬物獨化自適（亦卽自然無爲）的必然歸結，但是他存心曲解莊子超形上學的「無無」爲「一無所有」或「不存在」的結果，徹底否認了有別於萬物獨化現象的道體・道原或道理，豈非犯有一種現象主義的偏約化過失（a reductionist fallacy in phenomenalistic terms）？他有甚麼充分的理據，能够斷定有關「終極存在」的哲學或宗教問題根本不存在，更用不着去探討與解決呢？他怎會了解莊子把「有無」等等二元對立概念統統放進超形上學的括弧之後，一方面從對於語言・思想與實在的一切偏約化或固定化過失徹底解放人的性靈，另一方面又回過頭來許有高低遠近的多層觀點（祇要這些各別觀點免於獨斷）成立的本來用意呢？尤其弔詭的是，如無莊子所云「且有眞人而後有眞知」，則那來得道家特有的「自然無爲」原則，更那來得郭象所堅持的萬物獨化這「自然眞理」？但照郭象的意思，萬物獨化的自然無爲是不可動搖的絕對眞實（故是不可推翻的自然眞理），不待眞人眞知而原本如此，實有貫徹「自然無爲」原則到底的哲理强制性；然則我們又如何去化解此一極富弔詭的「詮釋學的循環」（a hermeneutic circle）呢？

我曾暗示，郭象在中國哲學史上首次徹底分辨「記述」（現象變化原原本本的自然無爲）與「解釋」（自然無爲的科學或形上學理據），指摘人爲思辨所套加而成的「解釋」無權擅稱所謂「絕對眞理」。但是，郭象的萬物獨化論本身已有踰越「自然無爲」而混淆「記述」與「解釋」之嫌，因爲「獨化」有如「自因」或「相因」，已不僅是「記述」而已；祇有「現象變化」才是純屬「記述」範圍。我就郭象哲學的表面結構，曾以「自然無爲」的道家原則爲其哲理奠基，由是導出萬物獨化論（即現象論），再進一步依序推演（萬物天然分限的）性命論與（萬物自適自足的）解脫論。萬物獨化論是否構成一種自然眞理，已有問題，遑論自此「推演」而成的解脫論了。我們如要化解上述「詮釋學的循環」，則首要工作是在挖掘表面結構底下的深層結構，還出郭象哲學的本來面目。

就深層結構言，郭象的萬物獨化論（即現象論）、性命論與解脫論並不構成哲理推演上的本末次序，而是應該看成「三事一時並了」的。

郭象哲學的根本關鍵是在「自然」與「無心」，他的現象論・性命論與解脫論即不外是對於「自然」與「無心」的三種描敍，並無實質的分殊可言，蓋因三者的旨趣皆在描敍眞人無心解脫而萬物自然無爲的觀照境界之故。可惜的是，郭象有見於「自然」與「無心」，却無見於莊子「無心」的超形上學眞諦，因此偏執現象主義的偏見，誤以萬物獨化論爲自然眞理，而同時排斥老子的形上學與莊子的超形上學。我們掘發郭象哲學的深層結構之後，可以代他除去此一哲理葛藤，重新發現「無心」（莊子）與「自然」（郭象）的終極合一，據以化解「詮釋學的循環」。這就是說，我們還是要回到莊子「且有眞人而後有眞知」的原有立場，了解莊子哲學的根本課題（郭象亦然）是在人心（一曲之士的機心）醒悟而爲道心（博大眞人的無心），由是自然流露眞知，在本體論踐行超形上學的突破與齊一，且依超形上學的開放精神許有高低遠近的多層（人爲思辨）觀點成立，而在解脫論建立逍遙自在的生活藝術與無爲自然的生死智慧。如此，眞人的無心當必導致眞俗・聖凡・大小・高低・優劣等等對立的徹底泯滅，所謂「眞人」即是常人，所謂「無心」即是平常心，而所觀照的宇宙人生亦必顯爲郭象所云萬物獨化而自適自足的「自然無爲」境界，一切如如。於此境界，哲學（道理）・宗教（智慧）・文學（表現）與藝術（觀賞）融爲一爐，無有分別，這是禪（宗）道（家）的極致。南泉禪師豈不嘗云「平常心是道」？

郭象不但貫徹「自然」之義有功，亦有功於特標「無心」之旨，而爲莊子與禪宗打通了一道哲理聯貫的橋樑。他在「大宗師」注開頭就說：「雖天地之大，萬物之富，其所宗而師者無心也」，極能冥契莊子原旨，却因固執現象主義的化約拋落了超形上學的義諦，故對涉及超形上學的莊子原文加以誤解曲解，造成詮釋學的敗筆。譬如他在同一篇中注云：「玄冥者，所以名無而非無也。夫階名以至無者，必得無於名表。

故雖玄冥猶未極，而又推寄於參寥，亦是玄之又玄也。夫自然之理，有積習而成者。蓋階近以至遠，研粗以至精，故乃七重而後及無之名，九重而後疑無是始也」；此注意思模稜兩可，似有冥契超形上學的傾向，但又停滯不前，遠不如成玄英疏對於超形上學的通透。成疏云：「參，三也；寥，絕也。一者絕有，二者絕無，三者非有非無，故謂之三絕也。夫玄冥之境，雖妙未極，故至乎三絕，方造重玄也。始，本也。夫道，超此四句，離彼百非，名言道斷，心知處滅，雖復三絕，未窮其妙。而三絕之外，道之根本，（而所）謂重玄之域，衆妙之門，意亦難得而差言之矣。是以不本而本，本無所本，疑名爲本，亦無的可本，故謂之疑始也」。成疏承接般若空宗以來的大乘佛學理路，故對老莊原文的超形上學旨趣極有慧解，非郭注可及。

五、結語：從無為到有為

郭象雖無見於莊子「無心」的超形上學眞諦，却看出了此「無心」有偏向超脫主義之嫌，容易流於「遊乎塵垢之外」而逃避現實，祇求個人性命的安頓而置政治社會經濟等等日常問題於不顧。他在「莊子注序」中說：「夫莊子者，可謂知本矣，故未始藏其狂言，言雖無會而獨應者也。夫應而非會，則雖當無用，言非事物，則雖高不行，與夫寂然不動，不得已而後起者，固有間矣，斯可謂知無心者也。夫心無爲，則隨感而應，應隨其時，言唯謹爾。故與化爲體，流萬代而冥物，豈曾設對獨遘而游談乎方外哉！此其所以不經，而爲百家之冠也」。此序足以例示郭象對於莊子有褒有貶。褒的是莊子知本而能獨應，境界高超；貶的是莊子未能破除方內方外之分，而於方內「隨感而應，應隨其時」，如此隨時隨地體證道家的無心無爲。郭象隨順老莊而執守「無爲而無不爲」的道家原則，但他對於莊子偏向超脫主義的批評，不但有助於我們重新發現老子所倡「道德」與「道術」的意義，更有助於謀求道家的「無心」、「無爲」與儒家的「有心」、「有爲」之間的辯證性綜合。我們在這裡選取最有代表性的下面三段例證郭象躍躍欲試哲理突破的跡象。

(1)許由曰：「子（堯）治天下，天下旣已治也。而我猶代子，吾將爲名乎？名者，實之賓也。吾將爲賓乎？……歸休乎君，予無所用天下爲！」（逍遙遊）夫治之由乎不治，爲之出乎無爲也，取於堯而足，豈借之許由哉！若謂拱默乎山林之中而後得稱無爲者，此莊老之談所以見棄於當塗。（當塗）者自必於有爲之域而不反者，斯之由也。（逍遙遊注）

(2)藐姑射之山，有神人居焉，肌膚若冰雪，淖約若處子。……乘雲氣，御飛龍，而遊乎四海之外。（逍遙遊）

此寄言也。夫神人卽今所謂聖人也。夫聖人雖在廟堂之上，然其心無異於山林之中，世豈識之哉！徒見其戴黃屋，佩玉璽，便謂足以纓紱其心矣；見其歷山川，同民事，便謂足以憔悴其神矣；豈知至至者之不虧哉！（逍遙遊注）

(3)孔子曰：「彼，遊方之外者也；而丘，遊方之內者也。外內不相及，而丘使女往弔之，丘則陋矣。……芒然彷徨乎塵垢之外，逍遙乎無爲之業。彼又惡能憒憒然爲世俗之禮，以觀衆人之耳目哉！」（大宗師）

夫理有至極，外內相冥，未有極遊外之致而不冥於內者也，未有能冥於內而不遊於外者也。故聖人常遊外以宏內，無心以順有，故雖終日揮形而神氣無變，俯仰萬機而淡然自若。夫見形而不及神者，天下之常累也。是故覩其與群物並行，則莫能謂之遺物而離人矣；覩其體化而應務，則莫能謂之坐忘而自得矣。

> 豈直謂聖人不然哉？乃必謂至理之無此。是故莊子將明流統之所宗以釋天下之可悟，若直就稱仲尼之如此，或者將據所見以排之，故超聖人之內跡，而寄方外於數子。宜忘其寄以尋述作之大意，則夫遊外宏內之道坦然自明，而莊子之書，故是涉俗蓋世之談矣。(大宗師注)

在(1)，郭象似有自道家的「無爲」轉向儒家「有爲」的企圖，欲於「有爲」發現「無爲」眞諦。在(2)，他想破除廟堂（喩指方內・世間・俗務雜事等等）與山林（喩指方外・出世間・清靜無事等等）的分別，寓無爲於有爲，無心於有心，實有突破老莊，綜合儒・道二家之意。在(3)，他以創造的詮釋家姿態故意誤讀莊子原文旨趣，以正莊子超脫主義的偏差，爲他一一化除內（入世）外（出世）之別，而謂莊子「涉俗蓋世」，實有澄淸道家並非逃避主義之功。郭象拉回「彼岸」到「此岸」，强調「無心以順有」，而於日常有爲探現自然無爲的深意，可以說預取了後來中國大乘佛學「生死卽涅槃」乃至禪宗所倡「在家亦得，不由在寺」(六祖壇經)的現世解脫精神，充分表現中國哲學的大地性・日常性與卽時落實性。我們在這裡不但看到郭象打通早期道家到中國禪宗的一道發展理路所作的哲理突破，更可以看到他從道家「無爲」轉進儒家「有爲」的思想胎動。可惜的是後繼無人，郭象之後道家幾成絕學，漸被大乘佛學融消，終於導致禪道一途，而儒道二家的綜合課題更無人談起，遑論探討與解決了。

(一九八五年十一月六日深夜於費城西北近郊，原載「哲學與文化」月刊第十二卷第十二期)

【作者附記】

沈清松教授讀拙稿「老莊、郭象與禪宗——禪道哲理聯貫性的詮釋學試探」(「哲學與文化」第十二卷第十二期刊載）之後有感，曾致我書函，其中一段如下:

> 大稿中「莊子對於『真宰』或『造物者』不置可否」及其下所引申之推論，弟另有一見，不知您以為如何？竊意以為齊物論中所言及之「真宰」「真君」必須與「造物者」區別開來。真宰、真君近似胡塞爾所謂「先驗自我」(transcendental ego)，乃一切經驗構成之動力與起點，不同於所謂「造物者」。先驗自我雖從未如實呈現，但却以各種活動與影現方式來呈現。齊物論說:「非彼無我，非我無所取」，所言類似胡塞爾所謂「經驗我」(empirical ego)，乃去此取彼，有所對偶之自我層次。但「若有真宰，而特不得其朕，可行已信，而不見其形，有情而無形」、「其有真君存焉，如求得其情與不得，無益損乎其真」則表示先驗我，超越對偶，乃構成一切經驗之動力根源，雖不得其朕，然可行可信，有情，無益損乎其真。……又如維根斯坦所言眼雖見物而不自見，只能在見的行動中 show（現）出其為見之動力與根源。同樣，先驗自我、純我或真宰、真君之各種 manifestations（顯相）乃情而有信，其本身雖不自現（無形），却在種種可行之情中出現也。

關於「真宰」一辭，郭象解為「造物者」，故注云:「萬物萬情，趣舍不同，若有真宰使之然也。起索真宰之朕迹，而亦終不得，則明物皆自然，無使物然也」。成玄英疏則云:「夫肢體不同，而御用各異，似有真性，竟無宰主。朕迹攸肇，從何而有？」成疏異於郭注，並不解「真宰」為「造物者」，而其解義與清松兄所理解之者有同有異。陳鼓應於「莊子今註今譯」亦云：「真宰，即真心（身的主宰），亦即真我。各家解『真宰』為『造物』、『自然』或『道』，誤」（上册，第五十三頁）。「造物者」與「真宰」（以及「真君」）的分辨，我本亦知道，但撰拙作時急於趕完，一時順筆將「造物者」與「真宰」聯成一起，經由清松兄提醒，甚願祇提「造物者」一詞，而不包括「真宰」。不過，郭象與其他各家所解之「真宰」，亦不能說是全錯，蓋莊子該處的文脈弔詭，並不能完全排除郭象等家之解。我祇能說，仔細推敲文脈文氣，沈、陳二位所說較為可取。至於清松兄所提「先驗自我」等等，涉及整個意識構造的哲學問題，再進一步還可以相連到「成唯識論」、「楞伽經」等所關涉着的複雜問題，暫時存而不論。我所以鄭重其事，抄出一段清松兄之所見，旨趣是在刺激讀者藉此共同思索一番，由是產生驚人的哲理性結論亦未可知。

滄海叢刊書目

國學類

中國學術思想史論叢(一)～(八)	錢　　穆　著
現代中國學術論衡	錢　　穆　著
兩漢經學今古文平議	錢　　穆　著
宋代理學三書隨劄	錢　　穆　著
先秦諸子繫年	錢　　穆　著
朱子學提綱	錢　　穆　著
莊子纂箋	錢　　穆　著
論語新解	錢　　穆　著

哲學類

文化哲學講錄(一)～(五)	鄔昆如　著
哲學十大問題	鄔昆如　著
哲學的智慧與歷史的聰明	何秀煌　著
文化、哲學與方法	何秀煌　著
哲學與思想	王曉波　著
內心悅樂之源泉	吳經熊　著
知識、理性與生命	孫寶琛　著
語言哲學	劉福增　著
哲學演講錄	吳　怡　著
後設倫理學之基本問題	黃慧英　著
日本近代哲學思想史	江日新　譯
比較哲學與文化(一)(二)	吳　森　著
從西方哲學到禪佛教——哲學與宗教一集	傅偉勳　著
批判的繼承與創造的發展——哲學與宗教二集	傅偉勳　著
「文化中國」與中國文化——哲學與宗教三集	傅偉勳　著
從創造的詮釋學到大乘佛學——哲學與宗教四集	傅偉勳　著
中國哲學與懷德海	東海大學哲學研究所主編
人生十論	錢　　穆　著
湖上閒思錄	錢　　穆　著
晚學盲言(上)(下)	錢　　穆　著
愛的哲學	蘇昌美　著
是與非	張身華　譯
邁向未來的哲學思考	項退結　著

現代藝術哲學	孫　旗　譯
現代美學及其他	趙天儀著
中國現代化的哲學省思	成中英著
不以規矩不能成方圓	劉君燦著
恕道與大同	張起鈞著
現代存在思想家	項退結著
中國思想通俗講話	錢　穆　著
中國哲學史話	吳怡、張起鈞著
中國百位哲學家	黎建球著
中國人的路	項退結著
中國哲學之路	項退結著
中國人性論	臺大哲學系主編
中國管理哲學	曾仕強著
孔子學說探微	林義正著
心學的現代詮釋	姜允明著
中庸誠的哲學	吳　怡　著
中庸形上思想	高柏園著
儒學的常與變	蔡仁厚著
智慧的老子	張起鈞著
老子的哲學	王邦雄著
逍遙的莊子	吳　怡　著
莊子新注（內篇）	陳冠學著
莊子的生命哲學	葉海煙著
墨家的哲學方法	鐘友聯著
韓非子析論	謝雲飛著
韓非子的哲學	王邦雄著
法家哲學	姚蒸民著
中國法家哲學	王讚源著
二程學管見	張永儁著
王陽明——中國十六世紀的唯心主義哲學家	張君勱原著、江日新中譯
王船山人性史哲學之研究	林安梧著
西洋百位哲學家	鄔昆如著
西洋哲學十二講	鄔昆如著
希臘哲學趣談	鄔昆如著
近代哲學趣談	鄔昆如著
現代哲學述評(一)	傅佩榮編譯

當代西方哲學與方法論	臺大哲學系主編
人性尊嚴的存在背景	項退結編著
理解的命運	殷鼎著
馬克斯・謝勒三論	阿弗德・休慈原著、江日新譯
懷海德哲學	楊士毅著
洛克悟性哲學	蔡信安著
伽利略・波柏・科學說明	林正弘著
宗教類	
天人之際	李杏邨著
佛學研究	周中一著
佛學思想新論	楊惠南著
現代佛學原理	鄭金德著
絕對與圓融——佛教思想論集	霍韜晦著
佛學研究指南	關世謙譯
當代學人談佛教	楊惠南編著
從傳統到現代——佛教倫理與現代社會	傅偉勳主編
簡明佛學概論	于凌波著
圓滿生命的實現（布施波羅密）	陳柏達著
薝蔔林・外集	陳慧劍著
維摩詰經今譯	陳慧劍譯註
龍樹與中觀哲學	楊惠南著
公案禪語	吳怡著
禪學講話	芝峯法師譯
禪骨詩心集	巴壺天著
中國禪宗史	關世謙著
魏晉南北朝時期的道教	湯一介著
社會科學類	
憲法論叢	鄭彥棻著
憲法論衡	荊知仁著
國家論	薩孟武譯
中國歷代政治得失	錢穆著
先秦政治思想史	梁啟超原著、賈馥茗標點
當代中國與民主	周陽山著
釣魚政治學	鄭赤琰著
政治與文化	吳俊才著
中國現代軍事史	劉馥著、梅寅生譯
世界局勢與中國文化	錢穆著

中華文化十二講	錢　　穆　著
民族與文化	錢　　穆　著
楚文化研究	文 崇 一 著
中國古文化	文 崇 一 著
社會、文化和知識分子	葉 啟 政 著
儒學傳統與文化創新	黃 俊 傑 著
歷史轉捩點上的反思	韋 政 通 著
中國人的價值觀	文 崇 一 著
紅樓夢與中國舊家庭	薩 孟 武 著
社會學與中國研究	蔡 文 輝 著
比較社會學	蔡 文 輝 著
我國社會的變遷與發展	朱 岑 樓主編
三十年來我國人文社會科學之回顧與展望	賴 澤 涵 編
社會學的滋味	蕭 新 煌 著
臺灣的社區權力結構	文 崇 一 著
臺灣居民的休閒生活	文 崇 一 著
臺灣的工業化與社會變遷	文 崇 一 著
臺灣社會的變遷與秩序(政治篇)(社會文化篇)	文 崇 一 著
臺灣的社會發展	席 汝 楫 著
透視大陸	政治大學新聞研究所主編
海峽兩岸社會之比較	蔡 文 輝 著
印度文化十八篇	糜 文 開 著
美國的公民教育	陳 光 輝 譯
美國社會與美國華僑	蔡 文 輝 著
文化與教育	錢　　穆　著
開放社會的教育	葉 學 志 著
經營力的時代	青野豐作著、白龍芽 譯
大眾傳播的挑戰	石 永 貴 著
傳播研究補白	彭 家 發 著
「時代」的經驗	汪琪、彭家發 著
書法心理學	高 尚 仁 著
史地類	
古史地理論叢	錢　　穆　著
歷史與文化論叢	錢　　穆　著
中國史學發微	錢　　穆　著
中國歷史研究法	錢　　穆　著
中國歷史精神	錢　　穆　著

史地類

古史地理論叢	錢　穆 著
歷史與文化論叢	錢　穆 著
中國史學發微	錢　穆 著
中國歷史研究法	錢　穆 著
中國歷史精神	錢　穆 著

國史新論	錢　　穆　著
秦漢史	錢　　穆　著
秦漢史論稿	邢義田　著
與西方史家論中國史學	杜維運　著
中西古代史學比較	杜維運　著
中國人的故事	夏雨人　著
明朝酒文化	王春瑜　著
共產國際與中國革命	郭恒鈺　著
抗日戰史論集	劉鳳翰　著
盧溝橋事變	李雲漢　著
老臺灣	陳冠學　著
臺灣史與臺灣人	王曉波　著
變調的馬賽曲	蔡百銓　譯
黃帝	錢　　穆　著
孔子傳	錢　　穆　著
唐玄奘三藏傳史彙編	釋光中　編
一顆永不殞落的巨星	釋光中　著
當代佛門人物	陳慧劍編著
弘一大師傳	陳慧劍　著
杜魚庵學佛荒史	陳慧劍　著
蘇曼殊大師新傳	劉心皇　著
近代中國人物漫譚·續集	王覺源　著
魯迅這個人	劉心皇　著
三十年代作家論·續集	姜　　穆　著
沈從文傳	凌　　宇　著
當代臺灣作家論	何　　欣　著
師友風義	鄭彥棻　著
見賢集	鄭彥棻　著
懷聖集	鄭彥棻　著
我是依然苦鬥人	毛振翔　著
八十憶雙親、師友雜憶（合刊）	錢　　穆　著
新亞遺鐸	錢　　穆　著
困勉強狷八十年	陶百川　著
我的創造·倡建與服務	陳立夫　著
我生之旅	方　　治　著

語文類

中國文字學	潘重規　著

中國聲韻學	潘重規、陳紹棠 著
訓詁通論	吳孟復 著
翻譯新語	黃文範 著
詩經研讀指導	裴普賢 著
陶淵明評論	李辰冬 著
鍾嶸詩歌美學	羅立乾 著
杜甫作品繫年	李辰冬 著
杜詩品評	楊慧傑 著
詩中的李白	楊慧傑 著
司空圖新論	王潤華 著
詩情與幽境——唐代文人的園林生活	侯迺慧 著
唐宋詩詞選——詩選之部	巴壺天 編
唐宋詩詞選——詞選之部	巴壺天 編
四說論叢	羅盤 著
紅樓夢與中華文化	周汝昌 著
中國文學論叢	錢穆 著
品詩吟詩	邱燮友 著
談詩錄	方祖桑 著
情趣詩話	楊光治 著
歌鼓湘靈——楚詩詞藝術欣賞	李元洛 著
中國文學鑑賞舉隅	黃慶萱、許家鶯 著
中國文學縱橫論	黃維樑 著
蘇忍尼辛選集	劉安雲 譯
1984	GEORGE ORWELL原著、劉紹銘 譯
文學原理	趙滋蕃 著
文學欣賞的靈魂	劉述先 著
小說創作論	羅盤 著
借鏡與類比	何冠驥 著
鏡花水月	陳國球 著
文學因緣	鄭樹森 著
中西文學關係研究	王潤華 著
從比較神話到文學	古添洪、陳慧樺主編
神話即文學	陳炳良等譯
現代散文新風貌	楊昌年 著
現代散文欣賞	鄭明娳 著
世界短篇文學名著欣賞	蕭傳文 著
細讀現代小說	張素貞 著

現代詩學	蕭　　蕭　著
詩美學	李元洛　著
詩學析論	張春榮　著
橫看成嶺側成峯	文曉村　著
大陸文藝論衡	周玉山　著
大陸當代文學掃瞄	葉穉英　著
走出傷痕——大陸新時期小說探論	張子樟　著
兒童文學	葉詠琍　著
兒童成長與文學	葉詠琍　著
增訂江皋集	吳俊升　著
野草詞總集	韋瀚章　著
李韶歌詞集	李　　韶　著
石頭的研究	戴　　天　著
留不住的航渡	葉維廉　著
三十年詩	葉維廉　著
讀書與生活	琦　　君　著
城市筆記	也　　斯　著
歐羅巴的蘆笛	葉維廉　著
一個中國的海	葉維廉　著
尋索：藝術與人生	葉維廉　著
山外有山	李英豪　著
葫蘆・再見	鄭明娳　著
一縷新綠	柴　　扉　著
吳煦斌小說集	吳煦斌　著
日本歷史之旅	李希聖　著
鼓瑟集	幼　　柏　著
耕心散文集	耕　　心　著
女兵自傳	謝冰瑩　著
抗戰日記	謝冰瑩　著
給青年朋友的信(上)(下)	謝冰瑩　著
冰瑩書柬	謝冰瑩　著
我在日本	謝冰瑩　著
人生小語(一)～(四)	何秀煌　著
記憶裏有一個小窗	何秀煌　著
文學之旅	蕭傳文　著
文學邊緣	周玉山　著
種子落地	葉海煙　著

向未來交卷	葉海煙 著
不拿耳朵當眼睛	王讚源 著
古厝懷思	張文貫 著
關心茶——中國哲學的心	吳怡 著
放眼天下	陳新雄 著
生活健康	卜鍾元 著
美術類	
樂圃長春	黃友棣 著
樂苑春回	黃友棣 著
樂風泱泱	黃友棣 著
談音論樂	林聲翕 著
戲劇編寫法	方寸 著
戲劇藝術之發展及其原理	趙如琳譯著
與當代藝術家的對話	葉維廉 著
藝術的興味	吳道文 著
根源之美	莊申 著
中國扇史	莊申 著
立體造型基本設計	張長傑 著
工藝材料	李鈞棫 著
裝飾工藝	張長傑 著
人體工學與安全	劉其偉 著
現代工藝概論	張長傑 著
色彩基礎	何耀宗 著
都市計畫概論	王紀鯤 著
建築基本畫	陳榮美、楊麗黛 著
建築鋼屋架結構設計	王萬雄 著
室內環境設計	李琬琬 著
雕塑技法	何恆雄 著
生命的倒影	侯淑姿 著
文物之美——與專業攝影技術	林傑人 著